U0045574

獨上高樓
望盡天涯路

郭成棠回憶錄

1970 年在匹茲堡大學獲得博士學位時與內人李苑蘭和表親王國權夫婦，以及三個女兒的合照。

1974 年全家人在家裡慶祝聖誕節時合影。

在匹茲堡大學負責東亞圖書館並兼任教授，於辦公室留影。

1985 年受邀至武漢大學講學時，同內人在黃鶴樓前留影。

趁著在武漢大學講學時，在北京遊玩了幾天，與內人在北京大學門前留影紀念。

一個明朗的春天，同內人在匹茲堡北郊住宅區自己屋前的留影。

1994 年從匹茲堡大學提前退休後，我們夫婦連續幾年到歐洲遊歷了瑞士、德國、法國、義大利、荷蘭、英國。在倫敦觀光時，內人為我在白金漢宮（Buckingham Palace）門前照了這張照片。

大女兒郭小倩和她的
丈夫 Chris Mathew。

二女兒郭小盼和她的丈夫 Jeff
Szalwinski 及兩個兒子。

小女兒郭小玲和她的丈夫葉遠鋼博士及三個子女與內人合照。

序

朱永德

本書讀者都應該知道：作者郭成棠教授所經歷的時代是一個多患難和多變幻的時代。單就中國而言：他曾經過軍閥割據、抗日戰爭和國共內戰的年代。在這種環境下，任何人要圖存，就非易事。如果還想將生命在遍地荒蕪和荊棘叢生的土地上，堅強地成長，並茁壯起來，不但需要堅強的意志，就更非有雄偉的資智及鋼鐵的毅力而不能也。

郭氏的回憶錄一共八章，分別刻畫出他人生的三個階段。前三章記錄其四川省隆昌縣郭氏大家族的光榮事蹟和遷移的歷史。談到他自己的家庭時，很不幸，他還在讀小學時，他的父親便突然去世了。按照家規：他的伯父便成了他們家裡財務的統率者。可是不出兩年，他家財產全都被他這位不務正業的伯父耗盡。幸好作者的母親頗能吃苦耐勞，親自製布縫衣以教養其子女。同時本書作者志氣昂然，能以一介清寒學子，自小學畢業後，從全縣千百個學生競爭中脫穎而出，考入縣城之唯一公立初級中學。畢業後更能競入全公費之省立高級師範學校修讀，最後更能考入首都之國立大學，以完成其在國立之高等教育。他這種「過五關，斬六將」的精神，確可用作鼓勵後輩發憤圖強的好榜樣。

回憶錄的四、五、六章，是敘述他在一九四八年開始的逃難過程——從南京到上海，從上海到廣州、香港，再到台灣。顯然的，這段時間，他雖然經歷了一介「無產階級」的實際生活，但因受過高等教育，內心世界的「小資產階級」的意識從未休止，他在台灣三年多，一直在台灣省立師範大學附屬中學教書；同時也恢復起他讀書時代搖筆桿的生活；辦起當時台灣有名的「兩大刊物」（當時在台灣大學哲學系教書的殷海光教授認為台北市的《學生》雜誌和高雄的《拾穗》是台灣的兩大刊物）之一的《學生》雜誌來了。一九五三年，他被台灣省教育當局評選為當年全省十大優秀教師之一，並資助到美國深造。到達美國之後，他也和當時留美的中國文、法科學生一樣，苦讀、打工、摸索，終於找到了歸宿——學到了隨時隨處都可以找到工作的資訊管理學。

在這幾章中，他敘述他自己抗日逃亡和內戰時期的克難生活，以及有幸而自台灣流亡海外，所有艱辛奮鬥的歷程，真是字字血淚，句句珠璣。對於這一代人心理的描述，應該是社會學家不可多得的第一手資料，對於意欲留洋的後生小子，更是最好的一面鏡子。

郭氏回憶錄的最後兩章（七、八章），是記錄一九六一年夏秋之交，他到了匹茲堡大學，專任圖書館專業資訊管理員以後的生活，以及三十多年來，在事業和學術上的成就。這部分的記錄，實際上已曾發表在他出版的《學府鏖戰錄》的單行本上。

一九六一年，我個人也剛吃盡苦頭，從加州柏克萊經紐約哥倫比亞大學修完博士學位課程，找到了一年代課教書的工作，碰巧也到了匹茲堡大學，且與郭君住在同街的斜對面。每日上下班雖非同進同出，卻也日日搖手對望。平時對話雖不多，到了週末，卻也一同參加國際學人活動，以解除工作上的壓力，相交一年，因而成了莫逆。

如眾所周知，在美國自艾森豪總統時期開始，東亞研究便成了熱門。不久，中華人民共和國加入「核子」俱樂部，東亞研究更是「需才孔急」。當我正在為博士論文努力之時，郭氏已在籌畫如何為匹茲堡大學建立一所屬於全國第一流的東亞圖書館，以供匹大學生和學者之用；他同時也開始選讀博士學位的課程。在短短四年中，他的兩個重大使命都已順利的完成了；換句話說，他不但順利的獲得了他的博士學位，匹大的東亞圖書館，在他的奮進下，也很快就有了第一流的藏書，而且管理和運作方式也是最進步的。更與遠東第一流的圖書館建立起交換的關係。

郭氏為了匹大的東亞圖書館，每天都是忙碌無暇，只有晚間才有屬於自己的時光。所以他總是利用晚間修改他的博士論文。不過，他的大著《陳獨秀與中國共產主義運動》一經出版，他的學術地位立刻建立。現在來看他整個學業和事業的歷程，真是千辛萬苦，努力不懈得來的。在這過程中，有一個特點，就是他從不氣餒，也從來未打過一次敗仗。

他在專業領域的成就，也明顯的被同行所確認。他不但完成了博士學位，出版了博士論文，建立了具有規模而龐大的東亞圖書館，更是匹茲堡大學東亞研究機構的兼任教授；在大學圖書館系統中，升到了最高的階級。在校園外的一些學術團體中，他也登上了極峰。比如在全美東亞圖書館專業人員協會，他曾做過主席；北美二十世紀中華史學會，他也被選任過會長。更重要的，他曾被推選為著名的「福爾布萊」學人（The Fulbright Scholar），到台灣講學一年。後來又被邀參加過台灣「國建會」。也曾做過中國大陸的重點大學的訪問教授等。無疑地，他已成了一位國際知名的專家學者。

郭氏自大學時代起，就已負責編寫學生刊物工作，更不斷地在報刊發表文章。故在他的回憶錄的第二部分，便選擇了一些他認為有價值的東西，泛泛地討論一些過去和當前的大問題：如史學和哲學的關係，英雄和時代的關係，國際均勢和冷戰，地緣政治和空權，馬克斯主義和聯合國，蘇聯和史達林後之諸領導人等題目，都作了清晰的解析和看法。有些情景的描述是特別有價值的；如解放前夕的南京，國民政府初遷到台灣時台灣的一般民風和情景。五十年代美東中國留學生的日常生活等，皆富有史料的價值。

我和郭氏雖然在他生命的第三階段才相識，但有整整一年，曾深切地交往，故對於他的內心世界，除他的夫人外，恐怕我是知之最深的了。譬如說：有多少人知道郭氏能文，而且也可跳一流的交際舞；他的烹調技術尤為出色，即使是今日中國大陸的一級廚師，也少有出其右者。

目次

第四章　初入社會和逃亡生活的開始

前言

胡適之先生在一九三三年為他的《四十自述》寫序時說：「我在這十幾年中，因為深深地感覺中國最缺乏傳記的文學，所以到處勸我的老輩朋友寫他們的自傳。不幸得很，這班老輩朋友雖然都答應了，終不肯下筆。」所以他認為他寫《四十自述》，只是他的傳記熱的一個小小表現。其實，這是一個不凡的表現，因為它產生了很大的作用。此後中國人寫自傳或被人寫傳記的都非常之多；特別是最近幾十年，凡是在社會上有知名度的人都有傳記性的東西發表。可是我只能算是一個默默無聞的中國知識分子，而且大半生都是在美國讀書和做事，為什麼也寫起傳記來了呢？我這一拙著將給這一問題做出解答。

我是一九二四年出生在四川省隆昌縣胡家鎮「大青杠」（我家住宅的名字），屬於隆昌縣「雲頂寨」的郭家。為了讓讀者了解這個郭氏宗族的背景，我願意引用一段當今中國政府於一九八九年十一月出版的《隆昌雲頂寨史料》：

隆昌雲頂寨郭氏宗族，自其始祖郭孟四於明朝洪武四年（公元一三七一年）入川以來，距今已六百一十七年，其間經歷三朝，傳二十九世，人口由民國三十六年修譜時計約二千五百人，發展到現在已不下五千人。郭氏族人分布在國內外，從事政治、軍事、文化、教育、新聞、出版、醫藥、衛生、工業、農業、商貿等方面工作，其中不少專家、學者和知名人士，有的做出了重大成績，有的為革命獻出了生命。

當今中國政府為什麼要為隆昌「雲頂塞」郭氏寫這本書呢？下面這段敘述可能是這個問題的答案：

郭氏家族係五百年的世家，經歷了三個朝代的大地主，在中國是罕見的。除了桐城方家，恐怕沒有其他家族可與之比並了。這等家族中的形形色色，展示出封建社會的一斑。可由此看到封建社會是個什麼樣子，封建家庭是個什麼樣子，這本集子可以較為生動具體地幫助人們，特別是生活在二十世紀八十年代的年輕人去了解封建社會。

不錯，隆昌郭氏家族的人也同傳統中國封建社會裡的許多氏族的人一樣，繼承著封建社會的許多惡劣習慣和行為。但是他們中，也出了不少傑出人物，和近代中國的其他傑出人物一樣，為國家民族甚至人類樹立起善良的典範。本人不才，雖不敢認同他們，但自初級小學五年級便喪失父親，家產全為伯父揮盡，不出兩年，母親以下六口之家的生活都成了問題，遑論教育?!然而我自此便以剛毅不屈的精神，獨個兒不但完成了初中、高中和大學的教育，而且更獲得了公費到美國深造。學成後由於國家局勢的險阻，和我對海外遊學政策的不詳，不能回國作出貢獻；但在美國幾十年間，在高等教育上做了不少事情，並為傳播中國文化而創建了一個規模極為可觀的以中文為主的東亞圖書館（約二十萬冊書）。我既不敢也從未打算與富有劃時代成就的同齡中國學者相提並論；但我個人一生奮進的經驗，對於有志的中國青年也許會有參考價值，這也是我決心寫這本小傳的心願。

第一章 少年時代

一、四川省隆昌縣「雲頂塞」的郭氏宗族

我開始計畫寫這本回憶錄時，便請國內的親友代為尋找一本隆昌縣《郭氏族譜》做為參考資料，但經他們一兩年的努力而毫無結果，這大概也同「雲頂塞」郭氏族人和他們所有的財產私住宅一樣，都已被毀滅殆盡了。因而當今中國政府編的這本小冊子便成了我的記憶以外的部分資料了。

我們的先祖郭孟四於明朝洪武四年，從湖北省府城縣舉家入川，築茅屋，定居於隆昌縣的雲頂山埡，且以農耕為業。由於全家勤於耕讀，傳至三世郭廉，於明朝永樂乙酉年中進士、授御史，從此郭氏由民轉紳，幾代相傳，不但人口繁衍，其中考中舉人、進士者也日漸增多。同時財產亦不斷增加，莊院更繼續增建。可是到了明朝萬曆年間（一五七八—一六二〇），政治腐敗，地方不靖，於是郭族在雲頂山上壘石為牆，築塞以自保，全族大多聚居其間。到明末甲申年天下大亂，張獻忠進入四川，以殺盡人民為目的。郭氏全族避居貴州遵義。等待張獻忠之亂過去後，郭氏由貴州回塞者，仍以耕讀傳家。當時正值大兵之後，全川人少地多，人民都可以插地耕種，因而郭氏也增加了不少土地。到了清初期的康乾時代，世道清平，加之郭氏族人勤耕苦讀，財富和名位都不斷增加，至嘉慶和道光年間，郭族盛極一時，真是田連阡陌，每年田租竟達九萬七千多石；大型莊院（全都建築華麗，包括樓台亭閣、花園及書院等）多達四十餘個，最有名的當推「金墨灣」和「蘆田舖」了。這些莊院一直到中共建國前，在當地都極富盛名。在抗日戰爭時期，由於日軍在中國的大後方遍地亂肆轟炸，大小城市中的所有機構都遷鄉村。隆昌縣立初級中學便搬遷到離城四十華里的「金

墨灣」繼續上課，由此便可想像這個莊院有多大了。

郭氏雲頂塞的擴建是清朝咸豐九年（一八六〇）開始的。是年農民起義領袖李永亂同藍大順在雲南起義；隨即進兵四川，所向無敵，許多城市都被占領。當時郭氏族中首富郭人鏞，收租穀三萬多石，其人也非常精幹，他認為保護全族安全的唯一辦法是擴建雲頂塞。因此他便出來大聲疾呼，將雲頂山全部買下。用當時的銀子二萬多兩，召募數百民工，拆除塞子原有之亂石，改用條石依舊址築塞牆。塞成後，招募塞丁百人防守。當社會治安發生嚴重問題時，族人及近親都可避難遷住其中。塞內的一切管理及事務，由族人組成之塞務局負責。咸豐十年，雲南之李、藍義軍進占隆昌縣城，隨即與「雲頂塞」對峙月餘而不得入，從此雲頂塞的聲譽也就遠揚了。

就我幼年在家鄉時的印象，隆昌縣和鄰縣的居民可以說很少不知道「雲頂塞」的，更以為隆昌姓郭的全住在「雲頂塞」，而且全是大富豪。這種想法與事實不是完全符合的。一般而論，隆昌縣姓郭的絕大多數（大概百分之九十五以上）都是「雲頂塞」的郭姓家族。但自清朝中葉，「雲頂塞」郭氏發展到盛極一時之後，族中所屬之「上」、「下」兩房，在居住地區和財產的累積上都有了很大的區別。「上房」的後代幾乎全都住在雲頂塞內和附近（約五華里左右）的金墨灣和蘆田鋪等幾個著名莊院。在財產的累積上，一開始就占有先天的優越條件，因為在傳統的封建社會裡，父親去世後，唯長子得管理家產，基於人性的自私，管理財產的人多半捷足先富，等到分給弟弟們（在傳統的中國，姊姊和妹妹都是沒有權利承受家產的）的財產就比較有限了。但是當時雲頂塞的郭氏家族實在太富了，所以「下房」分到的財產也相當可觀。

二、大青杠與「雲頂塞」的關係

在清朝中葉，我們的十五世祖郭中字天培分居於「陳田鋪」，這個約有六「進」的大莊院位於「雲頂塞」和胡家鎮之間；離「雲頂塞」約有十華里，到胡家鎮則只有四或五華里。這是地形平坦且非常富饒的農村地帶。我們的高祖，也就是我們的十六世祖郭毓芳字蘭齋，由陳田鋪分到「郭均灣」。這個有四進的大莊院位於「陳田鋪」與「雲頂塞」之間；離「雲頂塞」約七華里，到「陳田鋪」約三華里。我們的高祖一共有三個兒子。我們的十七世祖，也說是我們的曾祖郭人澥字渤安是高祖最小的兒子，被分住「大青杠」這個莊院座落在「郭均灣」對面約一華里之遙。這兩個莊院格局很相似，唯後者略為小一些，院子前面也沒有人工造的荷花池。曾祖一共有四個兒子。他的長子名郭光復字子仲，年少即去世了。他的第三個兒子名郭光頤字笑山，便是我的祖父（十八世祖）。祖父有三個兒子，他的第二個兒子名郭祖燦字蘭生便是我的父親，他從幼便過繼給郭光復。

住在「大青杠」這支姓郭的家庭一共有二十多人（就我能記憶的）。就財產而言，每年約收租穀數百石，比起「金墨灣」和「蘆田鋪」等地郭姓的收入每年數萬石租穀，就相當寒酸了。但在當時的農村社會裡，仍不失為少數的所謂「書香」之家。差不多每家都有各式各樣的「傭人」（如伙夫、女傭、丫鬟等）。逢年過節，都是賓客迎門。如遇「冠」、「婚」、「喪」事，則更是熱鬧非凡；傳統社會的各種禮儀，全部實施無遺。我祖父以下的三房人，我父親是比較富有的，因為他繼承了伯祖父郭子仲的全部家產。我們家一共有五兄弟和一個大姊姊。我的排行是老三，但照家族的傳統，祖父母以下的孫兒輩只有一個排行，孫女輩一個排行，所以我便成了老六。可是我從來沒有見過祖父（郭笑山），他在我出生前早已去世了。當時祖母還在，她也有六十多歲了。她同她的么兒（我們的六叔）一起住，經常有一個姓鄭的女傭人陪著她。父親大概是個非常「孝順」的兒子，他雖然過繼給伯祖父郭子仲去了，除每年給祖母幾石穀子做零用錢外，經常請她到我們家吃飯，一個月總有好幾次。在我們到胡家鎮小學去讀書的第二年，她便逝世了。

三、童年記憶中的片段和早期教育

我出生時，清朝早已覆滅，軍閥割據的內戰連年不斷。在北京等大城市的新知識分子早已掀起了「五四」運動，提倡民主與科學，而且正在推行打倒傳統禮教的運動。可是內地如四川的農村，傳統的風格仍然極其頑強地禁錮著人們的思想和行為。在這裡，我願意舉幾個我能記憶的實例：我的一個叔祖父（我們叫他三公的）去世時，不但請了十幾位穿了黃袍的「道士」在家唸了幾天的「經」，傳統的樂隊（我們叫他們為吹鼓手的）成天都在吹打著，而且在棺木入土前一天晚上還請有耍獅子、龍燈和雜劇班子演唱到深夜。整個院子的幾個廚房成天都在忙著開「齋飯」，因為來往的人（包括親友、鄰居、和各式各樣的傭人）都得招待呀。另外一個例子是：我們「大青杠」莊院一個叔祖父的女兒結婚，她嫁到隆昌縣城相當有錢的黃家。她出嫁的前一天，這個莊院也是極其熱鬧的，不但親友前來慶賀，還有樂隊及準備擔婚嫁禮的各種工人，當天全院也是席開數十桌。嫁禮包括出嫁者從小就開始準備的各種枕、被、衣服、珠寶及傢俱等。出嫁的那天，新娘坐著四人抬的「花轎」，前面則是步行的吹鼓手（樂隊）開路，後面接著便是陪嫁的丫頭（也坐著轎子），再後面則是一長隊擔著和抬著嫁禮和傢俱的工人。浩浩蕩蕩一直從「大青杠」徒步四十華里到隆昌城黃家，沿途都會有不少看熱鬧的人。最後一個例子便是在郭氏宗祠祭祖的盛況。隆昌縣郭氏宗祠是位於離「雲頂塞」約三華里的小山腰，面對一條小河流，相當雄渾雅致。每年春秋兩季，全姓男性子孫（不分老幼）都得到祠堂祭祖。祠堂正殿建築高昂而華貴，歷代祖宗靈位都擺設在內，凡在明清兩朝獲得名位者的匾額也都嵌裝在內。正殿向下有幾十個階梯，階梯下有一個大廣場，鋪設著石板，周圍環著屋宇。每當祭祖的前幾天，負責宗祠各種事務的長者和在社會上有名位的族人，便到此開會商討有關事宜。正式祭祖那天，確實熱鬧非凡，除郭姓所有的男性大人和小孩都參加外，也有許多非郭姓的人參加，他們主要是以抬轎子和揹小兒們的關係來參加。祭禮在中午前約兩小時開始。司儀的聲音非常宏亮，除朗誦祭詞外，更伴隨樂隊指揮群眾執行各種禮儀。祭禮完成之後，所有參加的人（包括外姓工作人員）都入席午餐（至少席開百桌以上）。大體而言，菜餚（共八道）都不大講究，多半以豬肉為主。最後一道菜則是隆昌郭氏宗祠有名的「駝子肉」（四方形約一寸半直徑的稍微煮熟了的豬肉）。這份菜非常豐富，是用特號大碗盛裝的，每人約有五塊左右。一般人都不吃它，有些人根本不要它；要它的人則用筷子串起來，帶回家重新燒菜用。事實上，當時許多人，尤其外姓的人都願意義務抬轎子或揹著小兒去參加，主要是為了獲得些「駝子肉」。因為當時的中國農村，許多人都不是經常有肉吃的。

曾祖的四個兒子都住在「大青杠」，每個兒子分住這個莊院的四分之一。因為我的父親郭祖燦曾過繼給伯祖父郭子仲，所以我們家便有四分之一的「大青杠」莊院，相當寬暢。除掉大花廳（大客廳）、書房、客廳、廂房、餐廳、廚房、廁所以外，還有三間臥房。記得我們家當時有幾個傭人，挑水（當時家裡用的水是從院子外不遠的水井裡用水桶取出，然後挑回家儲在水缸裡以備取用）和燒飯的李「伙房」（我們家稱廚師的土話），打掃房屋和洗衣服的是鄭嫂（對女傭人的稱呼），還有一個丫頭叫「碧蓮」（但我一直不知她姓什麼）。抬轎子的則不長住我家，有事才來。所以家裡經常開兩桌飯，家裡人在餐廳用餐，傭人們則在廚房用餐。

我五歲時，父親便請了一位劉老師（記不得他的名字，大概從來也沒有人告訴我他的名字）來教我們姊弟三人（姊姊名郭玉松、哥哥叫郭成棣）。劉老師就住在我家的小客廳裡，我們讀書也在那兒。他每天上午教我們讀書（主要是大聲朗讀和背誦），教的東西則是傳統的教材：《千字文》、《三字經》、四書五經。每天下午的功課是寫字，分大楷和小楷兩種。先是「填字」，其次是照著字帖來臨摹。大體說來，我們三姊弟都是好學生，劉老師給我們的功課都是定時完成。但是父親卻常在飯桌上誇獎我，說我背書最快，也從不掉一字。這大概是我一生對自己有信心，也立志追求新知的心理基因吧！當時在家讀了一年書之後，父親便把我們送到新式學校（胡家鎮小學校）讀書去了。姊姊進入胡家鎮女子小學（像是位於「天后宮」——我已記不清楚了）；我同哥哥則入了位於「禹王宮」的胡家鎮男子小學。不知為什麼，我同哥哥都一齊進入了初小三年級（哥哥事實上比我長兩歲）。讀完初小三年級，我同哥哥都去參加高小入學考試，我們都幸運的被錄取了，而且仍然是在同一班裡上課，於是我便是班上年齡最小的一個。在這同時，我的兩個弟弟（郭成檟和郭成樺）也同我們一齊在胡家鎮小學讀書了。我們幾姊弟每天都從家裡吃過早餐後，便一同步行（當時除步行之外，沒有任何可用的現代交通工具）到胡家鎮去上學。哥哥總是一人提著母親為我們準備好了的午餐放到住在胡家鎮的大伯父家，中午我們都回到那兒蒸熱午餐吃。然後再回到學校，一直到放學後，我們再一齊步行回家。這樣的讀書生活，是我們姊弟間最快樂的一段時間。

四、父親的早逝和家庭的突變

父親突然在一九三三年五月十九日生病了。他同往常一樣，囑母親送轎夫去將他最信任的一位同宗的中醫師郭海洲請來看病。記得這位醫師的派頭是相當大的，他喜歡的地方他才去，不喜歡的地方他是不去的。普通他去的地方，不但要為他準備好的中餐或晚餐，還得為他準備鴉片煙（當時可以請人到鎮上鴉片煙館去買）。那天下午把他接到家裡後，他先吸鴉片煙，然後為父親看病。看完後他開了藥方，著人馬上到鎮上去配藥。他自己則在用完豐富的一餐後，原轎將他送回家去了。傭人把藥買回來之後，母親自己親手煮熬，然後給父親飲下一碗。到了半夜以後，他便極其痛苦的嘔吐，天還沒有亮，他便去世了。母親除嚎啕大哭外，唯一能做的便是著人去通知大伯父。他從胡家鎮趕到我家後，不但全權處理父親的喪事；而且按照郭氏家族的傳統，他便成了我們的家長，財產權完全由他掌握了。

父親去世一年多後（一九三五年），哥哥同我都從胡家鎮小學的高小畢業了。兩個弟弟還繼續在初小讀書，唯有玉松姊不再讀書了，她留在家裡陪伴著母親。母親從小就纏足，所以她到任何地方總是要坐轎子的，現在沒有轎子可以坐了，而且她必須在「趕集」的時候到胡家鎮去大伯父處取錢，以便購買家裡生活上的必需品如油、鹽、炭、米等物。每次回家，她總是感傷的談生活困難了，因為大伯父告訴她我們家的財產已慢慢地減少了；主要是為父親辦喪事用錢很多。這時，家裡的傭人也一個個的走光了。母親終於把舅父（母親的弟弟）請到家裡來為她出點主意。舅父雖然非常關懷和愛我們，但是他不姓郭，不能過問我們家裡有關財產的事。他建議先把哥哥送到瀘州城他的一個朋友處去學做「生意」（買賣布緞的生意）。他希望哥哥在三年內學好了，便可以把兩個弟弟帶去一齊做生意。關於我，舅父認為是應該繼續讀書的。不過他認為還得等待以下兩個條件是否具備才能決定：第一、我是否能在暑期中考上隆昌縣立初級中學；第二、將來家裡的經濟情形是否可以讓我繼續讀書？同時他也建議玉松姊暫時留在家裡陪伴母親，等有適當的機會再結婚（當時在我們家鄉，男婚女嫁還得由親友做媒介，最後由父母決定）。舅父回去後，哥哥便被介紹到瀘州城去學做「生意」了。不久我便步行四十華里到隆昌縣城住在李三舅公（祖母的弟弟）家，去參加隆昌縣立初級中學的入學考試。參加考試的人非常之多（包括大部分全縣各高小畢業生），取錄的名額不過六十人。我總算幸運，終於被取錄了。我跑回家把被錄取的消息宣布後，姊姊和弟弟們都為我感到無比的高興。可是母親一則以喜，一則以憂。因為她曾同伯父談到繼續讀書的事，但他則警告母親可能沒有錢給我念書了（當時隆昌縣立初級中學的學生都要住校，一學期的學費和住宿費需要二十元國幣）。在晚餐時，母親才把伯父的意見告訴我們。姊姊和我都覺得很奇怪，為什麼自從大伯父來主辦父親的喪事之後，我們家就變得這樣窮呢？難道我們家一百多石租穀的地產都用來辦喪事去了？他為什麼不報一個帳呢？母親聽後，帶著非常驚慌的神色叫我們不要再說了。她說我們還是太年輕，不知事情的輕重。萬一我們說的話大伯父知道了，她就有苦受不了！她繼續說，父親在世時，她除在家照顧父親和我們外，還兼管理傭人；但對於處理家產和對人處事以及買賣東西諸事，她毫無經驗，所以辦這些事必須仰仗大伯父；而且按照郭家的規矩，她也不能過問這些事的。

第二章

貧窮苦讀追求新知的年代

一、考上隆昌縣立初級中學，但學費難於籌措

一九三五年的八月初，隆昌縣立初中開學了，大伯父卻告訴母親，沒有錢給我去讀書。我一聽之下，便大哭起來，姊姊同我情感最好，她聽了也淚水汪汪的說不出話來。記得那天用過晚餐後，姊姊便找我同媽媽一起商量，可否請舅父暫時幫忙借點錢，先讓我有入學的機會。母親認為有困難，因為外公仍然親自控制家產（他家也是大地主），舅父還不能過問。主要原因是外祖母（母親和舅父的親母親）死後，外祖父討了第二個太太，而且還有年齡與我們相仿的小舅舅。不過媽媽還是決定第二天一大早就同我一道去舅舅家（約有二十華里）。這是第一次同母親走這麼遠的路，父親在時，她去舅父家是乘轎子去的。我過去每天到五里外的胡家鎮小學去上學，跑慣了，二十里路真不算一回事，可是就母親而言，未免是個龐大的負擔。她用了一根竹棍撐持著，一步一步地走，我在後面跟著，有時見她走得困難，還得扶她一手呢。走了至少五個鐘頭以上，到達舅父家時，他們已經吃過午飯，卻感到意外的高興，因為他們根本不知道我們那天會到他們家作客的。同往常一樣，舅媽給我們準備了很好的晚餐，包括臘肉和雞等。在晚餐桌上，媽媽正式的向舅父提出請他暫時資助我到隆昌縣立初中讀書的問題，等將來大伯父給了我們錢再還他。舅父首先誇獎我一番，說我考上隆昌縣立初級中學，不但是母親的光榮，他也感到非常光榮。然後他一口答應資助我讀書，不過，他說他當時能給我的只有十元。他建議我先拿十元去交費入學，然後告訴管收費的「庶務」，其餘的費用，遲些日子再補交，應該是沒有問題的。媽媽同我除感謝舅父之外，都沒有說什麼話，主要

是因為他知道的事情比我們多。第二天媽媽同我帶著舅父給的十元錢便回家了。隔了幾天，媽媽便叫以前在我們家做過傭人的「李伙房」為我擔行李到隆昌縣立初中上學去了。當我去報名交學費入學時，那位「庶務」鄭先生真的讓我先交十元錢就入學上課了，不過，他嚴肅的告訴我，其餘的十元必須在三個月內交清。聽了這話後，我並不感到任何困難問題。因為當時我認為三個月是很長的。所以我打發「李伙房」回家時，請他告訴媽媽在三個月內把其餘的學費（我記得是十四元）準備好，我打算兩個半月後回家去取。

我先簡單的介紹一些有關隆昌縣立初級中學的情形。隆昌縣立初中是民國初年創辦的，校舍位於縣城內，就是前清「考棚」隔壁靠近城牆的地方。除掉進校門有一個大操場和污泥池子外，可以說沒有什麼堪稱校園的地方，全校學生約兩百名左右，大部分都是住宿生。教職員不過二十人，可是負責學生和教職員伙食的廚房工作人員倒有好幾位。我們當時實行的是學期制，一年有兩學期，一學期約五個月。每學期有兩次小考和一次大考。所學的課程有以下幾門：國文、數學、理化、歷史、地理、公民、農業、體育。每班有一位級任教師，他是負責學生總成績和一切行為的，我入的是二十三班，我們的級任教師是教歷史課程的陳功錄先生。他是一位很嚴格而和氣的教師，一開始我就很喜歡他，對他教的歷史課特別感興趣。

二、級任老師的關懷和校長的資助

我自己知道我能進入隆昌縣立初中讀書非常不容易，尤其在父親去世後，家裡的經濟情形是那麼的困難。所以一經註冊入學，我便非常用功的讀書，大約一個半月後，我們便有第一次的小考，主要是將每科學過的東西測驗一次。然後在每科再上課時，教師都將考試的成績在班上宣布一次。這時學生們都感到很不安，因為誰都不希望考試的成績不好。等待教師們都宣布完了後，我自己的確暗中感到很高興，因為每科都考得很好，屬於班上最優秀的幾名學生之一。但是再過兩週後，便開始有些憂慮了。主要是時間過得很快，不知媽媽把尚未交付的學費準備好了沒有？我便趁一個週末（星期天）很早（天剛剛開始發白）便急急的走回家，希望在家裡吃過午飯後再趕回學校。

回到家時，媽媽、姊姊和弟弟們都感到意外的高興。姊姊馬上問到學校的情形，我把我知道的一切告訴她，包括我第一次小考的成績，她（他）們都「異口同聲」的說，他們早就料到我會考得很好的。可是，正當我們都在高興時，媽媽突然把她的右手伸向我的腦後，然後輕輕地靠向她的懷裡，便淒淒地哽咽著，好一陣都說不出話來。我立刻感到不妙，但除淚水洗面外，卻毫無表示，主要是不希望媽媽他們更傷心。過了一陣，姊姊大概再也無法忍耐了，便輕輕地叫媽媽道：「媽媽，你應該馬上告訴弟弟我們家裡的情形！」媽媽深深地歎了一口氣，然後握著我的手說：「其周（我小的時候，父親給我取的小名），看樣子，你是讀不成書了。自從你到隆昌縣初中去讀書後，我曾同大伯父談了幾次，你馬上需要十幾元錢交學費，他最初說要我等一等，後來他乾脆告訴我，我們是再也沒有錢讓你去讀書了。他說我們所有的田產都賣掉了，除償還債務外，只剩下幾百元，他已把這幾百元放利息去了。一年約有幾石米的收入，僅能維持家裡最低的生活……。」媽媽咽泣不已，姊姊也在旁眼淚汪汪，弟弟們也失去了平常的笑容，我這時反而鼓起勇氣安慰媽媽：「媽媽，你不要傷心，我長大後，一定會好好地奉養你……。」其實我對大伯父早已有著很大的怨恨，終於宣洩出來了。「媽媽，我覺得大伯父太沒有良心了，他吸鴉片煙，討小老婆，把自己的田產賣光，跑到胡家鎮住進郭家擁有的一棟房子裡，整天找人去打麻將牌『抽頭』過日子。現在趁父親死了，我們還小，便趁機控制我們家裡的財產，不到兩年，他便把我們的田產都賣光了，根本不管我們一家人怎麼生活，他哪有任何良心啊……。」「哥哥，你說得對，他是沒有良心的，我們都恨他極了。」弟弟倆都大聲的嚷起來了。媽媽立刻嚴肅地警告我們，不能這樣批評長輩。她說：「你們應該記得，你們的爸爸不是一再的告訴你們，要遵從郭氏的家規嗎？對長者必須順從尊敬的嗎？萬一你們不小心，說的被他知道了，那我是會吃苦頭的。」姊姊畢竟比我們懂事得多，她立刻說：「弟弟，你們都沒有錯，不過，媽媽更有道理。我們暫時不要評論別人，現在最重要的是討論怎樣能解決你的學費問題。最近我曾同媽媽談過幾次，我想還是請媽媽告訴你，我現在就去準備午飯，你不是還要趕回學校的嗎？」姊姊說完之後，便到廚房去了。之後，媽媽輕輕地歎了一口氣，慢慢地對我說：「其周，自從大伯父告訴我，我們家的田產已賣光了，再沒有錢給你讀書後，我曾同你姊姊談過幾次，我計畫請羅大舅婆來教我們怎樣織布。學會之後，我便可買一部織布機在家裡織布。然後將織好的布送到胡家鎮去賣給一家布店，這樣可以賺些錢來補助家用。你讀書的學費就無法解決了。不過你這學期欠學校的錢，我計畫把自己的玉器拿去請你的舅父代賣，然後再託人通知你回家取錢……」當媽媽說到這兒時，我並未因家裡經濟的困難而放棄讀書的計畫，反而更有決心去完成學業。我便非常果斷地對她說：「媽媽，我非常難過，我現在還沒有能力幫忙你解決家裡經濟上的困難。不過，我了解家裡的實際情形以後，我今後決定按照以下的辦法來解決我自己的讀書問題：（一）讀完隆昌縣中第一學期後，我將重考全公費的隆昌縣立鄉村師範學校，我自信是可以考上的；（二）隆昌縣立鄉村師範學校畢業後，按照規定，便去教小學；（三）教完一年小學後，便去考全公費的四川省立成都第一師範學校，我也相信可以考得上。三年畢業後，再看我們家裡的情形。如果到了這時候，哥哥能率領弟弟們在瀘州城做生意來供養你們，我就按照政府規定，教一年書後去考公費大學，以完成我讀書的想法；萬一到了那時，哥哥的生意做不好，我就暫時不去升學，繼續去教書來供養你們。」談到這兒，媽媽便露出一絲微笑，我立刻知道媽媽同意我的計畫了。我便趁此機會告訴媽媽時間不早了，我們得馬上用午飯。正巧，姊姊已將準備好的午飯放在餐桌上了。午飯後，依依不捨地告別了媽媽、姊姊和弟弟倆，我便急速的走回學校去了。記得臨行前，媽媽還將一些零用錢放在我的衣袋裡。

在走回學校的路上，我開始想了些從來沒有想過的問題：首先我想為什麼父親會那麼重要？他在世時，我們不但沒有感到有「錢」的問題，我們家還養了幾個傭人，而且家裡經常都有客人（親戚、族人、父親的朋友等）來往，家裡也因此經常都有酒席。父親去世後，那幾個傭人都一個個的離開了，而那些客人也再不到我們家來了。其次，我不懂為什麼父親死後，伯父會那麼大的權威來控制我們家裡的全部財產；甚至把家裡的全部田產賣掉，隨他支配，也沒有一個帳目存留。一兩年幾乎就將我們家的財產花個精光。當時母親告訴我們，他主要是根據「雲頂寨」郭姓的「家規」。難道那些「家規」沒有使他也有責任來讓我們活下去嗎？我當時想了許多這類問題，都無法解答，不過內心深處對大伯父和郭氏「家規」都一樣的憎恨。一直到後來我進入四川省立成都師範學校讀書時，讀了一些課外讀物，我才了解傳統宗法對於社會進步的障礙，而一些生活荒謬而又毫無道德和責任感的人便在那種制度下迷亂社會。這種制度在當時中國的知識界早已被否定，尤其經過「五四」運動之後。可是在中國內地的鄉村像我們住的四川省隆昌縣胡家鎮，不少封建傳統還是依然存在，那些不幸的現實使我們受害最深。

回到學校後，我仍然像往常一樣，將全部精力放在學習上。但是，每晚睡覺時，家裡的一些困難問題就縈繞於腦際，久久不得入眠。過了幾天，一位校工來通知我，他說「庶務」鄭先生要我到他辦公室去談話，我立刻意識到事情不妙。不過，我決定坦誠地告訴他，我這時還沒有錢，必須要等我母親賣掉她的首飾後，我才有錢償還我欠的學費……。沒想到這位鄭先生大發脾氣，他站起來大聲地吼道：「開學時，我讓你有機會入學，當時只交一半的學費，其餘的一半現在交，你現在又說沒有錢，究竟是怎麼一回事呢？我不相信你們郭家的子弟交不起學費，我得領你去見你的級任老師陳功錄先生，跟我來！」他大聲地叫著，我立時感到難過萬分。在漫長的人生旅途上，第一次遭受到無可拒抗的委屈。到了陳功錄先生的辦公室，他便以奇異的眼光注視「庶務」先生和我，同時並以他平時那種溫文的態度問我們找他有什麼事，請我們坐下來談談。「庶務」鄭先生也同先前一樣大聲地重述一遍催我交學費的事，並要求陳先生同校方商討是否還要我讀下去。我一聽他說這話時，絕望的眼淚立刻淌了出來。陳先生便對「庶務」說：「鄭先生，你先回去，待我作了決定後再告訴你。」鄭先生立刻站起來向陳功錄先生表示感謝後便離去了。

「庶務」鄭先生離開陳先生的辦公室後，他便很慈祥地對我說：「郭成棠，你知道，在我們隆昌縣立初中讀書的學生都必須交學費才能讀書的，你剛才也聽鄭先生說過了，不交學費是不能再讀書的。你可不可以告訴我，為什麼開學三個月後，你還沒有把學費交清？」我便坦誠的告訴陳功錄先生我還沒有交清學費的原因；同時也提到我還在等我的媽媽賣她的首飾的情形。他聽了之後，不禁歎息了幾聲，然後對我說：「郭成棠，你是我班上的好學生之一，我希望能幫助你完成你的初中學業。我現在帶你去見我們的校長，他是一個很好的教育家。」我立時感到一種希望燃燒在心裡，便跟著陳先生去見校長。到了校長室，李天俊校長站起來同陳功錄先生打過招呼後，便以驚異的眼光不斷地注視著我，他大概很奇怪為什麼陳先生會帶這樣一個學生去看他吧！同時他也請我坐下。陳先生便把我沒有交清學費的情形，家裡遭受的困難狀況，都一一地向李校長敘述了一遍，並說明我是他班上的好學生。最後，他希望李校長給我更多的時間交學費，讓我有機會讀書。李校長向陳先生連聲說「是的、是的」之後，馬上直接問我，如果我能有機會讀完初中，將來的計畫是什麼？我告訴李校長，假如我有機會讀完初中，我希望能考入公費的高中和大學以完成我的學業。「好極了！好極了！」李校長帶著慈祥的笑容說，然後他更追問我一句：「當你完成教育之後，你打算做什麼事呢？」我便以興奮的口吻答道：「如果我能有機會完成學業，我也希望能在教育工作上做出一些貢獻，讓有志的年輕人都能受到好的教育。」李校長從他的辦公座位上站起來，然後走到我的前面拍著我的肩膀說：「郭成棠，你好好在陳先生指導下讀書吧，你在隆昌縣立初中的三年學費由我負責解決，你不用擔心。」我立時熱淚盈眶，連向李校長鞠躬說謝謝。陳先生也笑容滿面地向校長表示感謝，然後他便領我走出校長的辦公室。在我們走回教室的一段距離時，陳先生像他平常一樣親切的鼓勵我好好讀書，他認為我希望完成學業的理想一定可以實現的。

到了週末，我又一大早就起身跑回家，我希望把李校長讓我不再交學費讀書的好消息告訴媽媽和姊姊。從隆昌縣城到大青杠我家約四十華里，我已走熟了，一路上走走跑跑，約三個小時就可以走到。到家時，媽媽、姊姊和弟弟們全都在忙著做清潔工作。小弟弟跑來叫聲：「六哥（按照祖父母所有孫輩的大排行，我是第六位），你回來得正好，今天舅舅要來我們家。八哥已經為媽媽買了肉回家……」我沒有聽完小弟的話，便一面叫他遲一點再說，一面急步向前招呼媽媽和姊姊。她們馬上停下工作，都非常高興的向我問長問短，我便趁此機會，把李天俊校長特許我不交學費讀完初中的事情詳細地告訴她們。母親馬上將我摟在懷裡，熱淚盈眶地對我說：「其周，好極了！好極了！……」姊姊也走過來顯得很高興的說：「六弟，看你多棒！你是我們家最爭氣的了。」接著，弟弟們也上前來問長問短。於是媽媽叫我們都到廂房坐下，她給了我一杯茶後，問我是不是午飯後要趕回學校？我說是的。她便說這次我沒有機會同舅父見面了，因為他來我們家前，必須到桐家鎮去趕集，所以他到達我們家時就很晚了。我便對媽媽說：「不要緊，反正以後有機會見著舅父的。」我請她向舅父解釋一下，也請她把我有機會讀完初中的消息告訴舅父。媽媽說她一定照辦，她相信舅舅一定會為我感到高興。接著，姊姊和弟弟們都問了一些有關陳功錄先生和李天俊校長的事情。由於我也知道得很少，所以我只談了些我對他們的印象。因為大夥兒都很高興，一直談到午飯時，似乎還說不完。還是媽媽提醒大家時間不早了，午飯後，我便匆匆地告別他們回到學校去了。

回到學校後，比以前更用功地讀書，暑假前也再沒有回過家，因為自己深切地感到讀書的機會不易。要不是陳功錄先生的關懷和李天俊校長的幫助，大概初中第一學期末讀完，就再沒有機會讀書了。

暑假回家時，廂房裡已有兩架織布機，媽媽和姊姊都從羅大舅婆那兒學會了織布。據媽媽說，姊姊織起布來比她快得多。姊姊則說，媽媽也不錯。無論如何，她們已學到些賺錢的本領了。弟弟們雖然還小，也因家裡經濟情形的改變而改變了生活的方式。以往一切靠傭人，現在他們都得做傭人所做的許多事，尤其大的弟弟表現得特別能幹，他和小弟雖然還在胡家鎮小學讀初小，一回家便代媽媽負擔較重的工作，如到水井擔水回家，在後園種菜，週末還帶著小弟到十多里外的煤炭廠去擔煤回家等。後來媽媽和姊姊織出來的布也由他肩負到胡家鎮的布店去賣等。其實他那時還不到十一歲。

三、初中畢業後的處境和苦思

初中三年，很快就過去了。一九三八年是日寇發動蘆溝橋事變全面侵華的第二年，全國齊心抗日，我們在大後方的四川也不例外。從中學起，便增加了軍事訓練的課程。不過，當時的主要戰場還在京滬及沿海一帶，所以在四川的學校生活還沒有多大的改變。中學畢業學生照樣要到規定的地方去參加畢業統考，通過這種考試的學生才能畢業。我們的考區是設在資中縣中學裡。記得是一九三八年十二月的一日，由教務主任帶我們畢業班（隆昌縣初中二十三班）的學生乘公共汽車到資中去參加畢業考試。這是我有生以來第一次坐汽車，興奮無已。從隆昌到資中，中間只經過內江縣城，約三個小時就到了。我們當天是住在資中學生宿舍裡，第二天考了整整一天，第三天再乘原車回到隆昌縣城後各自回家。我一回到家，媽媽、姊姊和弟弟們都向我問了許多問題，從坐汽車的感受到資中的住食問題。最後還問到考試的結果，我都一一解答了。談到考試，我告訴他們，我考得很好，畢業絕無問題。他們聽了都特別為我高興，記得當天晚上媽媽特別做了幾樣好菜為我慶祝，我當然感到非常高興。在飯桌上也討論到我畢業後的問題，其實這是一個非常困難而又矛盾的問題；因為全家自媽媽以下都很自然地認為我是應該繼續讀書的，但是家裡經濟的困難，我自己也非常清楚。所以一開始討論時，我便建議現在不要討論我讀書的問題，我的理由如下：「(一)家裡經濟生活的困難使媽媽和姊姊都得織布來幫助家用，而我自己不能幫助，也沒方法能幫助，深心已感到非常不安，所以有關我讀書的問題等想想再說吧；(二)成樌和成樺兩個弟弟初小剛念完，是不是繼續念高小，或者也到瀘州去學生意？這個問題倒是應該討論的。」當我說到這兒，媽媽便說她正要告訴我這方面的消息。她說：「哥哥在瀘州做『學徒』已有三年，算是學會了，他也同他的女朋友(他店主的女兒)結婚了，他計畫過新年後把成樌和成樺帶到瀘州城去做點小生意。」說到這兒，她似乎也感到些希望的喜色。此外，大夥也先談了些比較輕鬆的事情。晚飯後，媽媽怕我太累了，要我先去休息。事實上，跑了四十華里的路回家，著實也累極了，一上床便睡著了。第二天一早醒來，思想卻不得平靜，主要是在考慮怎樣才能到成都去報考全公費的省立成都第一師範學校，因為這是我能繼續讀書的唯一機會，如果考得上的話。可是到成都報考的路費從哪兒來呢？現在家裡全靠媽媽和姊姊織布賺點錢來維持生活，是不可能給我任何費用的，而且我也不該和不願意要呀！時間又那麼急迫，一般高中都是在十二月中舉行入學考試，十二月底公布考試結果，第二年初就入學了。

正在憂慮時，突然想起初中畢業考試後，由資中乘汽車回隆昌的路上，一位姓李的同班同學（他也是胡家鎮的人）曾經談到，他可能走路到成都去考高中，當時有些同學還說他開玩笑。而他卻一股正經的說他要這樣做。反正第二天（十二月四日）是胡家鎮趕集的日子，而這位喜歡打籃球的李同學邀約所有胡家鎮在隆昌縣立初中讀書的同學到胡家鎮小學打籃球，我決定準時去，藉此再問他是否真的要走路到成都考高中？何時動身去？殊不知到時我一問他，他就反過來問我是不是有意同他一齊走路去？我說有可能，同時我也希望知道更多的詳情：例如要走多少天？需要多少錢？是否趕得上報考時間等，他都一一的告訴我。他說，他計畫十二月九日動身，每天平均走一百華里，需要五天（十二月十三日）才能到達成都，所以離考試只有兩三天（當時一般高中都在十二月十五日與二十日之間舉行入學考試）。路費非常有限，每天住宿和飯錢不會超過一元錢。最後他還說他之所以知道得很清楚，是因為他的父親和哥哥是做生意的，經常走路到成都和重慶。說到這裡，他就問我是否願意同他一齊走。我說我希望同他一齊走，但是我不能馬上作決定，要等到下一次趕集（十二月七日）時才能告訴他。他認為沒有問題。後來彼此告別後，我在回家的路上輾轉尋思，決定第二天到瀘州去找哥哥幫忙給我籌點路費。我決定同李同學一齊走路到成都去報考四川省立成都第一師範學校。回到家後，便立刻把我的計畫告訴了媽媽和姊姊，她們還是像往常一樣，對我要做的事情總是贊成和協助的。她們也知道從我們家到瀘州城有一百多華里，需要走整整一天，所以催我晚飯後馬上睡覺。第二天天還沒有亮，媽媽便起來把早飯做好，然後把我叫起來用早餐。臨行前，她也給了我一些零用錢，以便在路上買雙草鞋和吃午飯之用。大概是自己心理太緊張，一出家門便走得非常之快，到達瀘州城時還不到午後五點鐘。在街上問了兩次路，便找到哥哥工作的商店了。他一見到我，既高興又驚奇，一開口便問：「六弟，家裡的人都好吧！」我當然回答他都很好。於是他認為我走了一天，一定很飢餓了，立刻帶我到不遠的一個小麵館去吃晚飯。在吃飯時，我便告訴他我計畫走路到成都報考全公費的省立成都第一師範學校的事。剛說到這兒時，他便問我是不是來找他籌備路費？我說他判斷得很對。哥哥立刻露出他常有的笑容對我說：「六弟，我雖然在這兒還不能賺什麼錢，但是你需要的路費，我一定設法為你籌措。」由於我第二天要趕路回家，所以他要我回到他工作的店子後，馬上到二樓他住的地方去休息，他自己便去找朋友籌措我需要的路費。

第二天早晨我起床已快七點了，哥哥已買好燒餅和豆漿等著我。在早餐時，他立刻交給我十八元紙幣和一個大籐包。事實上，哥哥幫助我這十八元錢是我一生為學業奮鬥所得到的唯一的私人援助。早餐後，告別哥哥回到家裡已近黃昏了。媽媽、姊姊和弟弟們正等著我吃晚飯。他們都很高興哥哥能幫助我去成都報考學校的路費。晚飯後，媽媽便催促我早去休息。其實走了一天的路，確也夠疲倦的了，所以晚飯後我睡覺去了。

四、步行六百里到成都報考省立成都師範學校

過了一天便是胡家鎮趕集的日子，我按約到胡鎮小學前的籃球場去與李同學見面。他一見到我

便問是否同他一道去成都，我當然答應是的。他馬上跑過來握著我的手說：「棒極了！」接著我們便討論些臨走時的細節：譬如出發的時間、集合的地點、帶些什麼東西等。意見交換完後，他還約我到一家小麵館吃了一碗湯麵，然後我們就各自回家作準備去了。李同學和我一樣，都是第一次長距離旅行。可是他從他的父親和哥哥處吸取了很多實際經驗，而我則一無所知，所以旅行中許多事都以他的意見為主，譬如要攜帶什麼東西和在路上的食宿等，全由他建議。由於攜帶的東西都得自己提拿，所以只帶必須的一條棉被蓋和一些換洗的衣服。到了這時才發現哥哥送的大籐包用途大極了。第二天一大早（不知道具體的時間，因為當時我們都沒有手錶）我們在約好的地點會面後，就從胡家鎮直奔隆昌縣城，然後沿著剛建成不久的成渝（由成都到重慶）公路往西北行走。大概是興奮的關係，我們不但走得很快，而且也不感到疲倦似的，平均每天走一百二十里便找小旅舍休息。沿途經過內江、資中、資陽和簡陽幾個城市，從簡陽到成都必須經過位於一座山頂的「龍泉驛」（清朝官員騎馬跑文書的驛站）。這裡是我們全程最高的「地方」，要匍行很高的坡度，行走起來相當吃力。當時的我真有「關山難越」之感。走上山頂，距成都只有五十里了。在山頂的一家小館吃過午飯後，便一口氣就走到成都了。李同學早已同住在成都「蜀華中學」的隆昌縣中校友蔡富敖同學聯絡好，請他在「蜀華中學」給我們準備了兩個舖位（因為在寒假中，留校的學生很少）。所以我們一到成都，便直接走到「蜀華中學」找他，蔡同學見著我們也很高興。我們落腳後，便做些準備報考學校的事情。隆昌縣中畢業的同學到成都考高中的有好幾位，而我是唯一要報考省立成都第一師範學校的，他們都準備考普通高中。成都公私立的高中有好幾個，都分散在不同的市區。抗日戰爭一開始，為了避免日本飛機的亂肆轟炸，都遷移到不同的郊區了。我要報考的省立成都師範學校已遷到離城相當遠的聖燈寺，幸好報考還在原址原道街舉行。我準備去報考，考完後也頗有信心，一直在蔡富敖同學處住著等放榜。等了約十天，果然榜上有名，心情的舒暢，絕非筆墨所能描述；因為我唯一能繼續念書的機會真的得到了。

過了幾天，便是一九三九年的新年，可是中國傳統的舊曆新年還有一個多月，事實上，當時中國的農村對於舊曆新年仍然是一年中最重要的慶賀節日，就我個人而言，是有生以來第一次錯過它；但是內心不但沒有任何遺憾，反而對於自己的未來抱著無窮的希望。等到省立成都師範學校開學後，我便搬到聖燈寺去了。

五、聖燈寺的三年

（一）學習環境和學習生活

聖燈寺位於成都市的東北部，離成都市約有十華里。這座廟宇的本身並不很大，不過周圍的空地很多，四周都種有長刺的植物作圍牆圍著。省立成都師範學校遷到此地時，並未移動寺廟的任何部分。全部校舍，包括禮堂、教室、宿舍、教員住房、廚房、飯廳、販賣部和體育場等，全是圍著寺廟修建的臨時建築物，主要是用竹子編成牆，再塗上以切碎的乾稻草拌稀泥。既不美觀，也不堅固，僅可暫避風雨。

抗戰時期，成都變成了大後方的文化中心。當時國內東部許多名大學如燕京大學、金陵大學、金陵女大、齊魯大學、朝陽大學等都搬到了成都，再加上成都原有的四川大學和華西大學，所以成都經常都有各種學術活動，當時有機會在成都讀書的學生，「見多識廣」的機會非常之多。差不多每週末，各大學群集的「華西壩」都有學術演講。我第一次也是唯一的一次聽到馮友蘭、馬寅初、任鴻雋、錢穆、晏陽初、羅家倫等人的演講，都是在華西壩。

現在我想先談談這時省立成都師範學校的學習環境和實際生活情形，然後再敘述我自己的學習生活。學校自成都的原道街疏散到聖燈寺後，學校的設備根本就說不上，圖書館非常簡陋，參考書都很破舊，新書根本沒有，期刊也少得可憐。我們最重要的學習，主要是憑教員講課的筆記。就我個人而言，這總算是一個不容易獲得的機會，所以從第一學期起，我便在課餘的時間裡把筆記整理得好好的，然後盡量熟悉要點，多餘的時間，多半用在課外讀物上，尤其是文學方面的東西，真是愛不釋手，因而結交了一位愛好文學的葉德厚同學，進而結為最好的朋友。他與我是同班同學，他看書比我看得快，可是他卻毫不在乎課堂上做筆記的事，更不在乎考試的成績。由於他的絕頂聰明，任何功課他都可以考過，雖然不一定得高分。另一方面，葉同學在各方面都非常活躍，他認識的人也非常多。許多當時在成都政治上活躍的人物不是他在灌縣初中讀書時的老師，便是他的灌縣同鄉。比如當時國民政府在成都文教界用以號召知識青年的「三民主義青年團」的負責人任覺五（四川省國務主任）和黎光明（四川省團務書記長）、四川省保安司令部司令王元輝都是灌縣人，而黎還是親自教過他的老師。所以當時成都文教界的任何重要活動，葉同學總是我們同學中最先知道的一個。由於我們是好朋友，他經常鼓勵我參加這個活動或那個活動。在個性上，我本來是個非常好靜的人，對於許多活動如辦壁報、演話劇和唱歌等，我在初中時都毫無興趣，更無基礎。但在當時的成都，無論高中或大學對這些課外活動都很流行，主要抗日戰爭正熾，知識分子有責任和義務用這些活動去向民眾宣傳抗日戰爭對於國家民族存亡的重要性。所以從第一學期開始，我便參加了好友葉德厚同學的壁報組，更由另外兩位同班同學舒仲和王仲懷拉去參加話劇組。第一學期結束時，我不但對寫小品文和新詩有了興趣，而且還在一個獨幕劇中作了演員。大概好友葉同學認為我在演話劇時的講話聲調很出色，第二學期他便勸我參加學校當局主辦的演講比賽。沒想到我卻獲得了全校第一名。於是學校當局便把我代表學校送去參加全成都市各中學校的演講比賽，殊不知又獲得了第一名。不過，唯一的獎品只有錦旗一面。從此，全市性的各種活動便開始來邀請我參加。因此，我便開始認識了一些其他中學的代表同學了，有幾位外校同學竟與我變成了終生的好朋友。在當時成都所有的各種學生活動中，「三民主義青年團」在暑期主辦的「夏令營」恐怕算是最富吸引力的了。

（二）夏令營的啟示

我是一九四〇年暑假參加在成都北面約一百華里的灌縣「夏令營」的。參加的人約有一千名左右，都是成都附近的大學生和高中學生（男女都有）。全由教育當局在各校選派的所謂「有領導作用者」。我不相信我當時在省立成都師範學校的同學中有什麼領導作用。不過，既被選中參加，總是一件很興奮的事情。灌縣是兩千多年前，李冰父子建造人類第一個偉大的水利控制和灌溉系統的「都江堰」的所在地。它是在泯江與沱江的匯流處，也是群山俯視成都平原的起點，風光驚險而幽美。約在十多華里之外的青城山，乃川西美境之一，所謂「青城天下幽」是也。

那次夏令營的內容相當豐富，每天上午都有政府的領導人或名流學者演講，主要是討論中國抗戰的光明前途，或知識青年的未來對社會和國家的義務。午後和晚上則是軍事訓練、音樂和有關藝術生活的活動。大體說來，參加的人對於所有的活動都感到興趣而樂於接受。

（三）「跑警報」也成了生活的一部分

在省立成都師範學校讀書的第一年，跑了不少「警報」。成都是個氣候溫和而美麗的平原，無法建築「防空洞」，唯一的辦法就是聽到「警報」聲就往郊外跑，跑得愈遠愈安全。但是窮兇極惡的日本人，施展了慘絕人寰的轟炸法，我是親眼看見過的。他們每次去轟炸成都多半是黃昏時候或晚上，以二十七架轟炸機分三隊輪流用燃燒彈轟炸，然後在城郊低飛用機關槍射殺沒有遮蔽的群眾，損失極其慘重，死傷的人非常之多，結果成都市被轟炸得面目全非。有一次，轟炸後，把最繁華和現代化的春熙路和最長的東大街（最少有五里路長）幾乎全部燒光。

記得有一次跑警報，還出了一個小小的笑話，故事是這樣的：一個週末（事實上是星期日，當時中國的學校是上六天課的），我同一位好友到華西壩去聽演講，聽完之後大概是午後四點鐘左右，我們便守約去拜訪一個在燕京大學（離華西壩很近的南門二巷子）讀書的學長。他非常客氣，一定要請我們到附近的小館吃麵。剛吃完麵我們正準備告辭回聖燈寺，「警報」響了。這位學長便領我們往華西壩後面的「洋墳」（外國人的墓場）處跑。他說那兒有些石碑和樹林，至少可以防衛日敵軍機槍的掃射，我們跑到那兒時，已有不少人了，幾乎全是學生。我們很快的找了一塊大石碑在旁邊坐下。幾分鐘後，隆隆的飛機聲音愈響愈近，我們全靜靜地把頭靠近石碑撲在草地上。突然火光四射，加上劈哩啪啦的槍聲，讓人驚魂若夢。突然之間，旁邊一位年輕學生大叫：「哎呀！我被機關槍射中了！」他的手還在身上抓出一些鮮血來，雖然天已黃昏，還可以看得很清楚，可是沒有任何人回應。我突然靈機一動，這位先生既然被日本鬼子的機槍掃射中了，他就在我旁邊，那我是不是也被射中了？因而馬上轉身背對著我的朋友，並輕輕地對他說：「請你看看我背上有沒有機槍射的洞？」我的朋友抓著我的背仔細地看了一遍說：「沒有！沒有！」然後我們又靜靜地撲在石碑旁邊的草地上。

空襲警報解除後，天色已晚了。我們便告辭在燕京大學讀書那位學長，摸著夜路趕回學校，已是晚上十點多鐘了。可是走到我們宿舍前，還有許多同學站在月光下談論跑警報的事情。他們看見我們時，便一窩蜂的上前來把我們圍著，一定要我們講述跑警報的經過。我的好友要我先講，我也只好把我們去華西壩聽演講，到燕京大學看朋友，和到華西壩後「洋墳」處躲避敵機轟炸等情形敘述了一遍。可是他們認為太平淡了，沒有什麼神奇，便一再地追問我的好友，他便把那位年輕人說他被敵機的機關槍掃射中了的故事說了一遍，而且也把我當時說的話引用了進去，於是大夥兒哄笑起來，我才覺得我當時請人看背上是否被日機打出一個洞是個大笑話。

（四）生活的清苦和對前途的想法

在聖燈寺的三年，我自己在實際生活上實在苦不堪言，因為我除了能享有公費學校發給的最低生活費用外，身上經常是一個零用錢也沒有。據後來的了解，當時家裡確是一貧如洗。姊姊已由媽媽的舅媽介紹與人結婚，全靠「郭姓的傳統」，從出生以來就開始準備下來的東西。哥哥在瀘州城學了三年「生意」，算是出師了，便把兩個弟弟帶到瀘州城去做點小「生意」，不久也將媽媽接去了，他們把「大青杠」的房子和其他家產一齊鎖上，直到差不多十年後，中國人民政府便接收去了。哥哥他們靠做點小生意來維持一家人的生活，也並不是件容易的事。當然就再沒有能力來幫助遠在成都的我了。同時，當時中國還沒有學生「打工」的習慣和機會，所以我在省立成都師範學校讀書那三年，就只得靜靜地過著「腰無半文」的煎熬了。不過，天無絕人之路，當時在成都另外一個私立中學讀書的兩位同鄉（我們都是胡家鎮小學的同學，也是隆昌縣立初級中學時的好友），總是常常給我一些小小的接濟，這真是我一生難忘的事。

省立成都師範學校本來是培植四川省小學教員的專科學校，任何畢業生如要繼續升學，至少得在小學服務一年。我在省師三年，不但學得了服務小學教育的必需知識和經驗（最後一年，每週都有幾個鐘頭到附屬小學去試教和實習有關小學的行政工作），對我個人而言，恐怕最大的收穫是知識領域的視野擴大了，同時基於一些課外活動的結果，對於自己的前途也充滿了信心。例如：我們的歷史教員鄭先生有一次和我單獨談話時，便鼓勵我將來入大學時選修歷史，特別是西洋史。我問他為什麼時，他說：「我覺得你是你們同學中最富講演才能和機智的一個，而且你在各方面表現了你的愛國熱誠。所以你將來應該立志為國家做些外交方面的工作，而歷史，尤其西洋史是外交工我最起碼的基本知識，所以我建議你將來入大學主修西洋史。」鄭先生這番好意我誠心誠意的領受了。沒想到，抗戰勝利後，國共兩黨殘酷地互相廝殺，使我一生與政治絕了緣，哪能有任何機會為國家做什麼外交工作！不過，我後來考入國立中央大學，確實選了歷史作為主修科，而且在美國幾十年，都是從事與歷史有關的工作。

在省立成都師範學校畢業後，我算是特別幸運，申請並被錄用為中國航空子弟學校的教員。這算是一個師範學校畢業學生在當時最好的工作了。我不但是全校最年輕的一個教員，且是除校長和教務長外唯一的男性教員。幸好大夥兒對我還算客氣，不然，生活就不像做學生時那麼容易了。當時政府的規定是：師範學校的學生畢業後，至少得在小學服務一年。我也計畫只教一年書，除非考不上想念的大學。所以每週教書以外的時間全部都用來準備考大學的功課。每個週末，我和不同學校的好友（成都中學的李式屏、蜀華中學的周兆祥和省立聯中的蘇心澄）總是聚在一起，討論考大學的種種問題。時間過得很快，在「中國航空子弟學校」的一年教書生活很快就過去了。

第三章 考進了抗戰時期的最高學府——國立中央大學

記得一九四三年全國大學統考的時間是七月中，由於讀師範學校的限制，我只能報考有師範學院的大學，所以我在全國各大學中選擇了國立中央大學的師範學院，主修史地系（文學院才有歷史系）。由於好友葉德厚的建議，我也向學校當局申請了保送中央大學的機會。我選擇國立中央大學的原因是：抗戰時期的國立中央大學由南京遷到重慶的沙坪壩，由於重慶是戰時首都，因而吸引了國內的第一流教授；而且也有許多國際性的學術活動，真是全國的最高學府。考完之後，自己覺得考得並不十分滿意，可是到了八月中，卻接到了入學通知。於是我便積極地準備離開住了四年多而且也是我一生最喜愛的都市成都了。

當時的國立中央大學，二年級以上和研究院都是在沙坪壩，而一年級的各院系則在柏溪（從沙坪壩溯嘉陵江上游約二十多華里），從成都到柏溪，先得乘公共汽車到瀘州，由瀘州乘船到重慶，再由重慶乘小木船到柏溪。到了瀘州城後才開始了解到，哥哥領著弟弟做的小小布匹生意，剛好可以養家；姊夫李華豐先生也在瀘州做生意，而且同哥哥他們住在同一條街。最使我開心的是能看到許久不見面的慈母和姊姊及兄弟們了。在瀘州家裡住了兩夜，我才了解到哥哥弟弟們也和我一樣，為了實際生活和前途，都工作得非常辛苦。唯一不同的是：他們再也沒有機會進學校學習了。不過媽媽看起來很健康也很高興，這是我當時最感安慰的了。離開瀘州前，同媽媽照了一張黑白的合照（當時還沒有彩色照），同時我也把在成都時朋友為我照的單人照片留給了媽媽。沒想到那張小小的照片便成了她此後三十年間想念我的唯一紀念物了（一九七五年夏初我被邀請回國觀光，承政府之助，把我的哥哥和弟弟們都接到北京「華僑飯店」與我見面，但姊姊仍留在瀘州無法見面，遺憾萬分。最傷心的是媽媽剛去世兩年。據小弟說，每當媽媽在晚上想念不知我的死活時，便把當年我送她的那張照片拿出來看看又把它收藏起來了）。

從瀘州到重慶，哥哥為我訂購了民生公司最大的「民聯輪」的船票。這是我第一次有機會乘上現代化的輪船，事實上也是我第一次看見現代輪船是什麼樣子。離開瀘州時，媽媽和姊姊帶著小弟到江邊送行，家裡其他親人都必須工作，好在送我去最高學府念書是件光榮的事，所以大家都很高興。當輪船向長江下游急駛時，媽媽和姊姊的影子愈來愈小，最後在秋高氣爽的陽光中消失了，我才從人叢中慢慢地走到甲板上找到一個角落坐下來，事實上要坐下來還真不容易，因為人與人之間，根本就沒有太多的距離。在抗戰時期，這是非常正常的現象，無論是公共汽車或輪船，任何時候都有人滿之患。能買到票就是天之驕子了。記得我當時帶了一條媽媽給我的較好的被蓋（當時一般人旅行都得帶被蓋，除非是達官貴人）和哥哥送的一個書包。我坐在被蓋包裹上，把書包抓在手裡，然後把當時一位好友送的也是我最喜愛的中譯本《羅曼羅蘭》拿出來閱讀。一直看到疲倦得不能再看了，才把書放回書包，然後把藍墨水瓶（當時的自來水筆，絕不是學生如我者能夠有能力購買的）拿出來放在甲板上，準備寫日記。沒想到，剛把瓶蓋打開，用鋼筆去吸墨水時，在右邊一個年輕女生突然移動一下，把墨水瓶推倒在甲板上，我立刻不顧一切地把它抓起來，可是已經太晚了，我的書包和褲子已弄得污穢極了。她也馬上彎下腰來想幫個忙，但又不知怎麼辦，嘴裡繼續說著：「對不起，對不起！」「沒關係！沒關係！沒關係！」我當然只能這樣回答道。她那柔美而有幾分難堪的聲音使我下意識地看了她兩眼，立刻讓我想起媽媽和姊姊送行時，這位小姐也在那兒向她的爸媽道別。但我仍然沒有同她說什麼。我當時唯一能用來擦淨書包和褲子上藍墨水的東西只有隨身帶的一條手絹了。等我把一切收拾好，重新坐在被蓋包裹上休息時，這位小姐又大大方方地和我交談起來了。我們不但交換了姓名和自己去的地方，也簡單的談了一些家庭的情形。她長得很清秀，身材也很好，談吐柔美而富吸引力。原來她的父親是瀘州有名的曾律師。她的原籍本來是瀘州，可是她的祖父在清朝末年考上了舉人，後來便派到山東做官去了。她的父親是在山東出生的，她的母親是山東人。抗戰一開始，她的父親就搬回瀘州來執行律師職務。她自己是在山東出生的。所以她當時是讀國立中學（抗日戰爭時期，政府專為戰區青年而在後方設立的）。她這次考大學很不幸沒有考上，卻被學校保送到江津縣白沙鎮的大學先修班（政府專為國立中學女生沒有考上大學而設立的），一年之後，便可按興趣直升大學。所以船到白沙時，這位曾小姐便下船了。告別時，她還大方地和我握了一次手，這也是我一生中第一次和年齡相似的女性握手。可是我絕沒有想到，後來進入柏溪的中央大學一年級才幾天便收到曾小姐的來信，寫的文情並茂。連讀幾遍後，頗有飄飄然之感。一年後，她進入了從上海遷到四川北涪的復旦大學（離沙坪壩約百華里的嘉陵江上游），我們間的通訊一直延續到抗戰勝利後（約有三年時間）才慢慢地中斷了，我們也從來沒有機會再見過。

「民聯輪」沿途經過的城鎮都得停泊，讓客人下船和新旅客上船，所以第二天才到達重慶，我隨即乘小木船到國立中央大學一年級所在地的「柏溪」去註冊。到達柏溪後，才發現這裡真是一個與城市隔絕的世外桃源。離船之後，還得爬行一段山路，好在我的行李有限，不然就相當困難了，因為木船靠岸後，既沒有任何建築物，也沒有任何人。幸好船夫熟悉這個地方，船泊岸時，他便告訴我隨著石板路往上走，進入山腰便可看見幾個小商店，再往上走便進入中央大學了。他的指引很正確，不過石板路非常彎曲，山腰上的小店是兩家小茶館，兩家小麵食店。過了這幾家小商店後，便有服務的同學帶路到註冊的辦公室。註冊之後，不但領了宿舍的號碼和郵箱的號碼；也領了軍服（男女學生都穿軍服）。接著便到宿舍把鋪位安排好，再去把教室和飯廳找到，便開始休息了。

一、一年級在柏溪的學習和生活

首先我願意將柏溪的環境簡單地描述一下。柏溪是嘉陵江畔的一個農村，地處丘陵地帶的頂端，除由江岸上去的石板小徑兩旁有些柏樹外，幾乎就沒有什麼林木了。不過學校後面倒有一個相當大的桃樹園。當春天桃花盛開的時候，便是同學們結伴散步的好地方。

學校的建築約有十餘棟，都是臨時用木架支撐著，四周用竹子編成牆壁，上面塗著碎稻草拌泥土的東西，屋頂則蓋以稻草，就當時中國農村生活的標準而言，也算簡陋極了。這些房屋是圍繞著一個平坦的地方建築的。這塊平坦的地方便用來做大操場，是體育活動和軍事訓練的要地。教職員宿舍是在小山頂上，圖書館則在教職員宿舍與行人道之間的斜坡上。總之，一切都是因陋就簡。

簡單談談這兒的學習和生活，當時中央大學一年級所有院系的課程都是必修的，選修的幾乎沒有。我考入中央大學的是教育學院的史地系。我們的課程有：基本國文、基本英文、中國通史、地理通論、教育概論、中國古代史、地圖學、教材和教法與軍事訓練。我們的教師，大多是助教和講師（當時國內一般大學都是這樣，正教授或副教授大都講授二年級以上的課）。唯一例外的是教教育概論的蘇挺教授。他不但是留學美國獲得博士學位的正教授，而且也是柏溪校園唯一穿西裝的人。可惜他的課並不為同學喜歡，好在他的性格溫和，與大夥兒也就相處泰然了。這時我最喜歡的是一位教歷史的紀先生（我已忘記他的名字），他雖然還是一位講師，而且口音也帶著很重的浙江口音，可是他的課講得非常好，而且人也和藹，對學生有問必答，頗有學者風度，他給我的啟示很大。

這時已是抗日戰爭的第六個年頭了，一般物資都非常缺乏。一般課程都沒有教科書，參考書不但過時，也非常有限。幾乎所有的課程都靠教員口講，學生抄筆記，圖書館很小（大概不到一百個坐位），燈光也極其闇淡，圖書尤其破舊。但是為了求知欲，同學們還是拚命往裡擠，尤其晚自習的時候，為了獲得一個座位，有些同學一吃完晚飯，連口不漱牙不刷，便到圖書館去了。好在大學一年級，沒有任何課程需要寫論文。所以一般同學都是把筆記當作寶貝，不但要將它記錄得完整，抄得公正，而且將它看得熟極了。主要的目的是在考試時得高分，反而對於如何做研究和寫論文等倒不重視了。這恐怕是抗日戰爭時期一般大學的趨勢。

在柏溪中央大學一年級，休閒生活根本上是沒有的，當時的教育制度是每週上六天課，星期天休息。由於交通困難，學校在農村中孤立著，有些同學到附近臨時建立的小茶館打橋牌或漫談，就算消遣了。有錢的同學，也許到麵館吃碗紅燒麵或大肉麵，就算是奢侈的了。如有欣賞自然的雅士，則可約好友去漫遊校園後面的桃花山，尤其在春天桃花盛開的時候，那兒確是頗富詩情畫意。

就我個人而言，除了有數的幾次應好友的邀約，遊過桃花山外，從沒有坐過茶館，也沒有玩過橋牌，連小麵館也沒去過，一方面是沒有興趣，另一方面是沒有可用的零錢。大多數的週末，我總是用來整理筆記或看小說，有時也寫些小品文。後來到了沙坪壩，這種生活方式便成了我的生活習慣。

在柏溪一年，我們從來沒有跑過「警報」，甚至重慶遭日本飛機從武漢飛來轟炸的次數也有限極了，主要是美國的飛虎隊已在四川的基地開始向日本反擊。

恐怕在柏溪短短的一年，使我難於忘懷，甚至於一生永遠也忘不了的，乃是一個好朋友田康的慘死。田康是四川省資中縣人，家庭非常富有，為人也非常厚道，他個子高高的，長得非常瀟灑，臉上經常掛著引人注目的笑容，且常常穿著黑皮「夾克」。在當時，這也算是特有的了。他主修藝術，我們是在圖書館認識的，很快便成了好友，因為我們都喜歡文學，非常談得來。有一天剛吃過晚飯，我還在宿舍裡整理東西，便聽有人在嚷叫，說有同學碰電死了，我馬上跑出宿舍問這位同學事情發生在哪裡？回答說在圖書館前的電線桿上。我便向圖書館飛跑過去，在人群中，看見一根電線桿附近的地上蜷曲地躺著一個穿黑皮「夾克」的人，我馬上眼淚縱橫，知道一定是田康，但不知為什麼啊？這時校警已站在那兒不許同學接近。不久，另外幾個校警將他捆在擔架上往嘉陵江邊抬去，以便送到沙坪壩的醫院去搶救。看樣子希望是很小的了。等校警把他抬走後，我才開始打聽，為什麼他會遭到這種慘境？據眼見的同學說，當時圖書館的電燈熄滅了，有人說是因為附近那支電線桿上的電線斷了的關係，田康正好走近圖書館門口，他一聽說，便以他一貫「當仁不讓」的作風，馬上爬上電線桿去修理。他既沒有必需的工具，大概也沒有必需的電學知識，憑著慷慨勇猛的精神，便把有為的生命葬送了。我除沉默苦思了幾天，也獲得一個慘痛的教訓，一生千萬不要去做不知道的事情啊！

二、沙坪壩多彩多姿的兩年時光（二年級和三年級）

一九四四年秋從柏溪到沙坪壩，不但在學習上擴大了知識的領域，在生活上也增添了活力。沙坪壩的確是戰時首都重慶的文化區。它離重慶市只有十多里，在嘉陵江的左岸。重慶大學的永久校址就在這裡。戰時中央大學的校本部便在沿嘉陵江的松林坡。中央大學的北邊約兩里左右便是張伯苓先生主持的有名的南開中學。中央工業專科學校和重慶市立中學都在附近。沙坪壩市區便在這些學校之間。在所有這些學校中，只有重慶大學是唯一有計畫建築的校園；南開中學雖然也是抗戰開始後，才由天津搬到沙坪壩的，可是它的建築物全是磚牆的，校園也設計得很漂亮，看起來並不像逃難剛搬來的學校，這是否與張伯苓先生的聲望有關呢？假如是這樣，當時中央大學遷校時的校長是羅家倫先生，他的聲望也並不亞於張伯苓先生呀，為什麼當時中央大學的校舍會那麼差呢？除大禮堂稍微像樣一點外，其他所有沿松林坡建築的教室、辦公室、教職員及學生宿舍、飯廳等，全和柏溪的臨時校舍一模一樣，簡陋極了。

此外，校園內的道路更差，它們全是泥土路，上面沒有蓋石子。每當下雨時，在上面走起來，污泥橫飛。如不小心，還會跌跤呢。好在男女學生都是穿政府發下來的軍裝，弄得非常骯髒也不在乎；尤其二年級的學生，必須住在小龍坎的宿舍，到校本部，要走相當長的一段路。反正年輕力壯，誰也不大在乎。校舍和校園之所以這樣簡陋，我認為最主要的原因還是經濟問題，當時中央大學的每分錢都得由政府負擔，而學校的規模又那麼大，所以和規模極小而又是私立的南開中學相較，當然就不能同日而語了。

（一）教授的陣容和學習生活

在沙坪壩中央大學校園的實際生活和在柏溪時沒有多大區別，事實上，抗戰時期後方所有大學的生活，幾乎全是一樣，簡陋而辛苦，吃的是含有穀梢、石子及各種髒東西的平價米，穿的是軍裝，睡的是木板床。可是大家並不因此而洩氣；相反地，大夥兒全是精神抖擻，氣勢如虹。除在功課上拚命鑽研外，對於各種課外活動，也按自己的興趣盡力以赴。在教授陣容和課程方面，和柏溪一年級比較，就有天淵之別了，許多教授都是當時國內一流之選。每系的課程除必修的外，選修的課程也很多。所以在學習上，一般都可以按照自己的興趣去發展。

就我個人而言，到了沙坪壩以後，在學習上確是一大轉捩點。在前面我曾提到過，我是考入中央大學教育學院的史地系的，因為我從省立成都師範學校畢業後，照規定，我只能報考師範學院。雖然我報考時選的是歷史系，可是師範學院只有史地系，文學院才有歷史系。所以我被錄取後，便編入師範學院的史地系去了。殊不知二年級（一九四四年秋）到沙坪壩時，學校當局把師範學院的史地系裁併了，史地系的學生便隨興趣轉入文學院的歷史系，或理學院的地理系。我當然高興的轉入歷史系了。這時中央大學歷史系的名教授非常多。他們的名單和講授的主要課程如下：

繆鳳林教授：主講中國通史

勞榦教授：主講秦漢史

郭廷以教授：主講中國近世史

賀昌群教授：主講魏晉南北朝史

蔣復璁教授：主講史部目錄學

沈剛伯教授：主講西洋通史

韓儒林教授：主講中西交通史

蔣孟引教授：主講歐洲近世史

張貴永教授：主講歐洲通史

在以上的教授中，繆鳳林教授特別嚴，他教的中國通史是歷史系學生的必修科。他規定：凡是選他課的學生，必須讀完四史（《史記》、《前漢書》、《後漢書》、《三國志》）。就我個人而言，我特別喜歡蔣孟引教授，他在全系教授中是比較年輕的一位，性情非常溫和，而且講課也很清楚。他講的「歐洲近世史」，內容豐富而有趣。他上課時從不帶任何書籍或筆記本，「唯一」的東西是幾隻粉筆。他對於歷史上的人名和年代等簡直是「倒背如流」。據說他在英國讀書時，兩年內就得到博士學位，所以高班的同學都稱他為「天才兒童」。我畢業後，曾到台灣國立師範大學附屬中學教高三西洋史，往後又到美國讀博士學位，且主修歐洲近世史，這些選擇大概都與蔣先生的影響有關。郭廷以教授是位嚴謹的學者，他講的「中國近世史」，內容豐富，組織嚴密，可惜他講話時的河南腔太重，聽起來相當吃力，加上他的不苟言笑，使同學都不大敢接近他。沈剛伯教授講「歐洲通史」

時，「口若懸河」，罵起人來也風趣橫生。在中國讀書人中，他算是高大的典型，他經常穿著長袍，頭髮長而直立。講課時，右手拿著粉筆在黑板上塗寫，左手便抓著長袖去擦黑板，所以下課時，他一身看起來總是髒髒的。勞貞一（榦）教授講課和做人一樣，很嚴肅，從沒有笑容。他講的「秦漢史」內容側重考據，聽起來相當枯燥。韓儒林教授是國內「中西交通史」的權威學者之一，課也講得很好。課程中牽涉到許多不同文化和文字的人名和地名（特別是中古西域和阿拉伯國家的），同學們在當時的環境下，興趣也就不大了。蔣復璁教授的「史部目錄學」，是討論中國幾千年來的目錄歷史，不但範圍廣泛，內容聽久了也很枯燥，當時許多同班同學只是應付而已。沒想到我後來到美國選修了「圖書資訊學」和創辦東亞圖書館時，才發現蔣先生的課對我的幫助非常之大。張貴永教授是個好好先生，他講的一門「歐洲史」也是內容非常豐富的課，同學們對他也很尊敬。賀昌群教授是研究「魏晉南北朝史」的權威學者，他的文學根基非常好，常常出口成章。據說他的學問全是自修出來的，他沒有什麼高的學位。復員到南京後，他做歷史系的系主任。其實，我們當時的那些教授不但是國內第一流的學者；後來我到了美國讀書和教書後，更感到我們當年那批老師在學術上的成就也屬世界上第一流的。

沙坪壩與柏溪不同的地方非常之多，它不但離重慶市只有十多里路，在校園附近還有一個小小的城市，而且市內還有一間書店，所以星期天增加了同學們的去處，特別是那間書店，經常都是人來人往，生意相當興隆。就我個人而言，很少有機會到這些地方去，主要原因只有一個，那便是身上經常一文不名。

（二）做了校園中一份鉛印報紙的副總編輯

好在校園中的課外活動比較多，特別是有關寫作方面的活動我最有興趣。我到沙坪壩那年，校園中一共興起了五份鉛印的學生自己辦的報紙。這五份報紙的名字是：《大學新聞》、《沙坪新聞》（後改名《新學報》）、《正潮週報》、《中國先鋒報》和《中大導報》。在這些報紙中，《沙坪新聞》是我同班的幾個同學主辦的。我到沙坪壩不久後，他們就邀請我擔任副總編輯。給我的責任是：負責編輯校外新聞和訪問各學人。這一來，我的課餘時間就全被占據了。不過也真的學了許多功課上學不到的東西。比如當我同另外一個同學去訪問南開中學校長張伯苓先生時，他告訴我們，他本來是學海軍的，由於他親見日本的強大和日本帝國主義者的囂張，中國政府的無能與一般人民的愚昧，因而他堅信如要救中國，就必須使中國人有好的現代化的教育，所以他便毅然地放棄海軍經歷而專心致力於教育工作。他以「白手起家」的方式在天津創辦了南開中學。待南開中學基礎堅強後，他更進而創辦南開大學。到了抗日戰爭時期，不但張先生所辦的學校聞名全國，而張先生自己也成了愛國知識青年的表率。就我個人而言，張先生的一席談話使我深信「有志者事竟成」。相信我當時在《沙坪新聞》發表的張伯苓訪問記也應該鼓勵了不少同時代的學生。後來我們又繼續訪問了一些中央大學的名教授如宗伯華（曾對郭沫若有很大啟迪的學者）等。差不多我整個二年級的課餘時間都為《沙坪新聞》的義務工作占去了。在繁忙中的確學了不少東西，也交了一些朋友。

（三）時局的突變和主持校園筆陣的感受

到了一九四四年夏，國際情勢開始了巨大的變化，以美國為首的盟軍在歐洲已開始摧毀納粹的德國和義大利。在亞洲也展開了消滅日本帝國主義的積極行動。它一方面加強對中國的物資援助；同時也開始了訓練中國的新軍，以便共同作戰，從而將日本武裝部隊驅逐出緬甸和東南亞各國。因為傳統的士兵知識太低或根本沒有知識，所以當時的中國政府便發起了十萬青年從軍的運動，主要是以大學和高中學生為對象。而學生們的響應也非常熱烈，幾個月中，便組織了好幾個師。其中一部分在雲南經過短期的訓練後，便運到緬甸等地與美國軍隊共同作戰，而將日軍驅逐出去了。

納粹於一九四五年春向盟軍投降後，美國便將全力轉向太平洋來對付日本，它的海空軍從東南兩方併進以威脅日本本土。但是日本帝國主義者在戰場上仍以「武士道」的精神來對抗，換句話說：他們在戰場上寧願全軍覆沒也不投降。一九四五年中途島一戰，日本的海、陸、空軍幾乎全被殲滅，可是美國的損失也相當可觀。於是美國總統杜魯門決定使用當時還是機密的原子炸彈去轟炸日本，廣島和長崎立刻成了鬼哭神嚎的地獄。日本天皇裕仁在萬端驚恐下，終於一九四五年八月十五日向盟軍宣布無條件投降。抗戰八年的中國終於從煉獄中走向勝利的光榮之塔。全國人心的振奮絕非筆墨能描繪於萬一；尤其全國各大學的青年都以為他們是中國未來的主人了，於是一般大學校園的課外活動比以前更多了，而且有些活動似乎就免不了與政治運動有所關聯。我們中央大學校園代表全校學生最大的組織「學生自治會」在顧崇寶同學的領導下，確仍維持著傳統的中立立場。經常邀請知名人士到學校演講大家所關懷的問題，而且在日本無條件投降前好幾個月就創辦了一份代表全校學生的鉛印報紙《中大導報》。這份報紙一開始便聘請筆者任總編輯。我答應擔當這個有關全體同學利益的重擔以後，便全力以赴。首先組織一個強有力的編輯班子，然後採用高質量的文稿，因而編出一份水準很高的報紙，出版以後立刻獲得校方和同學們的一致好評。

由於《中大導報》是全校性的出版物，我們的編輯班子也極富代表性，除我自己是「學生自治會」在全體委員會開會時選拔，通過和聘請的總編輯外，其餘的十幾個編輯都是在各系科中選拔出來的代表，所以我們一開始工作時，大夥都工作得很和諧。我提出一連串大公無私的「工作方針」、「取稿原則」和「編排程序」等，都順利的通過。當我們共同努力合作編出第一張《中大導報》獲得全校不斷地好評時，我們共同的快樂和安慰是可想像的。此後，全體編輯同仁都把我們的工作當作是一種享受。經過一段時間後，我們這一群編輯都慢慢地變成了好朋友。記得農經系那位姓黃的同學和社會系那位姓邵的同學，都常在編輯工作完成後，找我聊聊天，或者送我回宿舍。總之，擔任《中大導報》總編輯那一年，的確是我在大學生活中收穫很大的一件事。

恐怕主編《中大導報》將近一年的收穫還不止於以上所述，而是進一步的讓我大學畢業以後決定一生走向一個自由學者的道路。不然，我一定與當時絕大多數的知識分子一樣，基於對時局的失望，便憑著一時的意氣，投身於毫無了解的政治運動，在很短的時期內，便隨著人為的恐怖時代而走向滅亡。

為什麼呢？因抗戰時期的大後方（主要是指四川、雲南、貴州、陝西等省）的國立大學、學生的來源都很複雜，除了大後方各有自己的高中畢業生外，許多都是來自淪陷區的愛國青年。他們都是跋涉千山萬水，來到後方，其間的困難和辛苦不難想像。搞政治的人就把他們這批青年當做政治資本；特別是共產黨的組織者，便以他們鬥爭多年的政治技能，把一些逃亡途中的青年導入他們的組織。等那些學生進入國立中學或大學後，便使他們加入各種政治活動的地下組織。直到抗戰末期和日本帝國主義者投降以後，那些學生都成了組織各種學潮的「職業學生」。就我個人而言，算是四川土生土長的學生，雖然由於父親的早年逝世，家庭財產全為抽鴉片煙的伯父吞滅，因而自初中到大學全憑自己的毅力和吃苦精神。可是從來沒有碰上搞政治的人來牽著鼻子走的經歷；同時自己也沒有政治野心和欲望，只希望在自己有興趣的領域攀上高峰。在進入中央大學前和在柏溪的中央大學一年級時，還沒有遇到過專搞政治活動的同學；但自進入沙坪壩中央大學二年級後，首先感覺不同的是各種課外活動多了，許多不同系和不同級的同學也因參與課外活動而慢慢地成了朋友。比如說，當我在二年級參加《沙坪新聞》的編輯工作和寫了幾篇訪問記後，在校園中行走時，便常常有從不認識的同學來同我聊天，慢慢地便交了一些不同系也不同級的朋友了。後來我做了《中大導報》的總編輯後，更是如此。

可是那些新朋友發現我不能為他們隨便利用時，他們的原形便露出來了。記得一九四五年八月，日本帝國主義者向盟軍無條件投降後，歷盡一切艱辛抗戰八年的全國同胞都對未來抱著無窮的希望，可是國民黨和共產黨都盡量利用各種機會和藉口，以武力來消滅對方，因而內戰愈來愈烈。全國知識分子，特別是大學生們對於政治上的事務特別敏感，一九四六年一、二月間，在陪都重慶便由國立中央大學的學生領導了兩次全國性的示威運動。「一、二五」運動是要求召開和平解決國、共鬥爭的「政治協商會議」，只許成功、不許失敗；「二、二二」運動的目的則是要求嚴懲殺害張莘夫的凶手。重慶的大學生們掀起這兩個運動，大體上都是出於正義感和愛國心。可是在運動的過程中，便有形的和無形的摻雜了一些不光明的政治活動。比如說：當我個人在負責《中大導報》的總編輯時，其他代表各系的十多位編輯本來都同我非常合作，在工作之餘也盡量表示要同我做朋友。但是在那兩次學生示威運動時，《中大導報》和校園中的另外幾份鉛印的學生報都被全校學生系科代表大會組成的遊行委員會邀請為《遊行快報》的編輯。於是在我們編輯中，「左」和「右」的陣營就立刻顯示出來了，尤其執掌左派牛耳的共產黨員和同路人，馬上變了一副嘴臉。他們同少數的「右」派同學（他們也許是國民黨員，也許不是）立刻成了勢不兩立的對象。幸好還有少數幾位同學也同我一樣，沒有任何政治立場，對事情的判斷，全以「是」和「非」為標準。大概因為我們幾個中立者的立場光明磊落，所以每當有爭論的主題時，我們的立場便成了快報的立場。我這個總編輯還算沒有白費精力。

不過，有一兩位「左派」的編輯，過去幾個月，我們都相處得很好，特別是那位來自山西的黃同學，他與我是同年級的，雖然他主修的是農業經濟。記得我為《沙坪新聞》寫了幾篇訪問記後，他便主動地來向我示好，每當飯後走回宿舍時，他總是來同我一邊走一邊聊天，慢慢地便成了朋友。當我被聘請為《中大導報》總編輯時，他是代表農經系擔任導報的編輯，我們相處比以往更為接近，有時他甚至多花時間幫我處理一些新聞編輯。我當時非常感謝他的友誼。可是到了編輯「一、二五」和「二、二二」運動的快報時，他曾幾次私下找我說，希望我能支持他的不能代表大多數同學的極左立場。我便坦白的告訴他，我做一天《中大導報》的總編輯，我就得代表絕大多數同學的立場；我絕不能因為私人的友誼而改變這個立場。他覺得對我沒有希望時，便昂然而去，從此便把我看作路人。我當然不在乎他是否不再是我的朋友，恐怕他當時給我最大的教訓是：「左傾」的朋友的友誼是不可靠的。真沒有想到這個教訓決定了我一生的命運。

（四）一九四六年的暑期

由於學校當局要籌備復員工作，把學校從沙坪壩遷回南京四牌樓國立中央大學原校址，所以是年四月中就開始放暑假了，離下學期開學的時間，差不多還有四個多月，我便趁此在暑假中做兩件事情：第一是回瀘州去謁望母親並同其他家人團聚；其次是回到隆昌去同正在國立中央大學念書的隆昌縣立初中畢業的同學們創辦一個暑期補習班，為故鄉的年輕同學服務，讓他們有機會繼續上進。所以在學校放假前，中大的隆昌縣中校友便開了一個會，我們決定：（一）在隆昌縣城內創辦一個為期兩個月的暑期補習班（由五月中到七月中）；（二）收取中學生約五十至八十名（以報名先後為定）；（三）補習課程以中、英、數為主；（四）利用鄭光琨和施大鵬同學家住隆昌縣城之便，負責接頭地址（以小學校舍為宜）；（五）有關招生布告和實際錄取學生等事宜，由李世容和鄭、施幾位同學共同負責。討論完畢之後，我便告辭他們回瀘州去了。

回到瀘州時，全家人都感到非常興奮；尤其是母親，她總是一說一笑地看著我，彷彿有千言萬語都說不盡似的。這時家裡的經濟情形並不好，可以說全家人一直在掙扎中度日，但是大夥兒都因我的回家，歡樂了好一陣。哥哥（郭成棣號海香）和兩個弟弟（郭成樻號建庸和郭成樺號晨虹）每天早餐後，都必須趕著去工作。母親、大姊（名郭玉松）和最小的弟弟（郭成杞）總是常常和我在一起聊天或到什麼地方走走。他（她）們最希望了解我在外讀書的情形，雖然幫不上任何忙，但是總不希望我過得太辛苦。其實自我進入中央大學後，一切都是全公費，在物質生活上和全國的大學同學一樣，過得清苦點，但在精神上，大夥兒都在樂觀奮鬥。我把這些都一一地告訴了母親和姊姊，她們也感到非常欣喜。同時她們也將家裡的情形盡量的告訴我，也使我感到非常安慰。我尤其覺得哥哥是非常了不起的；他有智慧、有責任感、有勇氣、能吃苦、能耐勞。自從父親突然間逝世後，一個毫無良心而又吸鴉片煙的伯父，便趁我們兄弟都很年幼，同時加上封建「家規」，母親不能過問財政而只管家務，他便以代行家政之名，把我們家裡的財產全部變賣而併吞了。一、兩年間，我們全家人的生活都將成問題。幸有舅父張北樞的關懷，先將哥哥送到瀘州城他一個朋友處去學生意（當時的中國社會，要做生意，就得先當學徒）。三年後學會了，他便把兩個弟弟帶到瀘州一齊做布匹生意。自己沒有資本，他便同大布匹行商定，為該行銷售布匹，自己僅取賺其中一部分，所得雖然有限，但是總可自食其力地賺自己的生活費。不久後，便把母親和小弟一齊接到瀘州同住。在這同時，姊姊也由一個親戚介紹給李華豐先生結婚了。巧的是李華豐也在瀘州做生意，而且也同哥哥們住在同一條街上，因此，一家人又可以互相照顧了。

自我回家以後，每天晚餐都準備得很豐富，我們家有一個特色，自母親以下，每個人都做幾個菜。晚餐和餐後一段時間，便是家人聊天最好的時間，有時一聊就是一兩個鐘頭。經過一兩週的討論和觀察，讓我感到最安慰的是：哥哥和兩位同他一起工作的弟弟，雖然從此沒有機會再讀書了，但是他們除了在辛苦的工作上學到許多生意上的技術之外，他們也不斷地在求知領域上自修，特別是兩位弟弟。比如說他們在業務上運用文字的能力，與一般受過大學教育的人沒有什麼區別。成續弟在生意場合上比一般人都精明；成樺弟在數字的運用上則不亞於一般大學會計系的高材生。所以在中國共產黨執政後，他做了瀘州大麴酒廠的會計，後來在鄧小平先生主政的開放時期，成樺弟通過國家的高等考試而成為了「會計師」，這應該是他個人在艱苦生活中取得的成就啊！

在家裡住了三個星期後，便到隆昌縣城去參加辦理暑期補習班。隆昌雖然是我生長的一個縣，但自一九三八年在隆昌縣立初中畢業後，我便再也沒有去過隆昌城，事實上，我家裡的人也都由屬於隆昌縣的胡家鎮遷移到瀘州縣城去了，一晃就是八年。這次由瀘州乘公共汽車到達隆昌縣城後，便直接到李世容同學寫信告訴我的地址，一個初級小學的校舍（我已記不清楚這個小學的名字）。到達時，李世容、施大鵬和鄭光琨同學已在那兒工作幾天了。事實上，補習班的學生已經錄取了，一共五十幾名，課程也已排定，我負責教授中文，主要是有關作文方面的課程。一個星期教六天，星期日休息。教室還不到十間，宿舍倒有好幾個。廚房、飯廳、浴室和休息室也全具備。負責教課的六位中大同學全都住在這兒，有幾位遠道的學生也住在補習班，其餘的全是走讀生。我們雇了一個傭人，負責燒飯和有關清潔方面的工作。一切尚稱有條不紊。這應該歸功於在隆昌縣城裡居住的幾位中大同學。我有兩個不同的班，每班約有三十人，大多是還有一學期就畢業的初中學生，他們來補習的目的，都希望畢業後能考上理想的高中，所以他（她）們都很用功的讀書，我們教課的人也特別感興趣。

可是幾個星期的補習班很快就過去了，我們這六位中大的同學也得各自回家，準備八月間到南京中央大學去繼續念書。不過曾為桑梓服務一個暑期，總感到「心安理得」。我們這六個同學，不但各人主修的科目不同，班級也各異。我同張光直都是三年級，鄭光琨剛念完一年級，其他三位是剛念完二年級的同學。我們在沙坪壩時，相見的機會很少，當然更說不上彼此有多少了解。這次都在暑期補習班工作，終日相處，彼此間的確有了更多的了解。我個人對於鄭光琨同學的印象特別深。他雖然年齡比較輕，思想卻非常敏銳，為人也很慷慨。譬如說：他知道我的家境不好，便在我們兩人聊天時向我建議，將來我由重慶去南京的輪船票（當時由重慶去南京的唯一可能獲得的現代交通工具便是航行長江的輪船；飛機絕非一般人能乘坐的）由他負責。乍聽之下，使我大吃一驚，後經他解釋，我才了解，他的父親是「民生公司」的董事兼「大明紡織廠」的總經理，他可以向他父親要票的。就我而言，他這一建議不啻是「雪中送炭」呀。同時他建議我將來到達重慶時，直接到「民生公司」去拿票。他還建議我回瀘州後，寫信告訴他何時我能到達重慶。他真是考慮得非常周到。我當時除感謝他外，實在不知道應該說些什麼。

告別補習班的幾位中大同學和學生後，我便回瀘州去了。回家那天的晚餐，全家人都在一起，我便趁此把幾天後（七月底）去南京的時間告訴了他們，我也提到由重慶到南京的船票可以不用購買的事情。全家人都感到驚奇而又高興；尤其是哥哥，他可以省下一筆賺來不易的錢。然後大夥兒便開始漫談一些有趣的故事。

我在一九四六年七月廿八日由瀘州乘民生公司的船到重慶，起航的時間是上午十時正。哥哥和弟弟們都得工作，所以母親和姊姊堅持要到碼頭送行。在步行到碼頭的途中，我一再向她們保證，將來大學畢業找到適當的工作後，我一定會常回家看望她們的。而母親卻一再的提到她已經是上了五十歲的人了。在傳統中國，「五十而知天命」，意思是說她已是老年人了。我馬上安慰她，說她不算老。我將來看望她的時間非常多。她便以微笑來答覆我的安慰，姊姊同我也爽朗地笑了起來。到達碼頭時，我請她們留在岸上，我便向母親和姊姊深深地行一鞠躬禮（當時在中國還沒有擁抱和親吻之類的禮貌），然後向她們再招招手，便帶著簡單的行李向上船的甲板上走去了。上船之後，我仍然不斷地回頭探望母親和姊姊，也不斷地向她們招手。她們則不斷地招手回應。當我突然發現她倆都眼淚汪汪時，我也不禁淒然熱淚盈眶了。我立時想到古人黃景仁別母的詩句：「搴唯拜母河梁去，白髮愁看眼淚枯。」待輪船開動後，行駛得非常快，母親和姊姊便在朦朧中消失了。這時我才坐在自己的行旅上休息，而思維卻一直沒有平靜過，總覺得自己在奮鬥求知的過程中，非常對不起母親和家裡其他的人，因為自己對她一點貢獻也沒有，但又有什麼兩全的辦法呢?!

下游的航行的確快極了，到達重慶時，不過是午後三點多鐘。上岸以後，我便叫了一部黃包車（當時中國城市裡一般人的唯一交通工具）直駛民生公司辦公室，到達時，鄭光琨同學已在那兒等著我了。他立刻告訴我，到南京的船要兩天後才開航，他便請我同他一齊到他們在北培的家住兩天，我當然很高興，藉此機會可以同他的家人見面。事實上不這樣，我也沒有地方去呀。不過，我告訴他，我非常抱歉，沒有準備任何見面禮物。他一再地表示沒有關係，他的父母根本不在乎這些事。後來我們乘公共汽車到他家後，差不多已是晚餐的時候，所以他的家人全在家裡。他的父親（可惜我已記不得他的名字了）看起來很嚴肅，不過很客氣，一看就是一個負責大公司行政的人；他的母親則是一個典型的傳統中國的家庭主婦，一副慈祥的面孔。他有一個妹妹和一個弟弟，看起來都很聰明活潑，正在中學念書。光琨同學的確有一個美滿的家庭。因為他早已計畫開學前兩天才到學校，所以在他家住了兩天後，我便告辭到重慶去乘輪船到南京了。

三、復員南京後的中央大學

從重慶到南京的長江航行，需要兩天。經過有名的三峽時，特別興奮，我也同許多乘客一樣，大部分的時間都在向兩岸探望。雖然沒有聽到李白詩中所說的「兩岸猿聲啼不住」，而層巒疊翠，確有「輕舟已過萬重山」之感。到達南京時，在下關上岸，據說位於四牌樓的中央大學，還有相當遠的一段距離。帶的行李雖然不多，但是相當重，只好叫一輛三輪車（是用腳踏著車輪走的車子，比起用人拉的黃包車來似乎進步多了）到學校。四牌樓的中央大學校舍與沙坪壩的逃難校舍相比，實有天淵之別。一進大門便是一條柏油鋪的大道，直通圓頂式的大禮堂，大道的兩側種著整齊而又繁枝茂葉的法國梧桐樹，美觀而遮蔭。禮堂周圍都是些獨立的大樓，分別容納不同的院系。大禮堂右側是圖書館和體育館等大的建築物。學生宿舍、食堂和浴室等則全是些比較新的建築物（看起來應該是勝利後才建築的），全都座落在校門外約半里路的文昌橋一帶。總之，從校舍的整體而言，中央大學的確是一個規模相當完整的大學。

到註冊處辦好手續後，我便搬入文昌橋的第一棟學生宿舍。這棟學生宿舍是住文學院學生的，每間屋子有四張上下鋪的木床，床與床之間有兩張相當寬大的書桌，每個人都有一個舒服的座位，同屋的同學全是歷史系同年級的。反正開學還有幾天，所以把行李整理好後，便開始休息和與同學們逛遊去了。

南京雖然在一九三七年底遭日本帝國主義者慘無人道的集體大屠殺和毀壞，我們逛了大半天，一般說起來，在全城的外表看起來，還算過得去，尤其新街口那一帶，看起來還相當繁華，這當然是汪精衛偽政權的功勞了。但就事實而論，戰後的南京還不過是許多無辜的平民被賣國賊們奴役的結果。我們除逛街外，也去參觀了一些名勝如玄武湖、雨花台和秦淮河等，南京的確是江南山明水秀的名城。

（一）短暫的安寧和希望

開學後，全校的師生又團聚在一起了，一般人的心情似乎都很好，都希望從此生活可以安定下來，每個人都可以為著自己的理想而奮鬥。文學院是在進學校大門右側的第一座樓房。歷史系在二樓。就筆者個人而言，是大學生活的最後一年。自己早已決定不參與任何課外活動（如學生自治會或系科代表等）；除了為《中國學生報》盡一些編輯義務外（這份報紙仍為主辦《沙坪新聞》那批同學所主持），以全副精力來好好念書，希望畢業後能找到一個自己喜歡的工作。事實上，筆者當時所想望的理想工作，不過是教一個比較好的高中的歷史。所謂教學相長，更希望教一、兩年歷史之後，能夠到英國或美國去完成有關歷史的最高學位，然後回到中國找一間大學從事終生的教學工作。筆者當時之所以有這種想法，是因為自己認為在當時的中國社會，讀文法科的人，除教書外，就只好在政府機關做事了。可是所有政府機構都得靠人事背景的呀。自己一方面沒有那種背景；另一方面也實在不願意仰人的權勢而生存。總之，用功讀書是決心了的。這最後一年，我都選了一些比較專門的課程如下：賀昌群教授的魏晉南北朝史、韓儒林教授的中西交通史、蔣復璁教授的史部目錄學、蔣孟引教授的英國史、勞榦教授的秦漢史、張貴永教授的歐洲近世史和郭廷以教授的中國近世史。除用功讀書外，偶爾也在星期日同幾位好朋友去遊歷玄武湖。這種生活的確相當寫意。可惜好景不常，幾個月便結束了。

(二)沈崇事件點燃了全國學潮的野火

自一九四五年八月日本帝國主義者無條件投降後，在接收淪陷區時，國共兩方便開始正式的軍事衝突，尤其在東北的接收。一方面由於蘇俄貪饕無底的野心，待日本一投降，便大軍進入東北各省控制全局。不但把日本帝國主義者留下價值二十多億美金的全部工業設備搬回蘇俄，更將日本軍隊留下的大批軍事裝備交給代表中共的林彪部隊，同時還盡量的阻礙國民政府派去的接收部隊；另一方面，國民政府派到東北接收的大員們也犯了極大的錯誤，首先他們拒絕接收五十萬人以上的「偽滿洲國」的武裝部隊，結果這些部隊立刻加入了林彪的大軍。從此國共的武裝衝突愈演愈烈。美國人為了自身的利益，當然不希望看到國共內戰的擴大，但他們並沒為中國著眼的長遠計畫，只是遣派了五星級的馬歇爾將軍來中國調停國共的爭端。自一九四六年來中國，待了約兩年的時間，曾六上廬山與國共的代表會談，談到一事無成而作吧。如果以就事論事的觀點來看馬歇爾的調停，對國民政府是極為不利的；相反的，卻幫了中共很大的忙。為什麼呢？眾所周知，中國抗戰八年，所有的主力戰鬥都是國民政府的軍隊執行的，而中共的軍隊在毛澤東的指揮下，是「三分抗戰、七分發展」。換言之，他們除在日本軍隊占領區打打「游擊戰」外，主力都在向國軍區域內發展。抗戰勝利之後，國民政府的武裝部隊已精疲力竭，裝備亟待補充，而美援又遲遲不到，所以這時美國的馬歇爾將軍的言論對國民政府是非常有效的；相反地，中共則以蘇俄「馬首是瞻」。因此，每當國軍與共軍在武裝衝突有利時，中共的代表周恩來便向馬歇爾將軍提議停止衝突。結果不啻是解了共軍的危。就這樣重複幾次之後，所有國軍便全失其鬥志了；共軍則因在東北從蘇俄處獲得大批的日式軍事裝備，軍隊的鬥志大增。在這同時，周恩來直接指揮的「學生軍」更在全國各大學校園中風起雲湧地起來征服中國人的靈魂。現在筆者願在此談談當時中共領導的學生運動的情形。

在「時局的突變和主持校園筆陣的感受」那節裡，筆者曾經提到有些受中共領導的中央大學的同學希望把「一、二五」和「二、二二」的愛和平和愛國家的學生運動變質。那時他們雖然沒有成功，可是從此以後，他們就開始計畫操縱學校的各種學生活動。他們的方法是：一方面以自由主義者的身分出現，進而設法控制真正的自由主義者和他們的同路人；另一方面則是利用各種場合宣傳凡是不與他們合我皆為頑固派或國民黨分子。再加上他們根本不讀書，以全副精力來搞學生運動，慢慢地全國所有大學校園的各種學生活動全操在這些人的手裡。他們這種人便是當時人所稱的「職業學生」。這批「職業學生」在發動和控制全國學潮來替中共摧毀國民政府所出的力量實在大極了。

筆者僅就自己的經驗舉例如下：

一九四六年底的「沈崇事件」是從北京開始的；是一個美國大兵在「吉普車」上強姦了北京大學一年級的女生沈崇。「職業學生」們便大肆宣傳，認為美國大兵與中國的大學女生發生了性行為，不但是美國大兵的強姦行為，更是美國人侮辱中國人的侵略行為。這一來，當然不得了。所以全國的反美學潮便愈演愈烈，天天罷課遊行，搞了幾個星期。

（三）中央大學成了中共領導學潮的中心

很不幸，到了一九四七年初，由於國共內戰的不斷擴大，物價飛漲，民不聊生，國民政府不得已便改組政府，而以實業家王雲五先生為行政院長，並採取「金元卷」政策。但並不能補救物資的缺乏，物價的上漲甚至更為急劇。而中央大學位於首都南京，是以「學生軍」打擊政府的最前線，中央大學的職業學生開始領導全國第一個大學潮便是一九四七年五月二十日開始的「反內戰反飢餓」的大學潮，簡稱「五、二〇」學潮。繼之而來的則是「于子三自殺」的學潮。其實，這些學潮儘管非常不合邏輯，可是同學中又有誰敢反對?!就以「反內戰反飢餓」來說吧，內戰當然是有理性和正義的中國人都反對的。不過，內戰是國共兩方面都有責任的呀，為什麼從不向中共抗議，而只以國民政府為對象呢？

再看「于子三自殺」的學潮又是怎麼一回事呢？筆者在前面曾經提到抗戰時期，許多淪陷區的愛國青年都離鄉背井，經過千山萬水到大後方去讀書時，他們中許多都被中共吸收為黨員，再加以訓練後，就讓他們在白區（中共稱國民政府統治的區域）為他們做「革命」工作。其中有少數甚至被訓練來為革命犧牲，于子三便是其中之一。一九四七年，他正在杭州的浙江大學讀書。據當時許多報紙登載政府提供的證據：于曾潛入政府軍事機構去為中共竊取軍事機密，不幸為政府抓著了。人贓俱全，他的命運當然是死路一條；但是為了革命的使命，他便自殺了。於是浙江大學的學生們便發動了「于子三被迫自殺」的學潮。而在首都的中央大學又負責將其擴大成全國性的學潮。

以上這兩個大學潮都給南京國民政府非常難看，而負責治安者便用了大批的警察來鎮壓，方法也不高明。他們用水龍頭噴水和馬隊來阻止學生前進，甚至於驅散他們；結果是：許多學生都受傷了。這一來，「反迫害」的學潮又隨之而起了。所以自「沈崇事件」直到國民政府退出南京，中共領導的學潮便沒有停止過，這些學潮對於摧毀國民政府有著很大的功勞。所以中華人民共和國在北京天安門城樓宣布成立那天，周恩來特別提醒聽眾：中國共產黨的人民解放軍對於建立中華人民共和國是最有功勞的，第二個最有功勞的就應該是我們的學生軍（那些發動全國大學潮的學生們）了。

（四）筆者對於時局的反應

自從隨著復員後的中央大學到達南京後，筆者以為從此可以安定的讀書了，因此決定不參加任何課外活動，以全副精力來從事學術的鑽研，希望在畢業後，能找到一個較好的教書工作，教幾年書後，再設法到英國或美國去完成最高學位，回國後，一生都致力於高等教育的工作。殊不知在南京念了三四個月書之後，「沈崇事件」便掀起了反美的大學潮，從此便在學潮中度日子了。一般教授也無心好好的教課，少數似乎還在動盪不安的當兒推波助瀾。一般的同學好像都毫不在乎的隨波逐流，就像天垮下來與他們都沒有關係似的。在這種情況下，我自己又是怎樣反應的呢？

我當時認為學潮氾濫到那個樣子，主要是有政治野心的少數控制「無所謂」的絕大多數同學的結果。殊不知就在這時，有一位名叫傅建人的在《學生論壇報》上發表了一篇文章〈為民主的學運呼籲〉，慷慨陳詞，寫得好極了。我便趁機寫了以下兩篇文章，一篇給教授們；另一篇則給全體同學：

民主學運聲中

敬致教授先生

自傅建人先生在《學生論壇報》第六期上發表了〈為民主的學運呼籲〉一文後，該報第七期，又繼續刊登了庶士和白雲深等先生的大作，無論他們的文章對於傅先生的呼籲是響應或批評，贊同或修正，畢竟傅先生的意見，引起了該報讀者和社會人士對於「學運」問題的興趣。在全國「學運」和「學潮」混雜不清的今天，傅先生的呼籲，真不啻是長夜茫茫中的一聲雞鳴，使酣夢中的人們，對於黎明的喜悅，睜開一雙期待的眸子。換句話說：當前全國同學的希求和心願，都被傅先生的一紙文章道穿了。筆者也是正在大學裡念書的學生，而且又是該報的忠實讀者，對於傅先生的意見除極表贊同和欣慰外，略抒管見於此，藉以就教於高明。

傅先生在分析當前學運的雛型和提出今後學運的方案時，都有他獨到的見地。但是，在學生運動的行列中，還有一支決定性的力量，他卻忽略了；這便是鑄鍊學生楷模的教授先生們，因為在大學的生活途程中，教授先生們的道德文章，都足以使學生們走向一個必然的道路，所以有人說：近年來全國澎湃不已的惡性學潮，是由一部分「職業學生」在作案，而職業學生的成長，則又以「特務教授」為擋箭牌。我想熟悉學校生活的人，至少不應該否認這種已成的事實吧！相反地，愛護國家，愛護社會文化，愛護青年的教授先生正多著呢，為什麼不能領導創造有為的青年群，走向時代的大道，展開一個有聲有色的民主學運？在這裡，筆者願以三年大學生活的體念，希望教授先生們能夠做到以下幾點：

一、抹乾鼻涕眼淚走出來。在中國的智識界，有個傳統的觀念：讀書人總是以「清高」為榮，「超然」自得，因此，往往生活在金字塔裡，與現實脫了節，一旦金字塔的空架子囚鎖不了自己的感情，不免帶著感傷的氣氛，自艾自憐的一把眼淚一把鼻涕。到今天雖然洋裝業已質換了古本，然而這種現象依然存在。但是時代已經變了，讀書人尤其是在學術上已有了成就的教授先生，的確應該抹乾鼻涕眼淚走出來，腳踏實地的生活在群眾中。

二、緊握著孩子們的手。近年來時代迫得更緊了，孩子們由於情緒的激盪，大多拋棄了書本，像野馬無羈的奔騰。從動機上講，是無可疵議的，然而過度熱情驅使的結果，孩子們的行為總是容易越軌的。今天如果要想彌補這個不應該有的錯誤，唯一的辦法，是教授們緊握著孩子們的手。

總之，在民主學運的呼聲中，教授先生們是應該莊嚴的站在學生行列的最前端！

與乃權同學論自由主義者的警覺

這篇文章，是中央大學亨力同學寫給他的朋友乃權（北大）同學的一封信，他們以知交的關係來討論這個現實問題，無疑地，文中的每一個論點，都可說是肺腑之言；同時，我們更相信大多數的同學也有同他們一樣的看法，因此，我們徵得了亨力同學的同意後，把他的信摘點發表在本報，希望能得到同學們對這個問題的廣泛意見。

我認為「自由」二字普遍的被人誤了……因此，在今天——一個不安的時代，要想從真正「自由」的概念來探討遼闊的人生道路，首先我們就得把它的本質弄清楚。不然，我們會發現在彼此都相信的同一名詞下，在真實的思想和行為之間都會有著迢迢的距離。

一、自由主義者只有一個信念——理性

很顯然的，促進世界進步，推動人類文化的，並不是什麼不容「自由辯論」的集權概念或力量統治的結果，而是一種理性之花怒放在自覺者的心靈的效驗。換句話說，只有用理性作基礎的自由主義者，才能使人類社會不斷地進步。

在古希臘，以蘇格拉底為代表的自由主義者，不怕任何形體上的委屈，結果在世界文化史上，留下了希臘文化的壯麗奇蹟。其後，歐洲的宗教改革、文藝復興、民族獨立等運動，與方興未艾的經濟發展，無一不是自由主義者以理性的發掘，培育出人類文化的碩果。他們不但為了維護理性，勇敢地站在時代的前面；更為了堅持一個明確的信念，甚而付出了血的代價。

中國的自由主義者，自先秦諸子的百家爭鳴以迄於近世，無不基於理性，以獨立思維的態度出現，而與任何不自由的形式的既成權威抗爭。在這種抗爭的過程中，他們推動了中國幾千年來的光榮文化。近百年來的中國自由主義者，更以他們與時俱進的靈魂，躍身於二十世紀的思潮，推進了辛亥革命、五四運動、北伐、以及抗日戰爭，而將古老的中國從酣夢中蘇醒。由此，我們知道，自由主義者對於國家所負使命之重大，對於文化貢獻之功勛。也許你會懷疑，為什麼自由主義者會有這樣大的力量呢？我的答覆很簡單，他們只憑著一個堅強的信念——理性。

二、自由主義者的兩種行為——自我人格的發展和自我理想的實現

自由主義者，既然以理性為信念，因此他們不盲從不附和，與教條主義者勢不兩立，換言之：他們對於現實的一切事物，都是以自我判斷為中心。尊重自我，絕不惑眾取寵。忠實理想，更不沽名釣譽。他們一生的行為，就是在如何使自我人格的完美發展，如何使自我理想的具體實現。正因為這樣，所以他們永遠脫離不開群眾，一直生活在群眾當中。至於自我理想，尤其要在群體關係的崇高意念下才能具體實現。基於此，所以自由主義者，總是以浩然彪炳的氣慨輝耀於史頁。這點正如你所說的，「自由主義者永遠是人類的太陽」。

三、自由主義者不是模稜兩可；而是自由的容納

我們瞭解了自由主義者的信念和行為，再來分析他們的態度，就不難知道他們在尊重理性和尊重自我判斷的過程中，永遠與教條主義者搏鬥，永遠不與盲從附和者妥協。因為「是」與「非」，「善」與「偽」在他們的心靈中永遠是個明確的概念。質言之，自由主義者處在兩種極端的教條觀念間，雖不偏向於一隅，但也沒有雙重的概念與行為。相反的，他們確在理性與自我判斷的指標下，用是非的尺度來容納真實的一面，而且對於自己所不認同的東西，也同樣給予自由。讓人類社會，在矛盾的統一中，由於自由主義者的呼喚，永遠向前邁步著。

四、自由主義者的敵人

如果以上幾個論點均屬正確，同時又為你所同意的話，今天我就得向你提出一個嚴重的問題，就是目前中國的自由主義者，已面臨到一個空前的危運。一方面是自由主義者的敵人——集

體主義者在名詞上的招誘與利用；另一方面則是自由主義者自己不能堅持自己的信念和行為。前者的結果最容易踏上十九世紀末和二十世紀初葉歐洲自由主義者被消滅的覆轍。後者的結果，則是自由主義者變成了模稜兩可的市儈，或沽名釣譽的孽種。總之，事實擺在眼前，今天中國的自由主義者，由於內在和外在的原因，已在遼闊的道路上，過上了重重的障礙，要是你承認現實的話，這一點你是應該承認的。

五、自由主義者應有的警覺

最後，我得坦率的告訴你，目前中國的自由主義者，要想保持一條光榮的道路，必須在政治民主與經濟平等的主流上，盤根錯節的建樹起自由主義者的信念和行為，從而讓自由的概念，深植在全民的意識中。這樣，不但自由主義者有了出路，國家民族也將因此而復甦。不然，時髦的名詞和美麗的藉口，將使真正的自由主義者走向滅亡的道路。

從以上兩篇文章，可以看出當時的筆者，內心是怎樣的苦悶。本來復員到南京後，筆者決心放棄一切課外活動，專心念書。沒想到幾個月之後，學潮一個接一個的串演，而且全是假藉自由主義者的名義製造出來的。誰還能安心讀書啊？不得已，憑著誠直的性格，筆者開始寫一些發自深心的文章在報刊上發表。大概這些文章並不如「晨鐘巨響」，可以「發聵振聾」，所以學潮繼續擴大，絕大多數無所謂的同學也只好隨波逐浪，連自己的前途似乎也無法擇決了。然而時光不留人，一九四七年的暑期是我們那班畢業的時候了。可是學潮鬥成這個樣子，一般課程都無法進行，而畢業考試等就更談不到了。同時一般國立大學的畢業文憑是教育部根據學校報上的成績而由教育部發給學生的。當時的中央大學連畢業考試都無法舉行，而教育部每天又得去應付各大學請願或抗議的學生，結果我們那班同學便沒有文憑的畢業了。幸好當時中央大學的校長周鴻經先生有遠見，在他後來離開南京去台灣時，便將從我們那班起的學生成績都裝在一個箱子裡帶到台灣去了。後來我在台灣有機會到美國念書，便由他把我在中大的成績單送教育部，然後由教育部發給我畢業證書。

第四章

初入社會和逃亡生活的開始

一、朋友和工作

在學潮澎湃的環境下讀完大學，讀者不難想像當時的社會環境是如何的惡劣，物價飛漲、金元券狂跌、國共內戰愈演愈烈。一個自幼即在窮困中掙扎而念完大學如筆者，與權貴毫無淵源；又不願意昧著良心讓搞學生運動者牽著鼻子走。這樣的年輕人到哪裡去找工作呢？殊不知天無絕人之路，畢業前一個月的光景，歷史系辦公室便宣布：剛光復後的台灣需要一些中學的歷史教員，如有興趣者可向系辦公室登記。同班又同宿舍的陳子懷和母中興等同學決定登記應徵，他們問我願不願意參與，我對於這事非常有興趣，不過，我希望與不同系的幾位好友商討後，再答覆他們。這時正好政治系一位向為筆者尊敬而又比較年長的好友陳維琯正跑來對筆者說：北京大學的陳雪屏教授剛被任命為國民政府的青年部部長，邀請我們在重慶時就認識的張公甫先生去主持有關領導全國大學生活的資訊工作。問我願不願意到那裡工作，主要是為一個全國性的刊物寫文章。一聽之下，我馬上答應，因為這是我好幾年來的興趣。所以馬上跑去告訴陳子懷等同學自己的決定，並祝他們成功地到台灣去教書。

青年部位於南京市的中山路，與有名的鼓樓相距不遠。註冊之後，才發現是分發在學訊組工作，主要的任務是寫文章和編輯一個全國性的刊物。同事們多半是剛從各大學畢業的學生，中央大學畢業的只有陳維琯和我兩人，使我最開心的是在成都讀書時的一位好友蘇心澄也在這兒，他剛從國立政治大學新聞系畢業。年齡比我們稍長的只有兩位先生，一位是我們這組的負責人張秀吉先生，四川大學經濟系畢業的，人很和善，常常是一說一笑。另外一個是安徽大學畢業的劉鎮球先生，他負責印刷方面的事宜。不久，他便轉到立法院去負責總務方面的事了，後來我們逃難時，由於他的幫助，我同陳維瑲及另外兩位朋友才有機會逃離上海到廣州。

初到青年部的幾個月，我們都工作的非常起勁。一方面是陳雪屏先生的作風讓人佩服，他沒有官僚習氣，對人也很和善，部內的職員不論職位高低，如有必要，都可以請求約會直接見到他；另一方面，許多大學的學生對編寫的刊物都有好的反應。可是，不幸得很，時局變化得太快了。到了一九四八年初，不但全國各大學的學潮仍然氾濫不定，物價飛漲，金元券真是一瀉千里，恐怕最嚴重的是國共戰爭已從東北及黃河流域擴展到了長江流域；在整個華北戰場，共軍勢如破竹。到了一九四八年秋天，國民政府已決定從南京遷到廣州，所有部會都在裁員和縮小組織以備南遷。青年部整個裁掉，陳雪屏先生改任教育部長。我等立刻變為無業遊民。

二、在國共戰爭中選擇自己的道路

在青年部與我最接近的幾位好朋友，如陳維瑲和蘇心澄等，曾經討論過好幾次，我們都認為中國共產黨是會成功的；我們也認為：當時中共對知識分子的親善政策不會是真誠的，而且早晚都會對知識分子開刀的。我們自己在大學時代都沒有與中共領導的「職業學生」合作，在將來的中國共產黨統治下，我們註定是沒有前途的。我們討論的結果，真不知道應該怎麼辦？主要是我們都太窮了。譬如說，當時做大官的和有錢的人，在金元券貶值和物價飛漲時，他們就盡量去收購黃金和美鈔，以備在共軍到臨前到外國去做寓公。我們都沒有這種想法，但是我們卻希望離開南京，到一個偏僻的地方去謀生，以便待機而做一生的打算。我當時是計畫回到自己的故鄉以務農為業，從而過著吟詩弄月的淡泊生活。可是回四川的旅費就無法籌措呀！陳維瑲也同我一樣不知所措。蘇心澄似乎比我們幸運的多，因為他已有了女朋友，而且是國立政治大學新聞系同一屆畢業的。再加上他倆都是成都人，女朋友家還相當富有，所以他們決定回成都去從事新聞工作，幾天後，他倆就告別我們回成都去了。

天無絕人之路，蘇心澄和他的女朋友離開我們後，一位北京大學經濟系剛畢業的好朋友張定訓南下到了南京來看我們。一見面，他便告訴我們，他這次南下的原因和目的。他說他是在復員到北京後進入北京大學經濟系讀書，一開始他便看不慣一些張牙舞爪的「職業學生」，當然不願意同他們合作。同時他又因為一位在北京商業銀行做事的朋友而認識了該行的董事長郭鎮華先生，這位郭先生當時只不過四十歲，他對時局非常有興趣，常常找一些北京大學、清華大學等校的青年朋友到他的銀行聚會開座談會。郭先生自己雖然是生意人，但有一副自由主義者的腦袋，他非常擔心中國共產黨會很快的統治中國。但他並不灰心，他希望年輕的一代和他一樣，站起來支持當時主張民主自由的「民主同盟」等中間派，對國民黨和共產黨都反對。後來共軍占據整個東北各省，揮軍直向北京時（一九四八年春），郭先生便計畫帶一些自己的錢到上海去做些臨時的生意；同時他也希望約集一些參加過他的北京商業銀行座談會的年輕朋友到上海去籌辦一個中立的刊物。在北京大學剛畢業的張定訓兄是他找去負責聯絡的人，而且請他到南京找幾位有同樣思想的朋友到上海一同辦刊物，所以張定訓兄到南京後，首先考慮的便是陳維瑲和我，我們聽完他的報告後，都很高興的告訴他，我們願意同他到上海去參加這個極有意義的工作，事實上這個建議也解決了我們當時不知何去何從的難題。張定訓兄立刻笑容滿面地站起來和我們握手和擁抱，因為就他而言，他已完成了郭鎮華先生請他來南京的使命。之後，我們便隨便討論了一些時局問題。他認為北京很快就會為共軍占據，負責保衛北京和天津一帶的傅作義將軍可能向共產黨投降。一般高級知識分子大多對國民政府失去了希望，而且都一窩蜂的傾向於共產黨，事實上這些人對於共產黨基本上是一無所知。他非常感傷地認為真正具有自由意識和獨立思想的人太少了。他很高興郭鎮華先生有魄力，願意在這個時候出來和年輕人站在一起，為不幸的社會做點事情。說完之後，他希望聽聽我們的意見。

我請陳維瑲兄先說，因為他是我的老大哥。他首先把南京的情形簡單的描述了一番，他說自從一九四八年暑期開始，國民政府各部門便開始裁員簡化，現在（一九四八年秋）已開始向廣州搬遷，不過進度很慢。至於知識界，也和北京差不多，各大學的教授們，一方面對國民政府幾乎完全失望；另一方面對中國共產黨似乎又無所謂。當然有少數的教授則非常左傾，他們對少數的「職業學生」都是推波助瀾，南京各大學的學潮，他們是有部分責任的。然後他對張定訓兄說：「成棠對於南京知識分子在思想和意識形態上的變化比我研究得更深刻，他最近在這方面寫了一些文章，所以我願意請成棠向你做些報告。」

「維瑲兄太客氣了，我雖然在這方面寫了一些文章，事實上也談不到有什麼深刻的研究，主要是基於自我意識的反應。如你所知，在抗戰勝利那年和一九四六年春，中央大學在重慶領導了『一、二五』和『二、二二』兩次愛國遊行時，我正好是中央大學學生自治會主辦的《中大導報》的總編輯，所以在遊行時參與了《快報》的編輯工作，親眼看見平常向我示好的幾位同學突然變了樣——不但根據中共的宣傳刊物如《新華日報》等來看問題，而且還想來影響我的思想，他們希望我能跟他們走。我當然使他們失望了。從此我也靜靜地觀察這些人的思想和行為。復員到了南京之後，這些同學便開始在各方面活動起來了，如學生自治會、系科代表會和飯食團等的工作，他們都在參與，甚至可以說在包辦一切課外活動。從北京大學的『沈崇事件』開始，他們便開始領導中央大學的學潮了。在宣傳上，他們總是以『自由主義』者作為護身符。其實他們正在曲解和利用『自由主義』。最妙的是：少數的教授似乎還在鼓勵這批人。不得已，自己才開始寫了些文章來為真正的自由主義辯護，沒想到與我有同感和支持的人非常多。後來我才慢慢地了解：絕大多數的知識分子並不是從心靈深處支持那種曲解的，而是隨波逐流的苟延殘喘；再也沒有勇氣為自由的理想而奮鬥，也可能根本就沒有什麼理想了。我很高興，終於還有一些像你們這樣的朋友。希望到上海後，能順利地展開一些『發聵振聾』的工作。」

剛一談到這兒，維瑲和定訓兩兄都舉手開玩笑的說聲：「萬歲！」

之後，定訓兄開始告訴我們一些實際的問題。他說郭鎮華先生已同他接近的職員在上海找到了一個辦公的地方，他的家則住在虹口區的一個旅館。他將於次日到上海去同郭先生見面，並將與我們見面的情形告訴他。再看他有什麼事情需要他馬上辦理的，要是沒有的話，他將回南京來同我們住一段時間，因為他還要為郭先生聯絡幾個朋友，一個是剛從清華大學畢業的，另兩位是剛從北京大學畢業，都是以前在郭先生的北京商業銀行常參加座談會的。另外一個則是由四川大學畢業的，比我們大幾歲，他的名字叫李葉霜，是余紀忠先生從四川將他帶到復員後的東北去編報紙的，他是一個很豪放的才子。郭先生非常喜歡他。定訓兄希望很快就能為郭先生將這幾位朋友聯絡到上海去。

過了兩天，定訓兄從上海回來對我們說：郭鎮華先生非常高興維瑲兄和我願意到上海去一同辦刊物。不過，他更希望定訓兄能到北京跑一趟，把留在北京那幾位朋友一齊接到南方來。正好定訓兄也有兩件私人的事想回北京一趟；第一他想徵求他母親的意見，可否把北京的家遷到南方？第二是他在上海遇到一個老同學，希望他能設法將一位在國民政府經濟部做事的朋友的小女兒接到南方來。所以第二天，定訓兄便乘火車回北京去了。

定訓兄離開我們回到北京去後，我們仍同過去一樣，經常與幾位見解相同的朋友討論時局問題。這時已是一九四八年的深秋，中共軍隊不但據有整個東北及熱河和察哈爾諸省，而且北京和天津等已在他們的大包圍中。南京國民政府的各部會，都在繼續縮編和準備南遷廣州，物價繼續飛漲，一般老百姓要維持生活，談何容易？我們都希望定訓兄一切順利，能在共軍占領北京前回到南方來。看樣子，正如有些朋友的分析，國民政府似乎在集中軍方以堅守長江以南，以待美國的援助。

自一九四七年春，全國各大都市的學潮不斷地串演以來，我曾不斷地寫了不少文章，主要都是為真正的「自由主義」正名和辯護，不希望一些搞政治的「職業學生」把它作為玩弄政治的掩護。在這同時，我也曾冒著大諱，用筆名（筆者一生寫文章，一共用過十五個筆名，在南京還不到三年，便用約十個筆名，主要是為了安全）寫了些責備國民政府貪官污吏的東西，最嚴重的應該是下面這篇文章：

幣制改革後的宋子文往哪裡去?!

國家到了這個樣子，談論問題也是不容易的。不過，如果是非尚存人間，就事論事，應該是沒有罪的吧？

自政府在八月二十日宣布新經濟方案以後，隨著來的便是全國各大都市的經濟管制。一方面是幣制的改革，另一方面是市場的管制，雙管齊下，雷厲風行，政府此一斷然行動，無非是想把瀕於崩潰的經濟，借政府力量予以復甦，至少也希望在千頭萬緒的現狀下，喘過一口氣來。而全國人民為了自己的活命，對政府這一措施，不論其結果如何，總是無條件歡迎的，所以京滬平津等大都市，經過一月多來的考驗，已顯現出好轉的跡象了，尤其大家所公認的經濟關係最複雜的上海，在數百萬市民的喝采聲下，與一個多月前相比，已大大的進步了。這說明任何有益於人民的措施，都可以博得他們竭誠的擁護；同時也證明了蔣經國這次到上海，的的確確是想為新經濟方案作出一些貢獻而去的。

中國老百姓實在太純真了，只要給他們一條活命的路，誰也容易獲得其所要獲得的東西；不論其才幹或動機如何。因此我們相信而且也希望蔣經國先生能本其去上海的初衷，向所負使命的大道上邁進。

但是提到宋子文治理下的廣東尤其廣州市，與全國各大都市相較，那就大異其趣了。據京滬各報所載，新經濟方案實施以後，廣州物價不但沒有穩定，甚至於在一月之間，跳躍了三四倍；而且特別令國人感到驚奇而憤怒的是：宋子文在改革幣制前夕，套購大量港幣漁利的消息。泛讀之餘，首先使人回想起宋子文作行政院長時，傅孟真先生在《世紀評論》第七期公開指責他的一篇文章〈這個樣子的宋子文非走開不可〉中的幾句話：「今天政治的嚴重性不在黨派，不在國際，而在自己，要做的事多極了，而第一件便是請走宋子文，並且要徹底肅清孔宋二家侵蝕國家的勢力，否則政府必然垮台。」指責者一本書生面孔，以真誠坦白的心情，說出了全國人民要說的話，結果宋子文終於悄然離開了行政院院長的寶座。然而他並沒有因此而厭倦官場，稍等國人淡漠一點，便又打馬上任，攫取了廣東省政府主席，可是一年來的廣東在華南經濟建設的掩護下，一直醞釀著特殊經濟的暗流，因此常有人議論著「宋幫」操縱了華南經濟的命脈，完成了豪門經濟的體系。關於這些未經證實的推斷或報導，我們姑置勿論，單就這次已經證實了的宋氏套購大量港幣漁利的事實，提出我們的幾點看法：

一、貪污?！舞弊?！

京滬港等地報紙揭發宋子文套購港幣漁利的消息以後，宋氏便於九月二十七日在廣州發表談話，解釋其套購港幣的原因。我們細讀他的談話內容，深覺其勇氣可嘉，對套購港幣一事直認不諱，然而對其所解釋的理由，倒使我們想起了他已構成的許多罪狀。宋氏首先承認他大量套購港幣，是在他來京參加機密的改革幣制會議以後。他是八月十六日返穗的，返穗以後，即令部屬在市面大肆收購港幣，不顧刺激市場的後果，和引起物價波動的必然性。如果他沒有參加這次改革幣制的機密會議，他絕不會孤注一擲的作這筆冒險的買賣。這足見他是有意洩漏國家的機密來從中漁利的。稍有常識的人，都會判斷他這種行為是不是犯了貪污和舞弊的罪行。其次，宋氏又談到套購港幣的原因是為了購買暹米。這種說法真是自欺欺人了，誰也知道暹米早已受聯合國統制，廣東幾年來缺米都靠湘桂米供給。即使宋子文能通過聯合國去購買暹米，也應該有個合法的行政手續呀！難道一個省主席就該以數千萬人民的財政權拿去作賭博式的買賣嗎？總之，宋子文這次在幣制改革前夕套購數百萬港幣，無疑地是會使人在「貪污！舞弊！」這幾個他所不願看見的字上去著想了。

二、廣州物價為什麼會漲？

在幣制改革前夕，全國各地物價都像無羈的野馬，瘋狂的奔漲著，宋子文治理下的廣州，當然不會例外。而宋以當地行政首長的身分，並沒有採取有效的辦法抑制住，反而火上加油，他從南京參加極機密的幣制改革會議回去以後，便大量的套購港幣，以他的經濟勢力和在他所控制的政府的金融機構領導下，市場將發生怎樣的影響和後果，我想稍具經濟常識的人是不難推測的。其後政府的新經濟方案公布了，他又未能嚴格的執行（不然物價怎麼會漲了三四倍？），事實上他也不會嚴格地執行的。了解宋子文過去作風的人，都知道他是不會因公而忘私的；要不然，他就是在製造奇蹟，以苛刻的手段來處理自己龐大的財產了。所以要了解廣州物價為什麼飛漲，首先就得了解宋子文的作風，了解宋子文是怎樣做官的。在這裡我又得引用傅孟真先生在《觀察》第二卷第一期〈論豪門資本之必須剷除〉上對他的評論了：「他的作風是極其蠻橫，把天下人分為二類，非奴才即敵人。這還不必多說，問題最重要的，是他的無限制的極狂蠻的支配欲，用他這支配欲，弄得天下一切事物將來都不能知道公的私的了。」從這段評語中，我想讀者總會了解廣州物價為什麼會漲了。

三、錢能通神嗎？

宋子文把廣東搞成這個樣子，難道他就真的無法無天，毫不顧忌了嗎？關心國計民生和華南經濟的人，總是在這樣的談論著，而且有人進一步的追問：宋氏這樁違背新經濟方案的案件，是否會構成貪污舞弊的罪行？是不是應該算作史無前例的大貪污案？政府對這案件的反應如何？雖然不能得到確切的解答，然而在人民的是非觀念中，早已肯定其應得的罪行了。至於將來的演變如何？政府採取什麼態度？我們是不便追究的。不過，從各地新聞的報導看來，將來這案件的結果，其關鍵還是在錢上，我們倒不願意這種推測會成為事實，但是從某些跡象看起來，好像錢真是能通神的。如眾所周知的，這件案件的醞釀，最初是由廣州市參議會嚷出來，繼之就是京滬港等地報紙的揭發，直到宋氏本人九月二十六日在廣州發表談話，承認套購大量港幣後，留京粵籍人士乃於九月三十日假華僑招待所舉行座談會，準備檢舉穗市物價管制失當及某首長搜購港幣圖利的事實，後來以某等重要粵籍人士未能出席，致座談未能得到預期結果，接著南京當天某報便刊出一段消息：「廣東某首長於改革幣制前夕大量搜購港幣一案，經京滬各地揭發後，聞某首長頗為著急，近派幹員分頭四出疏通，希望大事化小，小事化無。」假如這段新聞屬實，我們則將為著國家前途和全國人民的活命而默念著：錢能通神嗎？

四、宋子文往哪裡去

撇開宋子文在幣制改革前夕，套購大量港幣漁利不談，單就宋氏治理下的廣東在幣制改革後紊亂的情形而論，最低限度以下幾點事實，宋氏是不能辭其咎的。

第一、宋子文既然承認在改革幣制前夕，套購大量港幣是事實，姑不問套購港幣的用心如何，但他起碼應該勇於承認：這種行為是會製造市場紊亂的。不然，就連最低的經濟常識都沒有了。

第二、幣制改革以後，一月之間，廣州物價跳了三四倍，宋氏也應該承認這是事實，既屬事實，宋子文又怎麼能夠逃避管制物價失當的責任呢？

第三、宋氏在穗市搜購大量港幣，是在來京參加國家最機密的改革幣制會議返穗以後。無疑地此一行動，對於洩漏國家機密是有影響的，當然是構成了舞弊的罪行。

基於以上三點，我們雖不敢抱任何嚴懲宋子文的奢望，但是為了全國人民的活命，為了新經濟方案的徹底實施，我們有理由要宋子文向蔣經國看齊，能夠在自己職責的範圍內，不要再給國家搗亂了，加深人民的痛苦。不然，我們就只好把傅孟真先生的舊談重提：「我真憤慨極了：國家吃不消他了，人民吃不消他了，他真該走了，不走一切垮了！」

由於國民政府一些貪官污吏的無能和自私，物價的飛漲，軍隊的厭戰和美援的遲遲不到，全國民心早已喪失殆盡，好像誰也不願意再去考慮國共內戰的誰是誰非了。到了一九四八年秋，國民政府一方面開始南遷廣州；另一方面則集中其最後的精銳部隊於京滬和平津之間，以迎接平津失守後，共軍南下的大會戰。任何稍有理智的人都可以想像將有多少無辜的生命財產會化為灰燼？記得在這時，有一位正在金陵大學教書的立法委員，名叫劉不同的，便開始創刊一本名為《天下一家》的評論現實政治和標榜理想的刊物。可能由於筆者當時寫了些有關自由主義的文章的關係，他便直接請筆者為該刊物寫文章，筆者也慨然應允，用郭成棣的名字，在創刊號上寫了以下的一篇東西，也是去上海前，在南京寫的最後一篇文章：

我們的問題在那裡？

——這是一個智慧的擇決！

一

到今天，我們畢竟是勝利三年了。然而，千萬人民保衛國土的血跡未乾，而毫無代價的自相殘殺，卻又正煎熬著民族的命運。全國人民在戰爭與死亡的恐怖下，像熱鍋裡的螞蟻，除非這爐灶一齊坍塌，是無法跳出火坑的。

於此，我們會很自然的想起：抗戰勝利之初，舉國人民莫不收拾起八年來的辛酸，睜開希望的巨眼，認為國家從此將就範於建國之途，重整我們的藩籬，展開各種建設的事業；用國家的富強康樂來悼慰同胞的犧牲，以民族的獨立新生來奠定世界的和平。

但我們是失望了，不但國內的戰爭把勝利的果實摧毀無餘，並且渺無止境的消耗與破壞，給國家民族帶來了新的危機。我們且把叫囂入雲的三次世界大戰姑置勿論，單就日本的東山再起，蘇聯的蠶食北疆，暹羅的排斥僑胞，南洋各地的騷亂動盪，已使我們感到莫名的悲哀，而無顏以對民族的先烈了。更何況熾烈的烽火，把全國人民窒息在垂死的邊緣，幾乎朝不保夕了！

假如我們還能承受歷史的教訓，信任理性的功能，我們是不應該一味瘋狂或坐以待旦的。質言之，在史無前例的大動亂時期——歷史的大轉捩點，我們除掉根據客觀的事實窺探問題的本質，用敏捷的行動來講求解決的途徑外，一切過之或不及的感情行為，都是無濟於事的，甚而徒增問題的複雜性而已。

那麼，我們的問題在哪裡？這便是本文要討論的重心；同時我們為了使問題的結論更為清晰起見，首先我們還得重溫一遍人類歷史演進的跡象，探究其必然的趨勢。

二

推動人類歷史文化前進的因素，學者們往往所論不同而各持其是。但是我們得合各家的見解，體察人類實際生活的行為，我們便須承認一個真理：人類為了追求其高度的生活欲望，便無意中把歷史文化向前推動了。舉個簡單的例：如人類的吃東西，最初是採集水果或狩獵禽獸。這種求生的方式，既不易一飽，且時虞匱乏，因此逐漸發明耕稼和牧畜，久之，仍不能滿足人類飲食的要求，遂有熱食烹調的發明，且更進而有美味的調製與營養的配合。諸如此類的例子，舉不勝舉，都足以證明人類為了追求高度的生活欲望，是推動人類歷史文化的重要因素。這只就個體知能的發展和歷史文化正面進步的因素而言。另外一方面，客觀的環境，又可說是一種人為的社會制度，也足以阻擋或助長人類對於生活欲望的追求和滿足，一樣的是人類歷史文化前進的因素。追求高度生活的欲望是人人與生俱來的特性，也是每個人肯定其生存的要求。如果大多數人的這種特性和要求，被少數自私自利——這也是人類另一面的特性——的統治者用不合理的社會制度或鄙劣的箝制方法予以否定時，人類的歷史文化就得展開劃時代的變化了；這便是人類歷史從原始共產社會進展為酋長制度的遊牧社會，更進化為封建制度的農業社會，再進化為資本主義的工業社會，最後達到政治民主經濟民主的社會主義的必然趨勢，一種歷史的法則，也就是所謂 Economic Determinism 的一種。或許有人懷疑：既然人類為了滿足其高度的生活欲望而反抗和改善阻塞其發展的社會制度，那麼，原始的共產社會不是可以讓每個人自由的發展其天才，滿足其欲望嗎？為什麼要把它變成酋長制度的遊牧社會及封建制度的農業社會呢？這裡我們必需提出說明的，就是人類提高生活水準的方法，一方面是增加生產，另一方面則是廢除剝削；兩種方法都不失為推動人類歷史劃時代變化的原動力。同時這兩種方法相輔而行，為一個目的——生產的目的——繼續不斷的向前推動。原始共產社會變為遊牧社會，又變為農業社會就是這個原因。相反地，由於歷史劃時代變化的結果，往往弊端也就因之而來。比如封建的農業社會，最初它是較之遊牧社會更能增加生產的。結果社會儲餘（Social supply）集中在少數人手裡消耗浪費，而不用來從事再生產。結果這些少數人固然滿足了他們提高生活水準的欲望，然而對於大多數實際從事生產的人，卻是缺乏一種公道（Justice）。近代資本主義的工業社會也是如此，在初期它確實增加了生產，使生活水準提高。但是到了相當時期，資本集中在少數人手裡，於是廣大的勞動群，為了滿足其提高生活水準的要求，便開始向剝削大眾利益的對象資本家以猛烈的抨擊，進而謀求推翻之以建立一個經濟平等的社會。這便是近世社會主義普遍的刻劃在大多數人們的心靈，社會革命運動積極展開的歷史因素。

遵照上述的歷史法則，世界各國在歷史上都有著不斷的社會革命，這也就是我們所說的人類歷史上劃時代的變化。因此熟悉人類歷史文化的人，對於社會革命並不感覺可怕；相反的，他們深知這種社會革命對人類歷史文化的貢獻倒是很大的。我們甚至可以說，人類歷史文化之有今天輝煌的成果，全靠這種不斷的社會革命的法則所賜予的。不過，一種社會革命的成功，它必定有很多必然的因素，這些必然的因素加在一塊兒，只要時機成熟，則革命的爆發和成功，自如流水之就下。但是歷史上往往有許多社會革命總免不掉太過偏激。換言之，在客觀的因素還沒有成熟以前，就以主觀的判斷來開始行動，結果多半歸於失敗。而且，這種革命運動最危險的是：它不但不能增加生產，提高人民生活水準，反給人民帶來紛擾，容易激起反動，予被革命者以很好的藉口；清末的洪楊革命便是一個很好的例子。當然，每一次社會革命的動機，我們是無可非議的。但是若沒有把握時機，我們是對它感到遺憾的。在這裡我們還得附帶提出的是：在歷史上有很多趨炎附勢不成，轉而想取而代之的勢力集團，和揭竿而起打天下的英雄們，是不能與社會革命相提並論的；因為他們的成功，只是為了奪取一種權力或享受，並不能增加生產，提高人民生活水準，只不過是一種以暴易暴而已。中國歷史上的改朝換代，就是這麼一回事。即使一個新興的朝代，起初可使人民安居樂業，也無非是統治者「德澤天下」的一種施捨，與大多數人民要求滿足生活欲望是無關的。

中國歷史文化的發展，大體是遵循這種法則的。不過，自從春秋戰國直到民國成立的二千餘年間，幾乎就沒有具體的社會革命發生過。這也是中國歷史的悲劇，老是停留在封建制度的農業社會的主因。了解這段史事，無論如何是有助於本文的討論的。

三

孫中山先生領導的國民革命，本來是負荷起二千餘年的歷史使命而展開的社會革命。若就當時的世界潮流和歷史任務而言，中國是應該走上溫和的社會主義的道路的。但是，當時民族主義（Nationalism）的意識遠較社會主義（Socialism）的意識來得濃厚。這是滿族統治下的歷史所決定的；同時，為了使革命速有成效，不得不把當時既得利益的投機分子容納到革命陣營裡來。據孫中山先生自己後來的解釋：當時的中國只有大貧小貧之分。一個落後的封建農業國家和當時歐美資本主義的國家相較，這種說法當然是一種事實。但是我們絕對不可否認的是：在我們這古老的封建農業社會裡，在當時已經很明顯的有了剝削的少數與被剝削者的多數之分了。而且由於歐美資本主義的極端膨脹侵入，當時交通方便的城市中的既得利益者，已經站在「買辦」的立場向廣大的農村進行吸血的工作。在這種情形下，要想完成中國的社會革命——把古老的封建農業社會邁步到溫和的社會主義社會——必須負擔起雙重的革命任務：一方面把農業社會變為工業社會，另一方面則利用政治革命的成果完成溫和的社會主義革命運動，以免民族的再流血。孫中山先生看清楚了這一點，同時也認識了國民黨內部的複雜性，所以他在一九二二年親自主持國民黨的改組時，便大膽的容納了左傾的力量，而且明白的昭示國人，他的民生主義就是社會主義。重新確定革命的路線，使當時的中國呈現出新生的光芒。不幸的是這位具有卓見的偉大革命家，把曙光帶給國人後，不久便長逝於北平。從此革命的力量分道揚鑣：一方面革命的力量到達長江流域以後，便與既得利益的財閥軍閥凝結在一起極端向右；一方面革命的力量與川湘等地失意的政客和軍人「揭竿而起」而極端向左。

極端向右的國民黨，為了維護其既得利益和鞏固政權，不得不背叛孫中山先生的革命路線和歷史任務，而與舊社會的勢力相依為命，變為封建餘孽，脫離了革命的黨史和群眾。

極端左傾的共產黨，本來它應該是負擔起國民黨所遺棄的任務，解決急需解決的社會問題，以滿足大多數人提高生活水準的願望；然而當他們摒棄真正的社會革命黨員後，便迷信武力，效法封建時代「揭竿而起」打天下的英雄們，變作新興的勢力集團，使中國的革命者失去了歸依。

這兩個背叛了中國社會革命的勢力集團，在結合的階級上，儘管有分別，在欺騙的宣傳上各有其一套「革命」的理論，然而他們以剝削者和掠奪者的姿態向廣大的人民進攻時，又有什麼區別呢？二十餘年的廝殺，善良的中國老百姓作了他們的賭注。

按常理的推測，抗日民族解放戰爭爆發，應該是國共兩黨捐棄成見，共同圖存的最好機會。在民族解放浪濤澎湃的抗戰時期，他們也曾這樣的做了。但是從抗戰後期他們又各懷鬼胎的作法看來（當然他們都是各有解釋的），他們當時的合作，並非出於誠意；所以抗戰勝利後，在全國人民的矚望之下，經過一次必然失敗的「政協」之後，漫天烽火又在向全國人民熾烈地燒殺起來了。

論者以為國民黨在此次「政協」中不夠寬容，或以為共產黨在此次「政協」中不夠讓步，都是忽略了中國問題本質的論斷。假如我們在前文的分析還不算太錯，那麼我們就該肯定的說，今天我們的問題，完全是國共兩黨背叛了中國的革命，而走向褊狹的黷武主義的路線的必然結果。

嚴格的說起來，國共兩大勢力集團，都應該是中國老百姓革命的對象；不信，舉幾個大家熟悉的事實來說：勝利三年來，在國民黨控制的區域，政府官吏的貪污無能，已使政治糜爛得不可收拾。豪門和資本家的勾結操縱，不但使農村經濟瀕於崩潰，而且整個國家的財政經濟已走上窮途末路了。中產階級和公教人員，在政治經濟的雙重壓榨下，更失去了生存的保障；被欺凌而貧苦無訴的農民，還要以自己的血和肉來保衛剝削他們並且生活得極端奢侈的豪門和資本家，這種不合理的現象實在是史無前例的。回頭看看共產黨的「解放區」，人民在「鬥爭」、「清算」、「參軍」……等等名目下，不但財產被掠奪得精光，生存的權利完全被剝奪。廣大的農村變為淒慘的屠場，甚至於連僅有的一點落伍的建設，也被徹底的破壞；像這種失去了人性的作風，不管他代表的是什麼階級，也不會得到中國人民的同情。

我們的問題在哪裡？還不夠明白嗎？

四

這是一個智慧的擇決；無論你依附於左右任何一個勢力集團，或者是採取騎牆的態度，都是背叛了歷史的任務，都是拋棄了社會革命的道路，都是國家民族的罪人啊！在今天，我們唯一可行的路途，是摒除小我的私見，勇敢的擔負起歷史的任務，提高全民的生活水準。在這樣一個拯救全民於水火的前提下，我們呼籲國共兩黨有理想有遠見的人士，應該即速脫離黨的羈絆，保持自己獨立的人格，與全中國善良的人民結合成一體。在反封建、反統治、反暴力的旗幟下，讓我們重新展開嶄新的社會革命運動，最低限度也應該為了保衛自己的生存，而不作任何勢力集團的工具。

也許有人會懷疑我們這種論調，是否是中間派的復活，或介於國共之間的第三條路呢？在這裡我們除掉以良心和正義來強調這種看法是當前中國人民唯一的一條出路外，我們還得嚴正的說一句：人民的眼睛是雪亮的，任何假借名義的陰謀和混淆是非的狡計，都會被人民遺棄，都逃不脫歷史的考驗的。

善良的中國人民，這是一個智慧的擇決，也是保衛生存最後的機會，當你認清中國問題的本質的時候。

一九四八年九月於南京

從以上這篇文章可以看出，當時筆者純粹以書生論政的方式來分析時局，好在他的看法沒有錯。不然，也和千百個知識分子一樣，早已做了毛澤東的冤魂野鬼了，那裡還有機會來寫這本回憶錄呢？

到了一九四八年十一月，南京已變作一個「山雨欲來風滿樓」的淒愴面目。權勢豪門與升斗小民之間顯示著不可調和的鴻溝。我當時在一個刊物上發表了〈寒流初襲下的南京〉為題的一篇文章，描述當時南京的情形如下：

南京倚山面水，素以軍事政治重鎮的地位控制著富饒的江南數省，在歷史上它曾決定過一些朝代的命運。然而在氣候上，確又使人感到太極端化了——夏天特別的熱，冬天特別的冷。所以秋天雖然帶有幾分肅殺的氣象，而南京的人們卻不希望它像楓葉一樣地消逝得太快，讓寒流帶來一些窒息的氣氛。甚至寒流剛一侵襲，人們就在遙念著春天了。的確，江南尤其是南京的春天，總是令人感到舒暢、愉快，而富有希望的季節，當然容易叫人想望和懷念的。

今年住在南京的人，好像特別敏感；無論是對於自然景色的易序，或是人為社會現象的演變，只需風吹雲動，就有人在預測著未來節候的變化了。由於這種未雨綢繆的心態和行為，豪門操縱金融便有了理由，而一般凡夫走卒為了活命而「漫天要價」則更有根據了。憑著這些來路各殊而目標一致的理由，南京的人們，對於自己未來生活的幸福，好像都抱有一個宏願。可是他們卻沒有更高的智慧，超越以自我為中心的藩籬，來瞧一瞧這個瘋狂的國家。他們與奉公守法的公教人員和善良的老百姓之間，用他們的宏願來掘開了多麼寬的鴻溝，建立了多麼頑強的壁壘？他們更沒有考慮到：當千萬人都在為著今天的活命而憤憤不平的時候，他們的宏願是否也會發生動搖；或許他們的宏願永遠不能達到的障礙在那裡？這是當前南京各色恓恓惶惶的人物的話題，也是全中國安危所繫的大課題啊。

一、法律能制裁飢餓的行列嗎？

如果說窮人的生活比鬥人的「宏願」更重要，那麼南京的搶米潮，就應該是顯赫的官員們在迷亂中的一副清涼劑，它給官員們的教訓，也應該是活生生的。

自從濟南失守，東北撤退，徐州「山雨欲來風滿樓」的前夕，南京在「八、一九」的經濟防上，真像一座死城。所有的商店在「缺貨」的名義下，都緊緊的封閉著，一切市場都讓金風送走了往日的繁榮，市街中雖然仍有倉皇馳駛的車輛，終於掩飾不了道旁桐葉飄落的淒清。機關學校雖然照常辦公，但是誰能枵腹工作呢？所以在街頭巷尾的飢餓行列中，老教授與窮困的公務員和襤褸的市民擠在一起——不，他（她）們已經匯成一支飢餓的行列，到處找尋食物，見人便問：「哪裡有米？」要是奸商豪門聽著，一定會暗暗地答道：「哪裡沒有米呢？你有多少錢？」然而他們所問到的對象，都是和他們一樣提問題的人。這樣，米的問題依然是米的問題。於是奸商豪門開始笑了，黑市像偷襲堤岸的洪水，波濤滾滾的氾濫在「八、一九」防線的後面，眼看著這支飢餓的行列就要為他們淹斃了。

南京的官員們，不知是基於良知或職務上的責任感，毅然決然於月初自動的撤銷了「八、一九」的防線，各種貨物立刻身價十倍或二十倍。在官方說來，這種應變的措施也許是為了老百姓的活命，而一般老百姓看起來，這種毫無保障的撤消防線，不啻給奸商豪門大大的助了一次威，防線儘管撤消了，貨物儘管身價提高了，老百姓一樣地買不到東西，尤其柴、米、油、鹽，因此飢餓的行列愈來愈壯大了，成天在市街上鑽動著，到處搜購可以果腹的東西，而在各貨看漲聲中的米老闆，一方面繃著面孔對飢餓的老百姓說進不了貨；一方面卻又把堆聚如山的糧食往屋裡藏，看樣子好像法律專門保護他們而把飢餓的群眾往生活的邊緣上摔。記者在浮躁的飢餓行列中開始考慮：「法律能制裁飢餓的行列嗎？」不等任何答覆，瘋狂的群眾已在向米店進攻了，警士們在飢餓的群眾中也特別顯得和善，先前他們還企圖以說理的方式來阻止群眾，以勉盡自己執行的法律責任，但是當他們聽到群眾簡短有力的答覆：「誰願意犯法？我們僅僅是為了不願意餓死……」他們便回過頭來想想自己究竟是在為誰而執行法律了。於是每當一個米店被搶以後，警士們對那些沒有搶到米的婦孺們，寄以無限的同情和歉意。這樣的情形延續了兩三天，南京在寒風中，更形蕭瑟了。

二、季節是人類的溫度表

一個投機取巧，苟且偷安的人，總是經不起季節的考驗的，因此記者常見一些投機取巧的人飛黃騰達的時候，總愛以「季節是人類的溫度表」的看法來冷眼旁觀，然而總沒有這次南京表現的事實所得到的證明來得有力。

正當搶米潮席捲南京市，徐州烽火漫天的時候，南京的闊人們，又有了另一種「未雨綢繆」的心理，他們開始驚覺到生命的安全比美妙黃金更重要了。最初某要員將飛美國「避難」，某豪門在香港買了房子，某大官的家眷已到了台灣等的消息，只是寸步難移的公教人員談天的新聞而已。慢慢地這一類的新聞變作了公開的事實，大家倒反而不奇怪了，下關候船的旅客一天天擁擠得水洩不通，市街上、電桿上，出租洋樓的紅條子隨處都可看見。其實天曉得！抗戰勝利三年來，在南京就沒有看見過貼條子出租洋樓的，闊人們寧願留下來等金條，也不願意租給別人住，今天畢竟是季節變了，出租洋樓和找人看屋，已成了南京闊人們「避難」的急務，而一般升斗小民和窮困的公教人員，談「避難」的事情，總是盈盈笑臉。記者不知他們這種笑是一種精神的報復，還是另有什麼希望在等待。如屬前者，可見貧富之間，在心理上已顯然的得不到任何的和諧和諒解；如屬後者，窮人的「賣身投靠」或「寄人籬下」，僅僅是一種暫時的忍耐。

總之，季節在不斷地變，南京的闊人們也在不斷地告別南京了。

三、存亡之間的「變」

無論就實際的情況，或理論上講，當前的大局是必須變了，因為，如果說存在與滅亡之間，還有一個緩和的餘地，也許就只有變了。所謂「窮則變」，實在是歷史決定了的。再看當前的中國，戰亂遍及大江南北，人民在死亡線上忍耐的目的，好像有一個統一和平的局面作為一切解釋的前題，然而這個局面的保全與破壞，好像與他們又沒有份似的。這樣一來，既是大家毫無理由的認識這個前題，而內部存在著的矛盾，也將不斷地否定著自己。

因此，支撐著半壁河山的大局的南京，「變」似乎已被一般人肯定了。但是怎樣「變」？從哪裡「變」起？「變」到什麼程度？成了南京官員們的急務了。

前些日子，中樞召來了坐鎮華北的傅作義將軍，坐鎮華中的白崇禧將軍，戍守邊疆的張治中將軍，再加上南京各部的要員們，開過幾次對於大局有決定性的會議，據某權威人士的透露，會議中決定的問題大概有下列幾個：

（一）「剿總」職權的擴大：華北方面，由傅作義將軍總攬華北五省的軍事、政治、經濟、文化大權外，中央在華北有關經濟部門，也直接受華北剿總的節制和支配。甚至於一部分美援也直接撥助平津。華中方面，也許是太接近中央了吧！所以除將範圍擴大，把徐州隸屬華中剿總，政治和經濟受華中剿總節制外，似乎就沒有華北剿總那樣乾脆了。不管怎麼樣，比起以前那樣「遠水不解近渴」要來得好多了。

（二）戰術戰略的改變：也許是東北失利的教訓，也許是戰術戰略上的一種進步，中樞決意改變以往守土守城的被動戰術，而採取捕捉敵人主力的機動戰術，在軍事行動下一切以勝利為主，所以這次撤守汴鄭等據點以保衛徐蚌，從軍事的主動形式看來，一般人都表示樂觀（按徐州會戰本年十一月十八日政府已宣布勝利），咸認為是轉敗為勝的關鍵，至少政府在軍事上從此可以鬆過一口氣來。

（三）戰時內閣的醞釀：為了適應戰時的狀態，中樞決將散漫無效的行政機構改組。改組後的內閣，據說除正副行政院長參與行政決策外，只有國防部長才能與聞政事。因此許多人認為戰時內閣的範圍實嫌過小，照一般國家的常情而論，外交或財政兩部，總應該再加其一。在政界中另外還有一種傳說，可能是蔣總統退下來，組織一個類似抗戰時期軍事委員會一類的機構，專門處理軍事，總統一職由李宗仁代理。這種說法，今天事實證明似已不太可能了。待閣揆一職，張岳軍、張文伯、何應欽三人雖然醞釀過，但是現在翁文灝繼任已無問題了。

另一個與戰時內閣有關的，就是安定江南各省，安定的方法，據說是一方面加強地方行政權，使地方的財政軍合致；一方面選派一批幹練的新省主席，務使各省有單獨應變的力量。其實地方政權的擴大，本來就是鞏固政府基礎的必然措施，早已有人提過了。今天政府才可能付諸實現，當然是大家所歡迎的。不過問題恐怕仍在這批幹練的新省主席，用什麼標準來選？選去的是否保證不腐化？依然是大家所焦慮的問題。

再一個問題，就是執政的國民黨，怎樣來配合著大局的「變」，有人認為第一步是國民黨內部矛盾的統一，然後以強有力的姿態，打入江南各省的地方政治去與人民配合起來做一點實際的工作。但是卻又有人考慮到陳立夫還是沒有覺醒，或者是蔣經國不願把他正在成長的力量全部交給國民黨。但據國民黨內某高級負責人語記者：不管怎樣「變」，國民黨中央黨部再也不能維持龐大的機構，已屬一種必然的事實。

四、遙望春天的人

南京經過一番大的變化以後，一般年輕人和知識分子，尤其是一批教授學生和進步的公教人員，雖然在飢餓線上掙扎得氣都喘不過來，倒反而堅定多了，記者近來先後和正在中大讀書的一批校友及幾位大學的教授接觸，都異口同聲的認為：「經過這次教訓（指軍事和經濟的失利而言）後，可能是大局新生的機會。」這些年來，知識分子和有熱情、進步的青年，往往對於政府措施失當的批判，總是容易被政府當局誤解，好像有勇氣和熱情說話的人，都是政府的敵人似的。這種「不學無術」的誤解，不知阻止了多少善良的建議？毀滅了多少青年的前途？到今天，請聽聽知識分子和青年的聲音，他們不但依然沒有否定現實政權，反而在存亡的關頭寄以無限熱情的希望。有智慧的政治家們，是你們煥然一新天下人耳目的時候了！

一九四八、十一月、於南京

三、我們的最後希望——「活路」

將近一九四八年年終，張定訓兄在北京把家事辦完後，再來南京，他也為一位間接的朋友帶來了一位十一歲半的謝姓女孩。這位女孩長得紅光滿面，非常健美，講一口北京話，人也很聰明。張定訓兄把她介紹給我們時，她都稱我們作叔叔，非常可愛。然後便把她送給她在經濟部任職的父親去了。

張定訓兄告訴我們，他離開北京前，謠言四起，都說傅作義將投降，看樣子，共軍很快就會占領北京。果不其然，幾天後，北京便易手了。南京的國民政府大部分都遷到廣州去了，剩下來的除治安部門外，也極有限了。這時我們也離開南京到上海去了。

我們到達上海後，張定訓兄領我們住進了虹口區的「上海飯店」，是郭鎮華先生早已為我們預定了的。因為這兒離他在上海的臨時辦公室（從上海飯店過蘇州河進入南京路的一個地方）很近。郭先生請到這兒來計畫創辦一個刊物的年輕朋友一共有八位，李葉霜兄（四川大學畢業）雖然是第一次見面，可是他那大度而瀟灑的性格非常容易與人相處。所以他很快就同維瑲兄和我成了好朋友。他同張定訓在北京時就熟悉了的。其餘幾位也是從北大和清華來的。他們對於自己都相當保留，所以同他們見面時頗有格格不入之感。其實我們每天都得見面幾次，因為大家都在同一時間到郭先生的辦公室同餐，大夥兒也曾正式的坐在一起討論過幾次辦刊物的事情，他們也不大表示什麼意見。結果多半是定訓、葉霜、維瑲和筆者在討論。後來定訓兄才坦白的告訴我們，那幾位朋友都還在大學念書，也從沒有辦過刊物或寫過文章。他們只是到郭鎮華先生的「北平商業銀行」參加過座談會，郭先生對他們的印象很好。所以幾次討論的結果，幾乎全是我們四人的想法。刊物名稱叫作《活路》（是筆者建議的），暫時訂為月刊，每期以不超過一百頁為限，文章全屬救亡圖存而毫無政治的理念性的東西。我們每次開會都是由李葉霜兄記錄（因為在我們當中他的字寫得最漂亮），無形中他也成了保留紀錄的人。因此，他後來還在台灣坐了幾個月的監牢（容後再解說）。

我們到上海不久便是一九四九年了。上海的新聞特別靈敏。這時國共雙方正在大規模的準備徐蚌會戰，而一般的報刊新聞，似乎也集中在徐蚌會戰的演變和後果。當時許多人都認為國民政府將是這個大會戰的勝利者，因為蔣介石曾把他最好的部隊如黃維兵團、邱清全兵團等將近百萬大軍都擺在這個戰場上。

請我們到上海來一齊創辦刊物的郭鎮華先生除建議我們把創辦刊物的計畫草擬好後，好像也沒有進一步的動作。看樣子，郭先生也正在觀察瞬息萬變的時局。我們當然沒有什麼話可說，因為辦刊物的錢得由他負責呀。我們幾個常在一起的朋友，每天除了討論時局，分析一些國家的問題外，的確也沒有什麼具體的事情可做的了。正在這時，一件讓我一生難忘的事情發生了。

四、上海灘上難忘的一個大悲劇

我們到上海住進虹口區的上海飯店不久，張定訓兄為一個間接的朋友帶到南京來的謝姓女孩和她的父親（這位在經濟部任職的謝先生，中等身材，約莫三十多歲，看起來很文靜而寡言）也來到上海了。據說他正在等待機會去廣州。自從張定訓兄把他的女兒從北京帶來後，他同定訓兄也很熟了，所以定訓兄也介紹他到上海飯店來住，他的女兒（我們後來都叫她素君）也由定訓兄介紹到我們一個共同的吳姓朋友家住去了。這位朋友也是大學剛畢業，正在復旦大學教書。這位謝先生同我們幾乎沒有往來，見面時也只是打個招呼而已。可是他的女兒到飯店來看他時，總喜歡到我們的住處來問長問短，因為她同張定訓兄很熟，慢慢地也同我們熟悉起來了。她常常告訴我們一些她在抗戰勝利前的故事。她家住在離北京不遠的鄉下，她那時已有七、八歲了。中共的游擊隊常常利用她和她的朋友們為他們工作——主要是傳遞消息。她最喜歡問我們的是有關電影的事情，特別是美國電影。我們幾個朋友中，我是答覆她的問題較多的一個，因為我在南京讀書時，的確看過好幾次美國電影。

謝素君住的吳姓朋友家是在一個公園的旁邊，離我們住的上海飯店是相當遠的。所以她每次從上海飯店回到吳家時，總要找張叔叔（定訓兄）送她的。不知為什麼她的爸爸從來沒有送過她。有一次張叔叔有事，不能送她回吳家，她便指定要「郭叔叔」送她，筆者當然不好意思不去。結果，只好和張叔叔一樣，叫了一部三輪車（當時上海最方便的交通工具），送她回吳家。一坐上三輪車，她便同往常一樣，問長問短的，而且還是離不開美國電影的事。不過，這次她問的一些問題中有些真怪，她一開始便問：

「郭叔叔，為什麼美國的男女那麼喜歡接吻呢？」

「啊！你是說美國電影上的男女嗎？」筆者反問。

「對呀！」

「他們是在演戲，尤其在演愛情故事的戲時，他們接吻是很普遍的。」

「要是他們不演愛情故事的時候，是不是也可以接吻呢？郭叔叔。」

「當然可以哪，素君，你知道，在歐美各國，接吻是人與人間的一種禮儀。不過，對不同的人，接吻是不同的。」

「好極了，郭叔叔！你可不可以把不同的地方講給我聽聽呢？」

「可以呀，就一般的情形而論，只有男女情人或夫妻才用嘴唇接吻；父母與子女，或者是一般的朋友，多半是吻上額或臉部。」筆者說到這兒時，謝素君慢慢把頭低下，好像在沉思什麼，而且也不再問筆者了，反使筆者感到奇怪，便關懷地向她問道：

「你有什麼事嗎？素君。」

「沒有什麼，郭叔叔，我只是想想。」

「好！你就想想吧，反正已快到吳叔叔家了。」

時間過得很快，離開上海飯店大概二十分鐘的樣子，三輪車就到達吳家了。筆者把謝素君扶下車後，便對她說再見，便準備乘原車回上海飯店了，可是她馬上說：

「郭叔叔，請你不要馬上走吧！我想請你帶我到公園走走，可以嗎？」看樣子，這位小姑娘似乎有什麼心事要對我說，筆者遲疑了一會兒之後，就對她說：

「好！我們到公園走走。」她那圓圓的小臉立刻顯得笑容滿面。筆者便把車費付了，然後同她漫步到公園（筆者已記不得這個公園的名字了）。剛走了不到兩分鐘，小素君便以肯定的口吻對我說，她已經懷孕了。這個晴天霹靂的消息幾乎使筆者跳了起來，於是筆者握著她的手，親切地對她說：

「素君，你不是給郭叔叔開玩笑吧？」話一說完，她立時熱淚盈眶的對筆者說：

「郭叔叔，我向你說的是事實啊！」她便嗚嗚的哭起來了。筆者立刻感到一陣心酸，便小聲的請她不要哭，馬上把手絹拿出來為她擦眼淚，並請她把受委屈的事實說出來，以便同其他的朋友一齊幫助她。素君於是激動的說：

「郭叔叔，一切都是我爸爸幹的。我現在詳細地告訴你。」她於是原原本本的都說出來了。

她的家是住在河北省的一個小鎮，家裡自祖父母以下人滿多的。抗戰一開始，她的爸爸便隨政府到重慶去了，她那時已有三歲多了，所以她還是記得她爸爸的樣子。她有一個弟弟，小她兩歲。她的爸爸離開家後，她的媽媽在家鄉教小學，她後來也在那個小學讀書，而且還常為共產黨的游擊隊做些傳遞消息的事情。她的爸爸一直沒有什麼消息，抗戰勝利後，他才不斷地寫信回家；特別是復員到了南京以後。他本來計畫把她的媽媽和她同弟弟一齊接到南京去。可是他後來又寫信告訴她的媽媽暫時不要到南京，因為政府快南遷了，要是有機會，他希望請熟人先將她帶到南京，以免游擊隊常常麻煩她。她的媽媽也認為這樣很好。所以後來張定訓兄到北京時，便把她帶到南京去了（那是一九四八年十一月間的事)。她到南京時,國民政府大部分機構已遷到廣州去了。她爸爸做事的經濟部,大多數人也到廣州去了,他同少數人還在南京等待是否也讓他們去廣州(換句話說,他可能會被裁掉)。她的爸爸一看見她就很高興,一再的對她說,她長得很像她的媽媽,而且馬上帶她去買新衣服。她爸爸住在經濟部的職員宿舍裡,空房間很多,因為許多人都搬走了。因此她的爸爸便給她安排了一個單獨的房間。宿舍裡也有伙食。她剛到的那天晚上,她的爸爸請張定訓兄在一家很好的餐館吃飯,吃得很好,也喝了酒,她的爸爸還喝得特別多。晚餐後,他們父女告別了張定訓兄後,便回經濟部宿舍去了。

素君同她的爸爸回到經濟部宿舍後,她爸爸帶她到他的房間去看他同她媽媽結婚時的一些照片。她說這時她的爸爸一直是抱著她的,而且還不斷地同她接吻。她感到很難過,因為她爸爸的酒味很重。照片還沒有看完,她爸爸就把燈關了,然後把她抱上床去把她強姦了。她說從此以後,她爸爸幾乎每天晚上都要找她性交一次,然後才送她到自己的房間睡覺。素君一面敘說,一面咽泣著。當我聽到這兒時,感到非常不舒服,因為我從沒有想到站在自己眼前的女孩曾遭到這樣的摧殘,所以我忍不住馬上問素君:

「你為什麼不反抗呢?」

「郭叔叔,我怎麼敢呢?他是爸爸呀!」素君無可奈何的望著我。

「那麼你們來到上海之後,你爸爸住在上海飯店,你住在吳叔叔家,就不會有那種事情發生了吧?」筆者剛把話說完,素君馬上回答道:

「啊！郭叔叔，你才不知道呢！他還是照樣做他的。你不是看見我每天都到上海飯店去看他嗎？他有時候帶我出去走走，或者買點東西。可是，至少隔一天，他就要找我性交一次。普通他總是把『不許驚擾』的牌子掛在房門外，把門鎖上，他便脫掉我的衣服，然後抱我上床，他便站在地板上做他的……」素君開始嗚咽著。我立刻輕輕地握著她的手，然後懇切地告訴她：

「素君，請你從現在開始，千萬不要把這件事情告訴任何人，張叔叔、陳叔叔、李叔叔和我會很快想出辦法來幫助你的。你太年輕了，你很聰明，你會有前途的。我現在送你回吳叔叔家，好好休息吧！」

「好！郭叔叔，我聽你的。」這位小姑娘實在很聰明而又乖極了。我同素君便慢慢地向吳家走去。這時我腦海裡呈現的，便是如何將素君救出虎口，讓她還有成長的機會。因而突然間，我想到了必須知道她在南方有無親戚或長者，所以在快到吳家前，我便問素君：

「對了，素君，你有沒有親戚或長輩在南方的任何大城市？」

「有呀！郭叔叔，我舅父是武漢市的警察局長。」她說完後，我們已到達吳家門前了。

「好極了，素君，你進去休息吧，我們很快就會同你接觸的。」筆者說完後，便同她握握手告別了。

回上海飯店的三輪車雖然只有二十分鐘左右，卻像度過幾個鐘頭似的，因為這時的筆者真希望把這個惡夢似的故事馬上告訴在上海飯店同住的幾位朋友，更希望馬上想辦法能使這個小女孩脫離她那個魔鬼似的父親。

我回到上海飯店住處時，我的幾位朋友馬上停止了討論。我的嚴肅表情立刻吸引了他們的注意，尤其我那位善於察顏觀色的陳維瑲兄，立刻問道：

「成棠，有什麼事嗎？」定訓、葉霜也一齊望著我。

「啊！維瑲，我根本不會想到世界上會有這樣的事啊！……」我話還沒有說完，大夥兒便同聲問道：

「發生什麼事情了？成棠！什麼事？……」

「什麼事？那個姓謝的真不是人，他已使素君懷孕了。」我剛剛說到這兒，大夥兒都一齊罵道：

「啊！那個姓謝的真該死，他怎麼會幹出這種事來？」

尤其是張定訓兄，飛舞著拳頭大聲的說：「我要知道他是這麼一個東西，我根本就不會把素君給他帶到南方來。」

在當時的中國，至少像我們幾個這樣年輕的知識分子，從來也沒有聽說過有這種事情發生在父女之間的，尤其是女兒這麼小，小學都還沒有畢業，我們也曾推演到這是八年艱苦抗戰的惡果之一。不過，我們仍然懷疑難道這次有關民族存亡的八年抗戰也將有史以來的中華人倫道德毀光了嗎?!我們找不到答案。最後，還是維瑲兄建議討論出一個救護素君的辦法。

我們討論到深夜，終於決定設法將素君送到武漢她舅舅那兒去。為了完成這個目的，第二天一早就得完成以下幾件事：（一）了解去武漢最快最可靠的路線；（二）打電話同素君在武漢的舅舅聯絡上；（三）籌備所需要的路費；（四）到吳家把素君的情形告訴他們，並在午前（普通素君到上海飯店看她的父親都是在午後一、兩點）帶出吳家；（五）告訴吳家，要是素君的父親打電話去問她時，就說她已和往常一樣到上海飯店去了。

第二天上午十一點前，以上的計畫全都辦妥了，便由我的三位朋友（陳維琯、張定訓和李葉霜）一齊將素君帶到杭州去了。然後在杭州將素君送上去武漢的火車，她的舅舅在電話上答應到武漢火車站去接她，然後他們在杭州的一個旅館等到素君舅舅接到她的電話再回上海。我則和往常一樣住在上海飯店，原因是：朋友們都認為，如果素君的父親找不到素君，且我也不在，他會懷疑出什麼問題了，何況他知道前一天晚上是我送素君回吳家的。

隔了一天，我的三位朋友從杭州回到了上海，他們說素君已安全的到達她舅舅那兒了。我們總算把一個苦難時代的惡夢投入化解的境地去了。

後來我們聽吳家說，素君在離開他們家的前一天晚上已將她的胎「打下來了」。他們的傭人第二天倒「馬桶」時發現的。吳家已有了一個嬰兒，以當時的經濟情形論，年輕夫婦是必須控制生育的。吳太太「打胎」的藥水給素君看見了，她便照用了，因而胎也打下來了。這個不幸的小女孩，實在聰明透了啊！

那位姓謝的，本來就是獨來獨往的。素君走後，他還是那個樣兒，從來沒有聽說他尋找素君的消息。他大概早已知道素君懷孕了，可能早晚會離開他的。這是多麼殘酷而又無恥的人間悲劇啊！

五、我們決定逃亡了

我們將謝素君送走後，徐蚌會戰也結束了，當時誰也沒有想到國民政府最後的幾個精銳兵團（近百萬軍隊）在這個戰場上，為中共的劉（伯誠）鄧（小平）兵團吃光了。緊接而來的，便是共軍總司令朱德向國民政府的喊話，要它在限期內撤離南京，上海開始人心惶惶了。我們被郭鎮華先生請來上海一同創辦刊物的事再也沒有可能性了；雖然他並沒有向我們表示任何意見，我們也不得不為自己做些打算了。

張定訓兄在南京時，就對我和陳維瑲表示過，如果刊物辦不成，他是要回北京的，因為他曾這樣向他的父母親說過。很顯然，他同當時絕大多數知識分子的想法一樣，並不在乎在共產黨統治之下生活的。我們當然沒有話可說。我同陳維瑲早已決定不願意在任何絕對獨裁的政權統治之下討生活的，所以我們是決心要逃亡的。現在的問題是如何逃法？我們討論的結果是先去廣州，然後再決定去香港或台灣。李葉霜與我和陳維瑲相識不久，他將何去何從，我們還不十分清楚。可是我同陳維瑲做出了決定後，他便以平常那種豪放不拘的性格大聲的叫道：「好極了，我同你們一道去！」

葉霜兄說：「歡迎！歡迎！歡迎你同我們一齊走。」我同陳維瑲都非常高興的回應了他。

過了兩天，張定訓兄告別我們，去杭州乘火車到武漢，然後再經平漢路回北京。另外那四位從北大和清華來的年輕朋友，本來也是郭鎮華先生請來同我們一起創辦刊物的，由於大家不住在一起，所以彼此見面的機會不多。徐蚌會戰結束後，就沒有看見過他們了。我們都相信他們回北方去了。

上海的情形愈來愈緊張，大街上帶著行李的人愈來愈多。據說江南一帶計畫逃亡的人都來到了上海，因為這兒有最大的海港。時局的演變，也讓我們不敢再鬆懈了。有一天，我們步行到黃浦江港口去探聽南渡廣州的情形。殊不知，一問之下，真是駭壞人。據說去廣州、香港和台灣的船位早已訂光了。在無可奈何之下，我們只好回到上海飯店之後再做打算了。

誰知天無絕人之路，正當我們「頹頭喪氣」地在街上行走時，突然有人大聲的叫著：「郭成棠、陳維瑲……」我和朋友們都往對街望過去，原來是我們一年前在南京青年部學訊組工作的同事劉鎮球先生，我們便跑過去同他握手歡聚。殊不知他第一句話便很詫異的問我們，為什麼到了這個時候還在上海？我們便將我們的實況告訴了他。他還是像以前那副忠厚長者的態度告訴我們，他可以幫我們解決到廣州去的問題，而且要我們當天晚上九時正在黃浦江港口的門口等他。這究竟是怎麼一回事呢？劉鎮球先生是一個工作效率很高的總務人才，他一年前離開青年部後，便到南京的立法院去做總務科長了。幾個月前，南京國民政府決定遷移廣州時，先遷的是有關行政院的各部門，然後才是司法院、監察院、考試院，不知為什麼立法院輪到最後。而立法院的遷移，負責總務科的劉鎮球先生便負責此事。在徐蚌會戰結束時，立法院便加緊行動，這時劉鎮球先生領著立法院最後一批人員，全是家眷。天哪！我們是何等的幸運啊！

告別劉先生後，我們便趕回上海飯店去收拾簡單的行李和告別郭鎮華先生等。殊不知在路上遇上了國立中央大學的同學黃中。他是經濟系的高材生，畢業後留在系裡當助教。他說徐蚌會戰後，學校的共產黨分子囂張極了，所以他決定離開。到了上海後，他才發現處處人滿為患，根本無法找到交通工具。他問我們是不是要離開上海和怎麼離開，我們便把剛才遇到劉鎮球先生的事告訴了他，他便立刻笑顏滿面的問道：

「那我有沒有辦法同你們一道走呢？」我們相互望望，似乎都不知應該如何回答才好。黃中兄輪流地看著我和陳維瑲兄。最後還是陳維瑲兄以一向的老練對他說：

「黃中兄，我想我們都不敢向你保證你可以同我們一道離開上海，不過劉鎮球先生是我同成棠一年前的同事，他人很好，我們也相處得很融洽，我想他一定會幫忙的。我建議你也帶著少許必須帶的行李，準時到達黃浦江港口同我們在一起，等劉鎮球先生到後，我們再向他提你的事。萬一不行，對你也沒有任何損失呀，你說對不對？」

「好極了！好極了！……」於是我們都各自回到住的地方去收拾行李了。

我們在走回上海飯店的路上決定，先去告別郭鎮華先生，再回去收拾簡單的行李。到了郭先生的辦公室時，他還是一如往昔的樂觀而熱情地迎上前來握著我們的手問長問短。我們首先向他致謝他對我們在上海這段時間的照顧，然後便將遇到劉鎮球先生和去廣州的事告訴了他。我們也向他提到我們到了廣州之後，再看有沒有機會去台灣。他聽了之後，也立刻告訴我們「後會有期」。於是我們就告辭了。

（二）離開上海的驚險鏡頭

陳維瑲、李葉霜和我回到上海飯店時已午後五時左右了，我們把簡單的手提行李收拾好後，陳維瑲兄便提議：我們得將每人的經濟情形報告一下，以便研究在路上如何維持。他首先說他只有很少的錢，維持一個人簡單的生活也不過一個星期。聽他說後，我馬上說，我可能比陳維瑲兄稍好一點，可能在三個星期內，一個人的生活還可以維持。事實上我同陳維瑲自一九四八年秋離開青年部後，到這時已經半年多沒有工作了，在上海這幾個月，全由郭鎮華先生支持；住在上海飯店，用餐則在郭先生的辦公室。李葉霜比我倆稍好一點，他的錢還可以維持一個人一、兩個月的生活。大體說來，我們到廣州後，是不會有任何問題的，因為我們在廣州有好幾個好朋友，他們都在陳雪屏先生主持的教育部工作。

我們彼此報告完之後，便到一個小飯館去用晚餐，沒想到這便是我們到達廣州前幾天內唯一的一餐飯啊！

晚餐後，我們便步行到黃浦江港口，到達時正好八點四十分，殊不知人多極了，都是一些攜帶行李和小孩的，我們很快就找到了劉鎮球先生，他正在和幾位警察和助手講話，主要是告訴他們如何維持秩序，因為船還要一個半鐘頭才能開。他一看見我們，便馬上走向前來同我們握手。我同陳維瑲兄便向他提到黃中的事。他說沒有問題，便走過去叫一個助手讓我們從側門上了船。這時雖然已經晚上九點多了，但是五月中的天氣，許多事物還能看得清楚。首先使筆者感到意外的是：這隻去廣州的海船比起他過去從瀘州到重慶，和從重慶到南京乘坐的民生公司的「民聯」輪小很多。進入船艙後，才發現船上根本就沒有坐人的艙位，所有的人都站在樓板上（大人和小孩），疊滿了行李，和各式各樣的東西，連走路的地方都沒有了，當然再也找不到能容納我們的地方了。最後我們發現唯一能容納我們四人的地方，就是煙筒的周圍了，而且僅有站位。反正我們每人帶的行李都很小，在極有限的站位旁也可以容納。

我們站定不久，船上的笛聲響了，我們知道船馬上就得開走了。就在這一剎那間，人聲嘈雜起來了，我們四處張望，什麼也看不見，因為煙筒周圍都是隔絕的。後來向附近的人打聽，才知道有幾個人想擠上船來，沒有成功而跌入水中去了。「天哪！為什麼人就這樣的失去生命啊?！」一聽之下，我幾乎這樣的喊了出來。不過大夥兒也無言的沉默了好一陣，事實上語言已失去了表達的力量。

船開始航行時，已將近晚上十一時。記得進入船艙時，天上的星星已稀疏的可以看見了，月亮還沒有蹤影。假如我們不是站在四周都是隔絕了的煙筒旁，我們這時正可以欣賞海天的夜景。不得已，我們便開始毫無拘束的「聊天」了。但慢慢地也開始感到口乾舌燥了，這時也開始感到：我們是在絕望中突然遇到劉鎮球先生，才使我們順利地進入了這條開往廣州的小海輪，我們實在是幸運極了。也正因為這樣，我們上船前毫無準備。現在才開始了解，船上沒有船位住，沒有東西吃，連水都沒有得喝，本來就是小商船臨時改為乘人的。其主要任務是搶運立法委員們的家眷到廣州的。怪不得當我們進船艙時，發現滿船艙裡都坐滿了女人和小孩子，而且都帶有吃的和喝的東西。看樣子，我們將挨餓受渴三天多才行。而此刻我們感到最不舒服的是汗流浹背，悶熱極了。

午夜之後，一切都靜下來了，這說明大夥兒都疲倦已極。陳維瑲兄仍然以老大哥的態度提醒大家，千萬不要打瞌睡碰在煙筒上，那個鐵煙筒的溫度至少有一百度，萬一碰上去，是會傷人的。為了避免被傷害的危險，便盡最大的努力讓自己不要打瞌睡。由於船上太擁擠，不能行動，有時只好在自己的站位上踏步，運動一會兒。運動之後，最難過的是沒有水喝，口乾舌燥的難過萬分。

（二）開始了解什麼是飢餓

慢慢地天又亮起來了，可是我們仍然無法看到外景。想像中的海天接連處，在晨曦的紅霞射印著淡淡的雲片，一片清香而又迷人的景色是多麼美麗啊！可是，我們卻沒有機會看見和享受；相反的，連續兩天多了，我們仍在疲乏中感到無法言喻的荒亂。我一直在反覆尋思，終於體會到：這便是真正飢餓的感覺啊！我幼年喪父後，曾經吃過不少的苦，像這樣的飢餓倒還是第一次呢。

在疲乏和飢餓中掙扎的我們，慢慢地都沒有什麼話可說了，彼此間還存在的關懷，間或彼此以微微的苦笑來表示而已。好在我們當時都是那麼年輕，也十分健康，短暫的幾天飢餓並沒有讓我們倒下去。不過，我們的壯志還得待考驗啊。

第三天，我們乘的小海輪終於到達了廣州。由於船上都是些立法委員的眷屬（女人和小孩），所以下船時行動都非常緩慢，我們雖然已經飢餓得心慌，但是為了維持我們幾位朋友一貫的作風，我們只好等待那些婦孺全上岸之後，才緩緩地離船上岸去了。這時正是南國的初夏，陽光普照，天氣的熱度相當高，至少在攝氏三十度以上，我們上岸後，先找到一家小飯館，走進去準備吃一餐飽飯。殊不知，菜和飯到達時，反而不覺得餓，也吃不下多少東西，倒喝了不少的湯。

（三）第一次做了難民

飯後我們直趨教育部，在那兒我們都有一些同學和朋友。教育部幾個月前才由南京搬到廣州，所在地還是一個暫時性的地方。我們到達之後，從朋友們的報告，我們才知道，教育部已開始暫時性的收容了少數從北方逃到南方來的大學教授和學生，因為我們有一向愛護我們的張公甫先生的介紹，暫時被收容了，可是只有臨時的住處，而沒有伙食的供給。

我們已經決定由此去台灣，據說這時去台灣，必須具有入境證，不然是無法登岸的。不過張公甫先生已向我們保證，他可以讓教育部向台灣警備部擔保我們是可以入境的（我們是與共產黨無關的）。

我們住了幾天之後，決定以最快的可能離開廣州，主要原因是：（1）我們各人所剩下的有限的錢都快用光了；（2）廣州不但天氣特別熱，物價比上海還貴（我們每天僅能在最便宜的小館吃兩餐飯）；（3）語言問題：廣東人不講普通話，而我們四人中沒有一個會講廣東話的，加上廣東人性子急，說話的聲音又大，不懂廣東話的人聽起來很可怕（記得筆者同李葉霜第一次到一個小雜貨店去買點小東西，一位先生回答我們的問題時，像罵人似的那樣兇，把我們兩人都嚇壞了，東西都沒買，便趕快離開了）。但是如何籌措去台灣的旅費呢？最後還是找張公甫先生商討，這位在年輕朋友中頗有聲譽的老大哥，從來沒有讓年輕朋友失望過。他一聽完我們的想法後，便非常懇切的告訴我們，去台灣的旅費由他來解決，而且告訴我們安心的等待幾天，不要憂慮。我們除深切地感激之外，還有什麼話可說呢？

過了幾天，張公甫先生到我們住的地方來告訴我們，他已安排好了我們去台灣的船位，不需要花任何費用，但是我們必須到離廣州約有十里路外的一個江邊去等待，船從某日到某日之間一定會到的，千萬不要離開，船到之後，把他給我們的一封信交給船上的人便可以上去。最後他還交代到達台灣後的幾件事情:(1)船是直達高雄的,他已持有由教育部有關單位介紹我們入台灣的信,船到高雄時把信交給警備部檢查的人就行了;(2)他告訴我們,最近陳雪屏先生已被台灣省主席陳誠請去主持台灣的教育廳,他希望我們到達台灣後,先去看看陳雪屏先生,以便解決我們的工作問題;(3)他說我們都非常熟悉的一位老大哥彭家瑞先生已被陳雪屏先生委任為台灣省新竹縣的桃園農業學校的校長,我們也不妨去看望他;(4)他說他自己很快就會去台灣,所以很快我們都會在台灣見面的。

聽完之後,我們內心都有不可言喻的感謝。待他離開後,我們便開始討論去等船的事情。大夥兒這時才感覺到張公甫先生所提到的等待時間是有兩天兩夜的。萬一船要最後才來,白天的時間當然無所謂,晚上怎麼辦呢?我們討論了很久,都得不到結論,反正大夥兒都認為兩天兩夜總可以熬得過的,反正南國的天氣炎熱,晚上沒有問題,船能到達的碼頭,商店總有的,找個地方遮遮風雨就行了,這是我們都認同的結論。

傍晚時分,我們把簡單的行李收拾好後,便去吃餐飽飯,然後便回到住處休息,以便第二天一早就向指定的地方走去,我們決定在張公甫先生告訴我們的時間前一個鐘頭到達指定的地方。

我們絕沒有預料到等船的地方,什麼也沒有。只是一條小路可以到達的河岸,岸上全是一些稻田,穀秧長得非常茂盛,已開始有些花苞冒出來了,完全是南國的初夏景致。頭上全是一望無際的藍天,除掉一些移動的烏雲外,就只有熱得令人不斷出汗的驕陽了。我們都相當懷疑,這是否就是我們等船的地方?!最後我們決定由我同陳維瑲兄在這兒等,李葉霜和黃中兩人再到附近打聽,因為他們兩人都稍懂幾句廣東話，同時我們走來時看見路邊常有人在工作，如放羊或割草等。

我同陳維瑲終於在附近找到一個長滿了野草的稍高的土堆，有點像荒蕪了的古墓，旁邊有一塊大石板，可以坐在上面休息，同時河裡有什麼動靜，也看得很清楚，所以我們就決定以這兒做為休息的地方。後來李葉霜同黃中打聽消息回來後，轉述他們打聽的結果，這是我們等船的地方無疑，同時他們很高興我們找到可以休息的地方，所以大夥兒都把自己的小行李袋當做座凳休息起來了。

時間過得很快，不一會兒便是中午時候。好在我們還帶了點零食的東西如花生米等，便拿出來暫充午餐。殊不知就在這時，烏雲蔽日，暴雨傾盆而下。我這時最關心的不是我自己，而是小旅行包內的一個像一本大書似的厚紙盒，其中裝著我所有在報刊上發表過的詩文。這時唯一的辦法是以自己的全身去遮蓋那個小小的旅行包。幾分鐘後，暴雨過去了，烈日又照常的照遍了大地。我們每個人都在陽光下熱氣騰騰，淋濕的衣物很快就乾了，小旅行包內的東西也沒有淋壞，感到非常高興。

等到黃昏，船還沒有來，我們只好將這塊大石板作為宿舍了。晚上沒有月光，可是滿天星星，已夠令人興奮的了；再加上各式各樣的蟲聲和青蛙發出「咕咕」的打鼓聲，就真像大地在為我們開音樂會了。我們整夜沒有睡，大夥兒靜靜地坐在石板上，盡情地享受流亡生活的美景；也許有人在回憶那些不可能再現的年代。反正疲倦了就打打瞌睡吧！慢慢地「音樂會」開始收場了，天色也慢慢發白，站起來伸幾個「懶腰」，果然又是一個南國夏天的早晨。

我們都感到疲倦和飢餓，但誰也沒有怨言，全把視線投向河流的上下岸邊，大約過了一個鐘頭的樣子，陳維瑲兄突然興奮的說，他看見船來了，於是大夥兒都隨著他的視線望過去，果不其然有一個船影向我們的方向開來了。大夥兒都讚賞他的高個兒看的也遠。我們都帶著各人的小旅行包走向輪船迫近的河邊，這艘船看起來比我們從上海來廣州那隻大多了。當其靠岸後，一位服務員問清我們的姓名後，便將我們領入船艙去了。上面也是人很多，我們至少找到一個地方坐下來了。也同上次一樣，沒有東西可以吃，好在我們都餓慣了；而且據說兩天內就可以到達高雄，所以也就感到無所謂了。

我們坐定後，第一個發出笑聲的仍是一向「大而化之」的李葉霜兄，大夥兒都驚奇而又帶著微笑的望著他，意思是問他笑什麼？他卻把聲音放得最小後對大夥兒說，他在他的旅行包裡發現了一小包的花生米。接著他便把那小包拆開，把花生米一顆一顆地分給每個人。雖然每人僅分到五、六顆，它卻成了我們這幾個「餓鬼」的佳餚了。

我們這次在船上的位置比上次來時好得太多了，不但沒有煙筒旁的悶熱，而且還有機會到甲板上走動走動，我尤其喜歡在甲板上遠眺海天相連處，從而遐想著仍在戰亂中的故鄉和故人，但願上蒼能維護它的子民！

到了晚上，我們都坐在甲板上斜倚著自己的小旅行包休息。由於飢餓，更覺疲乏，很快也就睡著了。第二天一早醒來，晨曦普照，空氣特別新鮮，大夥兒都到外面欣賞海景，彷彿把飢餓都忘到九霄雲外去了。

據說這一天的午後六時左右，我們就可以到達高雄了。所以我們回到我們放旅行包的甲板後，便開始討論我們到達台灣後各人的計畫。陳維瑲同我都曾在陳雪屏先生主持的青年部工作過，所以我們倆決定到達台灣後，先到台北去看陳雪屏先生，先把工作問題解決後，再談別的。李葉霜說他在台灣比較熟的朋友是剛接任桃園農業學校校長的彭家瑞兄，他到台灣後，就計畫先去看彭家瑞兄。黃中說他在國立中央大學經濟系的一個學長，也是他的好友正在台北商業專科學校做教務主任，所以他得先去看他的朋友。桃園是新竹縣的一個鎮，離台北不遠，所以我們最後決定：到達高雄後，在那兒住一晚，然後都一齊去台北。相信在高雄工作的中大校友（都是陳維琯和我的好友）會為我們幫忙安排一切的，因為我們在離開廣州前，就請我們在教育部任職的一位中大好友代我們打了一個電報給他們。討論完了以後，已是中午，眼見其他的旅客用自己帶來的東西午餐時，飢餓又在煎熬我們了，直到大夥兒都在甲板上熟睡為止。

第五章

流亡到了台灣

海輪的汽笛聲終於把我們都驚醒了，睜開眼睛一看，船已進入台灣南端的高雄港，港內海水非常平靜，我們都得乘小木船才能上岸。當我們坐上一隻小木船，行駛不遠，周圍都是一些乘著更小木船的台灣姑娘，叫賣著香蕉。就我個人而言，還是一生中第一次看見真實的香蕉哩（過去只知其名，從來沒有見過，當然更沒有吃過）。問問價錢，便宜極了，隨即買了一束來分食，大夥兒都叫「好吃極了」。其實，飢餓了兩、三天的人，什麼能吃的東西都應該是好吃的，何況是既香又甜的香蕉呢！從此香蕉便成了一生中喜愛的水果之一。

上岸之後，我同陳維瑲的兩位中央大學的校友已在入口處等著我們了。由於張公甫先生給了我們一封教育部的介紹信，入境那關很快就通過了。這兩位校友隨即請我們到一家餐館吃了一頓好飯。雖然台灣口味對我們全是第一次，但是飢餓了兩、三天的我們，都感到美味無窮。在餐敘時，這兩位校友了解我們全都去台北，需要乘火車，便先將去火車站的路線告訴我們，然後再把我們帶到早已為我們安排好了的旅社。之後，我同陳維瑲一方面向這兩位校友表示深切的感謝，同時也催促他們早些回去休息，因為他們次日都得工作的。最後大夥兒還得「寒暄」一陣之後才分離。

等待他們倆離開後，大夥兒首先感到新奇而提出討論的，是從這一天起不會再有床可睡覺了，而且都得學會去睡「榻榻米」。我們住的旅社是這樣，每人有一條被蓋和一個枕頭，睡在同一個屋子的「榻榻米」上，倒很有意思。

第二天一早起來，隨便用了些早點後，便到高雄火車站去買到台北的票。第一個印象相當好。火車站小小的，但是非常整潔，也不像國內那樣擁擠。從車上的旅客看起來，當時一般台灣人的生活都非常簡樸。比如說，許多人（男女都差不多）都赤著腳和踏著木板鞋，頭上則戴著竹笠，這大概是台灣濕熱而多雨的緣故。沿途所見到的都是綠油油的農作物，稻穀和蔬果遍地都是，台灣確是一個富饒的地方。沿途停靠的站很多，全程大概八個鐘頭左右。台北火車站比起高雄火車站稍微寬大一些，旅客仍然相當有限。我們四人中，除黃中兄要到台北高級職業學業任職的朋友處暫住外，我和陳維瑲及李葉霜都得先到杭州南路二段去看郭鎮華先生，因為我們在廣州時已知道他在不久前率全家搬到這兒，而且他也託人告訴了廣州的張公甫先生，希望我們到達台灣後去看他。從台北火車站到杭州南路二段並不遠，我們的行李又少，所以決定走路去，約二十分鐘左右就到了。他的這座日式房子相當小。我們還在木籬（當時這種日本式的榻榻米住房外幾乎都有木籬）外，郭鎮華先生已從窗口看見我們，他便大聲的叫著我們，立刻跑到門口來迎接。待我們把鞋子脫下，上了「榻榻米」後，他便向我們一一介紹他的兩位朋友，也是他當年在北平商業銀行的同事。一位姓韓，另一位的姓名已記不清楚了。他家裡的人除他的夫人和兩個女兒大容及二容外，還有他的廚子夫婦。隔一會兒，他的兩位朋友便告辭了。他便立刻叫他的廚子為我們準備晚餐，然後他坦白的告訴我們，他沒有料到政府在大陸會失敗得那樣快，他要不是朋友們的幫助，恐怕台灣也來不成了。現在既來之，則安之。然後他開始問我們有什麼計畫？我們都不約而同的笑著告訴他，恐怕什麼也談不上了，只希望先找到工作。接著我們也告訴了他我們找工作的計畫。他聽了非常高興，因為他知道大夥兒都住在台北，聚會的機會又多了。

晚餐後，郭先生把我們三人介紹到同一條街他的李姓朋友家去住，李家是東北的國大代表之一。他們的房子比較寬大，極為好客，讓我們感到非常安適。住了兩天，李葉霜兄便到新竹縣的桃園農業學校去看該校新校長彭家瑞兄去了。陳維瑲兄和我便打電話到教育廳約好去看陳雪屏先生。見面後，他非常高興看見我們，他一開始便問我們有沒有興趣教書？我們當然說有興趣囉。他接著便說好極了！然後要我們去同他的祕書態惠民先生談教書的事。同時他又提到，台灣省主席陳誠將軍請他主持一個有關中小學教育方面的暑期訓練班，地址設在和平東路省立師範大學內，大概也有機會讓我們去做短期的服務。他說，我們去看熊惠民時，熊會將此事告訴我們的。最後，他還是像以往一樣，問我們對時局的一些看法。隨便談談之後，我們便告辭了，因為我們不願意擔誤他太多的辦公時間。

從陳雪屏先生辦公室出來，便到他隔壁的辦公室去看態惠民先生。我們同熊先生都是第一次見面，大概陳先生早已同他交代過，他一開始便對我們非常客氣。大夥兒隨便談談逃難的事情之後，他便說陳先生知道我們要來看他時，便向他提到給我們安排到中學教書的事：他更提到陳先生有決心把台灣的教育搞好，可是最大的困難是真才實學的教員難找呀。這大概是說來讓我們開心的吧，所以他接著說：「你們兩位來得正好呀！相信你們是希望留在台北的，你們知道黃敏功兄（黃徵先生）現任師大附中校長，地址是在台北市信義路三段，相信他一定歡迎你們去幫忙的。我可不可以現在打電話告訴他，你們現在我的辦公室？」

我和陳維瑲兄都異口同聲地對他說：「當然可以呀！」

熊先生便側過身去打電話了。隔了一陣子，他放下電話筒，微笑著大聲的對我們說：「好極了，敏功兄正在師大附中辦公，他聽說你們到了台灣非常高興，更希望你們去談談，如果你們願意的話，在十二點前，他將在辦公室等你們，你們看怎麼樣？」

「好呀！」我們都不約而同地回答他。然後我們便向熊先生告辭了。我們一出教育廳便叫了一輛三輪車坐到師大附中。過了信義路二段之後，全是一望無盡的稻田，這時的稻子已經黃透了，隨時都可以收割的樣子。信義路三段就在這些稻田旁穿越而過，路還是石子路，起伏不平，三輪車走得慢極了。師大附中就座落在稻田間。學校的主要建築是一座三角型的兩層樓房，三角型中央是體育場，場外則有一些較新的臨時性的建築物，包括教職員宿舍和蔣宋美齡主持的「抗戰遺族學校」的學生宿舍等。一進校門直走不遠，便是校長辦公室，我們下了三輪車後，隨著一個校工的指引，便進了校長辦公室。

「好極了！好極了！你們都來了台灣。請坐！請坐！」黃徵先生顯得特別高興，除伸出雙手來與我們熱情的握手外，還親自去搬椅子讓我們坐在他的辦公桌前，然後叫校工給我們各自沖了一杯熱茶。他這樣客氣，反而讓我們感到有點拘束，因為我們在南京國民政府青年部學訊組工作時，他是部長陳雪屏先生的機要祕書，同他接觸的機會非常少，一般同事都認為他是一個非常高傲的人。事實上，他的朋友也不多，沒想到他卻變了個樣子。

我們坐下來隨便聊聊之後，他便問我們有沒有興趣在他那兒教書。我們當然說有，於是他很高興的說：「好極了！我們正好有兩、三個缺位。成棠兄正好補上高中三年級的『外國歷史』教席兼一班高三的級任導師。維瑲兄則可補初中三年級的公民教席兼一班初三的級任導師。這樣可以嗎？」

我們都答應「可以」。然後他便帶我們去參觀了一陣校園。所有教室全在那座三角型的大樓上，那座大樓及體育場旁邊便是幾棟臨時性的比較新的建築物，包括一棟單身男教員的宿舍，約有十個單人房間，這說明單身男教員不太少呀！參觀完了之後，黃徵先生便把我們帶回他的辦公室，剛坐下來，他的祕書便過來把兩個信封交給他。他轉過身來，便將它們分別給維瑲兄和我，並微笑著對我們說：「這是你們的聘書，從現在起，你們隨時都可以搬進學校來住。不過在搬進來前，最好先告訴總務處辦公室的職員，以便把宿舍準備好。」之後，我們都站起來向他說些感謝之詞，便向他告辭了。一出校門，維瑲兄和我都感到非常輕鬆，因為我們計畫教書的工作，出乎意外的容易就解決了。這當然是陳雪屏先生對我們的信任；同時黃徵先生在對人處事上的轉變和國民政府以「迅雷不及掩耳」的方式丟掉大陸都有關係。再說，這時的台灣要找到品學兼優的人來教書，也並不是太容易的事。無論如何，在兵荒馬亂的年代，我們還可以在台灣暫時安頓下來，也算幸運了。

隔了幾天，我便搬到師大附中的單身教員宿舍住下了，陳維瑲兄仍然住在他的叔父家。

一、風雨飄搖中從事教育工作

考入國立中央大學前，我曾在成都五世同堂街的航空子弟學校教過一年小學，以完成就讀成都省立第一師範學校應盡的義務，因此對於教育工作並不陌生。事實上，我對於教育工作是非常有興趣的。現在流亡到了台灣，卻非常幸運的很快就找到了教書的工作，所以決心把書教好，更希望「教學相長」，在教書的過程中，能把自己從事史學研究的基礎奠定得更為紮實。

師大附中的單身男教員宿舍陳設非常簡單：一隻單人床，一張辦公桌，一條坐椅，加上一個小小的書架。流亡半年之後，有了這些東西，也就心滿意足了。教職員有一個飯團，每天三餐，不用自己操心，每月在薪金中扣除伙食費就行了，所以搬進師大附中後，大體說來，生活就很安定了。

這時離秋季上課還有幾個星期，為了希望把課教好，便把全部精力用來準備自己擔任的高中三年級的外國史課程（事實上就是歐洲史課程）。在實際上，也非準備不可。自一九四五年秋抗日戰爭勝利後，政府機構，包括教育機構在內，都在準備復員，接著就是國共全面內戰，所以不但編印大學、中學各科的新教科書沒有人管，連舊教科書也沒有人重印。在當時的台灣，教科書更是缺乏得厲害。我準備課程的計畫是：先將每學期的課程大綱擬定出來，然後逐週將詳細內容注入。在上課時，要求學生必須抄筆記。當時我年輕氣盛，自信心也很強，以為一定會把課教好。結果總算給自己做了一個好的交代。

在那短短的幾週中，除了準備所教的課程外，也認識許多從全國各大學流亡到台灣的新朋友，由於彼此年齡相似，志趣相投，後來都慢慢成了好朋友，而且還協助我在台灣創辦過刊物呢。容後再分別敘述。

開學前一週，中央大學同班不同系（他是政治系）的一個同學楊日旭到我的宿舍來拜訪我，並請我特別注意。他說他在暑期班教課時，看見一個高中三年級的學生在「週記」上寫著：「聽說一個乳臭未乾，黃毛未脫的姓郭的，下學期要教我們高三的外國史……」所以他希望我特別小心。他並指出有些高三的學生，因輾轉遷校，年齡同我可能相差有限。我除感謝他外，也安慰他說：「日旭兄，如你所知，弟一生什麼也沒有，可是對自己的信心是滿有的。」彼此相對大笑一陣，彷彿問題都沒有了。

楊日旭離開後，我更深思熟慮地將第一堂課向學生講述的課程計畫了一番，其程序決定如下：

（一）首先向學生宣布：「諸位同學，如你們所知，歷史不是主科（當時中學的主科是中文、英文和數學），我的課不『點名』，你們中不願意聽課的，可以不到教室；到教室的，就必須抄筆記，因為沒有任何教科書可用。每堂課，最後五分鐘可以問問題，我將盡量為你們解答，但不能超越課程的內容；我對考試和對教課是一樣嚴肅的。」

（二）每堂課前，用兩分鐘，在黑板上描出一個世界地圖（我自初中時代，就對世界地圖有興趣，而且經常研究，結果自己對於世界地圖非常熟悉，大概因為當時面臨中日戰爭的關係），並將要講的大綱也寫在黑板上。

（三）將一個鐘頭的課程像說故事一樣向學生講五十分鐘。每涉及到重要的人名、地名和日期，都將它寫在黑板上，務使學生對史實有正確的概念。最後給學生五分鐘提問題，並給以圓滿的解答。

記得第一節課走入教室時，學生們都以奇異的目光注視我，坐在後面的一些高大的學生還相互的眨眼做「鬼臉」。當我將講課的程序講完後，學生全都露出了驚奇的目光。我胸有成竹，對學生們的反應，全當視若無睹，講完第一堂課後，可以直覺的感到學生們的成見已全沒有了，而且在我離開教室時，許多學生都向前來圍著我問長問短。幾週後，不但我任級任導師那班學生與我非常接近，常在課餘之暇，到我住處請教一切；其餘高三幾班聽過我課的學生，也有同樣的表現。我對他們，也像對自己的弟妹一樣。

由於學生們對我的好感與時日增，更使我用最大的努力去準備功課。「教學相長」，在附中教歐洲史三年，對自己的長進真不少，所以從此決定，如果未來有機會進修，當以研究歐洲史為主修科目。

二、一個朋友被監禁和台灣的政局

當時我和我的幾位好友（陳維琯、李葉霜和黃中）從上海流亡到廣州，由於張公甫先生的協助，輕易的就進入台灣，等待到達台灣一陣之後，才慢慢的了解到當時能進入台灣是一件非常不容易的事——除非國民政府的官員及其眷屬，從大陸撤退的軍隊與眷屬，和少數與軍隊撤退的流亡學生。至於高級知識分子，僅有少數被台灣當局請去的名教授。一般老百姓這時要想到台灣，就太難了，僅極少數能在台灣找到有力的保證者。當時的台灣是陳誠在當省主席，他深知中共滲透工作的厲害，因而在進入台灣這一關，就把持得緊極了；同時在台灣本島，特工遍布。一般報刊及資訊和書籍有關的東西，全在被監查之例。因而在文化生活上，猶如荒漠。同時，個人如不小心，隨時都可能以「共匪」疑犯被抓入監牢。很不幸，我的一位好友李葉霜在一九四九年秋在新竹的桃園農業學校中，便以「共匪」嫌犯被抓進監牢。這究竟是怎麼一回事呢？

前面我曾提到，我們從上海經廣州流亡到台灣的四位好朋友，都幸運的很快就找到了教育崗位上的工作（我和陳維琯到師大附中教書，黃中到台北商業專科學校教書，李葉霜到新竹縣的桃園農業學校教書)。桃園農業學校的校長彭家瑞先生是北京大學農學院畢業的,他在大陸時,是在政治上很活躍的年輕人,認識了不少的大學青年。所以在台灣主持校政時,便任用了一些從大學剛畢業而流亡到台灣的年輕人,於是都成了「特務」們注意的對象;不幸的是,當時的特務們,知識水準大有問題,因而草菅人命的事情便時常發生。我們的朋友李葉霜便在這種情形下,於一九四九年秋開學不久,被特務抓到監牢去了。據說有一天晚上,幾位特務到桃園農業學校去檢查新教員,看其中有沒有中共地下黨員,結果他們在李葉霜衣袋裡查到我們在上海準備辦刊物的計畫。當時我們將刊物的名稱定為「活路」,事實上還是我的建議。經過幾次討論後,我們便擬定了辦「活路」的章程,李葉霜當時是紀錄,沒想到他還把他記錄的那個章程放在自己的衣袋裡,讓台灣政府的特務把它當做是共產黨地下組織的文件。他怎麼向特務們解釋也不成,終於被監禁了,而且很可能會被槍斃掉,實在駭人聽聞。

彭家瑞校長向特務保證也沒用。後來他轉告我同陳維瑲時,也警告我們不能到監獄去看他,以免影響到我們自己的安全。我為此,幾夜不能入眠,長夜尋思:難道台灣的國民黨也和大陸的共產黨一樣,連活著的自由都沒有?我們為什麼要流亡到台灣來?

過了幾週,李葉霜又突然出現在台北了。這又是怎麼一回事呢?原來李葉霜的舅父是國民黨裡鼎鼎大名的黃季陸(我同李葉霜相交幾年,他從未提到過)。大陸即將為共軍占領時,黃先生到了香港,當他剛從香港到達台灣後,使聽說他的侄兒進了監獄。他打電話到警備司令部一問,馬上就把他的侄兒放出來了,因為當時的台灣還是「刑不上大夫」的啊!

在省主席陳誠的治理下，這時的台灣在教育和農業都在向前改進，社會也很安靜。不過靜到連什麼聲音也沒有了。比如在台北市，除了政府控制的兩張報紙和無線電廣播外，連可讀的刊物一份都沒有，在文化生活上，真像進入了沙漠，令人相當納悶。

三、「白皮書」的陰影和創刊《青年時代》

我開始在師大附中教書，功課都準備得很好，學生的反應也非常理想，自己在精神上也感到很愉快。一、兩個月之後，把一年的功課都準備好了，閒來的時間也慢慢的增加了。由於課程都排在上午，午後則為學生看週記和其他的活動，晚上的時間便空出來了。但是由於以下一些因素，仍然留在學校：（一）這時的台北交通很不方便，公共汽車都看不見，三輪車又不是一般人能負擔的。一般台灣老百姓都乘著日治時代舊的全是鐵鏽的自行車。間或在街上看見一輛從香港買來的英製自行車，一般人都會以好奇的眼光看看乘坐在這車上的主人；（二）師大附中是在台北信義路三段，周圍全是稻田，一直到信義路二段全是污泥和石子路，走起來也很困難；（三）這時的台北市實在也沒有什麼東西。在成都路似乎有一、兩家電影院，「圓環」是台北小食的集中點，重慶南路有幾家書店（如台灣書店、商務印書館等）。可是它們既沒有新書，有用的舊書也難找到。再說，一般公教人員的薪金也有限極了，能顧到休閒生活的，實在太少了。

那麼留在學校幹什麼呢？好在師大附中的男教員宿舍住的全是單身男教員，有好幾位都是從大陸的大學畢業不久，來到台灣的。來的方式儘管不同，大家對於時局的感受是不會相差太遠的，有機會聚在一起，閒聊不但可以增進相互的了解，更是相互期許的機會。我願意在此將當時可以閒聊的幾位同仁簡介如下：

楊日旭是我在中央大學同班不同系的同學，我在前面已經簡介過他，在此只提他離開師大附中後，曾到紐約的「新學院大學」（The New School University）念到政治學博士學位，便到聖路易斯的華盛頓大學教了幾年書，後來又回到台灣去了，近況不十分清楚。

徐為工是我在中央大學同系又同班的同學，彼此非常熟悉，但因興趣不同，彼此來往不多，他在師大附中教了幾十年書，一直到退休，最後的幾年曾經擔任過該校的分校主任。他是一個大好人，總是獨來獨往，一生也沒結過婚，現在還在台北過著清閒的生活。

蕭輝楷是北京大學哲學系的高材生，才氣縱橫，文筆極為犀利，我們在附中一見如故，非常談得來，後來我主編《學生》雜誌時，他以全力協助（關於創辦《學生》雜誌事容後再評述）。

金承藝也是北京大學學生，主修政治。金先生是旗人，說的一口京腔。他是一個六尺之軀的男兒，人很聰明精幹。家裡可能相當富有，中共占據北京前，他便同他的媽媽和妹妹到了台灣，沒有吃過多少苦頭。大體說來，他與我還可以談些問題。他後來到澳洲一個大學教中文去了。據說不久前，他已離開人世。

陳大端是金陵大學畢業的，稍微比我們早一點，他的中英文都非常好，人也非常聰明而幽默。我們在一起，總喜歡談論比較輕鬆的事情。他後來在美國念到博士學位後，便到普林斯敦大學教中文去了，幾年之後，出版了一部很負盛名的中文教科書。不幸已於幾年前去世了。

除了以上幾位附中的同事，課餘之暇可以談談外，慢慢地也認識了一些校外的新朋友，他們也是剛從國內大學畢業或未畢業即流亡到台灣的，都是些很有才華和抱負的年輕人。有幾位如史惟亮（國立北京藝專的高材生，長於作曲）、朱正祺（他也是中央大學的學生，稍比我晚幾班，是一位善於攝影的年輕人）和陳之藩（好像是在北大工學院主修電機的，這時他已在國立編譯館工作了）等。後來我主編《學生》雜誌時，他們都大力協助。《學生》雜誌每期封面的設計都是朱正祺負責的。陳之藩則以陳泛生的筆名寫了不少文章，而且都寫得很好，極受讀者歡迎。

到一九四九年秋冬之際，中國大陸幾乎全部為中共所占據，中共的頭頭們都匯集在北京，準備宣布新政權了。國民黨計畫堅守西南的部隊，也大部分投降了，少數退入緬甸。東南沿海最後的部隊撤退到舟山和大陳島。台灣受到的壓力真是讓人透不過氣來。就在這時，美國政府發表了中美關係的「白皮書」。這是美國杜魯門總統（President Harry Truman）政權對中國的政策失敗之後把全部失敗的責任都推給國民黨政府的自白書。誰都知道自一九四六年杜魯門總統任命馬歇爾將軍（General George Marshall）到中國調停國共的內戰，可以說是「心有餘力不足」。他們既不懂中共打天下的決心，也不了解國民黨內部的腐敗和矛盾的情形，再加上美援根本沒有在需要時到達中國，國民黨的失敗，似乎早已決定了的，不過時間之快，倒是出乎一般人的意料之外。

「白皮書」發表後，國共兩方面都不滿意是可以理解的。其他國家如何反應，很難預測。但是對「白皮書」反應最靈敏的應該是台灣的中國人了；尤其是從大陸流亡到台灣而又愛好自由的知識分子。他們所擔心的是：正在準備攻台灣的中共，從「白皮書」中可以了解美國正計畫放棄國民黨政權，而且他們接著便利用司徒雷登（John Leighton Stuart）與他的學生們如黃華等的關係，與中共建立正式的外交關係。

為了以上那些情況的演變，我經常同一些朋友聚在一起討論。當時台北的植物園有一間茶館，座落在一個小池子旁邊，是一個非常幽雅的地方。一連許多個星期日，我們都在那兒談論時局。我們當時都是一批富於理想的青年，又與現實政權掛不上鉤，我們的討論對當時局勢絕對無補。不過，我們中卻因此有些人離開台灣到香港去了，如陳維瑲、許冠三等，他們後來在事業上都很有成就，特別是陳維瑲兄，他到香港不久，便開始創辦「友聯出版社」，專門出版反共的書刊。這個出版社對當時的東南亞局勢有著很大的貢獻，特別是在揭示國際共產黨的真面目上。

我自己除繼續在附中教書外，深感當時的台灣在文化生活上真像沙漠一樣，一無所有。而一般青年也頗頹喪，因而約聚了想法相同的幾位朋友，準備自己掏腰包籌辦一個給台灣大、中學生閱讀的刊物。經過一段時間的艱苦工作，一個叫《青年時代》的刊物終於在一九五〇年四月正式出版了。我在發刊詞中特別強調以下幾點：

我們願以同病相憐者的心情，特別地提醒自由中國的青年朋友一句話：「苦難的時代，也是偉大的時代」。設若我們從大處著眼，今日人類物質生活畸形的低落，理性主義的黯淡，行為標準的下降，社會秩序的式微，都在在顯示出現代人類文明在被考驗著。經不起考驗的，都會變為歷史櫥窗裡陳列著的骷髏；經得起考驗的，總會在死去的文明的廢墟上茁生出新芽。設若我們從小處來看，被踐踏了的國土家園，正需要我們去重建，失去了自由的同胞骨肉，正等著我們拯救扶蘇。今日自由中國的青年，又多了一重責任；世界的新生，中國的再造，都一齊放在我們的雙肩。因此，在責任重重、希望處處的今天，確信：時代是青年的。

首先，我們就人類文明的危機而論：今日的人類，尤其西方先進的民族，雖在強權外交、高度生產的制度下站上了權力、財富和繁榮的塔尖，但是他們並不比我們快樂，相反地，他們正在普遍地比我們還感到不安和惶恐。質言之，現在文明，經過兩次世界大戰的洗禮後，其可能遭遇災難的警覺現在已在世界各地盪漾了。

當我們在歷史窗櫥裡去檢討文明的骷髏時，我們認為現代文明遭到考驗的今日，最可怕的倒不是物質的崩潰而是道德的崩潰：愚昧、迷信、無法、殘忍的勝利——退化到野蠻程度的危機。數年前法西斯國家的野蠻行動，曾給人類帶來道德的災禍；今天克里姆林宮指揮著的政治情報局，正在排演著毀滅現代文明的大悲劇；雖然還未正式登台，而我們的前一輩已經束手無策了，所以今後如要轉捩我們的前途，我們這一代人的責任就千百倍於往昔，因為我們並沒有注定了滅亡，命運還在我們的手上。換句話說：一個幸福和平的世界需要我們來鑄造！

其次，就中國未來的前途而論：百年來，我們的內憂外患，紛至沓來，到了今天，這種憂患則已到了登峰造極……然而若就一個民族生存的條件來說，這些憂患都是必經的過程，都是現代化的路程碑。只是百年來我們走向現代化的道途太坎坷，步伐太蹣跚，引路的人眼光太不夠銳利，志氣太不夠恢宏，因而才有抗戰勝利後的國共內戰。甚至在阻遏俄共的戰爭中，國民政府的一些官員們更將我們這個民族的缺點暴露無遺，因而招致到不可饒恕的失敗，使整個大陸關閉大鐵幕內。如果今天我們還不能面對現實，承受失敗的教訓，中國的前途實在不堪設想。說得更清楚一點，當我們認清了反共戰爭的本質後，我們更需要一個正確的反共路線，才能轉捩我們失敗的命運，才能創造我們的前途。我們所謂的「正確的反共路線」是指：「有自由又有麵包，有和平又有保障」的社會裡，共產黨才會絕跡的基本認識和作法。然而我們遺憾我們的前輩們並沒有這樣去思考和力行，甚至將願意力行的一些年輕人摒棄於反共陣營之外，這更是悲劇中的悲劇了。

我們明辨了過去反共失敗的主因之一是在反共的基礎上失去了新陳代謝的作用。今天我們就應該以過去的失敗作為一個起點，重新估價青年們的反共力量，然後才能建立起一個堅強的反共陣營。至於我們青年自己呢？我們尤當期勉：在反共歷程中，我們是有責任和權利來決定未來中國的前途的。

基於以上的看法，本刊同仁願在這個劇變的大時代中，充當一名忠實的園丁，耕耘這塊小小的園地，希望它能成為廣大青年朋友心波中的一支琴弦，在紅波滾滾的國土上，彈奏著進軍大時代的交響曲。

同時我們還得附帶地申明幾句：由於我們熱愛國家，熱愛自由和民主，在耕耘這塊園地的過程中，為了要斬荊劈棘，也許我們免不了有警語，有批評。但，絕對如英國的政治靈魂「忠實的對抗」（Loyal Opposition）一樣，是最高道德的表示。

現在來看這篇發刊詞的內容，當時我和一些朋友經過一番艱苦的流亡生活，到台灣後，對共產黨的殘酷統治是堅決反對的；對於國民政府反共戰爭失敗的教訓也不諱言，勇氣實在可嘉，顧慮還嫌不夠。在當時台灣的政治環境下，我很可能像我的好友李葉霜一樣被抓入監牢，而且還不像李葉霜那樣有一個黃季陸舅父來救他出監獄。幸運的是，我和幾個朋友的薪金實在有限極了，出刊四期後，就不能繼續支持下去而停刊了。

四、韓戰穩定了台灣和創辦《學生》（半月刊）

我們主編的《青年時代》停刊時，韓戰突然爆發了。美國立即宣布幫助南韓，並派第七艦隊駐防台灣海峽。這樣一來，在風雨飄搖中的台灣政局立刻穩定了。省政府也開始更積極地推動各方面的建設，陳雪屏先生主持的台灣教育廳也大力的改善有助於教育工作的各種事業。在這種情況下的一天下午，我被通知去見主持台省教育的陳雪屏先生。他一見面，便「開門見山」的說：

「成棠，我知道你辦刊物很有經驗，而且也辦得非常好。現在我這裡有一個機會，不知你有沒有興趣？究竟是怎麼一回事呢？我想先向你敘述一下。你知道，台灣書店是屬於教育廳的。在理論上，這個書店的任務是提供台灣各級學校需要的物資如教科書等，可是自我接任教育廳以來，便發現他們沒有盡到應該盡的義務，所以我正進行對它改組中。其中有一個為學生而出版的課外讀物叫《學生》的，過去曾經出版過幾期，可是內容很差，主編者資歷也不夠，所以已叫他們停刊了。不知你有沒有興趣去主持這樣一個刊物。如果你有興趣，我便介紹你去見台灣書店的經理。見過之後，有什麼意見，可以直接同我的祕書熊惠民先生交涉。如果你沒有興趣，就一切都不必談了。」

我自大學二年級起，一直對主編刊物都極有興趣，而且從來沒有間斷過呢，不管生活有多麼的忙碌，對於我所尊敬的陳雪屏先生的特別邀請，我怎麼也得試一試。所以我隨即向陳先生說：

「陳先生，首先我得謝謝你介紹我到師大附中去教書，這個工作的確使我『教學相長』，讓我非常高興。現在更承你給我一個主編刊的機會，我將盡力去試試……」

陳先生聽到這兒，馬上告訴我：

「好極了，成棠，請你等一等，我馬上打電話給台灣書店的吳經理。」於是他便到隔壁的祕書室去了。幾分鐘後，他回來告訴我，吳經理請我馬上過去談談。就這樣我便告別了陳先生到台灣書店去了。

步行幾分鐘就到了台灣書店。吳經理自己前來接待，他中等身材，約四十來歲，講起話來，頗有自信。他先將我帶進他的辦公室，然後給我一本已經停刊了的《學生》，並向我建議先看看這本約有二、三十頁的小小刊物後，再來討論復刊的問題。說完之後，他便走出辦公室。

我經過將近半個鐘頭，把那個小小刊物從頭到底看完之後，深覺這個刊物不但沒有什麼內容，文章也極差，對學生很難說有什麼幫助，怪不得陳雪屏先生要他們停止刊行。隔了不久，吳先生將過去《學生》的編者領進他的辦公室來給我做了介紹。這位先生姓李（名字已記不清楚了），看起來他的面部稍帶黝色，年紀似乎比我稍小些。然後我們三人便開始討論《學生》復刊的問題，不到半個鐘頭，我便告辭了，主要的原因是：（一）這位吳經理不但對於文教工作了解太少，而且相當官僚氣；(二)我同他第一次見面，他似乎已把我看作是他的職員了；(三)他仍計畫讓我與那位姓李的一同來復刊那個刊物，根本不考慮我辦刊物的想法。

我離開台灣書店後，便再回到教育廳，將與吳經理會談的情形詳細的告訴了陳雪屏先生的熊祕書，並請他轉告陳先生，我絕不會到台灣書店去主編那個刊物了，說完這些後，我便回附中去了。

第二天，熊惠民祕書打電話給我，他說陳雪屏先生仍然希望我能為台灣的學生主編一個刊物，不在台灣書店出版也可以，希望我能提出具體的建議。我答應他第二天即可將簡單而具體的計畫送上。熊先生聽到很高興，他一再地感謝，且認為陳先生一定會支持的。

經過一夜的思考，並同蕭輝楷和李葉霜等好友做了討論，第二天便把創辦《學生》的計畫送給陳先生。主要的內容如下：(一)這個刊物的名稱仍叫《學生》，每半月刊行一次；(二)內容包括各科新知的介紹及學生自己的習作為主；(三)獨立編印和獨立發行；(四)我負責社務及社評，所有編務及出版發行人員全由我負責組合；(五)除總編輯及負責印刷發行的兩位職員給薪金外，其他編務人員及所有撰稿者(包括我自己)都全部義務；(六)辦公地址及前五期之印刷費由教育廳補助外，其他一切完全自力更生，以完成獨立刊行的目的。

陳雪屏先生看到我們創辦《學生》的計畫後，非常高興，隨即直接打電話給我道賀，並祝成功。他說我們需要教育廳協助的地方絕無問題，一切照辦。不過，他說他有點擔心，是否在幾期以後，我們就可以完全自立。他並建議，萬一不行，教育廳還可以繼續補助。可是後來事實證明，他這些考慮都是多餘的。

與陳先生打完電話後，便開始考慮籌組編輯的班子。幸好教書已有一年了，準備的工作早已完成，在學生中的信用已慢慢的建立起來了，空餘的時間和精力也就相對多了。所以每天下午三時以後和晚上的時間都是屬於自己的。但最重要的是教了一年的書，收入所得除常規的生活開支外，剩餘的錢已足夠買一部從香港進口的英製的「三槍牌」自行車，這樣交通問題解決了，全台北市都可以通行無阻。這一來，與朋友們的接頭非常容易。首先與剛從冤獄出來不久的李葉霜兄（我們當時叫他「霜老」——因為他比我們都大兩、三歲）接頭。一方面是因為他還沒有固定的工作，另一方面他是一個主修文學的四川才子，同時他還在復員後的東北的一家報紙（余紀忠先生主持的）做過編輯。我們討論一、兩次後，他終於答應了負責總編輯的職務，待遇比照中學教員的薪金按月付給（他是唯一有薪金的編務人員）。蕭輝楷和他在重慶南開中學時的好友喻舲居兄（我在中大的同班同學，主修法律，但文章寫得非常優雅，後來擔任過台北《中國時報》的編輯和《香港時報》的副社長）負責學生創作，這是一個非常繁重的工作，因為每期至少有幾百件學生創作需要改正和編輯。當時舲居兄是在台北建國中學教書。有關各科新知的介紹文章和文學上的創作則由我負責到各大學和社會上去徵稿。在開始時，這是一個非常富有挑戰性的工作。凡與攝影和封面設計有關的則由朱正祺兄（他也是中央大學的同學，班次比我低一級）負責。我們幾個編輯幾經討論，希望能請到胡適之先生（他那時住在紐約）為刊物的封面題「學生」兩字，所以我們請李葉霜兄寫信去徵求，因為葉霜兄不但八行書寫得漂亮，而且字也寫得比我們誰都好。結果非常圓滿，胡先生為封面題了字。

正當我們在討論《學生》編印的一切事宜時，接到熊惠民先生電話，他告訴我，未來《學生》

的辦公室已經找到了，是中正西路二十六號，一棟石頭建築物，曾是教育廳的檔案庫，一樓的一間大屋子準備給我們用。熊還說他去看過，屋子相當寬大，一定會夠用的。同時他問我負責管理印刷和發行的人找到了沒有？我告訴他還沒有，並問他有沒有適當的人可以介紹？殊不知他正打算向我推薦一個人。他說此人他最近才認識，是他的同鄉，江西人，也是最近才從大陸逃到台灣的。在學識上只有大學同等學歷，不過，人非常誠懇而努力工作，他建議：如果我對他有興趣，最好先找他談談。我認為這個建議非常好，便請熊先生把他姓名、地址和聯絡方式告知後，便掛上電話。

第二天便同這位先生約見面，他的名字叫張祥麟，中等身材，長得紅光滿面，曾在青年軍裡服務過，所以身體特別好。會談的結果，深覺他是一位非常虔誠而努力工作的年輕人，也許比我們負責編務方面的幾個朋友都稍微年長一點，不過也不會超過三十歲。會談之後，我便決定任用他了。同時馬上同他一道去看看熊惠民先生為我們找到的辦公室，結果，我們都認為地點很好，離火車站很近，將來在發行上也比較方便。參觀之後，我們便各自回住處去了。

在參與實際工作的人事方面有了初步的決定後，我們四人（李葉霜、蕭輝楷、喻舲居和我）經常在晚上聚精會神討論一、兩個鐘頭有關刊物的內容和寫稿的人選。我們決定頭幾期的許多重要文章都得由我們自己執筆，以樹立一個楷模。外稿方面，我們也決定了一個名單，包括：王雲五、崔書琴、梁實秋、陳泛生（陳之藩）、沙學俊、戴杜衡、伊狄（杜均衡）、郭良蕙、黃大慶、殷海光、謝冰瑩、林海音、張秀亞、陳癯公（陳大端）、柏楊（郭衣洞）、金燕君（金永藝）等，可以說是當時台灣的即時之選。

一切準備工作就緒之後，我們便在一九五〇年十一月將《學生》「復刊」了，而且以二十三期的編號出現。既然創刊的理想、刊物的內容、文章的水準，都與過去台灣書店刊行過二十二期的《學生》完全不同，而且與台灣書店毫無關係，為什麼還要以「復刊」和二十三期的編號出現呢？主要的原因是讓我們尊敬的陳雪屏先生在台灣教育工作上的改革和諧且順利。事實上《學生》復刊二十三期是我們主編《學生》的創刊號，誰都看得出。印刷工作是由中山北路一家叫清水商行的私人商店包工的，相當負責。發行方面由我們學生社的張祥麟先生負責直接發行，不過當時台灣的各大書店，如商務印書館、中華書局、正中書局、台灣書店、世界書局、開明書店等全都經售。

由於台灣教育廳長陳雪屏先生的鼓勵，並向各大學及各中學廣為推介，所以《學生》刊行不久，全台幾百所大學和中學都訂有數份，許多學生自己也買有一份，所以很快就遍及自由中國。刊物的內容也愈來愈好。每期收到的外稿非常之多，單是學生習作就有三百件以上。最初幾期有關各科的新知介紹及名家文章，全靠我親自去邀約，慢慢地許多好文章也會自動投稿。編輯工作愈來愈繁重，因為專責編輯的只有李葉霜兄一人，其餘的（包括我自己）全是有自己工作的義務編輯。好在大夥兒還年輕，精力充沛，為了協助自由中國下一代的成長的想法，我們都樂於工作苦一點。

《學生》半月刊發行半年後，不但廣及全台灣各大、中學，也慢慢地為香港、南洋各地，以及美、加一些中國學生的歡迎。在經濟上「自立更生」已毫無問題，唯一的問題仍然是我們編輯人力的不夠。但是由於讀者的熱烈愛護和文教界的好評和鼓勵，我們都工作得非常開心。同時，我們還利用一些特別的假期與學生們展開一些座談會和郊遊等活動。到了這時，《學生》半月刊不但成了台灣學生們課外的重要讀物，我們所組織的學生社團活動也成了他們認識不同學校朋友的好地方了。

當時文化界鼓勵我們的人很多，以台大哲學系教授殷海光為最突出。他認為當時的台灣只有兩份半刊物，一份是雷震主辦的《自由中國》，另一份便是我主編的《學生》半月刊，那半份則是在高雄出版的《拾穗》。他說：「《學生》像個小玲玲，既活潑，又清澈……」《學生》出刊快到兩年，已成為台灣學生中最為風行的刊物，負責學生習作的主要編輯蕭輝楷兄得到日本政府的獎學金，將到東京大學去做研究。在這同時，我在師大附中任高中三年級的歐洲史教員也快三年，且被教育當局公認為是全台灣的優秀教育工作者之一，因此也有可能送到美國或英國去進修一年。

我在前面曾經簡單的提到，蕭輝楷曾是北京大學哲學系的高材生，才氣縱橫，文筆也很犀利。我同他在附中一見如故，非常談得來。事實上，兩人相似之處也很多。兩人對於人生的追求都持有極高的理想，對於知識的鑽研都希望達到極峰。在現實生活上，兩人都趨向言行合一，苦幹實幹。但在個性和作風上，兩人卻又相距甚遠。比如說：輝楷與人相處比較任性，一言不合，就可能爭辯起來。對於別人的錯誤（包括有意或無意的），他都無法諒解。在這些方面，我就比他隨和多了。這可能是他一生懷才不遇的主要原因。後來他在日本學成後，曾被他在北大同班也同時逃出鐵幕的好友徐東濱請到香港去共同編寫書刊。不久兩人不能繼續相處，輝楷便到一個待遇低微的私立學院教書去了。我同他最後一次見面是一九九三年，我從台灣參加國際性的資訊會議後，路過香港，曾同輝楷和喻舲居兄有一次盡歡的晚餐。沒想到三年後，他便與我們永別了。我到今天，每一想到他仍淒然淚下。

記得一九五二年春，當蕭輝楷兄快去日本做研究時，我曾寫了一首長詩送別他。全詩如下：

給陳虹

像穿透雲層的陽光
將溫暖投向大地
像衝破風暴的帆影
把希望留在人心
倔強的人啊
你終於掙脫了歷史的重壓
　人類的枷鎖
永遠堅持你的誓言
「讓血和汗奔流
戰旗才是我們的皇冠
只有懂得生命的人

才能使生命伸展」

你憑依著誓言
離開了赤都
憑依著誓言
衝出了鐵幕
我們相聚於一次偶然
友誼卻萌發於時代的苦難
我們編織著理想的網
用不幸和煩惱扭成的線
我們和著自己的歌
讓鄉音在夜霧裡擴散

當愁眉面對著愁眉
我們都一同感慨
當笑聲伴和著笑聲
我們都一同興奮

在沉沉的雨夜
我們探索真實的人生
在悒鬱的黃昏
我們緬懷古代的哲人
我們都相信：
　「生命在工作上開花
　在苦難中結果」

今天海洋的距離
把人們的異想
分割成兩個世紀：
海洋的那邊
多少人在呻吟中
把希望寄託於來日
海洋的這邊
多少人在遺忘裡
打發著殘餘的日子

你主張：
拿洪亮的聲音
去敲醒千萬個迷夢
我認為：
唯有真實的言語
才能喚起新的生機
就這樣
我們開闢了自己的行徑
築造了這座小小的園庭
就這樣
我們的理想的乳液
開始在筆尖流瀉

將近兩年了
行徑沒有改變
庭園裡
長滿了蓓蕾

於是，朋友們
都把希望寄託給我們
這無比的責任
使我們感到無比的恐懼
像忠實的園丁恐懼著自己
不能使鮮花開得更美麗
你曾說：
為了真理你將走得遠些
然而，為了真愛
你什麼時候回來？
而今你在想些什麼呢？
也許你正有著一顆不安的心
而我，彷彿聽見
微風中飛飄著
你昔日的警語
「不要用遠別來忘去了仇恨
共同的心上永不會有距離」

不久，我也將遠行
也許走得更遠
但願——
時光不要沖淡我們的記憶
重洋阻隔不了我們的心聲
還有、還有我們承擔了
將近兩年的這份責任
去吧！朋友
苦難的年代
常有著苦難的別離
待晴空如洗、大地春回
我們再連綴、再追尋
再歡敘那些好的故事

一九五二、二、於台北

蕭輝楷兄去日本做研究後，《學生》雜誌的學生習作欄便由喻舲居兄擔任，李葉霜兄也幫些忙，因為學生的稿件愈來愈多，每個月總有四五百份。國外留學生（尤其美國的中國留學生）的通訊稿件也愈來愈多，這方面的稿件則由我自己來處理。所以蕭輝楷兄的離開，對《學生》的出刊並沒有任何影響。不過，我們的工作愈來愈忙而已。

人在忙碌的時候，時間是過得特別快的。我於一九四九年由上海經廣州流亡到台灣，途中經過許多的苦難，當初的目的無非是維護個人身心的自由和尊嚴。到達台灣後，由於兄長輩的朋友如張公甫和彭家瑞等協助，再加上陳雪屏先生的愛護，在台灣很快就有機會服務於教育界。於是在大學讀書時的理想——以真實的語言去喚起新的生機的想法又在朋友間蕩漾與迴旋。終於在師大附中任教之餘，創刊了《青年時代》和《學生》雜誌。前者因經費困難，只出刊四期。後者則發展迅速，創刊幾期後便享譽台灣。當學生習作的編輯蕭輝楷離台到日本做研究時，《學生》已出刊兩年，而我已在附中服務近三年了。基於我被教育當局認定為優秀教員之一，所以自一九五三年開始，我便開始申請美國大學的入學證和獎學金。

一九五三年的暑期，我得到美國維斯康辛（Wisconsin）州一個大學的獎學金。所以暑假後，我除教書和主持《學生》雜誌的出版外，也開始辦理去美國讀書的困難而又複雜的手續。希望一年內能辦理成功。

五、台灣點滴

我在一九五三年秋開始辦理出國留學前，有兩件事我必須好好準備辦理移交：第一是師大附中的教職，我一獲得美國大學的獎學金通知時，便親自去向校長黃徵報告，希望他開始找教歐洲史的教員。黃很開闊，他說自我獲得教育當局提名為優秀教員後，他就知道我會出國留學的，所以他在心理上早已有了準備，他請我放心，他更祝福我深造成功。第二件事，是我千辛萬苦主持了近三年的《學生》雜誌，正受千百學子們愛戴的發展中，更希望在我離台後，它能繼續向前發展。我知道當時主持編務的兩位朋友李葉霜和喻舲居都是非常稱職的，絕不會因我的離開而有所不同。但是我自己主持的社務工作由誰來接手呢？因為這個工作需要應付和聯繫各方面的人事，尤其文化界的一些名流和前輩。好在經濟上已能自足自給。與許多朋友商討的結果，請李葉霜兄兼任社務。沒想到我於一九五四年離台幾個月後，《學生》雜誌就關門了，奈何?!

在台灣生活約四年，我把全部精力都放在教書和辦刊物上，私人生活根本談不上，連起碼的娛樂都沒有。但就耳聞目睹，也有以下一些感受：

（一）土地富饒而風景優美，民風守舊而生活簡樸

當時在台灣，隨便你往哪兒去，都會感到青山綠水，景致如畫。田野間全是穀物和蔬菜水果，富饒極了。稻穀一年有兩季的收割，香蕉、波蘿、文旦等水果，不但美味，產量也大極了。每年都豐收的稻米和水果，尤其是香蕉多半外銷到日本。事實上，日本占據台灣五十年的政策，是把台灣當作他們生產糧食、水果的殖民地，工業根本沒有基礎。

一般台灣同胞生活都非常簡樸。農村男女都穿著簡單的衣服，頭上帶著草笠，光著腿和腳在農田間工作。在城市，一般人的穿著與農村並沒有多大區別。許多年輕女孩子，照樣光著腿，踏著木板鞋，在街上啼啼嗒嗒的走著。她們中許多在腿上都有被蚊蟲侵害而留下的大黑印子兒，但她們似乎也不在意。間或有人騎著自行車，可是那些自行車全是生著黑色鐵鏽的，大概還是二次大戰前在日本製的。

就記憶所及，我當時在台北從來沒有看見過大餐館，似乎也從來沒有聽說有人在宴客。成都路的「蓉村」和總統府背後鐵路旁的「渝園」兩個小館便是當時最有名的飯館了，客人幾乎全是內地人。台灣本地人則以西門町的夜市為餐飲中心。中山堂旁邊那家小咖啡館（館名已記不得了），就像是台北市唯一的咖啡館了。

一般而論，當時的台灣民風是相當守舊的。儘管日本占據台灣五十年，老百姓的冠、婚、病、死仍以中國傳統禮儀為準則。當時台北的現代醫院除台大醫院外，另一個便是由內地人臨時設立的小小「中心診所」了。一般台灣同胞仍以中醫和燒香求神為治病的必經程序。

一年中的節氣除年節、春祭、端午和中秋諸傳統的中國節氣外，全台有一個所謂「拜拜」的特別節氣。到了這個節氣的時候，一般家庭都準備了許多酒肉之類的東西，所有親朋和鄰居都歡迎去享用，以吃完為止。

（二）「三七五」減租的推行和影響

自陳誠主持台政後，便大力推行「三七五」減租的政策，主要是根據「耕者有其田」的理則，政府以公債將所有地主（超過某種數字限制的地主）的農田購回，然後將其分給沒有農田的耕者。其結果是所有耕者都有了農田；而地主們則將其售款從事工商企業的發展，這便是台灣現代私人工業的起點。

國民政府根據孫中山先生的三民主義治國，在中國大陸幾十年，始終沒有實行民生主義中的「耕者有其田」政策。其主要原因當然是軍閥割據所致。但在國民政府直接控制的江蘇、浙江等省，也從未做過任何示範作用，又如何解釋呢？我們看見「三七五」減租在台灣實行，以完成「耕者有其田」的政策，結果引導近代台灣的經濟發展，證明孫中山先生在近一個世紀前的見解沒有錯。

(三)教育的發表和普及

我們都知道，日本帝國主義者統治台灣五十年，其目的在使台灣變做它的永恆殖民地。為了使台灣同胞失去民族的意識，一方面從小學起，便以日文代替中文，另一方面則讓台灣青年都沒有讀文法和社會科學的機會，最多只許他們學習有關醫、農、工方面的東西。所以台灣光復時沒有一個完整的現代大學。因此在台灣被光復後，特別是陳誠負責台灣行政時，在教育上的確做了不少事情：（1）最重要的是推行國語，從小學到大學全以國語教學；同時聘請語言學者和工作者編印《國語日報》，以為社會上一般人練習國語的工具。幾十年來，國語在台灣已廣泛地普及和流行；（2）當時台灣執政者將德高望重的學者傅斯年先生請去擔任台灣大學的校長，使其變成一個水準很高的現代完整大學。幾十年後的今天，台灣已有了幾十個水準不錯的大學；（3）在中學方面，是由陳雪屏先生主持的教育廳在領導發展。我在台灣那幾年，從師大附中的情形來看，的確發展得很快。許多教師都是從大陸來的，非常有經驗，教學也很嚴謹。學生們不但很用功，而且程度也很好。百分之九十以上都能考入大學，當時的台北就有以下幾個非常好的中學：師大附中、建國中學、成功中學、台北第一女中。

就我個人而言，在台灣那幾年，最不能忘懷的當然是在師大附中教書和創辦《學生》雜誌。這兩件工作可以說耗盡了我在台灣將近四年的全部精力。其間有苦惱，有興奮，的確也學了不少東西。三年前，在匹茲堡（Pittsburgh）熟悉的一個從台灣來的研究生（吳先生），他正在匹茲堡大學讀博士學位。他是台北師大附中畢業的，也知道我曾在附中教過書，有一天他突然向我提到下面一個問題：

「郭教授，你還記得附中的校歌嗎？」問完之後，他便帶著會心的微笑等著我的答覆。

他這一問，不禁把我的記憶拉回到四十多年前寫附中校歌的情景。記得那是初春的一個週末晚上，附中校長黃徵先生請我到他家便餐和打橋牌。離開他家前，他便建議我為附中寫首校歌。我欣然應允。初稿完成後，便請好友蕭輝楷評校。果不其然，他確建議了幾個更響亮的字。定稿完成後，我便請曾在北京藝專攻讀音樂的高材生史惟亮兄譜曲。幾天之後，黃校長便把這首附中的校歌印了出來，從此附中便有了自己的校歌。

遲疑了好一陣，我才答覆吳先生：「好囉，吳先生！我記起來了，附中校歌是我寫的。你為什麼提到它呢？」

「我最近回台灣參加了附中校友的一次聚會。你知道，附中校友在各方面有成就的人非常多。比如在政治界的陳履安、吳伯雄，在新聞界的石永貴，學術界的閻心恆等，每年都有一次聚會，而且聚會時都得唱附中校歌。這次聚會，當我得到發下來的校歌時，看見了你的大名，我馬上就想回到美國有機會見到你時，一定得問你是否還記得附中的校歌。好了，我現在就把存下來的這份校歌給你了。」

從吳先生手裡接過這張附中校歌的紙條時，真是感慨無已，真覺得飄泊的一生是如何的無恆和短促啊！

（四）日本殖民的後遺症

日本統治台灣五十年，以非常殘忍的殖民政策奴化台灣同胞，一方面以酷刑和死罪來處罰反抗者，另一方面則以奴化教育來使他們徹底忘卻自己的歷史文化，而附和日本的一切。一部分為了堅持中國人尊嚴的台灣同胞都犧牲了，另一部分台灣的愛國志士則逃到中國大陸去做民族復興工作（如連震東、黃朝琴、吳三連、林忠等），但是絕大多數的台灣同胞都被奴化政策所驅使了。其結果對中國當然是不利的。

我在台灣住了快四年，離開時，對台灣同胞曾有以下幾點觀察：（1）一般台灣人對政策官員都持「怕」的態度，「怕」的後面當然是「恨」呀。「二二八」事件便是這種「恨」演變出來的；（2）一般台灣人對於自己的祖國文化已缺乏認識。相反地，世界上好的東西都屬於日本；（3）台灣上層人物，除少數幾個是從中國大陸回來者外，大多數都與日本人有些關係，或傾向於日本。因此，未來台灣在工商業上的發展可能離不開日本；（4）我當時更認為台灣人未來在政治上的發展，也可能與一些日本人糾纏不清。後來台獨的發展不幸而言中，李登輝之流尤有過之而無不及也。

第六章　留學美國

如前所述，我幼年喪父，從念初中起就得自立更生。記得當時唯一的想法，就是希望能在一個師範大學畢業後，做一生的中學教員；這樣便可以好好的侍候年邁的母親，根本就沒有想到去外國留學的事。不過後來考入國立中央大學就讀時，自己在各方面的表現較諸同學們似乎都屬上乘；尤其在二年級時，被選為《中大導報》（代表學生自治會的鉛印報紙）的總編輯，自己確曾考慮到將來參加公費留學考試的事。可是國立中央大學復員到南京不久，內戰就開始在北中國燎原。兩年後，國民政府就南遷廣州，中共則雄據東北各省和黃河流域，隨時都可席捲全中國。於是政府人員和一般既得利益階級，都紛紛前往香港、台灣和海外去重建他們的安樂窩。但是當時全國的知識分子和年輕的學生們都以共產黨的宣傳當作新時代的理想，當然樂於迎接新時代的來臨。我和幾個好朋友，則由於在學校實際生活的體念，深深地認為如果中國淪為中共統治，便是國人浩劫的來臨。因而在它控制中國大陸之前，必須敬鬼神而遠之。結果承天之賜，我們總算在萬般苦難和幸運中終於到達了當時尚屬和平的台灣。在台灣住了近四年，與一些有同樣看法和理想的朋友（都是從國內各大學流亡到台灣的青年）盡著自己的能力，為當時在文化上極為貧乏的台灣社會做一些實際的事情，沒想到因此而獲得了到美國留學的機會。

一、飄洋過海十九天

今天從台灣到美國的旅客全是乘飛機，中外航空公司隨你選。可是當我於一九五四年從台北到美國時，一般旅客是無法乘到飛機的，唯有大官貴人才有資格乘坐，原因有兩方面：一方面是世界性的民用航空公司還不普遍；另一方面是航空的費用不是一般人能夠負擔得起的。所以一般老百姓如有機會去歐美，都是乘輪船。可是在太平洋上行駛的美國輪船公司的總統號輪船又不在台灣的港口停泊，因此我還得先到香港，才能乘船到美國。我乘坐的是克利夫蘭總統號，在太平洋上行駛了十九天。後來我把這次的航海寫了一篇題名為〈萬里風浪〉的文章在台灣風行一時的《自由中國》上發表。茲特錄於後，以饗讀者：

萬里風浪

「乘長風破萬里浪」，在昇平時代，也許是人生的一種享受，特別是對於讀書人，常會激起無限遐想，擴展心靈境界，使「書破萬卷，神交古人」之餘，猶有機會親身經歷世界上的許多事事物物，從而輝映過去人類的生活經驗——寶貴的知識，所以太史公勉勵讀書人要「行千里路，讀萬卷書」，想來也無非是這個道理。然而當物質文明（？）進入原子時代的今天，從某些地方說，「乘長風破萬里浪」恐已不是人生的一種享受，而是極其平凡的生活了。何況是顛沛流離，久經跋涉的中國人？在另一方面，正因為這些年來，苦難和折磨陪伴著我們，狹隘的生活方式圍繞著我們，個人生活好像一泓秋水，一切都在絕望中被肯定，因此生活上的任何一種「變」，無疑都可使心靈暫時得到舒展。所以在遠行中增加一些新奇的感觸，於我總算幸運。

獨上高樓，望盡天涯路

住在台北的人，的確很安適，要是沒有雨天，就像生活在春天裡一樣。一月八日又是個大好的晴天，去香港的飛機九點鐘在松山機場起飛。我同送行的友人們趕到機場時，已八點多鐘了，便忙著送行李去檢查，好在行李簡單，也沒有多餘的黃金美鈔，檢查起來十分方便，不過半點鐘就算完了，可是飛機已隆隆作響，女招待員又在催促客人入座，一陣心慌，匆匆的同送行朋友們擺擺手就鑽進飛機去了。飛機往跑道上慢慢移動，我從窗口探望送行的友人，當我只見一群模糊的影子時，才驚恐於離別在即，苦難中結識的友群，何時何地我們能再重敘？

飛機起飛前，一位男招待員，大聲向旅客講述航行三小時的情況，和旅客應該注意的事項。這也許是吸引旅客注意力，免得飛機上升時大家感到不好受的一種方法。其實這點顧慮對我似乎已是多餘的了，因為飛機上升我照例是輕飄、愉快的。但是當我發覺飛機離開我曾踏過三年多的土地而騰空數千呎時，卻有一種莫名的茫然和悵惘；我凝視著窗外的綠色發呆，我懷疑我是否又在追逐一個美麗的夢，在夢境裡編織些美麗的謊言，讓生命在夢中褪色？記得三年半前，我離開生長的地方、撫育我的家庭時，雖不敢自認「心雄萬夫」、「銳氣如虹」，至少我是把「自由」看得比生命更重要。所以逃到台灣後，我曾不斷去信告慰家人和關懷我的師友，希望他們暫時忍耐，我說：「我願在三年後看見你們重獲自由的剎那快樂的死去……」但是，三年的時光早已無情的溜走，我抖掉一個美夢，像抖落一身露珠，誰來串起？用什麼來填補生活的空白？而今我又束起行囊向遠方走去，窗外盡是飄舉的雲，和一片碧藍的海，天涯海角，真不知何處是生命的歸宿。我真怕愧對那些熟悉了三年多的面孔如我愧對三年半前那些可愛的影子一樣，但是誰能知道明天是個什麼季節？

輕敲大陸之門

待思想平靜時，飛機已越過台灣海峽，盤旋於香港上空了。遙望那些帶著紅色的山巒，仍與三年半前逃亡南國時一樣的平靜、可愛。可是人們的心已在不同的觀念下有了不同的估價了。我真不知今日的山與舊日的山有些什麼仇恨？或今日的河與舊日的河誰欺騙了誰？為什麼一樣的河山就不能容忍一樣的人群啊？幾千年來，也許滄海變作了桑田，難道人類的智慧就只能用在互相殘害上去較量高低嗎？

香港——這微妙的地方，我佩服英國人的智慧；不但百年來，她曾把這塊祖國的土地徹底殖民地化之後，利用它來漁利我們，且譽為英王皇冠上一顆亮晶晶的寶石。而今英國人就在承認中共政權的騎牆政策之下，統一了香港存在的矛盾，不啻在火山邊緣建立了自己的樂園，不知道那些「新中國」的主人們對於這個微妙的現象，有什麼漂亮的說詞？

在香港住了五天，我瀏覽過許多中共的書刊，沒有想到會如此貧乏，除千篇一律的公報和幼稚得可笑的歌功頌德文字外，實在談不到文化了。另一方面，許多反共的書報，無論質與量都極精彩，許多東西都是富有歷史價值的。我曾拜訪了幾個文化工作的朋友，才知道這些為真理自由而嘔心吐血的文化戰士，其艱苦奮鬥的精神的確令人感動，其中許多人都是來自共區。他們不但犧牲了自己的家和一切，而且早已把生死置之度外。自由的哨兵啊！你們才是自由中國真正的無名英雄呢！願你們這支無比的反共力量在奮進下開花！

同是天涯淪落人

克利夫蘭總統號輪一月十三日離開香港，我擔心二十天海上生活的煎熬和孤寂。沒有想到三等艙的三等票（三等艙的票價分三等），依然有舖位，除三十人住一房間外，三等艙的旅客待遇全是一樣。來自台灣的中國同學都分在同一艙裡，大家很快就熟悉起來了，從此旅途生活也不會感到寂寞了。

克利夫蘭輪是美國總統輪船公司航行遠東各國最好的一隻客輪，設備極其講究，特別是頭等艙的設備可與美國最現代化的飯店媲美，然而遠東各國的旅客，很少人有享受的能力，絕大多數都只能訂三等艙。這次同船的三百多個三等艙旅客中，除兩個自東德逃亡英國的太太外，其餘全是東南亞人，其間中國人約占三分之二，中國人中二十個是學生（八位來自台灣，十二位來自港澳），其餘幾乎全是從南洋、港澳去加拿大開墾的。許多人都攜家帶眷。我常和他們聊天，談到祖國的苦難和希望時，他們都有無盡的感傷。看見他們艱苦的情形，不禁聯想起全世界一千多萬華僑的情景，實際上每個華僑都曾有過一段辛酸史。他們多半是在國難中離開了祖國，在陌生的地方建立起他們的家和他們的事業，他們用血汗繁榮了別人的社會，增加了祖國的聲威，然而祖國又給了他們什麼呢？他們曾不斷地用行動來表示過他們對祖國的熱愛，可是他們依然是漂流海外寄人籬下的孤兒，今天在紅色中國的敲詐下，他們走上了史無前例的厄運。

巡禮日本

十七日晨船抵日本神戶，我參加了「京都觀光團」，由操著流利英語的兩個日本人導遊，九時半先從神戶碼頭乘日本旅行社的觀光專車到神戶車站，再乘火車去京都，約須一小時二十分鐘，途中經過有名的工業區大阪。沿途全是綿延不斷的建築物，很少看見農田，人口過剩的日本，從這兒似乎可以得到一些印證。日本的建築都極小巧，但甚草率，特別是些私人的住宅，看起來真小得可憐。大阪工業區則煙囪林立，煤煙繚繞，戰後日本，工業的復興又指引他們走向一條新路。

十一時許到達京都車站，京都是日本維新前的國都，給人的印象是從容、安靜，許多建築仍保持著中國的古風。我們參觀了幾個有名的寺院和舊日皇宮，這些建築全是北平建築的翻版，只是氣魄遠不及北平罷了。每到一個地方參觀，都有專人為我們解說，解說到最後照例宣揚日本文化一番，說日本文化在東方如何重要，如何悠遠，許多西洋人，特別是美國人聽起來，都感到無限欽慕，但是給咱們中國人聽起來，就有些毛骨悚然了。記得參觀皇宮時，一位專門導遊皇宮的日本人，得意忘形的描述皇宮建築的歷史和偉大，於是我問他去過北平沒有，他冷不提防的說他去過，然後我再問他京都的皇宮比起北平的皇城如何？他呆住了。沉思了好一陣，他承認北平的皇城是更偉大的。中國偉大的地方還多著呢！可是五千年文化屢遭摧殘的今天，我們還有什麼更多的話說？何況別人一切都顯示著有計畫，一切都是為國家，這種精神是值得佩服，值得學習的。

十八日午後四時抵橫濱，幾位在盟總工作和東京大學讀書的朋友，自東京來迎，因而有二十四小時遊覽東京的機會。東京卻是夠繁華，我曾遊過皇宮、動物園、博物院……皇宮建築也是中國式，蒼松古柏，猶令人憶起中國的舊都北平，可是而今已遠了，遠了！

談到建設和交通，東京都不失為現代都市，尤其公路和地下鐵道四通八達、汽車更是極平凡的交通工具。新聞事業和出版事業已做到普及而迅速的地步，不過房屋的建築似乎還遠不如上海，最大的一座建築物也不過八層樓而已，比起上海的百老匯大廈和國際飯店是非常遜色的，這也許是鄰近富士火山的緣故吧。

走馬觀花，二十四小時的遊覽，還要除去幾小時的睡眠和餐飲，實在無法對日本了解得更深刻。憑直覺，我以為日本在邁向復興的道途上問題還很多，表現得最赤裸的莫過於社會風氣的糜爛和一般人情緒的不穩定。銀座是東京最繁華的區域之一，可是十家有七八家商店都是酒吧間和舞廳，舞女和妓女已成了女人最普遍的職業。至於東京的夜市，遍街都是成群結隊搔頭弄姿，咿唔唔強著拉人的野雞（美國人稱為Pick up girl），據說日本政府每年利用這些人的收入來彌補兩億美元的赤字預算，然而道德的墮落又用什麼來彌補呢？在東京無論乘電車、汽車或火車，都可看見許多日本人在閱讀報刊，可是絕大多數都是黃色讀物。無疑地，這說明今天日本一般人的心裡仍不安定。就衣著生活而論，美化風氣極盛。據說知識分子對美國人的好惡參半，這是盟總管制日本的另一問題。問題依然不少的日本，在國際風雲緊急的今天，它究竟將走向何處？

祖國、煩憂（Honolulu）

廿七日晨到達火奴魯魯，初次接觸到美國文化的邊緣。一切都新奇，這兒的確是個世外桃源，要不是珍珠港事件（珍珠港瀕臨火奴魯魯北面），真是太平洋中的太平島了。這兒不但自然景色迷人，人工建設尤屬巧妙，祥和、美感的氣氛使來自戰亂不息的東方人，莫不感到無限的欽慕。從台灣來的八位同學，組成臨時旅行隊，僱了出租汽車，環遊火奴魯魯一周，然後參觀有名的水族館和海濱浴場，翠綠碧波，流連忘返，怪不得許多美國大亨每年要到這兒來度假呢！

船過火奴魯魯後，二十位中國同學已由相熟而產生了友誼，有時大夥兒到甲板上集體遊戲或運動，有時相聚在一塊兒聊天，從個人的生活環境、喜好、興趣談到國家大事、世界局勢和自己未來的抱負，年輕人相聚在一起，真夠坦白熱忱；大家對國家都熱愛不已，對國家的現實處境，則感到無限煩憂，特別是看到別人的國家自由進步的時候。老實說，這些年來國家搞成這個樣子，曾負責國家重任的人們（中年以上的人）都應該反躬自省，對年輕的一代應該感到愧疚，不必板著面孔來訓人。說到這裡，最遺憾的是我們辦理出國手續的紛擾，各人談起來都曾有過「一本難念的經」；特別是來自台灣的同學，沒有一個人不是辦理半年或一年以上的。學生出國讀書，無論從什麼角度來看，總不是件壞事。固然這些年來，有些人出國目的極不正確，但是我們試想那些是什麼人呢？還不是政府要員的子女嗎？又何必因噎廢食？要是國內真有幾個好大學和研究院，誰又願意離鄉背井，跑到外國受洋罪？據我所知，許多年輕人為了達到深造的願望不知忍受了多少折磨，傷透了多少腦筋，犧牲了多少幸福。獎學金拿到手，還得學會強作笑顏，然後才準備到各級「公僕」處去接受訓罵和無理的非難，說得不對，任何一道手續給你拖上一月兩月，都是極平凡的事。提起這些，大家心裡猶有餘悸。希望這些衷心的陳詞，沒有大逆不道的罪過，自由中國就萬幸了。

離開祖國的人，最易感受的是：「打腫臉來充胖子」，試想誰不希望有個像樣的國家？

記得廿八日晨，頭等艙有個演講會，由美國普渡大學（Purdue University）的一位教授 Dr. Sheuer

主講「台灣觀感」，他是普渡大學當局派到台灣與台南工學院討論合作事宜，並保送台南工學院師生到該校研究的主持人，他曾在台灣停留過六個星期，參觀過台灣許多東西。在演講時，他聽說我們幾來人自台灣，便把我們請到主席台上坐著。待他講演後，以備聽眾諮詢。他演講的內容對台灣極有利，他先從台灣的政治、經濟、文化、軍事、交通的進步情形來證實台灣的安定繁富，然後說到台灣未來的建設和發展，同時也解說了一九五三年美國援台建設經費五千多萬的分配情形，他認為按台灣目前的需要，這個數目是不夠的。他說從今秋起，台南工學院的師生即有機會到普渡大學研究，最後他呼籲聽眾向台灣捐獻圖書和大學教科書。

他講完後，聽眾紛紛提出許多問題，Dr. Sheuer 分別要我們解答，其中有些問題頗令人啼笑皆非。譬如：「台灣人過去與中國人有無關係？」「台灣人與中國人通婚了沒有？」「台灣人是否有好的教育機會？」……其實許多聽眾都是美國人在東南亞的工作人員，可是一般美國人對自由中國的了解如何？我們都不約而同的為自由中國做正確的答辯之後，乘機宣揚自由中國幾年來壯大振作的情形。Dr. Sheuer 也不斷為我們證實。會後，許多人都熱情地把我們圍住，問長問短，我們遺憾的是手頭都沒有自由中國的實際資料，只好概而言之。

自由和平的花果

近二十天的海程，使來自祖國的學生結成了友誼的環。到達舊金山前，我們決定舉行一個惜別會，但因為時已晚，船上也有晚會，地址不易借到，大家只好不拘形式，在 Dolphin Room 隨便談談，想到明天上岸後就要各自東西，都有依依之感。

三十一日午到達舊金山，船入金山灣時，首先使人怵目驚心的，是Golden Gate Bridge和Oakland Bay Bridge的橫跨金門灣。橋上有幾種車道，電車、汽車、火車同時並進，晝夜川流不息。橋下可通行任何海輪，真是洋洋大觀，氣魄宏偉。晚上駕車經過橋下，海天閃爍，尤屬奇景。這種成就，絕非偶然。美國自南北戰爭後，百餘年間，國內一片祥和，在平等自由的氣氛下，個人被尊重，個人自由意志產生的創造力，造福於自由的人群，建立起「人」的社會。這是美國文明的精神，這是自由和平產生的花果。

登岸時，多數同學都有友人來迎接，可是舊金山教會的海外學生招待處，派了一位Mr. Lindman來歡迎中國學生，他看見同學們都有友人來迎接，感到很失望，我們怕「卻之不恭」才商定次日順應他的招待。晚上加州大學的中國之家（China House）也有迎新會，興奮之餘，忘卻了不少疲乏。可惜各人都趕往學校不能久留舊金山，匆匆分手，未免有些悵惘。

我到了紐約

二月三日晨，我同兩位女同學乘火車東行，由於Mr. Lindman的建議，我們訂購了西太平洋公司的快車，這個公司的車子設備極現代化，每節車廂上都有望風景的玻璃車廂，我們雖然坐的是三等車，遠勝於台灣頭等車的享受，暖氣和一切衛生設備都很齊全，每個座位到晚上，都變成舒服的沙發床。初到美國的旅客還可享受八折優待。車經西部山區時，看見三年多來沒有見過的雪景，令人興奮不已。電影裡常見到的西部大牧場，沿途不時出現，可惜缺少盤馬彎弓的牧人。

車行兩天到芝加哥，我們三人最後告別，第二天（二月六日）我到了紐約，下車之後，真像劉姥姥進了大觀園；感到最麻煩的是，龐大高聳的建築物中不易找到出口，你以為登了幾度電梯，也許還在地下。問了幾次路才走出車站。看見到處是地下火車、電車、汽車，為了減少麻煩，我還是叫了一部出租汽車直接到住處。

美國大學一般沒有什麼寒假，普通都是上期結束後，下期幾乎隨即就開學。我到達紐約時，輔敦大學（Fordham University，我獲得獎學金的學校）已停止註冊了……。

一九五四年載台北《自由中國》八卷七期

二、初到美國的一些接觸和感受

初到美國，的確一切都感到陌生和新奇。生活上接觸到的都是陌生的人和物，要如何來適應，並不是件容易的事。就我而言，可以說相當幸運，由於有好的庭訓，自幼即相當注意生活上的行為和風格，所以適應起來，從無問題。

我到紐約後住的地方是一個天主教的教育機構，每天住食都和美國學生在一起，其餘能接觸到的也全是美國人。他們的言行幾乎與中國人完全不同。譬如說：他們與人見面時，無論熟或不熟，總會打過招呼。如果是熟的，打過招呼之後，也叫一下對方的名字，然後再問候幾句，不熟的，至少也會說聲「喂」（Hello）。在交際場合，一般人說話都是簡單明瞭，而且都有聽人說話的訓練。在公眾場合，都是穿著清楚，言行有度，吃飯的時候，能吃多少就拿多少。咀嚼食物時都是閉著嘴慢慢地嚼，從沒有張著大嘴亂嚼一通的人。喝湯時，都是非常小心地把湯匙放入嘴裡，從不發出聲音，更不像有些中國同胞嘻哩呼嚕地亂喝一陣。我們中國人向來以「禮義之邦」自居，但是許多同胞對以上這些頗富文明的言行，似乎都反其道而行，真是感慨無已。

紐約的中國學生很多，首先接觸到的是住在同一宿舍又同一房間的三位中國同學。一位姓張，一位姓余，另一位姓楊，都是讀大學的。他們都比我年輕幾歲，學的東西也比較實際，分別為統計、化工和商業管理。他們彼此之間都不來往。我對他們都很親切，一視同仁。慢慢地發現張姓同學很老實，曾在香港念過一段時間的大學，尚未畢業，來美讀統計學，截至目前為止，他都與我保持著朋友的關係。姓余的曾在國內北京大學肄業，在美讀化工系。這位先生非常自私，與人相處也有些問題，他喜歡批評，也不管別人的反應。姓楊的同學長得很文雅清秀，不大說話，彷彿有什麼問題似的，據說他曾在歐洲住過一段時間，他這時在念商業管理方面的東西，對自己的整潔似乎不大講究。他同其他兩位中國同學從不說一句話，有時倒同我說上幾句，表示他對我的尊敬。有一天晚上半夜過後，我突然從熟睡中驚醒，聽見姓余的慘叫著：「哎喲……你把我眼睛打破了……」我馬上起床把燈開著，發現姓楊的還在用拳頭打著姓余的用雙手抱著流血不止的頭部。我跑過去叫姓楊的停止，姓張的也驚醒起來了。我叫他幫忙把姓余的扶到洗手間，用擠乾的熱毛巾把血擦乾淨，然後再將他扶回床上去休息。他仍然眼淚汪汪地叫痛不止。姓楊的還是咬著牙根站在那兒動也不動一下。我藉此機會，分別把他倆奉勸了一陣，希望他們不要把自己的前途斷送，再給中國人丟臉。之後，他們也就沒有再打架了。其實要真打，姓楊的一定打不過姓余的。前者不過是中國人中的中等身材，而且長得很單薄；後者則為中國人中比較高大的，可能近六英尺高。這大概就是為什麼姓楊的要在姓余的熟睡之後再打他，讓他沒有還手的餘地。所幸的是，我們住的這間相當大的房間是同美國學生隔開了的，不然，他們被驚醒後，事情就鬧大了。後來我聽張姓同學說，姓余的經常罵姓楊的，說他太不整潔，又很懶惰。大概這次挨打對他也是一個好的教訓。不久之後，姓楊的就不知去向了，從此再也沒有聽說過他。姓余的後來讀到博士學位之後，便到台灣教書去了。然後同一位大官的女兒結了婚，從此官運亨通，做過教育部次長和一個大學的校長。

（一）何欽翼的熱情協助

現在我願意談談在紐約會見的一些新舊朋友和長輩。到紐約第一個接觸的老朋友是何欽翼，她是我在南京主編《中國學生報》時就認識的，我在離開台灣到美國前，就寫信告訴過她我將到紐約讀書的事。到紐約住定後，便同她接頭，她還是像在國內時一樣的對朋友很熱心。接到我的電話，便邀請到她的住處談談，看看有什麼可以幫忙的，同時她也告訴我如何乘坐地下鐵道（Subway）的車子到她家，離哥倫比亞大學（Columbia University）不遠。去她家那天正好是週末，她的哥哥（何欽羽）、弟弟（何欽翔）和妹妹（何欽翠）全在家。到她家後，她便向我一一的介紹了。欽羽兄是學經濟的，他已獲得了碩士學位，正在一個保險公司做事。何欽翼大學畢業，現正進入紐約大學讀研究院，主修藝術。欽翔和欽翠還在大學讀書。介紹完了之後，她便告訴我，她已打電話到輔敦大學問過，這學期的註冊時間已過了，不能再註冊，她建議我這學期不如到紐約大學去旁聽一、兩門課，可以不付學費（她可以代為安排），同時選一門專為外國學生開的英文，幫助非常大；同時紐約大學位於曼哈坦區的十四街，距離我住的地方也很近。她說得頭頭是道，所以一切都照她說的去辦。

欽翼住在紐約已有好幾年了，不但對紐約服務於中國學生的機構都很熟，而且她的人緣也很好。所以待她協助我解決了聽課的事之後，便分別帶我去參觀了「華美協進社」和「中美聯誼會」等，而且還介紹有關工作人員與我認識。

（二）胡適之先生的一面之情

我在第五章曾經提到在台灣主辦《學生》雜誌時，封面的「學生」兩字是邀請胡適先生寫的。我同胡先生卻從無一面之緣。沒想到在紐約見到這位慕名已久的長輩了。記得是到達紐約的第三個週末，我照樣去拜訪老友何欽翼，她一開始便問起《學生》的情形，因為她仍然是《學生》在美國的通訊員之一。我隨即向她詳述一切。後來她便提到：胡適之先生曾同她談過《學生》，她問我願不願意去看胡先生？我說當然願意呀，但與胡先生從未見過面，去看他是否方便？欽翼認為沒有問題。一方面她同胡先生很熟，另一方面，胡先生很喜歡同年輕人交朋友。她建議由她來安排，然後打電話告訴我，一同去訪問胡先生。

記得是一個星期六的上午，約十時左右，欽翼同我到達紐約市東城八十一街一百零四號胡先生住處。按鈴之後，胡先生親自來開門，他穿的是灰色西裝褲和白襯衣，藍領帶，舊式的托肩褲帶，沒有穿上裝，一副笑面迎人，請我們進去坐。一進門就是客廳，放滿了書架，多半是線裝書。我們進入客廳後，還未等欽翼介紹，胡先生便伸手來同我握手，並連說：「歡迎郭先生」，確實顯得非常親切。欽翼趕著向胡先生介紹了一些我到達紐約後的近況，同時表示我們感謝胡先生接見我們的盛意。胡先生馬上說：

「欽翼，你不必客氣了，你知道，我是非常高興見到郭先生的。」然後他便對我說：

「郭先生，我非常高興你有機會來美國念書。可是我又很替《學生》的讀者擔心，是否會因你的離開台灣，而影響到《學生》的質量或繼續發行呢？」

我當時非常堅定的告訴胡先生，《學生》不會因我的離開台灣而受到影響，因為它的稿件是由編輯委員會來決定的；更不會停止發行，因為它的出版都是朋友們的興致所在。但是我何嘗想到，半年之後，《學生》就停止出版了呢？

然後胡先生隨便問了些台灣文教界的情形外，他便問我是否與殷海光先生熟悉？他提到殷先生寫信給他時，曾談到《學生》是當時台灣年輕人最好的讀物。

我告訴胡先生，我同殷先生是認識的，但並不十分熟悉。不過殷先生不但對《學生》有好評，而且還給予很大的鼓勵。

我接著便向胡先生表達《學生》同仁對他的深厚謝意。由於「學生」兩字是他寫的，不但經常提醒編者、作者和讀者，《學生》是踏著先輩們進步的思想邁向學習之路的，更顯示胡先生個人的愛國、致學和做人的精神作為年輕人追求上進的指標。

胡先生呵呵地笑著說：「郭先生，你們太客氣了。我倒希望你們的《學生》能繼續出下去就好了。」

正在這時，胡太太把準備好的茶和糖果送來，她長得潔白和福態。欽翼趕快把東西從胡太太手中接過來，便替我們做介紹。她連說了幾聲「請喝茶，你們談」，便走回後房去了。

之後，胡先生問我在美國讀書的計畫。

我告訴他，到美國讀書，主要是獲得「台灣省政府優秀公教人員出國深造獎學金」，時間是一年，同時也獲得輔敦大學的學費獎學金，準備暑假後正式選課念學位。現在學期中間，無法選課，只好旁聽兩門課而已。

「是的，」胡先生接著說：「你到紐約稍微晚了一個月，不然，你這學期就可以選課念學位。」

這時胡先生大概感到他給予欽翼的注意不夠了，所以他開始同欽翼談了一些他們共同的朋友的事情。然後他問我們可不可以在他家用午餐，我們都齊聲說不可以。一方面我們不能麻煩胡太太，同時我們還有其他的事要辦。欽翼在長者之前，真是應對自如，她已把胡先生說得很開心。

在離開胡府前，胡先生要我將現住紐約的住址和電話寫在他的名冊上，然後他很懇切地對我說：「我知道你獲得台灣省政府一年的獎學金，而且輔敦大學也給了你一年的學費獎學金。不過，如果你要按照你的計畫念學位，恐怕還會有困難。所以我打算為你試試，希望能為你獲得念學位的全獎學金。而且正好不久前，聖母大學（Notre Dame University）曾請我去演講過，我同他們的校長很熟，如能成功，你就可以放心念學位了。不論結果如何，我都會告訴你的。」

「謝謝你，謝謝你，胡先生。」除了向胡先生表示衷心的感謝外，真不知應該怎麼說，因為我絕沒有想到他對年輕人是這樣的隨和與熱心。

然後胡先生又特別同欽翼談了些他們共識的朋友的近況。離開胡府後，欽翼和我不期然地相對一笑。我首先向她致謝意，勞神她安排與胡先生的會晤。胡先生不但是非常平易近人，而且還自動地為我爭取獎學金。不論成功與否，他這番鼓勵後進的長者之風，已令人五體投地和終身難忘了。

隔了幾天，便收到胡先生寄給我的便條，並附有他給聖母大學校長的信的副本。他在信中把我介紹得很好，希望能為我安排一個全獎學金。

接到這封信後，我便打了一個電話給胡先生致謝。他卻很「幽默」地警告我，不要高興得太早，有無希望，還是未知之數呢！

過了幾個星期，胡先生的另一便條又到了（可惜這個原件已無法找到），也附了聖母大學校長回覆他的信。該校長對胡先生非常客氣，但謂全獎學金已沒有了，除非我能再等一年。當時我同朋友研究後，認為等待是不可靠的。便以深心銘感向胡先生致謝外，就決定進輔敦大學念書去了。

不久後，胡先生便被台灣當局請回台灣去主持中央研究院，一直到他辭世，都沒有機會與這位雄峻精深、平和博愛的一代宗師再見一面，思之不禁愴然。

（三）紐約中國學生素描

談到紐約的中國學生，我們都應該了解，二十世紀五十年代，來自各國的留美學生，與今日（二十一世紀初）的各國留學生相比，確有很大的區別。當時各國的留美學生最多不過幾萬人，而今已在百萬以上，單是中國留美學生已有十幾萬人了。而當時中國的留美學生不過五千人，其中約有五分之二是美加華僑的子女，只有三千學生是來自中國本土、台灣、香港和東南亞各國華僑的子女。

在這大約三千中國留美學生中，至少有八百人在紐約。哥倫比亞大學和紐約大學就擁有約三百個中國學生，其餘則分別在輔敦大學、漢特大學（Hunter University）等十餘個較小的大學。其所以如此，主要是因為當時中國學生的經濟情形都不好，而紐約又是最容易找工作的地方。事實上，當時在紐約讀書的中國學生多半是半工半讀。不在紐約讀書的中國學生，到了暑假，也有許多趕來紐約打工，他們的生活，幾乎是整天忙碌。所以每逢週末或有什麼假期，都設法參與同學們的聚會以調劑生活。

我在紐約住了幾個月後，由於何欽翼等老朋友的介紹，每逢週末，也多半參加了華美協進社和中美聯誼會等機構的各種活動（如演講會、座談會、話劇演出、舞會等）。因而不但認識了不少新朋友，也了解了不少紐約中國學生的一般情況。基於自己當時對時局的感應和朋友間的討論，隨即寫了一篇文章〈紐約中國學生素描〉，寄到香港「友聯社」發行的《中國學生週報》上發表（一九五四年秋轉載紐約《前奏》季刊第一期）。茲特錄如下：

八方風雨會中州

提到紐約——這聞名世界的第一大都市，就會激起人們許多遐想。的確，紐約是個值得人們嚮往的都市。在這兒你可聽見全世界任何國家的語言，你可看見世界上任何區域的人種。在這兒人們居住在地上，旅行在地下，工作在天上，那些插入雲霄的摩天大廈（如聯邦帝國大廈有一百零二層樓之高），那些包羅萬象的百貨公司，首屈一指的電影院（如Radio City Music Hall）、博物館、大飯店（如華道爾夫大飯店）和雄偉華麗的大鐵橋（如喬治·華盛頓大橋）、大地道都蔚為奇觀，吸引著來自八方的遊人旅客。

但是，回想三百二十七年前，滿哈坦半島（Manhattan）只不過是印第安人來往於其間的荒涼漁村，誰會想到三百二十七年後的今天，它不但變成紐約市的心臟（構成紐約市的有 Manhattan, Bronx, Queens, Brooklyn, Staten Island 等區）、美國文化的中心，更掌握了全世界經濟的命脈，真是「滄海桑田」。假如當年（一六二六年）以價值二十四元美金代價，將滿哈坦售與一位荷蘭人的印第安人有知，又當作何感想？因為而今滿哈坦的地皮最少是在多少個百萬元以上的價值一畝了。

紐約由於地理環境和歷史的優越，遂變成美國現代文明的中心；在地理方面，位於大西洋西岸北緯四十三度，阨新英格蘭區要衝，哈德遜河（Hudson River）與東河（East River）環抱左右，氣候宜人，真是大自然的傑作。在歷史方面，承新英格蘭早期移民之創造精神，更不斷吸取歐洲文物，假如說新英格蘭是美國文明的聖地，則紐約自是文明聖地的中州。然而真能在短促的一、二百年間，發展而為擁有九百萬人口的世界第一大都市，也實在是血和汗的累積啊！

今日紐約，無疑地是人類物質文明的心臟，同時也是世界人文薈萃的處所，現代知識的播散地。因之各國來美就學者，來此者特別多。二次大戰之後，我國留美學生亦大增，極盛時代幾曾達五千人。自中國大陸關入鐵幕後，來美就學者雖逐減，但因「有家歸不得」和其他各種原因，許多期滿學成者，仍以留學生身分，暫時留居美國，所以現在留美學生猶有三千人左右。其中約三分之一都在紐約，因此筆者願就管見所及來寫這篇報導，以為關心者教。

三個大本營在紐約

在談到紐約的中國學生之前，要向讀者介紹的，是在紐約服務中國學生的機構——華美協進社、中美聯誼會和中國學生服務處。

這三個服務中國學生的機構，以華美協進社的歷史最悠久，它是在二次世界大戰期中由郭秉文先生得美國人士的贊助而成立的。起初規模很小，但是由於郭先生的創業精神和繼任人的努力，終於發展到今天的基礎；同時能請到同情中國學生的克拉克將軍作主席，和許多中美名流任理事，以推動服務中國學生的工作，尤令人感到可佩。

該社主要的工作分三部門：第一是輔導，第二是就業，第三是家庭款待。在輔導方面照章應為同學找學校和獎學金。負責這部門責任的程克敬博士，是一位虔誠的基督徒，對同學和藹可親，頗孚眾望。為同學們尋找職業一點，協進社也有貢獻，據說近幾年來許多同學因該社的協助而獲得了工作，在這方面恐怕卡斯夫特上校和亨克萊小姐是最忙的了。協進社除在這兩方面協助同學們的需要外，他們認為許多同學在週末太孤寂，需要家庭式的溫暖，所以自去年九月以後，便在哥倫比亞大學附近程克敬博士家新闢中國學生聯誼處，以供同學們歡聚。這種家庭款待式的服務，恐怕要算協進社有史以來最成功而實惠的工作了。而程氏夫婦的長者之風，似亦因此而為同學所體念。

其次是中美聯誼會，這個機構是于斌總主教和威廉博士於去年夏天成立的，它的主要任務是增進中美友誼，以促進兩大民族的進一步合作，可以說純粹是國民外交團體的性質。但因于總主教多年獻身於宗教和教育文化的關係，六百多個與天主教有關的中國留學生，又多半是他在照顧，特別是祖國大陸變色這幾年，他花了許多時間和精力來協助這批同學的就業和就學，而天主教的同學們也一致把他當作是一個慈祥的老家長，所以他在中美聯誼會裡特設青年部，以辦理同學們的就學就業和聯繫的事務，特請陳之錄神父主其事，陳神父辦事極熱忱，對同學們的事總是有求必應。同時為了紐約及附近地區天主教同學們歡聚，中美聯誼會特訂於每週五晚上為學生開放，準備各類晚會，因此中美聯誼會無形中便成了天主教同學的大家庭，特別是暑假和其他假期，許多同學由各地趕來紐約，或工作、或度假，都可在這個大家庭得到把臂歡敘，贏得不少友誼。而且每當假期終結，于總主教總是設餐為孩子們送行，席間照例叮嚀期勉一番。身處異域，孩子們就更覺語重心長，關懷難得了。自一九五四年六月起中美聯誼會便由六十七街搬到河邊大道八十六號的五層樓大廈，擴大規模，重新部署，將來不只是天主教同學的大家庭，更成了紐約的中國學生各種組織的開會場所了。

中國學生服務處則是在「United Christian Board」的支持下，於去年新成立的，由郝禮華牧師和耿忠之博士負責。自從他們在模稜路一三〇號找到社址後，工作已在積極展開中。該處服務同學的對象，雖是一視同仁，但以創辦目的的關係，從他們的實際工作中可以看出其側重基督教同學的特色。

以上三種服務於紐約中國學生的機構，儘管性質不同，作法各異，但是他們愛護同學的心情，都在同學們的心靈深處留下了不可磨滅的記憶。而紐約的中國學生總算是有福的啊！

聯誼多、活動少

在這三個機構的協助下，紐約近千的中國學生展開了各種不同性質的聯誼組織。在學校裡有同學會，在校外有以國內大學為基礎的校友會，此外還有以職業、興趣、信仰或友誼關係而組成的學會、兄弟會和姊妹會等。

各大學裡的同學會，哥倫比亞大學和紐約大學人數最多，這兩個學校都擁有中國同學兩百多人，他們常常舉行舞會、茶會和有關教育文化的聯誼晚會。

規模大的學校由於同學多，相互間的感情自然就沒有小的學校同學間來得融洽。譬如漢特、巴那（Barnard College）等小學校中的中國同學會都極活躍，其中最好的一個，恐怕要算輔敦大學了。該校中國同學總數不及三十人，但是他們團結合作的精神卻特別好。每年舉行一次「中國夜」，顯得格外出色。過去還有一度按月出「學生通訊」呢。

至於以國內大學為基礎的旅美校友會則更多，他們的聯繫也很好。聯繫性質的聚會非常頻繁，譬如清華、燕京、南開、中大、交大、中山、金陵、聖約翰、滬江、輔仁、台大等校校友會，都是相當活躍的。

其他以職業、信仰、興趣或友誼關係組成的小型社團也不少。如R．S兄弟會，A．L兄弟會、F．F兄弟會（這三個兄弟會多半是學工的同學），K．K姊妹會等小組織也常有活動。他如「中國平劇社」、「春秋話劇社」等有關興趣的業餘組織，每年總有公演的機會。

以信仰為背景的同學會，在維持的有兩個非常堅強的組織，一個是基督教團契，一個是中國天主教留美同學會。基督教團契的工作很活躍，每週均有聚會，展開了許多有關教友間友誼和宗教上的活動。中國天主教留美同學會是全美國性的，恐怕要算留美中國學生中最龐大而堅實的一個組織，他們除經常聯繫，並在各種假期舉行不同的晚會、座談會、演講會外，同時印發定期英文通訊，及中文綜合性的季刊。該會之所以能表現出具體工作，也許他們在紐約市河邊大道有個固定會址，和堅強的理事會是個主因。

雖然紐約的中國學生組織如此多，中國學生的聚會如此頻繁，但是卻沒有什麼內容，大半是談談笑笑、吃吃喝喝、跳跳舞而已。聯歡的確是做得很到家，活動可以說全沒有。從表面上看來，這批留學生彷彿已失去了生活的活力，忘卻一個烽火連天危機四伏的世界，而走入麻痺消沉慢性自殺的道路似的。的確其中有一部分人是這樣，假如我們以此來衡量未來自由中國的前途，無疑的是會令人感到黯然無光的。但是假如我們能從深處去觀測，從浮光掠影的底層去了解，則看法自是兩樣而這批留學生們的遭遇，當是這一代中國青年走入歷史性的十字路口的一面鏡子。筆者亦屬其中之一，自無法超越自身以對這個詰難問題作正面的解答。但願讀者能從下文的描繪中去體察，去聯綴，也許可以找到許多問題的癥結，從而對於中國未來的命運做更正確性的了解和估價。

天之驕子？人間罪人？

在紐約接近一千個中國學生中，至少有三分之一是期滿學成，不是拿到博士學位，便是拿到碩士學位了。其中大多數的同學都是學工和理的。在美國理工人才，永遠是感到缺乏的，特別是學有專長，得到最高學位的人，總不愁沒有地方安置的。中國留學生大體說來，都是學行兼優，出人頭地，所以都能獲得相當職業，待遇也極好。有些學工而成績特優的同學，甚至在美國一些重要研究機構或生產機構中也占據著重要位置，待遇優裕自不待言。至於學文法的同學，出路就差得多了；無論你的成績如何出類拔萃，也會有「英雄無用武之地」之感。即使找到工作也多半是學非所用，徒糊口而已。本來在美國學文法不知比學理工要難多少？而出路竟會如此懸殊，這當是另一問題，非本文討論之例。現在我們要進一步來研究，為什麼這批期滿學成的同學，都喜歡擠到紐約來？難道紐約真是他們理想的地方？就某種觀念來說，紐約當然是個好地方，生活舒服、眼界大，特別是在物質生活上雖不敢說追逐到時代的尖端，至少這兒月日新月異的氣氛，常會吸引著人類追求欲望的本性。但是就另一角度看，紐約當是最壞的地方；成天緊張、鬧囂、擁擠、人欲橫流、人們生活得像一部機器上的產品，能適應的，不失為現代文明的傑作；不能適應的，則變作這座機器下的廢物。所謂適應，是包括心智和身體兩方面的。記得我剛自國內來到紐約時，至少有一個月沒有好好地睡過一晚覺，對於日夜紛擾的各種聲響，匆促緊張的複雜生活，幾使我對於現代的都市生活發生了懷疑，談何容易能把心靜下來做研究工作。朋友們都替我擔心，我自己更是煩躁。後來一位極其老練的朋友開玩笑似地告訴我，假如你能設法控制你的視覺、聽覺和一切感覺，你當會覺得紐約是你所喜歡的地方。當時我不但不接受，更據理相斥。可是後來經驗告訴我，這位朋友在閒談中是頗富真理的。譬如你在休息或睡眠時，你必須設法讓你的眼睛「視而不見」，讓你的耳朵「聽而不聞」。假如你要從「過江之鯽」的車群中穿過複雜的交通孔道時，你的眼睛就得「明察秋毫」，你的耳朵就得「耳聽八方」了。否則總有或大或小的災難來陪伴你的。甚至生活上的許多細微瑣事，也須得花些時間精力來學會它、適應它。恬靜、安詳、和諧、舒展，對於住在紐約的人，簡直是種奢望（住在紐約市郊則是例外）。總之，從某種角度看，紐約絕不比美國任何地方好。既然如此，為什麼完成學業的同學多半跑到這兒來？我以為最主要的原因，還是這兒「需才孔亟」，容易找到工作。由於種種關係「有家歸不得」的完成了學業的中國留學生，職業總是第一，於是大夥兒便暫時待下來了。至於正在讀書的數百同學，待在紐約更是為經濟的關係。誰都知道，在美國求學最好是到遠離幾個大都市的學校，紐約絕不是念書最理想的地方。可是這幾年來在美國讀書的同學，能獲得家庭接濟的，恐怕只有極少數的「特殊分子」，大多數人都得半工半讀，而紐約則又是適合於這種學生最好的地方。當然這種學生的生活也是夠苦的，因為要讀書，只能去做以時數計資的事情，或在週末去做勞工，這些事情總是吃力不討好的，結果生活固然維持了，功課就不見得會念得太理想，一個人的精力總是有限的。許多人總以為能在國破家亡的時候，仍能在美國留學，尤其住在世界第一大都市的紐約，似乎該是天之驕子了。的確，當千萬人淪於水深火熱中，能在自由的國度裡自由的生活著，無論如何應該是幸運中的幸運者了。然而當一個人，還有一副自由的心智，去為那不自由的祖國和同胞去負擔一種無限的責任感時，還要以身心最大忍耐來培養渺不可期的希望，何嘗又不像是與魔鬼訂下了犯罪契約的人間罪人！

不平衡的男女關係

男女關係無論如何要算是人生中的一個大問題，儘管許多人把學業擺在第一，而把戀愛結婚放在次之，但在事實上，它卻始終是一支觸人心弦的生活交響曲。避而不談，或遊戲人間，絕不是面對問題處理實際生活的辦法，特別是富於幻想、熱力充沛的年輕人，在男女關係上，總應該有個正常的態度和好自為之的作法。否則，許多無端的煩惱，莫名的哀怨，都會萌發於壓抑的心靈，從而讓不正常的心理去尋求毫無效果的補償，許多墮落的靈魂何嘗不是因此而造成的後果。

紐約中國學生的許多問題中，不平衡的男女關係，實在是個值得注意的大問題。紐約中國學生的男女比例，大概是八與二之比。就這個比例而言，無疑，女孩子的身價是百倍的，再加上美國社會風氣重視女人，於是中國學生只要是女性，一到紐約就得神氣三分，首先學會的便是洋規矩，在任何場面下，都得讓男孩一顯紳士派頭——好好的服務一番，而且服務的人數愈多愈覺光榮。禮尚往來，男孩也希望在服務中獲得一些青睞。也許由於比例的懸殊，也許中國人對於洋規矩並不能徹底實踐，往往男孩的服務工作是做到了，可是女孩在禮上常是來而不往。這說明男女關係在接觸上的不平衡，因此有許多男孩子便以遊戲人間的態度來處理男女關係。其次就一般（當然也有例外）男女同學對於對方選擇的條件來看，更是造成悲劇的原因。普通女孩子們要求於男孩的條件，約可分三方面：第一是學歷，假如女孩子是普通大學畢業，她總希望她的男友是得了博士或碩士學位的；假如她自己已得到了碩士學位，男朋友似就非博士莫屬了；至於念好博士學位的女孩，對象就難找了。事實上多數女孩子寧願犧牲博士而不願放棄結婚，假如她有結婚對象的話。第二是職業，美國的家庭生活，收支常是極其刻板的，一個賺三百元一月的人，怎麼也不如賺六百元一月的人的家庭。換言之，美國家庭的幸與不幸，收入的多少常是主要的原因。為了生活上的保障，許多女孩寧願放棄真正愛她的愛人，而去選擇收入較佳職業有保障的丈夫。第三是身體，男孩的身體當然愈健康愈好，愈漂亮愈妙。誠然有些女孩也有另外的條件，但是無論如何，以上三個條件是決定性的因素。至於男孩子要求於女孩子的條件呢？可以說多數人卻只有兩點：第一是漂亮，第二是年輕。看起來極簡單，實際上最困難，因為女孩要求於男孩的條件，多半是後天的努力，而男孩要求於女孩的，則非先天賜予而不成。總之雙方對於性情、理想、興趣、道德等內在生活的條件——真愛的精神，常是不計在內的，因之悲劇不斷造成。悲劇的類型又可分為兩種：一種是結了婚的，一種是無法找到對象結婚。結了婚的最大悲劇，是結婚的對象並不是他（她）的愛人，真可以說是同床異夢的夥伴而已。筆者即看見好幾對夫婦，都在這種悲劇下失去了生活的能力，甚至變得神經失常。另一種找不到對象結婚的悲劇，多半發生在女孩。談起來也奇怪，為什麼男孩子這樣多，女孩這樣少，還有女孩找不到對象結婚的呢？其實只要注意去分析上述雙方要求於對方的條件就容易了解了。女孩要求於男孩的條件雖然極苛刻，但多屬男孩努力能辦到的。而且男孩多，只要女孩的條件夠了，總會有男孩配得上她的。然而男孩要求於女孩的條件，就絕非女孩的努力能辦到的，一個不漂亮的人是無法變為漂亮的，一個三十歲的人更不可能變成二十歲。因此，少數漂亮年輕的女孩，常是「眾星拱月」似的擁有一大群男孩；相反的則無人問津了。這種情形在許多交際場合中特別顯著，漂亮的女孩子在散會後，不知坐哪位男孩的汽車好，不漂亮的女孩子則擔心找不到人送。這種情景，這種刺激，常與女孩的年齡俱增，最後只好讓自己變得更怪僻更孤寂而走上悲劇的路。在男孩方面，許多人早已從不平衡的男女比例中知難而退，或寄情於學業事業，或乾脆找個外國女孩結婚，反正美國是女多於男的。當然這中間也有一部分男孩不但是以遊戲人間的態度來處理男女關係，更因心理變態而墮入罪惡的深淵。

不平衡的男女關係造成許多不平衡的悲劇，能說是哪一方的錯？自由的意志，自由的選擇，誰也沒有義務作憐憫下的犧牲者。只能怪異國的圈子太小，僑居的生活剝奪了更多選擇的機會啊！

八千里路雲和月

縱觀紐約中國學生的生活與動態，也許可以推及全美中國學生的情形，所謂一葉而知秋，真令人觸景傷情，無限感慨。回想我們的國家，近幾世紀來，負荷著幾千年古老的傳統與西方接觸，在自尊自大、畏外媚外的過程中，古老的傳統終於發生了動搖。而國人之有識者，莫不體認甚而獻身於中國的現代化運動，希望從而建立一個現代化的國家，以躋於國際之林，無奈百餘年來，掌握中國命運的人，始終抱著英雄的美夢，踏著塵封了的歷史老路，而不能為一個新時代的紀元而作正確性的估價。滿清諸王臣的荒謬固不待言，民國以來的內爭割據、貪污欺騙，似更是「青出於藍」，因而始有抗戰勝利後蘇俄的眈眈虎視，最後中共趁機崛起，奪下整個中國大陸，從此中國現代化歷史和任務不但宣告結束，而中國人民更在原始而殘酷荒謬的統治下書寫著荒謬的歷史了。

面對著這樣一個支離破碎的祖國，失去了生長茁壯的家園，青年、漂流異國的青年，當是怎樣一種心情，怎樣一種感觸呢？

誰也不能否認，初來美就學的青年，多是萬千青年中的菁英（當然有少數例外），而且大都有一番抱負，總希望期滿學成，以貢獻祖國，造福人群，而今許多人的確是學有專長了，卻不能為國家用。

就國家而言，所謂「百年樹人」，好不容易培植一個人才，今天則讓數以千計的人才自生自滅，實在是國家的一種無可補償的損失啊！

就個人而言，人總是感情動物，當他失去希望和遠景後，就很容易屈服於環境了。這說明了紐約的中國學生為什麼聯誼多，活動少，為什麼在男女關係上這樣現實。

總之，今天絕大多數留美學生的心情，是煩惱、苦悶而複雜的，絕非這支頹筆所能描繪盡致，然而大概說來多數是在「三十功名塵與土，八千里路雲和月」的感慨下打發著日子。

「孤蒲深處疑無地，忽有人家笑語聲」。但願不久的將來，當我重提留美學生時，是在描述各人在自己的崗位上，為重建自由祖國而努力的成績了。

（四）作客記

我在前面曾經提到，五十年代世界各國到美國留學的學生總和不過兩、三萬名，比起今天數以百萬計，就少極了。同時許多學生都是來自二次世界大戰中美國的盟國，所以當時許多美國人對於留美學生都有相當好感，特別是住在大都市的中上層的美國人，他們常常是有組織的來歡迎他們喜歡的外國學生。我幸好趕上這段時間到美國讀書。下面是我一九五四年發表在台北文藝性的《晨光》雜誌第一卷第九期的一篇文章，題名〈作客記〉。

羅夫伯爾太太的一封信

一個星期三的下午，從學校回到住處，看見書案上擺著一封極其漂亮的粉紅色信封，便敏感地把它拿在手裡，但卻躊躇的不願拆開。腦子裡充滿了疑雲，暗自想到：究竟是哪位多事的小姐，還有這種「典雅」的閒情逸興！把信封重新注視一番，希望從寄信人的落款得到些解答。好像寄信人有意捉弄人，除我的姓名、住址外，就什麼字跡也沒有了。實在不能再忍耐，乾脆把這信封拆開吧！

「親愛的湯瑪斯先生：美國大學婦女聯誼會」(A. A. U. W.) 訂於本星期五請些紐約的外籍學生，來恩格烏(Englewood)作一次旅行。我是該會的一分子，我願在那天作你的主人。希望你屆時能來，並請帶上這封信，作為我們間的介紹人。

羅夫伯爾太太啟。」

羅夫伯爾太太（Mrs. C. Lofberg）並在信後說明，要我在那個星期五上午十時到達摩若中學（Dwight Morrow High School）——紐澤西（New Jersey）的安格烏德區的一所私立中學。她將駕車到那兒等我，一同參加該校的招待會和她們的歡迎會；並參觀該校的上課和設備，然後駕車遊覽安格烏德區，晚上到她家進晚餐。

看完這封信，一切都明白了，於是意外的驚喜代替了多餘的懷疑，我決定居時前去作一天客。

兩位女主人

星期五早晨，從紐約搭車到紐澤西，約兩小時光景。本來紐澤西是大紐約市的一部分，與紐約之間只有一條哈德遜河（Hudson River）之隔。以紐約市交通之發達，為什麼一水之隔，會耗時近兩小時呢？一方面是我住的布魯克林區（Brooklyn）在紐約市南端（從這兒到紐約市北部的華盛頓大橋需要換車幾次），同時說明了紐約市實在夠大的。

從華盛頓大橋畔的紐澤西車站到安格烏德，十分方便，約乘公共汽車二十分鐘即可，而且車子直接經過摩若中學校園旁邊。我先前準備用三小時耗在行程上，沒想到在摩若中學校園下車時，還早了二十分鐘，這使我感到難於處理，因為一般美國人對約會都極守時，遲到固屬難看，早到也一樣無禮。所以只好先在校園逛逛，藉此賞覽景色一番。這座校園非常之大，其中有明淨的湖，有茂密的森林，有綠油油的草坪，有百花盛開的園圃，有設備完善的運動場。偌大的松鼠成群結隊徜徉於草坪林間，與人們相處甚善。置身其境，真會使人忘卻這個烽火連天的世界。

正漫步湖濱、思潮起伏時，後面突然響起汽車聲，當我掉過頭來，汽車已經停下，從裡面出來一位中年太太，滿面笑容的迎上來同我打招呼，接著她說出自己的姓名——羅夫伯爾太太，然後詢問我的名字，於是我說：

「羅夫伯爾太太，你是不會認錯你的客人的。」

她像被誇獎了的小孩，一面驚叫著「湯瑪斯！」一面拍著我的肩膀，往汽車裡拉。

我們一同走入摩若中學，孩子們都用好奇的眼光注視著我，頓時感到有些緊張，到了圖書館，羅夫伯爾太太向我介紹麥柯拉（Mrs. F. A. Macaulay），我才知道，這一天我有兩個女主人，晚上的晚餐是她們共同請的。麥柯拉太太看起來沉默些，似也高貴些。

歡迎會設在圖書館，被邀請的外國學生近百人，女主人則有一百多位，另有幾位摩若中學的女生代表。我坐在我的兩位女主人之間，環顧左右，只有我一人是中國學生，其餘全是來自歐洲、近東和南美，不覺有些靦腆，好在我的女主人熱心，老是問長問短，使我還不覺寂寞。歡迎會開始，由「美國大學婦女聯誼會」的主席致詞，她說這次開會的每個會員，自願選擇一個來自外國的學生作她的客人，是該會的聯誼節目之一，假如有客人被兩個以上的會員選擇到，就由她們共同作主人。到這時，我才明白我有兩個主人的原因。不過很巧，我的兩個主人是鄰居，而且她們是多年的老友，我這個客人似更受寵了。

接著由摩若中學的代表致歡迎詞，並介紹該校學生生活情況，同時這個致詞的代表，在最後要求作客的外國學生，每個國家能舉出一個代表，向他們介紹各國中學生的生活，特別是和他們不同的地方。我知道這意外的「災難」將無法避免，不安的情緒頓時呈形於色，羅夫伯爾太太似乎察覺了。

「你願告訴我們一些中國中學生的生活情形嗎？湯瑪斯！」

「當然願意，但我喜歡輪到最後講話，請你轉告那位代表好嗎？」這不是中國人慣有的客套，實在需要準備啊！

我的請求被接受了，我最後上去講話，講的極簡單。

「……自由中國的中學生，受教育的機會和自由學習的生活情形，是和美國中學生一樣的，所不同的是：自由中國的中學生功課比較緊張，學生們更用功。可是沒有美國中學生這樣會玩和愛玩，當然更不會有美國中學生這樣會談戀愛了！」大家聽了睜大眼睛，聳聳肩膀。我講完後，一個調皮的女孩問我：

「他（她）們不結婚嗎？湯瑪斯先生。」

「是的，他（她）們全部結婚了，在他（她）們應該結婚的時候。」說完這句話，沒想到會惹起哄堂大笑。

懂事的瑪嘉琍

歡迎會於午後一時許結束，由高三學生分別帶我們去參觀。瑪嘉琍小姐（Miss Marjorie）是我的嚮導人，羅夫伯爾太太給我們介紹後，相互握手的時候，她那藍色的大眼睛，長長的睫毛，現有酒窩的笑臉，和充滿美感富於青春活力的丰姿，反使我感到有些拘束，也許是我不大和少女接觸的緣故吧！但是，她卻很自然，她首先告訴我，她對中國很有興趣，很嚮往，她希望將來有機會旅行中國。但是當我向她提起中國的幾個大城市和名勝時，她卻茫然無知，呆呆地望著我。我只好把話題轉開，使她不致於受窘。因為我知道，一般比較有教養的美國人，在交際場合中，從小就培養注意對方的興趣，說對方喜歡聽的話。瑪嘉琍是個典型的代表，她看我是中國人，當然盡量說些中國人樂於聽的話，其實她對中國的事可能一無所知。

接著她問我願意先參觀什麼，我說：「你會比我更知道，還是由你決定吧！」她笑笑，便先帶我去參觀正在上課的教室，然後去看實驗室、陳列室和各種課外活動的場所。每參觀一個地方，她都小心翼翼地向我解說，而且特別強調他（她）們在學校怎樣的快樂，怎樣享受學校生活這些方面。乍給苦難中成長的中國人聽起來，會感到美國孩子們什麼都講舒服，其實仔細想一想：人類追求、創造的目的，不是為了更多人的更舒服更幸福的生活嗎？美國人講舒服是一面，艱苦奮鬥則是生活的另一方面。

不過，就我從各方面的了解，美國中學生，在書本知識上不但不比中國中學生高，相反地，他（她）們的書本知識，比起中國的中學生來，普通都比較低。但在實際生活上，他（她）們真知道的不少，待人接物，更是頭頭是道，讀「死書」的「書獃子」是很難找到的。

美國一般中學教育的特色，我認為並不只是設備完善、建築好，最主要的是有一個良好的受教育的氣氛——一切都是為了孩子們自由身心的健康發展。授課時教室裡的空氣非常輕鬆，教師們特別注意的是如何引起學生們的興趣，學生們則個個生龍活虎，朝氣蓬勃，教室裡不時掀起爽朗的笑聲，但並不因此而失去孩子們應有的禮貌，或擾亂教室秩序。不過，我曾親眼看見幾個女孩在聽課時，偷偷塗口紅，這當是另一問題了。

最後瑪嘉琍帶我去逛了一陣校園，她問我對他（她）們的學校生活有什麼感想，我只淡淡地說了一句：

「我很羡慕你們的學校生活，瑪嘉琍。」

其實，我內心的感想真多啊！

美國孩子們是夠幸福的了——他（她）們都能過著他（她）們應該過的生活。世界的安危，國家的重擔，有著成年人來承擔，他（她）們的責任是未來的幾十年呢。談到這兒，不禁聯想起這些年來，祖國的孩子們，好像生下來就欠了誰一大筆債；他（她）們在響亮的口號下永遠和皂白不分的政治絞在一起，他（她）們在響亮的口號下犧牲了！所謂「一葉知秋」，年輕人生活的幸與不幸，才是一個國家未來命運的溫度表啊！在早熟早衰的苦難群中，我痛心於過去的被折損，更擔心著那廣大的不幸群，又將被驅向於何地？苦難的祖國啊，醒醒吧！讓世人也聽聽祖國青年爽朗的笑聲吧！

麥柯拉太太的家

三時許，我坐上了麥柯拉太太的車子離開摩若中學，羅夫伯爾太太則單獨駕車趕回家去準備晚餐，麥柯拉太太先帶我到安格烏德區有名的一個花園去遊覽，這座美麗的花園種著世界各國的奇花異草，五月天，正是百花爭豔，而我獨愛一株盛開的桃花；在桃樹下盤旋很久不想離去，麥柯拉太太如夢初醒似的。

「啊！湯瑪斯，這株桃花是來自中國的。」

「她那熟悉的面龐我怎麼不認識啊！」

我突然想起問她看過中國的梅花沒有？她說她還沒有看過。

「麥柯拉太太，我希望你甚至更多的美國朋友，能認識這獨傲群霜的中國之花。」也許她不甚了解我的言下之意。

之後，我們遊覽了整個安格烏德區。這個地方是美國有名的花園住宅區之一，能在這些地方有住宅的，都是中上級的家庭。的確這個區域稱得上華麗，整個區域就像一座大花園一樣。如果說它還有缺憾，那就是看不見一塊亂石一株野草了。

遊完這個區域，麥柯拉太太要我到她家裡休息一會兒，她說恐怕她的丈夫和兩個女兒已回家等我們了。她告訴我她的家庭情形，她的丈夫是個醫生，自己在安格烏德鎮上開了一間診所，醫生在美國的社會地位很高，收入也很好，怪不得她能在這個區域安家。他們的兩個女兒都已成人，大的一個叫吉勒（Janet），已結婚兩年，丈夫正在韓國前線打仗。小的一個叫瑪利（Mary），在哥倫比亞大學附設醫院學護士。她一早就打電話要他（她）們回家陪我共進晚餐。這位認真的太太說到這裡，我不禁由衷的感謝她的盛情款待，也由衷的讚美她有個幸福的家。她聽了我的讚美後，笑皺了眉，不斷地謝謝我。於是我想起一位朋友曾經告訴我一句話：「美國人最不喜歡的，是聽到別人說他們不好的地方。」

麥柯拉太太的住宅，是一座希臘式的精美建築，門前有個小巧的花園。花園側正停著三部漂亮汽車，證明她的估計很對——她的丈夫和女兒們已回來了。我同她下車時，他（她）們正在門前佇候著。當她把我介紹給他（她）們後，照例相互握握手，客套一番，然後一同到客廳休息，麥柯拉太太則忙著送飲料。美國一般人對於飲料都極講究，家裡總是經常儲備著各式各樣的酒和飲料，同時在送東西給客人前，一定得先徵求客人的同意。記得在國內「問客殺雞」是最忌諱的事，總以為把好的東西待客就是對的。在美國，作客人有作客的自由，客人過分客套則不啻是委屈了自己，麥柯拉太太給我數了一大堆的酒名和飲料，我要了一杯白蘭地蘇打。麥柯拉先生是一位寡言而極幽默的人，風度十分瀟灑，他問到許多關於祖國大陸和台灣的情形，我除告訴他一些台灣幾年來進步的情形外，對祖國大陸則不免有些難言之苦。吉勒小姐從書架上取了幾張照片給我看，是她丈夫從韓國前線寄給她的，她指著照片不斷地問我：

「湯瑪斯，為什麼中國大陸上的人都不怕死，去幫助韓共來打這場毫無道理的仗？」

看見照片上那些縱橫遍野的冤魂——也許就有自己的親友在內，真不知用什麼來回答這位盼郎歸國的少婦的問題。

「當中國大陸上的人民毫無道理的失去國土、自由和人的尊嚴以後，他們將必然地毫無道理的生，也毫無道理的死……」

「唉！湯瑪斯，你的意思我一點也不懂。」瑪利天真的驚叫著。

「湯瑪斯說得很對，他的意思是說，在共產黨統治下生活著的人民，事實上就等於克里姆林宮的獨裁者侵略世界的工具。」麥柯拉先生的確是個有思想的人。

「中國人民為什麼不反抗呢？」吉勒小姐繼續追問。

「中國人民已反抗了許多年，今天是需要全人類集中力量，運用高度智慧一齊來反抗的時候了。」

麥柯拉先生摘下深沉的眼鏡，點燃一支香煙，似有高論要發表，麥柯拉太太則提議：

「我們還是同湯瑪斯談談快樂的事吧！」

「好！我贊成。湯瑪斯，你愛音樂嗎？」瑪利像解放了似的。

「當然囉！」

「吉勒，還是唱那支好歌吧！我來替你伴琴。」瑪利說完便舉起輕快的步子，跑去打開鋼琴，彈起一曲華爾滋，吉勒小姐也慷慨地展開了歌喉。客廳裡柔和的燈光下，繚繞著幽怨的歌聲——是相思？是凝盼？我似看見異國烽火中英俊的影子。麥柯拉太太不斷地注視琴鍵，麥柯拉先生則神怡於輕飛的煙圈。我不知道這支好歌給每個人是些什麼感受，反正伴琴的瑪利小姐是顯得活潑快樂的。

她們姊妹的音樂節目過去之後，麥柯拉太太帶我去參觀她的整個住宅。走到瑪利小姐臥房時，桌上擺著一大堆她男朋友的照片，她說在她許多男朋友中，她正愛著一個在「西點」軍校讀書的青年。

「他是個壞孩子，將來會作戰被打死的。」麥柯拉先生站在旁邊冷冷的諷刺著。瑪利小姐咕嚕著嘴，一屁股坐在沙發上表示撒嬌抗議的樣子，惹得我們大笑不止，她也只好笑笑了事。

我喜歡咖啡，我更愛茶

從麥柯拉太太家到羅夫伯爾太太家，走路不過五分鐘，可是還是開著幾部車子去，反正美國汽車多，汽油不值錢，幾乎誰也會駕車，而且時間就是美妙，誰還願意把時間花在走路上。

羅夫伯爾太太的住宅很「典雅」，門前有棵大松樹，屋子四周爬滿了藤蘿。幾部車子停下後，麥柯拉太太和兩位小姐忙著把她早已做好的幾份菜送進廚房。麥柯拉先生則給我介紹羅夫伯爾先生，和他唯一的兒子葆祿・羅夫伯爾。葆錄長得高大英俊，我真不相信他只有十四歲。

走入客廳時，女主人照例來問要什麼飲料，我選了一杯可口可樂。羅夫伯爾是個篤實而善於詞令的實業家，他開有一個小銀行，自任經理。他曾去過北平和上海，所以一坐下來，他便同我談起有關北平和上海銀行的許多事情。他說他最欣賞北平的建築和古蹟。慢慢地他又把話題轉到中國的現實問題上，好在一會兒女主人就來請進晚餐了，不然，我又將感到一陣心煩。

美國人進餐也很注意禮節。女主人把每人的座位分配之後，才開始入座。進餐時，有些東西是先分配給你，有些東西則由你自己選擇，愛吃什麼或不愛吃什麼，可以不必勉強。主人總告訴你這樣好，那樣做的更佳，似乎都是一種禮貌。進餐時可以盡量的談話，「食不言」倒反而覺得不和諧不快樂的樣子。但忌諱吃東西發出聲音，或張嘴大吃大嚼。

瑪利和葆祿問起許多有關中國吃的問題，我舉了些國內的佳珍美味告訴他（她）們，使他（她）們都羨慕不已，也許是當時的一種補償心理。

餐畢，羅夫伯爾太太問我要咖啡，還是要茶？我說：

「我喜歡咖啡。」

「湯瑪斯，你喜歡咖啡？」麥柯拉先生像發現了奇蹟。

「真的嗎？湯瑪斯。」兩位小姐更覺驚異。

「當然真的，不過我更愛茶！但我還是要杯咖啡。」不知為什麼大家覺得好笑。

離開餐桌，我們都到客廳去看電視。兩位女主人和兩位小姐則進廚房忙著洗碗碟、收拾東西。美國一般家庭都沒有傭人，一切都得親自動手。要做一位好主婦也實在不容易啊。不但要會交際、會應酬、會開車、會玩，而且要會做飯、會管家產和小孩。美國女人容易衰老，也許是太勞累的緣故吧！

葆祿的友誼

看了一會兒電視，葆祿要我去參觀他的住處。他住在二樓，一人用了三間屋子，一間臥房，一間書房，另一間我不知應該怎麼叫，裡面裝滿了各式各樣的玩具、運動器具、釣魚器具、獵槍、無線電器材……他很得意地拿出一架自裝的收音機給我看，並告訴我，他將來準備學電機工程。

美國孩子從小就培養起一種自由意志和責任感，家庭和學校只供給他們好的學習環境，父母師長無非對他們盡些義務，他們自己才是自己未來命運的決定者。

看完葆祿的住處，正準備下樓，他遞給我一個小本子和一支鉛筆。

「湯瑪斯，願意留下你的住址嗎？」

「葆祿，我願意這樣做。」當我替他寫我的住址時，他還對我說：

「我希望常得到你的信，告訴我些中國有趣的事。假如你願意來玩，隨時都可以打電話來，我叫媽媽開車去接你。」

「我定給你信，葆祿，希望你也常告訴我一些你的有趣的生活！到假期我將常來看你。」

時間已十點了，我告辭兩位女主人和兩位小姐，羅夫伯爾先生駕車送我，麥柯拉先生和葆祿也一齊上了車。途中曾參觀他們的醫院和銀行。葆祿真有趣，盡量把醫院和銀行的宣傳小冊子塞在我衣袋裡，並不斷地告訴我：

「湯瑪斯，你把它留作紀念。」

約晚上十二時許，我回到住處。

睡上床，思潮有些激蕩；似偶然的獲得一次異國的溫暖，卻痛苦地想起腥雲密布的家。夢中，我猶見著一群狼犬縱橫故國，希望明天是個晴朗的日子啊！

一九五四年夏於紐約

三、于斌樞機主教的啟示和創辦《前奏》季刊

我像一般紐約市的中國學生一樣，週末位於河邊大道（Riverside Drive）八十六號的中美聯誼會有聚會（演講會、討論會、舞會等）時，多半會去的。在那裡見過于斌樞機主教許多次，有時也同他一起用晚餐。但與他從來沒有個別的深談過，僅將他當作是和藹可敬的長者。

到了五月底，學校將放暑假時，我已在紐約生活快四個月了。在學習上，雖然稍有心得，但與希望念的學位還毫無關係。不過，就實際生活上的知識而言，倒學到了不少東西；尤其對於住在紐約的中國學生，曾作了深入的了解和分析，結果寫成〈紐約中國學生素描〉一文在香港的《中國學生週報》上發表，沒想到這篇文章終於引起了于斌樞機主教的注意。

記得是一個週末去參加中美聯誼會的晚會時，祖炳民博士（同學們都叫他祖大哥）很興奮的告訴我：「樞機主教希望同你談談。」我當然感到興奮。一方面感謝他告訴我，同時便同他往三樓樞機主教的辦公室走去，進入樞機主教的辦公室時，他笑容滿面地起來同我們握手，並讓我坐下。他還不斷地謝謝祖博士把我找到了，祖博士趁機與樞機主教聊了幾句便告辭了。

待祖博士離開後，樞機主教首先說他很抱歉，直到那天才有機會同我個人談談，雖然我已來紐約快一個學期了。不過，他說有關我的情況他已知道得很多。他認為有思想又能吃苦耐勞和寫作的學生並不多，因此，他鼓勵我應該好好的利用這方面的長處。在美國能讀好書當然重要，同時也能做些有益國家民族的事情那就更好了。他說他看過我最近發表的〈紐約中國學生素描〉這篇文章，寫得非常好，他非常同意我的看法，之後，他便簡述他對時局的看法和對中國留學生的希望。最後他問我在輔敦大學讀學位的同時，有無興趣主編一個討論中國和世界問題的刊物？如果有的話，在經費上他可以設法籌措。他接著又說，我可以不必馬上答覆，不妨多想想，如果有這樣的興趣的話，不妨直接同祖炳民博士討論實際的問題。

談到完已晚上十一點鐘了。我告訴樞機，我非常感謝他的一些啟示，回去之後，一定好好想一想，然後再請祖博士轉告樞機我最後的決定。接著我便向樞機告辭了。

我很興奮的回到住處後，幾天都在思考樞機的建議。在原則上，我完全同意樞機的看法，當時的中國留學生，需要高瞻遠矚的指引與策勵，我自己也覺得有能力和興趣來做這件事情。但我也考慮到有兩個問題：第一個問題是我是否有這樣的時間？第二個問題是我在經濟上能否讓我這樣做？

談到讀書期間兼主編一個刊物的時間問題，其實我自己在這方面早已是「老馬識途」了。當我還在國內沙坪壩讀國立中央大學時，就在課餘兼任《沙坪新聞》（參閱第二章第二節）的副總編輯，其後又擔任中央大學學生自治會的《中大導報》（參閱第三章第三節）的總編輯。後來流亡到了台灣，更以全職高中教員的身分主持過《青年時代》月刊和《學生》半月刊。我覺得這些兼職的工作並沒有影響到我的讀書生活和全職的職業性工作，反而「相得益彰」。想到這裡，我認為時間不是問題。

但在經濟上可能是個問題，我在台灣是以優秀教員的身分，獲得台灣省政府兩千美元出國深造一年（那也是我到美國讀書僅有的錢財）。從台北乘飛機到香港，再由香港乘美國輪船到美國（當時中國學生到美國讀書唯一的路途），便用去好幾百元。然後由舊金山乘火車到紐約又是一筆可觀的費用。幸好在紐約住的地方是毛振翔神父事先代為安排好的，可以不必花錢。但在紐約大學旁聽一學期的各種費用除去之後，剩下的錢不過幾百元而已。暑假後到輔敦大學正式讀學位，就必須從布魯克林區的住處搬到布朗克斯區輔敦大學的校園去住，因為兩地相距太遠了，乘地下火車就得轉幾次，太不方便了。所以在得到樞機主教的啟示前，我已計畫從一九五四年秋開始就完全半工半讀了。

如果讀書之外主編刊物，就不能做其他的工作了。而編刊物又純屬義務性，那念學位的經濟又怎麼辦呢？但是這些問題又如何能向樞機啟齒呢？最後我決定把想到的問題都坦白的告訴祖炳民博士，看他有無辦法解決，不然就只好向樞機主教說「不」了。

我向祖博士報告我有興趣採納樞機主教的建議，但也考慮到一些實際的問題。祖博士首先要求我此後不要叫他祖博士，就簡單的叫他炳民或 John。他接著便說他非常高興我對樞機的建議有興趣，至於我考慮到的問題，他認為全可以解決。他說他自己在一年前念完學位時，知道樞機主教創辦中美聯誼會的理想，便暫時放棄去找教書的工作，而義務為樞機擔任中美聯誼會的總幹事，暑假期間他還得打工來維持自己一年的費用。接著他便認為我所考慮到的問題，可以解決如下：（一）從秋季開始，我便可搬到輔敦大學為住校生之一，住膳費由他負責，學費不交，反正我已有一年的學費獎學金；（二）由於主編一個刊物需要相當多的時間，選課不妨少些（一般研究院的全讀書，普通一學期選四門課，因為要費很多時間去寫研究報告文章，他建議我只選兩門課）。然後他說如果我認為這樣辦可以的話，便請我辦理以下諸事：（一）設計刊物的名字和有關的事宜；（二）安排稿件的來源；（三）交涉刊物的出版和發行等事宜。他還建議我把這些事情計畫好後，不必同他討論，只要通知他照辦就行了。

經過幾天的思考，且打電話到香港和台灣與友人討論的結果，創刊計畫終於草擬出來了。刊物的名稱定為《前奏》季刊，一年出四次，每期以一百頁為限，出版兩千本，由香港友聯出版社負責印刷和發行，每期約需五百元印刷費，編輯和撰稿人完全義務。撰稿者以紐約的學人和學生為爭取的對象。計畫擬就後，隨即送祖炳民兄開始執行，希望創刊號在秋季開學時出版。

從此我便開始向紐約的學人和同學徵稿，自己也再開始寫作了。事實上這些工作全都在晚上才能做，因為暑假開始時，我曾在布魯克林區的一個醫院找到一份助理記帳的工作，待遇很低，而且還照鐘頭算，不過，無論如何暑期的用費是沒問題了。在這兒工作最好的是沒有交通問題，離住處只有幾條街，可以走路上班。

一九五四年的暑假結束時，《前奏》季刊的創刊號已編就寄香港友聯出版社印刷去了，其中我自己就寫了幾篇東西，這說明徵稿不容易，尤其合乎標準的更難。到了八月中我便搬到輔敦大學的研究生宿舍。兩人住一個房間，同房住的是一個義大利的美國人，名叫 Joseph Casani。他對我非常友善，曾盡量將學校的一切給我作了介紹，他是輔敦大學畢業的，對該校知道的很多。輔敦大學校園不很大，不過相當清靜幽雅。自己在國內雖然主修歷史，到美國本來是計畫讀歐洲史學位的。可是幾個月來的觀察和朋友們的建議，最後改讀與歐洲史較為接近的國際關係。我以為讀完學位後，應該比讀歷史容易找到工作。同時因為要主編《前奏》季刊的關係，只選讀了兩門課。

《前奏》季刊第一期出版後，一般同學對它的印象非常好。樞機主教看後也很高興，當然給我許多鼓勵。祖炳民兄特別高興，因為他同我一樣，是真正為這個刊物出力的人。待第二期於年底出版後，同學中閱讀它的人就多起來了。這一切反應對我而言，都是辛勞後的安慰。

不久這年的寒假就到了。美國大學的寒假很短，一般都只有兩週左右，但是各地的中國大學同學，多半都來紐約找短期工作，或與自己的老友相會，也有人來交新朋友的。中美聯誼會便成了大夥兒聚會的中心。這一年到紐約度寒假的特別多，一些在天主教大學讀書而又熱心公益事情的同學便發起組織中國天主教同學會。我沒想到被他們選舉為會章的起草人，更沒有想到在成立大會那天被選為第一位理事會的主席。此後一年，生活就顯得更忙了。好在熱心做事的年輕同學很多，作主席的人把要做的事情計畫好後，同學們按部就班地很快就把事情做完。我擔任主席的職位一年之後就改選了。被選舉為第二任主席的是一個很熱心的剛從醫學院畢業的張姓同學，可惜他的名字已記不清楚了。

一九五五年開始後，仍然忙著讀書和編刊物。好在是住在學校宿舍裡，不必管生活上的小節，全部精力都用在讀書、寫文章和編刊物上。週末多半抽空乘地下火車到中美聯誼會去與祖炳民兄聚會一次，主要是討論有關刊物的事情，慢慢地彼此之間的友誼也深深的建立起來了。到這時，我才體會到為什麼許多同學稱他祖大哥。他對比他年輕的同學全以弟妹待之，總是有求必應——在他能力範圍內。基於彼此共同負責創辦《前奏》季刊（他負責籌款，我負責編寫和出版事宜），在友誼上似乎又進了一步，許多有關個人的覺察和理想都坦白相呈。《前奏》季刊已出了三期，銷路出乎我們意料以外的欠佳，可是我們已經盡了我們的全副精力。不得已，我便告訴祖炳民兄，我已作了以下的決定：（一）《前奏》季刊第四期出版後就宣布停刊；（二）暑假開始時，便搬出輔敦大學宿舍，並在校園附近的私人家裡租屋子住；（三）暑期中以全部時間去打工，以準備下學期的部分費用；（四）下學期開始後，便以全部時間和精力從事半工半讀的生活。他看我的決心很大，除深切的關懷外，也實在不能說什麼了。

暑假開始時，我搬出了輔敦大學的宿舍，把行李放在中美聯誼會的儲藏室，便同一群同學到紐約州北部的卡茲口山區（Catskill Mountains）的度假旅館去工作了（工作的實際情形，下一節有機會再敘述）。開學前回到紐約，總算賺了幾百元。

輔敦大學開學前，在布朗克斯區的一九四街三四四號一個老太婆家租下一個屋子住，這兒離學校只有兩條街。從此開始了半工半讀的生活。下一節將敘述那段半工半讀的經驗。現在我願意把主編《前奏》季刊時所寫的文章選載以下四篇（每期刊物中選出一篇文章），以示我當時對於一些問題的看法。

歷史的自由概念與人生

今天，極權主義者正以魔鬼的偏見，向著人類的自由展開了無情的進擊。那麼，愛自由的「人」，當如何來撰述自由的故事。

提到歷史，就會聯想到自由的概念。記得義大利出色的大史學家克羅齊，在他的《十九世紀歐洲史》、《道德與政治》、《歷史即自由的故事》諸名著中，曾強調了幾點：（一）心靈是真實界的全體，歷史是因心靈的活動而產生；（二）歷史即哲學；（三）一切歷史是現在的；（四）自由是歷史的條件。由這幾點，我們便可進一步的推論到：歷史是心靈活動的綜合結果，而自由則是心靈活動的必具條件，所以自由構成歷史的條件。

一切的創作都是自由的，而創造必須根據人類的意志，所以意志也是自由的。自由的意志必須產生善的行為，因為創造就是善。但是，人類的心靈活動，可能受到許許多多情欲的誘惑，必須要駕馭這些誘惑以後，才可產生真的意志。在這鬥爭的過程中，便出現了反創造的靜止，就是出現了惡。有被意志排斥的惡，才能顯出意志的善。換句話說，這種善同惡是心靈活動的正反兩面。悲觀論者，咸認善為惡的偽裝；樂觀論者，則又認為惡是幻覺，他們都只見到這種辯證過程中的一半。其實具體的意志有兩種形式：一為個人意志的經濟活動，一為全體意志的道德活動。有道德的善的行為，必然是有用的行為。顧到了全體，同時也就顧到了個人。完全不自利的行為是絕對沒有意義的。所以意志、行為、有用、善、個人、全體，都是彼此和諧而合一的，都是以自由為基礎的，因為意志是自由的。

意志是因情況而產生的，所以意志出現時，必已具有認識某種情況的知識，這便是理解的判斷。引導我們判斷的實際便是歷史，因為情況是由過去的意志構成的。過去是可知的，缺乏知識，理解的判斷就不可能了，這知識就是全體，所以歷史是全體的。

我們既然明白了全體性的歷史是過去的經驗，而經驗原是抽象的，其所以能含有具體性，完全是由於目前心靈的活動，把過去與現在綜合在一起了，所以一切歷史是「現在的」。

至於歷史即哲學，是指歷史與哲學在理解判斷中的合一性。哲學是歷史所固有的方法，哲學概念是排列及解釋史料的工具。哲學如果離開了歷史而單獨存在，必返於抽象而沒有具體性。這樣勢必限制真理的進步；歷史如離開了哲學，則不能因判斷而有解釋，使人類受制於不完全的經驗，而無法逃出其包圍，這是說明歷史與哲學的作用。有了這種作用，抽象的過去才能在目前的心靈中起效用。於是「現在」永不孤立，始終與心靈的永久性合一。從而有生、死，與再生的過程，這便是進步，這便是歷史。

進步是沒有限止的，只能因辯證的過程而有新的目標，由善與惡的對立而有更高的善。意志是善，與意志合一的自由也就是善；善是不可能再現的，但它卻為另一善的基礎。心靈活動在不斷的創造，即在不斷地產生新的善。意志形成歷史，即自由支配了歷史；因為心靈的活動而反映出歷史，即反應出自由；所以歷史是自由進展的故事。

在以上的推論中，我們已把自由的概念與歷史的關係（有自由的概念才有真實的歷史）說清楚了，現在再來討論基於這種自由概念的歷史與人生的關係。

談到人生，我們就想到人生的意義。人生的意義就一般來說，不外在空間中充實生活的內容，在時間中擴大生命的影響。換句話說，人生是以具體的意志和行為，基於對歷史的認識，對未來設計一幅美麗的圖案——一種崇高的、道德的和真理的境界的創造。

然而人生是現在的，「一切歷史是現在的」，然而歷史就必然對於現在的人生功用說明了；可是歷史不預言，因為歷史並不重演，所以歷史的功用應該是：「說明曾經實在發生的是什麼，說明現在實況是什麼，現在只是過去的終結，其本身中包含著過去的生命，明晰地了解過去，以便為我們提出的結論打好基礎。」這樣的功用說，當然不會為工具者和主張歷史的必然性的史家所贊同，然而它確是一個不能否認的事實——自由概念支配著歷史的結論。

在前面我們已經說過，根據心靈正面活動的善是創造，是代表著意志的自由。根據心靈反面活動的惡是靜止，是代表著權力的情欲。而富有意義的人生是一種崇高的道德和真理的境界的創造，代表這種創造的意志，是在不斷地和魔鬼式的情欲者所追求的權利相鬥爭。質言之，自由和權利是在不斷地鬥爭，但是這種鬥爭在歷史裡面，總是可以綜合的。強權主義者總以為人類生活須受制於超驗的智慧，禁止其衝突而主張服從；而自由主義者則恰恰相反，他絕不否定各種精神力量的存在，且任其彼此衝突或調和，由此而使生活更崇高，更充實。所以歷史的判斷中，概念能為反動統治找到邏輯的解釋，認為自由的暫時失敗，只是永久生命中的一個不健康的階段；因而它能了解反動時期所完成的有用工作。因之強權概念則必然抹殺自由，自由概念確能在理論及歷史上為強權辯解。因此，反動派和極端革命派所寫成的歷史必然是重感情而偏見的，但見神與魔鬼之爭。反之，自由主義者所寫的歷史才是公正的，所見的只是人，具有各種不同趨勢的人。因此，凡是把握住了歷史功用（自由概念）的現實人生，他將是未來公正歷史中的「人」。反之，他便是未來偏見歷史中的「神」或「魔鬼」了。

歷史，有時看來是趨於衰頹，有時看來是反於前一代，其實都是一種苦難的繼續，反自由的力量可能得勢，但其本身是不健全的，不是終結的，仍有待於自由概念者的領導，才能朝著無限的方向前進。今日極權主義者正以魔鬼的偏見，帶著情欲的利刃，向人類的自由展開了無情的進擊，那麼，熱愛自由的「人」，當如何來撰述「自由的故事」？

一九五四年載紐約《前奏》季刊創刊號

驚覺與自處

——與留美同學論中國前途

讀本刊創刊號劉融先生的〈漫談當前留美學生心理〉及唐慕先生的〈紐約中國學生素描〉，

雖僅言及當前留美學生心理及生活之一部分，實已令人百感交集，悲從中來了。一方面我們覺得，祖國在搖晃中早已忘其命運的決定者——成千成萬的青年；另一方面我們更認為，許多有為青年，特別是留美同學，在面對祖國存亡絕續之際，似將富有生命活力的新流，傾瀉於渺不可測的苦海，而以虛妄的閒散來消磨寶貴的時光。

我們知道，任何富有希望的現代國家，固以人民為「本」，更將青年視若「本」中之「根」。而我們回顧自己的國家，幾十年來，年輕人一直在「爭取」和「利用」下，被驅策為「結黨營私」的工具；如不就範者，則摒棄於千里之外，斷送其前途，摧毀國家命脈而後已。共產黨在中國二十五年，犧牲萬千青年來「打天下」，便是一個很好的例子。首先以政治組織來代替自由教育，就犯了毫不尊重他人人格的觀念錯誤；等到以人為中心的政治意識幻滅，青年群就只好隨之而捲入糜爛社會的濁流，從而助長皂白不分的社會風氣。其結果是：犧牲青年個人的前途事小，斷送國家元氣卻是事大啊！

中國大陸關入鐵幕這幾年，國家的多數菁英，是在這種進退維谷的局面下犧牲了。極少數的青年，好容易經過千辛萬苦，突破重重圍困的藩籬，而來到美國從事學習。今天多數已期滿學成，或轉瞬即將告一學習階段。回盼祖國大陸，一片淒涼黑暗；放目孤島台灣，仍然風風雨雨，再加上異國生活的飄零淒愴，異國的進步觸人心弦，造成了不正常的心理，和走入低沉的生活方式，似是一種必然的結果。

但是話又說回來，我留美同學，多屬這一代祖國青年中的優秀而幸運者，單就公民的身分而言，對於祖國的危難，我們有義務去承擔，我們也有權利去改變。若就接受教育的機會和智慧而言，對於世界的和平，人類的前途，似乎一齊放在我們的雙肩。所謂「任重而道遠」，今天是輪到我們了。筆者忝列末席，願在這兒提出警覺與自處的管見，以為我留美同學教。

我們以上述的現實情況，來觀測我們自己的國家，當然只會令人一籌莫展了。事實上，我們是不能以這種浮光掠影的看法來決定我們自己的命運。因為在暫時現象的後面，更有長遠的歷史背景。如果我們願意了解人類文明興衰的關鍵，願意體察中國發展的特質，從而驚覺於自身的責任與不可限制的貢獻，則我們的看法便自是兩樣；而式微了的古老中國，我們亦將有信心去讓其再生了。

英國當代大史學家湯恩比教授，在他的巨著《歷史研究》一書中，認為人類文明之產生，是由於「挑釁」和「反應」的結果。經得起「挑釁」的民族，便因適當的「反應」而產生文明；經不起「挑釁」的民族，只好在歷史的不斷演進中，繼續滅亡。「挑釁」的性質，有自然的和人文的兩種。人類最原始的文明，多屬於自然環境的激勵而「反應」的結果。其後，則多以人文的激勵而創造更進步的文明。舉凡內在的階級刑罰與外在的壓迫與衝突，都屬於人文的「挑釁」。所謂「多難興邦」，就是對於這種「挑釁」而「反應」成功的結果。

「挑釁」不斷地產生，「反應」也不斷地出現。這種繼續不斷的演進，便是人類文明成長的里程碑。能在人類意識中激起這種不斷演進的動力，法國哲學家伯格生稱之為生命力。在人類文明向前推進時，這種生命力便不斷征服外在的環境（自然的或人文的），和內在的自我，而步入

「自決」或「自徹」的昇化境地。這便是人類文明繼續成長的象徵。換言之，湯恩比教授認為，人類心靈境界的不斷提升，才是文明成長的根本動力。所以，他列述人類在繼續「反應」和「挑釁」中，對外在環境的征服愈來愈少，對內在自我的征服愈來愈多。這些「昇化」了的心靈，並不是社會的全體，而是與社會和諧並進的少數。這些發端創造的少數，在發展其內在人格的自由創造中，影響著廣大的群體，便促成人類文明的不斷進步。

其次，湯恩比教授論到人類文明的式微，否定了各種形態的「歷史命定論」及「受制於自然環境論」，而認為文明衰落，是由於「自決」的挫敗。這種「自決」挫敗的途徑，可能表現於幾方面：第一、創造的少數墮落而脫離群眾。第二、社會的多數不能追隨創造的少數。第三、對於過去成就的偶像化（包括自我的偶像化，制度的偶像化，和技術的偶像化）。除此之外，還有武力統治者的自殺，及勝利後的陶醉，都是「自決」挫敗的表現。

人類文明經過式微之後，湯恩比教授認為，其結果是：一、「崩解」。崩解的結果，可能是「再生」或「絕滅」。二、「僵化」。既不絕滅，也無起色，在苟延中殘存。無論是「崩解」或「僵化」了的文明，其表現的特質，是社會的外形分裂，和社會的靈魂分裂。前者產生當權的少數，和無權的多數，而形成階級的分裂。後者則在行為、感情、生活各各方面起了深刻的變化。個人行為的變化，有自暴自棄者，有自克自制者。感情的變化，也可分作個人的和社會的兩方面來說：個人的感情，多從必然和偶然的兩方面走向宿命論，馬克思的學說，即為顯著的代表；社會感情的變化，則是混亂意識和統一意識的矛盾並立。至於生活方面的變化，便是復古主義和未來主義的兩大衝突。復古主義的遺物是厭世，而未來主義的後果是轉化，後者常給人類帶來希望。

文明崩解後的結果，可能是新社會的出現。許多社會改革者，也就在這時產生。其成功與否，並不在於動機、決心、毅力，而是要看少數創造者，是否能征服外在的環境，和內在的自我，而步入「自決」或「自徹」的昇化境地。湯恩比教授更把文明崩解後的創造者分為：一、英雄主義者；歷史證明他們不能給文明留下什麼的。二、復古與未來主義者；烏托邦和共產主義，都是他們的傑作，對文明更無好處。三、賢人政治：西方有柏拉圖，中國有孔子，但自古以來有幾個聖君呢？四、神的化身：這裡所謂的「神」，是指創造者心靈境界的「昇化」，達到超人的地步；只有他們，才能讓人類文明再生。

湯恩比教授對於人類文明創造演進的分析，筆者雖不敢全部贊同，然以其來論述中國的歷史文明，卻有相行不悖之處。同時，很不幸的，中國五千年的文明演變到今天，正值湯恩比教授所謂的崩解時期。我們的失望在此，而我們的希望也在此。因為「崩解」中的文明，常可由於「昇化」了的少數的努力而「再生」。

在「挑釁」和「反應」的過程中，中華民族在人類歷史上，曾留下過最光輝的一頁。我們姑且丟開「傳疑時代」的一切偉大傳說不談，單就有記載的三代（夏、商、周）而論，我們的祖先，對於自然的「挑釁」和人文的「挑釁」（譬如大禹疏通大河是對於偉大的自然「挑釁」的「反應」；周室會八百諸侯於會稽是戰勝人文「挑釁」的結果），都曾予以最適當的「反應」，而得到過偉大的勝利，產生過耀眼的文明成果。換句話說，中華民族在創造文明的紀錄上，是遠超過任何民族的。

周朝八百天下，「挑釁」不斷地產生，「反應」也不斷地出現。封建制度的完成，乃中華民族文明成長的一個里程碑。另一方面，周朝的封建制度本身，對於中國文明，又不啻是一新的「挑釁」。其「反應」便是思想解放，學術突興，蔚為中國文明成長時期的最高峰——春秋戰國——中國學術思想的黃金時代。

若單從政治角度來看，在中國歷史上，春秋戰國本是最混亂的時代。它不僅摧毀了周朝一統的封建制度，更帶來兼併戰亂的群雄割據時期。但是正因為如此，新時代和新刺激，對於創造文明的少數的心靈，灌注著一種新的生命力，不斷地征服著外在的割據環境，和內在的「無產」自我（在周朝，知識分子不但是物質上的無產，也是思想上的無產），而步入「自決」或「自徹」的「昇化」境地，從而展開自由的創造。

嬴秦戰勝六國而統一天下，完成郡縣制度，商鞅、李斯之流被重用，是法家對於自由思想的新「挑釁」，但是文明上並無成功的「反應」。漢朝繼之而起，另一「挑釁」領入了極端（照湯恩比教授的說法，文明的產生是「挑釁」和「反應」都恰到好處，「挑釁」過重過輕，或「反應」者主觀努力的不夠，都對文明有傷）；漢武帝任用董仲舒，定儒術為一尊，中國歷史上的「士人政治」——「學而優則仕」的意識從此確定。而創造文明的少數，對於內在自我的征服，似亦因之而失去「自決」或「自徹」的生命力了。這是中國歷史的悲哀，也是此後兩千年中國社會萬變不離其本（士大夫政治）的基本關鍵。

這種說法，也許有人大不以為然。因為，許多人都慣於從「文治武功」的單純角度去追溯歷史。當然，漢朝在中國歷史上是一個了不起的時代，它不但北逐匈奴，開疆闢土，遠揚國威；甚且在制度和技術上，也有不少進步。但是，我們如果從文化思想的長遠景色來觀測，那時所有的典章制度，無非是「士大夫政治」的延長或伸展。正如湯恩比教授所說的，是文明衰落時「自決」挫敗中的第三種現象——對於過去成就的偶像化，思想意識上並無新的進展。東漢中葉以後，佛教的輸入和興起，便是創造文明者信心喪失的最好說明。

兩晉的清談思想，乃先秦文明式微的結果。而隋、唐再興，實在是五胡亂華新的「挑釁」的相當成功的「反應」。然而，在這時期創造文明的少數，雖然征服了外在的環境，卻未能征服內在的自我；故隋、唐以後，佛教思想滲入人心，本是一種新的激勵，但未能動搖深入士人的儒家思想的根本，徒使兩宋在中國文明史上，表現得最為頹唐，真可說是中華民族毫無創造的黯淡時期。

元、明、清三代，雖在朝代上有所更迭，但在文明的創進上，始終依承著兩宋以來的暮景頹風。所以，西方文明雖遠在元明時代即已開始輸入，而卻一直到鴉片戰爭以後，才正式「崩解」。崩解時的現象是：產生當權少數和無權多數的社會外形分裂，與在行為、感情、生活各方面起深刻變化的社會靈魂分裂。

百年來，我們的國家，一切典章制度失去準繩，社會人心搖晃躍動，整個社會結構都在突變與脫節中。從中國整個歷史文明的長遠景色去體認，這些現象似都是一種必然的結果。

其實，這種「方生未死」的社會現象，因屬於文明「崩解」時的黯淡時期；但在另一方面，它也正象徵著一種新社會的出現。如果創造文明的少數——知識分子，真能適應大時代的要求，徹底的征服內在的自我，從而提高心靈境界，再度邁向「自決」或「自徹」的「昇化」領域。從「士大夫政治」的統治意識，一變而為真正的人民代表或公僕，與廣大的社會群和諧並進。像英國的議會一樣，由統治者的工具，一變而為反統制的象徵。

但是，不幸得很，百年來，我們的知識分子，在面對文明的「崩解」時代，依然走著兩千年來中國歷史的老路。自秦漢以來的兩千年中國歷史，只見政權的更迭，而難見政治、經濟、文化、思想的全面革新，這與「士大夫階級」迷戀其政治特權關係極大。中國知識分子，雖常為舊政權的叛徒，「革新運動」的導師，然而，卻非新社會的編造者。一旦舊政權崩潰，他們搖身一變，又重新登上新政權的統治寶座。自洪楊以來的歷次「革命」，在形式上儘管有些大同小異，在本質上卻一直沒有脫離過舊社會的規範。

同時，筆者還有一種進一層的看法。歷史文明乃若蜿蜒曲折的長流，典章制度不過是流上的行舟。只要水深流暢，即使行舟發生了故障，人們依然有遠行的希望。因為改換船隻和增進航行技術，總是容易的。最怕是長流枯竭，或在暴風雨中遇上賊船，那才是人們的悲哀。奔瀉了五千年的中國歷史文明，自秦漢以來，一直在萬嶺群山蜿蜒著，真沒有先秦時期那樣一瀉千里之勢了。晚清西方文明的競相輸入，不啻是長期枯竭了的弱流，遭遇了暴風狂雨，不但泥沙翻滾，淤蔽壅塞，甚至於流向也顯得有史以來的迷惘。其實，當時所謂的中流砥柱之士，果能體認中國歷史文明的走向，趁時疏通流源，西方文明的暴雨狂風，實不難納入中國文明的枯竭長流中，而增加其水源；新的典章制度，也就不難順水行舟了。奈何那些「中流砥柱」者，似都缺乏遠大的眼光，只知道在行舟上去變花樣，則長流經過一陣狂瀾以後，依然免不了「欲流無力」。於是中國共產黨便在這時興起了。它的興起，正若枯竭了的中國歷史文明，經過風暴後的一隻大賊船。它強載了萬千遇難中的過客，趁火打劫，除行為殘忍，強劫有術外，對於中國歷史文明枯竭的根本問題，是無法解決的。明乎此，我們便可了解：今天中國的問題，依然是個老問題——歷史文明的問題。共產黨問題，只不過是中國根本問題中現實問題的一環。現實問題的一環，總是可以解決的（共產黨政權早晚總是會被摒棄的），唯歷史文明的根本問題，是需要無窮的心智來凝鍊，來發掘，來解決歷史的死結啊！

以上的簡略分析，一方面固屬是檢討中國文明「崩解」的歷史現象，以為有志創造者的參考。因為我們的命運還沒有註定滅亡，一切希望都還掌握在我們自己手中。另一方面，亦無非希望中國知識分子，特別是留美同學能激起高度的警覺，摒棄中國知識分子的陳舊意識型態，重新估價我們的創造力。

然則，我們對於中國文明「再生」的責任在哪裡呢？換句話說，在面臨祖國文明「崩解」的今天，我們將何以自處？

筆者的解答是：我們既不能自暴自棄，荒淫無道，以圖自我陶醉；我們更不能「規避」「固守」，以示消極的不滿現狀；我們更不能用「必然」和「偶然」的宿命論來解嘲自我，從而讓復古主義和未來主義去迷亂人心。我們唯一的途徑，是面對現實，走向新生的道路，揚棄舊社會的意識規範，進入內在的真實自我，通過個人的「自決」作用，再發動全社會的「自決」，新的文明才有產生的希望。

湯恩比教授所稱的「神的化身」，實是我們的好榜樣。所謂「神的化身」，是指精神生活的提高，心靈境界的不斷上升，物質欲望降低到最小程度，生命力自然就愈益充沛起來，「自決」、「自徹」的「昇化」境地也就隨之而至，嶄新的社會景象亦將相繼出現了。

總之，時至今日，我們再不能在歷史櫥窗中去尋找骷髏，更不能用虛妄的幻覺來等待天國。唯有在「自決」的境界裡，讓靈智奮飛，自我騰躍，新中國的文明，才會呈現一片生機。

一九五四年載於紐約《前奏》季刊第二期

從均勢外交和地緣政治試看美蘇冷戰

提到冷戰，似已不是新鮮的名詞了，特別對於本刊的讀者。但就冷戰的本質而論，則觀點不一，看法各殊，值得研究的地方還非常之多。

有人把冷戰看作熱戰的另一面；也有人把冷戰看作熱戰的延長或序幕。無疑地，這些看法都各有其特殊的含義，都各有其理論的根據，非本文討論的範圍，筆者也不願在這兒置評。

但據筆者個人的看法，所謂冷戰也者，事實上就是二次世界大戰之後，國際政治上的外交戰，同時也可以說是以蘇聯為首的國際共產集團和以美國為首的自由世界之間的長期思想戰爭。自從一九四五年夏季以來，舉凡國際政治上的任何重大事件，無不以上述兩大集團在外交戰上的消長為依歸。二次大戰之後，蘇聯本其赤化世界的既訂策略，假英美等國當時在開羅（Cairo）、德黑蘭（Tehran）、雅爾達（Yalta）和波茨坦（Potsdam）諸會議中所作的外交讓步，以為竊取東歐、中歐和東南亞的有意「誤解」的辯護根據。換句話說：英美等盟國，在二次大戰期中，對蘇聯的外交打了一個徹底的大敗仗，因而在大戰之後，蘇聯始乘外交勝利的餘威，利用強詞奪理的機會，赤化東歐，陳兵歐洲的軍事心臟——德、奧，以阻止對德、奧的和約。在亞洲方面，則以「雅爾達協定」為基礎，一手造成俄式的中共政權，進而掀起韓、越的波瀾。在這種情況下，曾在外交上打了大敗仗的英美等國，特別是領導自由世界的美國，便不得不提高警覺，運用各種可能的方法以阻止蘇聯的擴張，因而有經濟援助西歐的「馬歇爾計畫」（Marshall Plan），援助亞洲落後地區的「第四點計畫」（Fourth Point Plan），北大西洋公約組織（North Atlantic Treaty Organization）甚而領導聯合國加入韓戰，以抵抗蘇聯指使下的中共軍事侵略，和最近召開的東南亞聯防會議，都可以說是美國單獨地或領導自由世界集體地抵制蘇聯侵略的重要外交戰略。

儘管蘇美在外交戰的過程中，一方採取的是進攻，一方採取的是防衛；一方是處於主動，一方是處於被動。但就雙方採取的基本策略而言，足以發生影響的因素固屬很多，但能發生絕對作用的仍不外均勢（Balance of Power）外交和地緣政治（Geopolitics）兩原則的規範。同時，今日世界的鬥爭，從某一方面來看，似乎只是思想戰——民主自由與極權統治之爭；但從另一角度看，依然免不了以國家本位的國際強權間之抗衡。因此，筆者願意先將這兩個國際政治運用已久的理論和原則作一介述，然後再來檢討美蘇冷戰。

均勢外交的過去和現在

所謂均勢外交，乃一個國家從許多勢力相等的國家中超越出來，而在這些國家中發生一種勢力上的制衡作用；或者是一群勢力較小的國家，聯合起來以平衡一個勢力過大的國家。

均勢外交在中國歷史上早就有人運用過。最顯著的例子是春秋戰國時代的蘇秦和張儀，此二人以「合縱」、「連橫」遊說諸侯，用均勢外交縱橫捭闔於列國之間。其後中國歷代都有「以夷制夷」的對外政策，足見均勢外交對我們實在沒有什麼新奇可言。

在西洋歷史上，我們也同樣的可以找到許多使用均勢外交的先例。當羅馬稱霸地中海時，西拉古斯王（The King of Syracuse）曾與迦太基結成一氣。中古十四、十五、十六幾個世紀，義大利北部的公國間一直在串演著均勢外交的把戲。法國的法蘭西斯一世（Francois）曾與蘇里曼土耳其（Suleyman The Turk）簽訂盟約以拮抗霍布斯堡（Habsburg）王室。英國為了反對西班牙，也曾與蘇里曼土耳其結合過。到了十八世紀和十九世紀，均勢外交的原理在國際政治上，更被視為一種自然的法則（Natural Law）了；一七一三年波蘭在「烏特勒德條約」（The Treaty of Utrecht）更束縛下被瓜分，也無非是為了維護當時歐洲的均勢。一八一五年的神聖同盟（Holy Alliance）更是幾個強大帝國均衡當時歐洲現狀的工具。到二十世紀，三十年內爆發了兩次世界大戰，而兩次大戰都可以說是因了均勢外交的運用而惹起。第一次世界大戰是因為英、俄、法反對三國（德、奧、土）同盟（Triple Alliance）的結果；第二次世界大戰，其初則是由於英國怕法國擴張勢力太快，乃扶持德國以牽制之，其後德國在希特勒統治下突然猛進，英國又懼於戰火逼在眉梢，因而尼維爾．張伯倫（Neville Chamberlain）乃鼓動法、義與希特勒在慕尼黑（Munich）簽下了協定。在亞洲，英國則縱容日本，以圖維護其在太平洋之既得利益。但當德、義、日等國的勢力膨脹得足以突破均勢時，二次大戰的烽火便燃起於歐亞兩洲了。

從上面一些史實的敘述，我們得到一個清楚的概念：只要談到國際政治，無分中外和古今，都一直在運用均勢外交以建立或破壞國際間的均勢。所以馬丁．魏特滿（Martin Weightman）在其所著《強權政治》（*Power Politics*）一書中曾提到：一、歷史家認為和平乃最好的平衡時間，戰爭才是不平衡的製造者；二、政治家曾長期的相信均勢，因之均勢便成為政治家的愛物和永遠追求的國際政治標的之一了。

同時，在歷史上，無論是善於玩弄政治的政客，或縱橫捭闔於國際舞台上的帝國，都莫不以均勢中的均衡者（Balancer）自居。近幾世紀來，大英帝國承受著人類超越的政治智慧，一直扮演著國際舞台上的均衡者。英王亨利八世（Henry VIII）聯合霍布斯堡王室以對抗法國，從而使英國在十九世紀前，有充分機會去發展其海外殖民地。從十九世紀起，英國的外交政策一直在堪林（Lord Canning）的影響下本著兩大原則：一、維持歐陸各國間的均勢（不許歐陸有一個強國）；二、維持優勢的海軍，以控制各大洋間咽喉之地。在二次大戰後的最近十年間，英國的外交政策在形式上似乎有些變化，但骨子裡仍企圖扮演均衡者。從貝文（Lord Bevin）以來，英國的外交原則是：一、任何一個國家不得單獨統治歐陸；二、必須由美、英、法、蘇四強合作以維護世界和平。為什麼他要採取這種政策呢？一方面是因為二次大戰之後，大英帝國的威信早已喪失，自由世界的領導地位已為美國所質換，再也沒有足夠的力量來扮演國際政治舞台上的「均衡者」了。另一方面則是由於空軍在戰爭中毀壞力量的突增和原子武器與氫氣彈的發明，卻使英國過去在地理上的優勢不但不復存在，萬一第三次世界大戰爆發，倒有首遭毀滅的危機，所以英國人選擇了「騎牆」和「綏靖」的外交政策。

那麼在目前的國際政治舞台上，誰可能成為「均衡者」呢？根據一般持平論的國際政治家們的看法，聯合國乃今日國際上新型的均衡者。因為聯合國的最高目的，是希望以集體安全（Collective Security）的方式來維護世界和平。所謂集體安全，事實上即是國際上均勢的建立。這種均勢如果建立成功，和平立刻到來。反之，戰爭隨時可以爆發。譬如神聖同盟成立以後，當時歐洲的均勢賴以建立，故自一八一五年至一九一四年間，除了有一次克里米亞戰爭（Crimean War）之外，歐洲各國的確整整維繫了一個世紀的和平。第一次世界大戰之外，美國總統威爾遜基於重建世界和平的願望，組織了國際聯盟（League of Nations）。但是：一、有力量的美國並未參加；二、以道德制裁來代替軍事力量而使組織的仲裁行動極其脆弱。換言之，「國際聯盟」雖有組織的形式，可是並未能建立起國際間的均勢，故二次世界大戰旋踵而起。

從許多事實的觀測，目前的聯合國確是國際政治上有力的均勢機構。而均勢原則在聯合國中運用得最顯著的，莫過於對新會員國的入會問題。這說明了中共為什麼一直被摒棄於聯合國之外，因為中共一直是被假定為「非均勢」（Unbalance The Balance of Power）的主要國家。換言之，萬一中共進入聯合國，無異自由世界引狼入室，讓國際共產集團在外交戰上打個大勝仗。故美國之不惜付出任何代價來阻止中共進入聯合國者，就是基於這個道理。

地緣政治的理論與實際

地緣政治（Geopolitics）這個名詞，在中國還沒有多長的歷史，也有人譯之為政治地理，不過我願意在本文裡借用「地緣政治」一詞。許多有名的地緣政治學家，對於「地緣政治」都各有其解說。譬如魯道爾夫・傑冷（Rudolf Kjellen）認為地緣政治是一種地理的有機體或空間現象的研究。而尼古拉斯・鎬斯霍夫爾（Nikolas Haushofer）則認為地緣政治是常受自然情況和歷史發展所影響著的區域關係中的一種政治形式的科學。至於約翰・齊佛爾（John Kieffer）則主張所謂地緣政治者，是運用一個國家在社會的、經濟的、政治的、戰略的和地理的一些因素以追求其外交政策。

從以上幾個學者的界說中，我們知道有關地理上的許多因素，對於一個國家在國際上勢力的消長，是有著不可分割的關係的。

傑冷是第一個對地緣政治學有系統研究的學者，故被稱為地緣政治學之父。他本是瑞典大學的教授，在他的「大日爾曼」觀點下，他以為德國的生存空間（Living Space）不僅應該包括中歐和東歐，且將及於斯堪的納維亞（Scandinavia）、小亞細亞等地區。他不但借用了大地理學家拉特色俄（Ratzel）的成長律（Laws of Growth）——「為生存的奮鬥即是為空間的奮鬥」，「所有社會機體在達到自然限制之前，都是趨向於擴張的」。同時傑冷更將其系統化而成為知識中的新部門——地緣政治（他是第一個提出這名詞的人）。在一九一七和一九二〇年，他曾有驚人的著作在德國出版（*The State as Organism; Sweden; System of Politice*）。到了一九二二年，當他死時，他的《列強》（*The Great Powers*）一書便成為德國地緣政治學家們的經典了。

傑冷之後，在地緣政治學上有新成就的當推蘇格蘭的大地理學家霍佛．麥金德爵士（Sir Halford Mackinder）了，他曾在一九〇四年提出極軸地帶（Pivot Area）的理論，他從歷史觀點來圖解地理因素所支配的世界。他觀察下的世界可分為三大區域：（一）極軸地帶——包括東歐、北亞和中亞群山的一大塊歐亞大陸中心，這個極軸地帶，恰好被其餘歐亞大陸的（二）內新月形地帶（Inner or Marginal Crescent）所圍繞。其餘的世界則稱為（三）外新月形地帶（Lands of Outer or Insular Crescent）。極軸地帶完全是大陸、內新月形地帶是大陸與海洋的混合，外新月形地帶則多半是海洋。麥金德認為俄國和中國北部（極軸地帶）都將成為世界性的經濟地帶。換言之，他認為極軸地帶乃未來世界之勢力中心。他的理論提出來十三年之後，世人便眼見著沙皇的帝國為布爾什維克的帝國所代替，而向全球伸展其統治力量了。

一九一九年麥金德出版其最重要的著作 *Democratic Ideals and Reality*，他從歷史上去追求大陸勢力和海洋勢力的長期鬥爭。他認為大陸勢力終歸是戰勝海洋勢力的，因為大陸勢力容易採取海洋勢力的基地。所以任何一個強國如能控制亞歐（Eurasia）廣大陸地，便能統治世界。他更在該著作中進一步強調其理論而將極軸地帶稱之為心臟地帶（Heartland）——西自歐洲的富爾加流域（Valga Basin）以至亞洲東部的太平洋沿岸，北自西伯利亞以迄於南亞群山區。這一片廣大陸地是世界上最偉大的自然堡壘，任何海洋勢力都無法影響其獨立發展的。

麥金德在其巨著中的公式是：「誰統治東歐，誰掌握心臟地帶；誰掌握心臟地帶，誰掌握世界島嶼；誰掌握世界島嶼，誰掌握世界。」

麥金德在第一次世界大戰結束之際出版其著作，他確有意警告西方國家，預防野心勃勃的強權，突起於占著地理優勢的東歐，特別是蘇俄和德國。第二次世界大戰時，納粹獨裁者照著麥金德的原則，於一九四一年進兵蘇俄，但於大陸勢力尚未建立，海洋勢力亦未取得的搖撼間，給人類歷史留下一束荒唐的夢痕。然而在二次世界大戰後的今天，蘇俄不但據有了整個心臟地帶，同時也控制了一部分亞洲的邊緣地帶。假如麥金德的公式是正確的，則沿用地緣政治的理論以建立的世界帝國將顯現有期了！

第三個著名的地緣政治學家，是德國的鎬斯霍夫爾，他本是個著名的地理學家，第一次世界大戰時，他曾在前線服過役，也曾到過遠東，旅行過的地方極廣。在學術上受麥金德的影響也極深，他認為德國必須爭取心臟地帶以為其獨霸世界的保證。第一次世界大戰不久，他被聘為慕尼黑大學的教授。一九二四年他集合了一群學者，開始發行 *Zeitschrift fur Geopolitical* 月刊，完全採取麥金德的理論和公式，他的思想陶鑄了德國民族的野心，德國民族的野心也鼓勵了他的思想。不久希特勒興起，由於魯道爾夫．黑斯（Rudolf Hess）的引介，鎬斯霍夫爾和希特勒便結合在一起了。希氏決心實踐他的理論，因而特地為他在慕尼黑大學設了一個研究機構，名叫「地緣政治學院」(Institute fur Geopolitik)，其後希氏的戰略家全以這個學院為中心而制訂其征服世界的藍圖。

大體說來，鎬氏的理論全是麥氏理論的翻版，所不同的，是他把地理學、政治學、生物學和戰略揉在一塊兒，從而激勵德國民族的優越感和野心。無疑地，在思想上他的確是希特勒的靈魂。

最後我們要提到的地緣政治學家是美國耶魯大學（Yale University）的斯拜克門（Spykman）教授，他說：「一個國家安全政策的計畫是在其地理因素中。」他相信研究一個國家在世界上所據的地理形勢，乃對其外交政策最基本的一種了解。他認為獲得強權的目的無非是在追求和平而已。斯氏對麥金德的心臟地帶理論研究得很仔細，他的結論是採取懷疑態度的。他不相信麥氏所謂的心臟地帶將會成為世界強權的中心；他曾指出麥氏所強調的地帶，基於氣候的限制，低級的農業生產，與煤鐵石油的不充足，水力的缺乏，和四周地理性的障礙，都在在地違反著麥氏的理論。因此，斯氏認為心臟地帶與大洋之間的邊緣地帶——包括蘇俄以外的歐洲、小亞細亞、阿拉伯、阿富汗、印度、南亞、中國、韓國和東西伯利亞為最重要的地區，因為它是大陸勢力與海洋勢力之間的緩衝區域。他的公式是：「誰控制邊緣地帶，誰便可以統治歐亞大陸；誰統治歐亞大陸，誰便掌握了世界的命運。」

斯氏分析整個歐亞大陸產量的總和與美國差不多，可是人口卻懸殊十倍，雖然在地理上美國被大西洋和太平洋從歐亞大陸分割開，然而斯氏仍呼籲美國領導政治者的主要課題應力阻歐亞大陸中心勢力的結合，而不希望任何壓倒性的勢力興起於歐洲或遠東。他以為美英合作是必然的外交政策，因為法國沒有希望成為大陸勢力，無疑地蘇聯將成為歐亞大陸勢力的中心。他的結論則在暗示美、英、蘇三強合作以造成均勢的世界和平。

空權時代的新觀念

由於空軍勢力的突飛猛進，和南北兩極的被重視，地緣政治學的概念已慢慢地轉變了；特別是二次世界大戰後的十年間。換言之，地緣政治學因了空權時代的來臨，而包含著更新的概念了。

一、空中勢力的新估價

基於飛機在空中的廣泛運用和其性能的高度發展，在大陸時代和海洋時代被視為與人類隔離了的高山、大洋、沙漠和冰封了的地帶，而今已變成飛行隊伍的康莊大道了。因此，空權在所有過去許多地緣政治學家的理論下，即將喚起新的認識。過去許多地緣政治學家對於空權的估計，只不過視為有效的武器，而在世界強權的目光中，最多扮演著大陸勢力和海洋勢力的配角而已。直到納粹德國和日本在絕對優勢的空權下被毀後，空權時代的觀念始為世人所共認。

二次大戰之後，蘇聯曾步著納粹德國的後塵，按照麥金德的地緣政治藍圖，採取了整個心臟地帶，而在地球上建立起了最大的大陸強權。而尚未如麥氏所說的統治整個世界者，乃空權未獲得優勢之故耳。質言之，今日自由世界之所以能與取得全部心臟地帶的蘇俄相拮抗，全是因了領導自由世界的美國握有優勢的空權。而蘇俄要想完成其赤化世界的野心，無論其在國際外交或內政上的努力，都是如何從自由世界中奪取優勢的空權。

因為空權時代的來臨，晚近麥金德的公式已變如下述了：「誰統治心臟地帶，誰便掌握東歐；假如在其進程中不受空權的阻礙，誰統治世界島嶼便能掌握世界，但執行者必須完成無匹的空中霸權。」

二、南北兩極的抬頭

因為空權觀念的改變，於是現代地緣政治學上，南北兩極的價值也隨之提高了。

南北兩極本是最寒冷最荒寂的地方，向被地圖制訂者所忽略。由於距離的遙遠，政治和經濟上的缺乏價值，一直沒有國家去重視它。可是近年來情形卻不同了，許多國家都積極向兩極探求其權益。一九四八年，智利、阿根廷和英國都宣布他們在南極的控制權，並派遣海軍以護衛其所護的福克蘭（南極最大的島）群島。這是歷史上第一次建立勢力在南極的三個國家，隨踵而至的則有八國之多。

於是一九五〇年六月九日，蘇聯便向美國國務院提出備忘錄，申述其在南極的利益，並要求在未來國際會議中有討論南極地位的機會，從此這一向被人忘卻的冰封世界，便開始抬頭了。

南極圈是世界最高的大陸，面積約六百萬平方哩，其主要資源是煤。假如原子戰爭（Atomic War）開始後，蘇彝士運河都失去其效能，而大西洋間的交通孔道，就只有非洲的好望角（Cape of Good Hope）和南美的羚羊角（Cape Horn），那時保衛此二大洋孔道的，就只有南極基地的海空軍了。

近年來美國也著手訓練各種技藝人員以發展南極，她的最大目的是在建立空軍基地以保羚羊角的航行安全。

其次談到北極，早已為世人所重視了，不過空權時代更屬必爭之地，美國的阿拉斯加與蘇聯的西伯利亞只隔著一道三十餘哩的白令海峽。而冰島、格陵蘭和加拿大的北部都是歐、美、亞三洲交通最便捷的地方。特別是冰島處於美蘇空軍圓弧戰略的中心，距紐約和莫斯科是相等的距離。而且現在這些北極圈地帶早已有了無數空運基地，無疑地，在未來的原子戰爭中，它將充作最大而又最重要的空權根據地。

綜上所述，在空權時代的今天，地緣政治的觀念是改變了。所以二次大戰之後，麥金德氏亦已改變其過去一貫的理論，而認為今後世界的心臟地帶有兩個：一個是蘇聯控制的歐亞大陸，另一個則為美國所控制的新大陸。假如這種說法是正確的，那麼今後這兩個控制心臟地帶勢力的消長，便要以邊緣地帶和世界島嶼來決定了。換言之，今後美國和蘇聯，誰能控制世界島嶼和歐亞大陸的邊緣地帶如中、西、南歐、小亞細亞、阿拉伯、印度及東南亞，誰便能爭得了未來的世界。

美蘇冷戰的總檢討

我們在前面闡述了均勢外交的過去和現在、地緣政治的理論與實踐和空權時代的新觀念之後，再來檢討美蘇冷戰，似乎就容易多了。為了簡潔起見，還是把它分作兩點討論。

首先從均勢外交的觀點來看，聯合國乃二次世界大戰之後維護世界均勢以尋覓世界和平的唯一機構。我們在前面提到，聯合國是羅斯福總統對於重建世界和平的理想，他鑑於第一次世界大戰後國際聯盟失去均勢後的慘痛經驗，便於二次世界大戰末期發起組織聯合國，希望以這個機構來解決戰後的國際問題，同時為了不讓少數強國操縱，主張所有愛好和平的國家，不分大小強弱，都能以平等資格參加。但是蘇聯堅持反對意見，必須以強國為核心。其後聯合國乃創立會員大會和安全理事會來調和美蘇分歧的意見。分歧的意見固然調和了，但安全理事會中永久會員對於否決權的無限運用，以至無法在和諧的空氣中解決任何重大的國際問題。特別是蘇聯代表，常若天馬行空，百無禁忌；不是隨便濫用否決權，便是破口大罵一通，拂袖而去。不但在國際外交上留下最蠻橫的一頁，更自始即將聯合國用於冷戰戰場以販賣赤色思想。吾人稽諸蘇俄目的不外：一、降低聯合國的威信和作用；二、形成鴻溝壁壘，至無法解決問題；三、利用矛盾分化西方民主國家；四、巧施故技，鼓勵中立國家脫離民主集團。如果這些目的都達到了，則國際均勢便粉碎無遺，蘇聯乃從中混水摸魚，完成其赤化世界的野心。以這種觀點來分析蘇俄在聯合國的行動，無疑地，她在聯合國的第一回合是打了大勝仗。那麼她今後是否可以一直勝下去呢？這必須得談到美國方面了。美國是聯合國的發起者，成立之後又是最熱心的支援者，她的目的已如前述，希望聯合國在世界多數國家的維護下成為國際和平的均衡者。但是由於蘇聯的處心積慮，讓她吃了外交戰上第一個回合的大敗仗，以後只好處處提高警覺，特別是中國淪入鐵幕，韓戰爆發之後，美國即在聯合國中運用各種可能的力量對付蘇聯。一方面將安全理事會的權力轉移到會員大會；另一方面傾力阻止中共介入；同時盡可能的團結民主國家。當然今後美國面臨的問題很多，譬如英國的自私狡猾態度，還在不斷地向蘇俄、中共暗送秋波；印度、緬甸等國的幼稚中心，仍希望在虎視眈眈的山麓去建立逍遙世界的別墅。但是，假如美國真能堅定步伐，用事實來支持堅決反共的國家，則投機者仍將見風轉舵、化險為夷。這次大會否決蘇聯引薦中共入會的議案，便是個很好的例證。總之，聯合國中的外交戰，蘇聯雖然一直採取猛攻，美國仍有力量應付，今後的勝負如何，當看美國的決心和態度。

其次就地緣政治的觀點來檢討美蘇冷戰，我們應該說，蘇聯一直是按照麥金德的理論和公式製訂其赤化世界的藍圖。因此第一步她必須完全控制歐亞心臟地帶，於是東歐和中國便成了她顯著的目標。所以二次世界大戰末期的歷次盟國巨頭會議（開羅、德黑蘭、雅爾達、波茨坦等），史大林費盡心機，取得戰後東歐和中國的種種特權。等待納粹德國和日本投降之後，他便以勝利者的雄姿，占領全部東歐和中國的東北。更以迅雷不及掩耳的方法，利用東歐各國占領國家的國際共產黨製造「革命」，從而淪為其鐵幕附庸。在中國則以全力支持中共，製造慘無人道的「內戰」，最後中國政府承八年抗日戰爭之瘡痍，受自由世界之奚落，終於退出了中國大陸。大戰後西方國家問題嚴重，大多自顧不暇，只有美國尚有餘力，能與蘇聯抗衡。但因政策猶豫，裹足不前，雖然對西歐有馬歇爾計畫，對其他落後地區有杜魯門的第四點計畫，但都流於消極。待東歐淪入鐵幕，中國陷於水深火熱之時，喬治・肯南（George F. Kennan）的「包容政策」（Containment Policy）乃為杜魯門總統採用。肯南氏的包容政策全是照著地緣政治學家斯拜克門的觀點而設計的。他認為抑制蘇聯再度擴張的有效辦法，是積極爭取圍繞蘇聯的歐亞邊緣地帶的國家。假如這個政策果能徹底實行，「亡羊補牢，猶未為晚」，但事實告訴我們，此一政策並未成功。

蘇聯按照麥金德的藍圖，既已席捲了歐亞心臟地帶（自由中國大陸赤化後），次一步驟當然是指向「新月形地帶」，於是韓國和越南都在其驅策下發生了戰爭。美國一方面為了貫徹其既定的包容政策；同時冷戰走了絕路，始以熱戰代替之，特別是在韓戰，無論在人力物力上，都付了不少代價。幸好在自由世界中尚能贏得外交上的勝利，領導一部分國家參加，否則蘇聯在冷戰中更有題材了。然而韓戰和越戰的結局，都是腰斬其國土，徒使二分之一的無辜人民送入鐵幕，依然顯示著蘇聯在冷戰中的節節勝利。好在麥金德的理論和公式都為空權時代的新因素所修正。不然，我們真會看見三十年前的一個地緣政治學家設計的一個世界帝國的藍圖遙遙出現了。

雖然空權時代的來臨，修正和沖淡了麥金德的理論和公式，而邊緣地帶和世界島嶼的重要性卻日有增加，因為沒有這些基地，空權乃無從建立。

近年來美國在加強北大西洋公約組織國家整軍之餘，在經濟上付出極大代價來支持希臘、土耳其、巴基斯坦及東南亞各國，也就是基於以上的理由，以取得其空權賴以建立的基地。

艾森豪威爾總統就職後宣布的解放政策（Liberation Policy），本年春杜勒斯國務卿所宣布的新貌政策（New Look Policy），和最近進行推動的東南亞聯防協定，都是堅決保衛邊緣地帶，動搖蘇聯心臟地帶的新政策。這新政策究竟能發生多大的效力？不是我們討論的範圍，然而它確說明美國已運用空權時代的地緣政治理論，以加強其冷戰策略，從軟弱變為強硬，從被動變為主動了。

蘇聯自史大林去世，馬倫可夫上台之後，深知其國際處境已較困難，國內人民擾攘不安，在政策上大改作風：一方面對外採取和平攻勢，用以誘惑西方國家妥協，從而分化民主陣營，最近英法的表現，證明真頗生效力。另一方面對內加強生產，企圖提高人民生活水準，放寬統治尺度，藉以鞏固其政權，從而增進其原子武器之生產、準備著空權時代的龐大戰爭。但願自由世界洞察微末，放大目光，萬勿貪圖近利而搖晃步伐，徒貽患後世也。

當美蘇冷戰十年後的今天，我們在檢討之餘，真是黯然神傷，感慨萬千！美蘇冷戰十年中，蘇聯沒有勝利，美國沒有失敗。夾縫中沉淪犧牲的弱小國家，正刻劃著人類思想戰爭的罪惡。今後誰破壞聯合國的均勢，誰點燃三次世界大戰的戰火；誰獲得空權時代的基地優勢，誰就有操勝算的把握。

一九五四年載紐約《前奏》季刊第三期

蘇聯政權搖撼的剖視

十分鐘王座變位

本年（一九五五年）二月八日午後一時，克里姆林宮的大議會廳裡，突然齊集了一千三百多個蘇維埃國家代表（Members of the Soviet of Nationalities）和蘇維埃聯邦代表（Members of the Soviet of the Union），召開所謂聯合緊急大會。會議開始後，由蘇維埃聯邦大會主席渥可夫（Alexander P. Volkov）宣讀馬倫可夫的辭呈，宣讀畢，代表們毫無異議便算通過。然後再將這辭呈交與蘇維埃十六個聯邦的主席普湛洛夫（Alexander M. Puzanov）認可覆簽後才算了事。程序非常周到，前後不過十分鐘（《紐約時報》記者 Cliftun Daniel 的報導），這個頭號共產帝國的王座就算變了位。於是莫斯科各國的外交家和外國記者，便把新聞往世界各地發送，紅色舞台的雄鑼鼓響了。

自一九五五年二月八日午後四時起，紅色宮牆內又有兩小時的所謂聯合會議。這一次便由蘇聯的第一號頭目共產黨書記克魯雪夫（Nikita S. Khrushchev）表演了，他以共產黨代言人的身分，提出蘇聯國防部長保加寧（Nikolai A. Bulganin）元帥為馬倫可夫的繼承人。大會開始後，五分鐘內新貴的命運便決定了。

克魯雪夫在其提名保加寧為蘇聯總理的演說裡，強調了幾點：（一）保加寧同志不但是蘇聯共產黨的忠臣，而且是偉大的列寧同志的親信和史大林同志的好助手；（二）保加寧同志是共產黨的天才組織家，同時在政治、經濟、軍事活動上都有特殊經驗；（三）保證保加寧同志擴展重工業以加強蘇聯實力並發展農業。

馬倫可夫在辭呈裡，則充滿了「自我批判」的請罪詞句。首先他認為他沒有領導經驗，從而在領導路上發生了「偏差」。他認為最大的錯誤，是不懂得蘇聯的農業和經濟政策必須建立在強大的勢力和重工業基礎上，以至於忽略了蘇聯人民和國家的利益。

想讀者總還沒有淡忘，當史大林於一九五三年三月五日死後，馬倫可夫曾以「迅雷不及掩耳」的速度，自告奮勇地取而代之，儼然是一個「捨我其誰」的法定繼承人。難道真是一個沒有領導經驗，不懂黨的路線的人的行動嗎？為什麼他又不能像他的先師史大林一樣以國家元首永遠自兼黨的書記長（九天之後即將書記長職務移交克魯雪夫）？為什麼當日的克魯雪夫願以馬倫可夫「馬首是瞻」？為什麼當日的蘇聯元帥們（如朱可夫 George K. Zhukov 等）會那樣聽命？蘇聯的頭目究竟由誰決定？一九三七年的大清算會再度發生嗎？蘇聯將往哪裡去？蘇聯政變的結果對自由世界是福是禍？

重重疑雲，處處難詰，的確令人難解。全球無數的所謂蘇聯專家，對於蘇聯的未來，常會有茫然之感。不過，去追溯一段真實的歷史，對於我們的討論，無論如何總是有好處的。

史大林時代及其遺產

史大林死後已整整兩年了。無疑地世人對於他曾有過或將有不同的評價，絕大多數的人們也許把他視作人間魔鬼，為善良靈魂永遠的敵人；也有人把他認為是聖經上猶太人眼中的摩西，他的宗徒們確信他已把他的人民引入了聖地。總之，他不留芳千古，便遺臭萬年。

當拿破崙死時，雪萊聞訊後寫了這樣一首詩：

啊！他的喪鐘不是敲響了嗎？
而你依然騰躍，大地之母喲！
你正烘暖你那老態的靈脂
劃過這封蓋而冰涼的燃屑
光燐閃閃的陰靈，當它離去——
大地之母啊！而今你笑他死了？

的確，很少歷史人物在其生命史上，可與史大林相比。在一個瘋狂的世界上，在一個鬥爭最劇烈和動亂的時代裡，多少獨裁者、統治者、政權、政體和黨派一個個的興起，也無時不在瓦解傾覆中，而史大林獨能統治一個偌大的帝國近三十年之久。雖然他所利用的統治教條隨時都有使他崩潰的危險，同時我們也不能說他下面一幫人全是蠢才——的確其中也有不少睿智之輩，甚至於了不起的人物。而史大林事實上則在熱流衝擊週期震盪的火山上，和蘇俄人民革命的火花中建立了他的王座。每當爆炸的巨響播散之後，世人卻希望他的蹤影也隨爆炸的雲煙一齊消失。孰不知每次史大林都仍在那個地方毫無損傷，而且來得更威風更讓人敬畏；他的朋友和敵人都在他跟前倒下了。他似乎是這座火山上神出鬼沒的指揮者。

整個蘇聯的人民都曾浸沒在他魔影下感受著光榮與恐懼。尤其在他生命的最後十五年，不僅蘇聯，甚至於全世界的人民都曾有過同樣的感受。

何以一個潦倒的皮鞋匠之子，一個提夫里斯（Tiflis）神學院的學生，其貌不揚，一股「學究」氣的人，終若富有神威似的興起來，而讓探討人類事務的人感到迷惑呢？

限於篇幅，不願在此申論，但是為了以後討論方便，也得描出一些輪廓來。

首先我並不相信卡萊俄（Carlyle）——十九世紀英國大史學家的看法，而把歷史歸功於神奇的英雄和魔術。我們以為只有從史大林身上取下富有神性的奧倫帕（Olympian）式的外衣，才能確定其本來面目。

記得俄國有一位大思想家普萊堪洛夫（George Plekhanov）對於歷史人物的描繪有過這樣幾句話：「由於他們心志和性格上的特殊氣質，有影響的個體能改變某些事務上的個別特徵，和其特殊的影響，但卻不能改變其受一般性的大的趨向。」

史大林時代蘇聯社會大的趨向，是列寧死在布爾什維克主義（Bolshevism）十字路口的蘇聯社會的「變」，如果一九二四年列寧不死，他也無法阻止這種「變」，他的死不過加速這種變罷了。

列寧曾成長於西歐馬克思學校，承受了真正馬克思的無產階級革命的原始思想。可是在一九一七年他突然背叛了自己的信仰（馬克思主義是無法實現在工業落後的俄國的），而將馬克思主義販賣到蘇俄。基於他對俄國社會的了解，因此他自己曾承認：俄國革命雖偶然成功了，但並非革命的真正目的，他以為要建立真正的社會主義制度，必須仰賴西方工業發達的國家的革命，這不僅是列寧當年在理論上的必然性，也是他在情感上的滿足。然而西歐當時雖有各式各派的社會主義學派，在革命的行動上卻與列寧的想法矛盾。於是俄國革命懸掛在半空中危機四伏，列寧便在這時死去。列寧死後，史大林與托洛斯基之間的劇烈鬥爭，正代表著布爾什維克主義的兩條路線：一條走向無產階級的世界革命，一條是先回復到蘇聯問題的本身。史大林勝利，說明了他抓著了當時落後俄國的舊傳統和社會。他穿著列寧主義的外衣，先在人民中建立起列寧的偶像，然後在偶像之下以無產階級代言人的身分，將「無產階級民主」的理想一百八十度的轉彎，而在支持過革命的無產階級頭上牢牢的建立起獨裁的體系。在國內他以蘇聯的壯大去填補無產階級情感上的空虛。共產主義的國家組織更不再是領導蘇俄革命的機構，而變為史大林外交權術下的衛士，被利用為蘇聯困擾資本主義國家的工具了。

到了這時，列寧販賣到俄國的馬克司主義，它吸取了沙皇時的傳統和希臘正教（Greek Orthodox）的精神，便十足的成了史大林主義了。

現在我們把話題轉回來，史大林主義的產生，並不是史大林的神威，而是馬克思主義與俄國傳統結合的必然結果。正如法國大革命後的拿破崙式的政權一樣，都是那個時代「大的趨勢」，不過史大林適應和抓住了這個大的趨勢罷了。

當時和史大林抗衡的人物如托洛斯基、辛若維夫（Zinoviv）、卡門里夫（Kamenev）等人，全同列寧一樣受教於馬克思思想的西方，已和俄國社會傳統有了距離。唯有史大林一直成長在與真正馬克思主義絕了緣的歐亞交界的高加索，自幼即浸染於希臘正教的崇拜和教條，及長又受沙皇式的教育，在他的心靈深處會形成怎樣一種意識，便可想而知了。這種特有的意識與馬克思主義結合，便是俄國革命後矛盾社會的寫照，也是史大林主義的內蘊。

按照共產黨人利用的辯證論來說，假如把整個世界都看成辯證論「變」的主題，則其中沒有東西是靜止的，無一件事物都在繼續的成長和衰微的過程中，因此史大林主義便沒程序變遷和變質的例外。這便是史大林時代不斷地脫離史大林主義的邏輯根據。史大林也和列寧一樣，死在布爾什維克的十字路口。從這裡我們找到了蘇聯「政變」的線索，同時這些線索都基於史大林的遺產。為使讀者容易清楚，簡要的把史大林的遺產分作兩點來談：

內政方面：史大林憑依了半野蠻的俄國社會建立起極其複雜的史大林主義，可是史大林主義本身卻不斷地和殘忍地毀滅了潤育它的土壤——曾供給它元氣和半野蠻的俄國社會。換言之，史大林主義曾以野蠻的方法繼續驅走了產生其力量的許多野蠻。這一方面表現得最盡致的，莫過於史大林主義的工業化，他以木頭耕具建立了蘇聯，又從而拋棄木頭代之以原子建築物。的確，俄國要工業化，其環境的困難，和時間的短促，比起任何西方工業化的國家，都有過之而不及，特別是一九三〇年前的幾年間，當舊式小農場被破壞，幾千萬農奴的飢餓，混亂和廣泛的不安，史大林主義者乃驅策其作為工業化的賭注。這是世人所共知的史大林主義在一九三〇年的經濟上的故事。

自一九三〇年至一九四〇年之間，無論如何俄國的工業已開始追及德國了，特別是軍需工業和重工業。自一九四〇年至一九五〇年的十年間它開始追及德、法、英的聯合工業力量，而企圖迎上美國（參看一九五二年八月三十日倫敦《經濟學家》（*Economist*）雜誌的統計）。史大林主義者在工業上的這些成就，正如西方經濟學家所了解的，蘇維埃集中營的一千餘萬囚徒，因屬於史大林主義工業上的無限資源。同時我們也不能忽略史大林主義所運用的「計畫經濟」和「公有制度」在其工業化上的成就。

以上的敘述，我們要得到的結論是：史大林主義工業化的結果是沒有退路的。因為蘇聯工業到了今天，四千萬的農奴變作了技術工人，集中在工業區的城市生活，蘇聯的統治者，似乎真沒有困難的利用史大林主義者的帶有原始性的崇拜，去教育半文盲的農奴和牧羊人的子女們以科學知識了。這種工業上沒有退路的現象，在史大林主義發展的進程中製造了沒有悔恨的脫離。

工業化現在不僅是蘇聯國家的光榮與野心之所繫，同時也是蘇聯本身賴以存在的重要因素。在這個龐大的國家裡，政府僱用了四千萬以上的人民在其工業和行政上進展，而且甚至於機械化農場的命運也全賴國家的礦山、鋼鐵工廠、機械工場、和運輸方法以決定。在這種情形下，不要說工業化衰微，就是工業上發生任何一點嚴重的障礙和停息，都將牽連千萬人的飢餓。事實告訴蘇聯人民，他們的生存與史大林主義工業化息息攸關。這便是史大林主義者工業上的真正遺產。

其次蘇聯集體化的農業也是沒有任何一條退路的。史大林時代開始之際，農夫們被政治壓力強留在集體農場。正是到了史大林的末期，農民留居集體農場則是由於經濟的事實，特別是蘇聯政府掌握的農場技術與工具。一隻現代化的戰艦不能分裂成許多小帆船，一個現代化集體農場也不能分割成一百個小領地。假如蘇聯的農業制度崩潰了，毋寧是對無數城市居民和農民本身死刑的宣判。

在內政上，史大林主義者將被統治者鑄成了上述的情況。那麼史大林主義者是如何完成其被統治者的鑄型的呢？換言之，史大林主義是怎樣來處理統治者與被統治者的關係的呢？說來也滑稽，俄國的共產黨革命，是以剷除階級的平等作號召，而史大林主義者卻以「不平等」來肯定統治者與被統治間的關係。廣大的農奴曾慕於「平等」欲而幫助革命，革命成功帶給他們是必然的「不平等」。比如蘇聯在第一個五年計畫完成之後，全國每年共產六千萬雙鞋，平均「三人一雙鞋」的原則，表示史大林勢必反對平等的政策，赤足的人無論如何是不能和穿了鞋的人談平等的。其他生活的癱瘓狀態也是一樣。為了維護統治政策的順利展開，史大林主義者首先給予政府人員、政策決定者、工程師及技術人員以優先分配。「分配不均」一經開始，「不平等」硬把人民劃成兩個階級，生活的距離和不同的欲望只有讓他們走到不同的極端，而且這種狀況迄至今日毫無改變。

把財富用去生產機器和槍，牛油只好愈來愈少，「不平等」彌補了供應的不足，蘇聯許多人民就只好生活在難於想像的水準之下了。這也是史大林主義者的另一座遺產。

史大林時代的遺產如上述，其繼承者既不能削磨它，也不能離開它。它像幽靈似的仍然在支配著蘇聯的內政，沒有人能說這幽靈將於何時離去，或怎樣離去。借用馬克思的術語：深沉的矛盾正在社會與經濟結構和史大林主義者的政治上層結構之間膿化著。

當四分之一世紀的史大林主義，沒有悔恨和遺憾卻帶著幾分抑鬱，驅使一億六千萬至兩億人口的國家，從木製耕具的時代跳越到原子建築的坑陷。這跳越是成功了，但是我們無法估計多少人已達到更遠的一邊，或多少跳到滅亡之道。我們所可知道的，是這些進展到前面的行程。也許蘇聯仍在半野蠻的泥濘中光膝赤足呢；但是無論如何她已不再是四分之一世紀前的樣兒了。

外交方面：史大林主義者的外交，約可分為兩個階段，一是二次世界大戰以前，一是二次世界大戰以後。史大林自獲得政權以迄於二次大戰，他的外交原則是在「穩紮穩打」的探索中去維持國際現狀，從而增進蘇聯的國際地位。所以契其爾林（Chicherin）和李維諾夫（Litvinov）兩個外交部長都說「我們不需要外國任何一塊廣場」來和各國打交道。

也許真正的意思是在告訴共產國際「而今還沒有外國的廣場是我們的」，因為共產國際一直是主張地球上沒有一塊土地對於它會是外國的。

史大林化的共產國際，在這段時間最重要的任務，是在為「社會主義在一個國家」的蘇聯盡政治衛士，有時史大林把它用作外交上的工具，用以威脅資本主義國家的後側。雖然有時他指揮下的第三國際狂吠著世界革命，然而他很明白，在他要衝出蘇聯的介殼去和強大的「敵群」正式開火前，他的最大任務是在建立堅強的史大林主義，以征服蘇聯的落後。為了完成這一任務，他的外交一直在沉著中從事的。有時為了環境，他甚至於命令共產國際在投機和妥協中讓蘇聯成長。比如一九二四至一九二七年，史大林命令中國共產黨卑屈於國民黨之下直到剿共為止。另一滑稽的例子是，為了使世界上工人階級承認一九三九年至四一年的「李莫條約」（Ribentroop-Molozov），共產國際便解釋說英法才是他們主要的敵人而不是德國。可是當史大林急於要向邱吉爾和羅斯福保證他的可靠時，共產國際卻又變成反「法西斯」的代言人了。

難道史大林真如托洛斯基了解他的，是世界革命的大破壞者和叛徒嗎？

歷史事實的解答是，托洛斯基的了解沒有錯；可是史大林的作法更對。假如世界革命不作史大林主義的伊薩克（Isaac）以祭奠上帝似的馬克司，對於他還有什麼意義。

有了這一信念，才奠定史大林在二次世界大戰中與羅、邱合作的基礎。在德黑蘭、雅爾達和波茨坦諸條約中，劃分戰後歐洲的勢力範圍時，蘇聯占領東歐如波蘭、羅馬尼亞、保加利亞等國，史大林建議只許蘇聯國家勢力移入，不許有共產國際的運動。回溯起來，西方的大政治家，公然相信蘇聯的人性會是如此的分裂。

其所以如此，一方面是因為史大林宣誓不妨礙鄰邦內政的事實，羅、邱有目共睹。另一方面，不但說明史大林在二次大戰中的行動對其諾言負責，而且迄至大戰結束為止，他沒有發動世界革命的企圖。要不然，邱吉爾一九四四年在下院的演講怎麼會說：「史大林元帥和蘇聯領袖們願意以誠實友誼與西方民主國家和平共處……我覺得他們的話是有事實保證的……」

為了保證蘇聯在大戰中的勝利，的確史大林做了不少使西方國家開心的事情。他曾促使法國共產黨追隨戴高樂（De Gaulle）將軍抵抗德國。他勸義大利共產黨與義大利皇室和巴多利奧（Badoglio）元帥的政府製造和平。他要毛澤東屈服蔣介石，諸如此類，他的確處理得很漂亮。

可是，等待二次大戰一結束，他先前在國際上的「誠實友誼與和平共處」的嘴臉隨著派到各國的占領軍而改變了。這便是史大林主義者的第二段外交方式。多年來的「處心積慮」和近十年的國際混亂，史大林在外交上贏得了聲譽，更贏得了機會。於是占領軍的槍尖給各被占領國帶去了革命，在東方利用日本武器餽贈毛澤東更是輕而易舉。結果是史大林安穩的坐在克里姆林宮，未放一槍一砲，紅色帝國的領域，自愛爾伯（Elbe）以迄於中國海，其間棲息著八億人民，囊括世界三分之一土地。這是史大林主義者鐵腕外交留下的一筆遺產，他總算用事實來答覆了當年罵他是世界革命叛徒的政敵。

一九五二年十月，他在共產國際委員會分開演講，驕傲的說蘇聯是支「國際共產主義的突擊軍槍」。他更讚美西歐新起的夥伴，認為他們已在蘇聯旁邊領有歐亞土地。

不過，他自己知道，吞下這一大堆東西是需要時間來換取消化的。所以他在其近著《蘇聯社會主義的經濟問題》一書中，一再地反對冒險者和幻想者，他堅持蘇聯所面臨的經濟問題，是個長時期的課題。時間、時間，是在在需要的。也許這是他臨終前對於其承繼者的警告。他實際上是在對他的繼承人說：我的遺產是三分之一世界。保持它，從而建築起最後挫敗敵人的力量。千萬不要冒險，也不要孤注一擲。

紅星群畫像

克魯雪夫——二月八號政變在克里姆林宮展開後，當天莫斯科的電台廣播員得到如下的特殊命令：「明天所有報紙，都得把今天的最高蘇維埃聯合會議的照片印在第一頁。……接著是克魯雪夫的演詞及保加寧同志任命為總理的消息。然後是馬倫可夫的全篇辭呈。」無疑地，克魯雪夫是今天蘇聯的第一號紅星。但是對於他，鐵幕以外的人們依然十分陌生。

他的個兒大概只有五呎三吋，現年近六十歲，滿頭雪白頭髮已撤退得差不多了，藍色的眼睛是頗有神的。他善於當面撒謊，確有說話和「幽默」的天才。稍微熟悉他的人，都知道他經常掛在嘴角上的微笑，是隱藏不了他的鐵石心腸的。

他的故鄉是卡爾斯克（Kursk）區的一個小村落，從小即作牧羊人，稍長便作礦工。一九一八年他加入了共產黨，服務於內戰的陸軍中。自一九三〇年便開始為黨工作，由於他性格的粗暴，並善於詞令，在人群中是相當容易出色的。所以在黨內工作不久，即為柯甘洛維其（Kayanorich，現任中央政治局委員，第八號紅星）所賞識，把他帶到莫斯科。一九三七年至一九三八年，成千成萬的人都被清算了，克氏被送到烏克蘭去組織已成了七零八落的黨，從此變成了烏克蘭老手。

他在政治上的手段一直是殘忍的，當他主持烏克蘭黨政時，成千成萬反對集體農場的人都被他弄掉了。

二次大戰時，史大林給他陸軍中將名義，送他到烏克蘭與康勒夫（Konev）將軍（現為元帥了）一起工作。他的任務是主持「政工」。他曾用盡種種方法激怒德軍虐待烏克蘭兵，使烏克蘭人遭其殃。在性格上他真是史大林的影子，思想上尤為史氏心腑。史大林時代，他參加了許多意見在農業政策上，一九五二年他正式參入了黨的核心而變為八個祕書之一，史大林死後十六天，他即把黨的祕書長（史大林自兼至死）的職位從馬倫可夫手裡奪去以迄今日，他似已將黨的再組織完成了，重要地方都布滿他的親信。

保加寧——他是一個穿著元帥服裝的政客。現年五十九歲，他的外表要算紅星中最漂亮的，他的外表配上他的服裝的確夠神氣，看起來也像個十足的軍人，可是他卻從未正式帶過軍隊。他是史大林親信之一，史大林給與他的高級軍階，是要他帶著黨權去制伏軍人。他一生的高位，只代表他善於作傀儡。

他是出生於果爾基（Gorky）的福爾力城（Volga City），幼年曾受過相當教育。二十二歲時加入黨，即以組織者的身分，在布爾什維克革命前數月開始工作，而今他可算是居高位的老布爾什維克之一。蘇聯革命後的內戰期中，他的確出了不少力，尤其在囚禁叛黨嫌疑犯，正法「人民敵人」，在他老家所在的福爾加城鎮壓了反叛的工人群。不久史大林把他調到莫斯科，雖然他對管理工作毫無知識，卻管理蘇聯最大的一個電廠；雖對銀行學一無所知，卻作了蘇聯國家銀行的行長。一九三〇年，史大林陞他為莫斯科市長（六年後克魯雪夫接他職）。

二次大戰時期，德軍進入蘇聯，朱可夫調任莫斯科的防衛司令，保加寧則以組織專家的身分，站在朱可夫後面組織平民，他動員莫斯科市所有人口，把成千成萬的男女送上前線去當砲灰，莫斯科總算救了，對他的報償是陸軍中將。

戰後蘇聯許多將軍們的思想動搖，保加寧被派為政治委員，對軍人作有效的監視，無異是史大林的大特務之一。戰後蘇聯進軍波蘭的華沙時，他對安排尤有大功。

史大林死後，他變為四個副總理的第一位。在紅星爭權中，他一直表現得很冷淡。這也許是他在這次政變中變為總理的原因。西方一般外交界對他的評論是：「極富才智的職業官僚。」有人則認為朱可夫支持他起來，以掩護軍人力量伸長。也有人認為是克魯雪夫利用他來平衡軍人的過渡。

朱可夫——提到朱可夫，便會聯想到二次大戰中蘇聯的第一個大英雄。無論如何他在蘇聯人民的眼光中，是有著偶像的。

他現年五十九歲，出生在俄國中部離莫斯科不遠的斯特萊可夫克（Strelkovka）的一個小村落。一九一五年當他十九歲時，便投入沙皇軍隊，勇敢善戰，獲得不少動章，一九一八年參加紅軍，次年正式入黨。帶給他生命的第一次曙光是一九三〇年，當史大林展開清黨時，許多軍隊頭目都被槍決或「充軍」西北利亞。朱可夫是少數幸運者之一，從低級軍官一躍而為高級軍官了。

一九三九年，外蒙與蘇聯交界處的「張可峰事件」時，朱可夫正是提馬契柯元帥（Temoskenko）的參謀長，痛擊日軍，獲得名震世界的戰功。一九四一年朱可夫四十五歲，被任為陸軍參謀長，不久又被調到莫斯科、列寧格勒和史大林格勒作戰地司令，一直到勝利，作進軍柏林的總指揮。曾作三次蘇聯的戰爭英雄，尤其最後一次，名符其實，作了紅軍的第一號名將，被晉陞為元帥，受蘇聯人民無限崇敬。

鋒芒大露，禍亦難免，尤其在一個極端獨裁的國度裡。當朱可夫紅得發紫時，史大林一直在憂慮朱可夫會成為他的唯一勁敵，因而設法把他軟禁在荒涼的奧德賽（Odessa），直到史大林死，世人都很少聽到他的消息。誰知道，轉瞬間，他的命運又變了呢！

當馬倫可夫繼承史大林作總理事，朱可夫曾被任為國防部副部長（部長保加寧），許多人都曾把他看作是馬倫可夫的最重要支持人。當伯利亞（Beria）特務頭子被拘囚時，他曾親自帶了兩師人馬到莫斯科鎮壓，於是曾為史大林用以作為獨裁的祕密警察組織立刻被軍隊的勢力質換。不久伯利亞被槍決，朱可夫就代替了伯氏在共產黨執行委員會的位置。

無疑地，朱可夫是支持馬倫可夫政策的一個。蘇聯的軍人多來自農村，民間疾苦他們知之甚深，總希望農民生活得以改善，馬倫可夫曾允許他增加消費工業，抑制軍需工業，以改良蘇聯人民牛馬似的生活。他是個職業軍人，對蘇聯的軍事力量知道得很清楚，他對於馬倫可夫在外交上妥協的政策也曾表支持。而今他作了掌握實權的國防部長，難道他還希望再做一次英雄嗎？

馬倫可夫——雖然他在這次政變中，總理的職務失去了，然而他依然是電力部的部長和中央政治局的要員之一，雖然悔了過，卻未在下台後掉腦袋，這在蘇聯的政變史上已屬難得了。無疑地他依然是克里姆林宮的紅星之一。因此他的背景還是值得簡單提提。

他是目前蘇聯紅星中最年輕的一個，現年五十三歲，西方國家的政治家們都把他看作是蘇聯「新貌政策」（New Look）的象徵。從他的外表看起來，胖得有幾分傻，其實他的心頭是瞭亮的，甚至可以說是一個極幹練的「布爾什維克」。

他過去的經歷告訴我們，在政治生涯上，他是史大林的影子，也是史大林想鑄造的一位繼承者。他和史氏一樣出生於歐亞交界的烏拉爾附近，有人懷疑他不是純粹的俄國人血統，似是有道理的。他二十歲時即加入了紅軍和共產黨，當蘇聯內戰時，他在土耳基斯坦草原作黨的低級政治委員。一九二〇年他被黨派到莫斯科工業學校研究，這所帶有現代科學意味的學校也和莫斯科旁的學校一樣，黨的色彩極濃。曾受過西方馬克司教育的俄國革命先輩如托洛斯基、辛若維夫、卡門里夫等都曾作過他政治思想的導師。畢業不久，派到黨的中央祕書處充當祕書，這是他以後興起的關鍵。初期他在祕書任內是管理人事，公餘他潛心研究史大林對於人事的處理和行政方法，他開始在統治技術上向他的上司一步一追。一九三〇年，史大林正式派他管理黨內幹部工作的調動，他開始參與黨的政策了。尤其重要的，是史大林在黨內的許多文告，亦開始由他執筆了，他在黨內的分量不亞於政治局的委員們了。一九三九年，他已公然敢向莫洛托夫挑戰了，他公開斥責莫氏的太太。大清算時，他曾把黨內史大林的政敵一個個從卡片中提出來交給執行人去攫捕處死。從一九三〇至一九四〇年，他已變成黨內的要角了。

二次大戰期間，史大林派他到史大林格勒朱可夫總部內主持「政工」，在那兒他和野心勃勃的日丹諾夫（Zhdonov）有過鬥爭，其後日氏死了，他又回到黨的中央祕書處成為史大林副手。一九五二年十月，共產黨全國大會，他已代表中央委員會做各種報告了。

史大林死後，他以近水樓臺的地位，取得繼承地位，但因無法控制祕密警察，乃起用朱可夫，藉軍人力量以平衡特務，當他確能與軍人徹底合作時，乃毫不客氣將特務頭子伯利亞清算。在黨內他雖有相當勢力，但因當年史大林在人事上一直採用平衡式的雙軌制，以便控制。在黨內除了馬倫可夫，還有克魯雪夫，而且克氏對於半黨半軍的勢力派及黨內元老如莫洛托夫等都有極大潛勢力，因此馬氏雖然奪得天下，還得把最重要的黨的書記長職務乖乖交出來。這已決定了他的王座行將變位，問題只在時間而已。

誰是史大林主義者的繼承人

為了探求解答這個問題的路線，我們必須回顧幾段歷史，因為革命以後的蘇聯和獨裁統治者的歷史及舊俄帝國的本身是不可分割的；如我們在「史大林時代及其遺產」一節所論列者然。

在歷史上有一個近似的例子，也是一個革命性共和政體的獨裁者，曾用盡方法遺傳其無限的力量和權威給他選好的繼承人。當十七紀時，英國的克朗威爾（Oliver Cromwell）企圖把清教徒革命的遺產交給他的兒子利查（Richard）。可是，當克朗威爾死後不久，他的士兵們便把他的兒子推翻，而將其至高的權威重新加到王位上去，並歡迎查禮二世（Charles II）回去即王位，其高興鼓舞之情至少不亞於先前喝采贊成查禮執行死刑的情緒。難道我們也有理由把馬倫可夫比作史大林的利查嗎？

其次在帝俄歷史上，當可怕的伊凡（Ivan）和彼得（Peter the Great）死後，也有許多類似的事件。這兩個沙皇與史大林之間最相近者，是在他們統治下，俄國的勢力都曾有過無限的膨脹，雖然在他們之後，有許多獨裁恐怖的伎倆仍殘留在他們的傳授手中，而強烈地影響其後裔。但是每一個沙皇之後，都在顯示著衰微和退縮。難道又有任何理由想到類似的事件再度發生嗎？

我們也可追憶帝俄歷史的另一先例。在鐵的沙皇尼古拉斯一世（Nicholas I, The Iron Tsar）統治下，俄國的整個社會結構都像僵化在統治者的淫威暴政下，毫不動搖似的，至少俄國以外的世界是這樣看法。事實上在這種外貌的裡層，真正影響她的工作已在侵蝕她了。所以幾年後，接近尼古拉斯皇權的亞力山大二世（Alexander II）作了他的繼承人之後，俄國和波蘭的農奴都得到一些解放。

無疑地，對於每個先例的估價，也許都不見得與現在的情形相合。蘇聯革命後的政體，史大林主義者統治的氣質和性格，在歷史上都無法找到完全相同的前例，甚至於像拿破崙式的統治，指揮著地球上一大塊地區，也不能與史大林主義者的帝國同日而語。當蘇聯的第四個「十年」行將終止時，她究竟去向何處？

事實上，在討論過「史大林時代及其遺產」、「紅星群畫像」和一些相關的史實後，連綴重要的概念，似已有其應有的答案了。

無論如何我們再沒有理由希望史大林的繼承者，正如史大林影子似的繼承下去。儘管繼承者把史大林作為偶像佯裝地去做許多事情，誠如當年列寧死後史大林做的一樣。在另一方面，他是無法避免「一般性的趨向」而與「史大林主義」走向分離。這「一般性的大的趨向」是什麼呢？是史大林主義者在內政上留下的「深沉的矛盾正在社會與經濟結構和史大林主義者後的政治上層結構之間臘化者」，和外交上利用「共產國際作突擊軍贏得三分之一世界後的消化不良症」，再加上紅星間的「勾心鬥角」，自由世界的日益警覺，誰能說今後的蘇聯不會標示著史大林主義的背叛！

基於以上的分析，蘇聯的政變不是偶然，更無法超越歷史行程而讓探討人類事務者，永遠走向沒有終結的迷宮。

史大林死後，馬倫可夫以無限的雄心卻帶著憂鬱的情調，爬上帝國的王位。他一面在克里姆林宮追悼史大林的紅色廣場，大聲疾呼追隨「史大林同志」偉大的領導方向，聯合全世界無產階級創造「聖地」。另一方面，他卻在史大林死後「聯合領導」（Callective Leadership）的紛擾下，毅然採取了所謂蘇維埃的「新貌政策」，對內企圖壓抑軍工業，發展消費工業，以提高人民生活水準；對外實行妥協政策，用「和平共存」（Coexistence）以誘惑自由世界，以經濟援助加強衛星國家友善關係。

許多西方權威學者和觀察家們，不但隨聲附和「和平共存」，而且都認為馬倫可夫可把蘇聯帝國領向和平改革的新路，給蘇聯人民帶去曙光，減少自由世界更多憂慮。這種看法我們也不可完全視其為自我陶醉，多少他們也有一些理論根據。首先他們從馬倫可夫的背景、性格和思想上去發現奇蹟，他們認為馬倫可夫受過現代科學教育的薰陶，而且對於托洛斯基等富有理想性的國際派頭目的思想，在其心靈中有著植根的影響。因此他的抬頭，正代表著史大林主義的崩潰，配合他宣布的新政，當然會有理由相信他將把蘇聯領向和平改革的新路。可是他們卻忘了馬倫可夫的後一段歷史，當他跨進黨的核心中央祕書處工作那天，他已決定了向他的頂頭上司一步一趨。經過黨的大清算之後，他的功勞已決定其在堅牢的史大林主義建築上「更上一層樓」的命運了。而且從許多跡象中我們都可了解到，史大林的末期的確是有意把他鑄成繼承人的，稱他為史大林的影子，是極其公平而正確的。等到他將史大林曾用來平衡軍隊，鞏固政權的祕密警察鬥爭，特別是殺掉伯利亞之後，附和者們更有理由去證實馬倫可夫的開明了。事實上他們很少去從蘇聯軍人與特務間的矛盾去作進一步的了解，而更把馬倫可夫借用朱可夫等實力軍人的必然性視若罔聞，當然就只好牽強附會了。

也許有人會問：「可是馬倫可夫宣布的『新貌政策』又是為的什麼呢？」不錯，馬倫可夫的確在內政上企圖以消費工業代替軍工業，從而提高人民生活水準，對外則希望以「和平共存」的號召以緩和世界局勢。可是照我們的看法，都不能把它看作是馬倫可夫實行新政的事實，而應該把它看作是史大林主義的必然結果。在本文前面我們已有概要的敘述，茲不再贅。馬倫可夫在史大林主義進退維谷的十字路口爬上王座，假如他還不以「裝聾作啞」來欺騙自己，他當能看見掙扎在飢餓和憤怒邊緣的絕大多數蘇聯人民，是可能向束縛他們的鐐銬作最後一次冒險。因此我們只能說他以提高人民生活水準來做內政的號召，是相當聰明亦屬必然。在外交上，當史大林主義擴張到世界三分之一時，鐵幕邊緣早已呈現著搖晃不安，特別是東歐幾個衛星國家，再加上美國領導的自由世界東西聯盟的包圍，和美國氫氣彈的進步，馬倫可夫是應當考慮到「消化不良症」者不診斷，蘇聯帝國的命運勢難苟延。

史大林主義畸形發展的矛盾結果，產生了「十字路口」的馬倫可夫，馬倫可夫伴著「新政」把蘇聯領向更矇矓的境地了。由於消費工業脆弱的基礎，「提高人民生活水準」的口號不但叫不響，而農業生產的下降和軍工業的停滯，卻給史大林主義者的死硬派有了更多的藉口。再加上西德的重振軍備，台灣海峽的危機日逼，作了二十三個月克里姆林宮主人的馬倫可夫就只好「滾蛋」了。

馬倫可夫有著利查的命運，但他卻不是史大林的利查。他有亞力山大二世的環境，他卻做不出亞力山大二世的事業。把他看作可怕的伊凡後的一個渺小的「沙」倒似乎更近情理些。

現在穿著元帥制服的政客保加寧在克魯雪夫的設計下登上了王座。觀察者們自是各有其揣度，但是我們只能在這兒說：他的上台證明了今後史大林主義的繼承人，必須是將蘇聯命運孤注一擲的死硬派；而且可能再醞釀一次大清算呢！

世界是「和」是「戰」？

也許讀者最關心的，還是今後世界「和」與「戰」的問題。這一點是極難作肯定的展望的。大體說來，蘇聯政變的結果正顯示著：（一）蘇聯軍人正在擴張其力量和影響；（二）軍需工業代替消費工業（槍桿代替牛油）；（三）更堅強的外交政策，加強歐洲衛星國家的控制，從而建立起歐洲共產國家間的軍事指揮系統；（四）加強中共關係，可能暫不涉足台灣。無疑地這是走向於戰爭的趨勢。

但是基於以下兩點原因，也許蘇聯還不至於馬上發動世界大戰：（一）爭取獨裁寶座的鬥爭可能繼續擴展，直到一人至上為止，克魯雪夫可能獲得勝利。而且這種鬥爭或將牽連到黨政再度清算；（二）蘇聯統治者其發動國際戰爭之前，需要得喘息餘地以安頓其內部。

目前內部鬥爭的暗流仍在激盪，在謎底未揭穿之前，自由世界是很難估計其變化過程中的情況的。然而歷史的進程明白的告訴我們，自史大林死後，蘇聯內部鬥爭便在繼續著。最近幾年的內外變遷都在擴張其潛在勢力，同時也加大了軍人的權位。我們已指出保加寧的被任為總理，顯然是鬥爭中的權宜之計。他是人所共知的政治將軍和軍黨之間聯繫的重要頭目。他被陞到第一把交椅，正說明軍黨矛盾間軍人掌握了平衡力量的鑰鍵。

莫洛托夫二月八日的演說一再說明，蘇聯軍隊百分之七十不是共產黨員便是共產黨青年團員，這可能是事實。他為什麼要在這時提出呢？其意味是深長的。

總之，今日蘇聯表現的派系鬥爭，雖不像一九三七年那樣明目張膽的清算，然而我們可以斷言：今日蘇聯的軍人們正在操縱內政，已指揮其軍隊去影響世界史了。

同時我們更可以斷言者，是史大林運用了歷史的矛盾，在人類歷史上鑄造了矛盾的史大林主義大帝國，而今它正在遭受歷史的考驗；這一考驗的結果是必然地「否定」的啊！

一九五五年載紐約《前奏》季刊第四期

四、半工半讀的經驗

一九五五年暑假前，我同中美聯誼會的總幹事祖炳民博士商定停刊《前奏》季刊後，我們都趁著暑假三個多月的時間分別打工去了。祖博士仍然是到猶太人度假旅館去做冷盤（salad）主廚；我則同一群男女同學（約十二人）到卡茲口山區一家猶太人的暑假旅館去做「餐廳跑堂工人」

（Busboy）。由一個姓游的同學領隊，他在美國已有好幾年了，他對這種工作很有經驗，事實上他是我們這一群同學中做到「侍者」（Waiter）的唯一中國學生。在美國的大餐廳或大餐廳，「侍者」與「跑堂工人」之間是有很大的區別的。前者除工資外，還可賺客人給的小費。一般而言，「小費」要比「工資」多上許多倍。工作也比較輕鬆，主要是接受客人選好的菜單，然後跑到廚房去叫菜，最後是上菜。有經驗的「侍者」賺錢是很可觀的。後者則僅有微薄的工資，工作則非常辛苦，不但須將自己工作區域內客人用過的盤碗收進廚房，也得不斷地跑到廚房去將熱咖啡拿來給客人沖添；如果客人不慎將食物或湯水掉在地板上，還得立刻把它掃除乾淨。一餐飯下來，在餐廳與廚房間擁擠的門檻上肩負著重物跑上幾十趟。同時一天除了三餐飯之外，還得趁早晚的時間，在廚房用熱水洗銀器（如刀叉等）和剝洋蔥皮。總之，一天的工作至少在十個鐘頭以上。好在大夥兒年輕和賺錢心切，不管有多苦，也承擔下去了。暑假快完時，回到紐約，總算賺了幾百元現鈔，也就心滿意足了。不過，有些同學和我一樣，對於猶太人在資本主義社會裡用盡刻薄的方法來對待工作者的事實，是無法忘懷的。

回到紐約已八月下旬，幾天後學校就開始註冊。我在輔敦大學一學年的獎學金已用完了，現在自己得付學費，加上生活費，從卡茲口山上賺回來的幾百元就有限極了。只好先選兩門課，週末還得設法「打工」去，不然一學期都維持不了。好在這時在紐約念書的學生打什麼工也沒有人過問，只要你找得到。

選的兩門課同前一個讀過的課程頗有聯繫。不過開於國際法那門課比較難讀，許多名詞和國際法庭的判例都非常費時間。好在另一門課是有關歐洲近世史的東西，輕鬆而有趣。事實上我在前一年主編《前奏》季刊時，曾寫過幾篇文章，都在這方面作過不少研究，因此這門課讀起來毫不費功夫。所以週末「打工」就無問題了。

當時的問題是：週末找什麼工作做？如果要圖方便，當然是在學校附近的地方找到什麼就做什麼。比如在學校圖書館做搬書工作，或附近美國餐館的「跑堂」工作等。可是這些工作既辛苦而賺錢又少，在紐約一般的中國學生打臨時工賺錢較多的，都是到中國餐館做「侍者」。但如前節所述，當時紐約的兩百多家中國餐館，有百分之九十五以上都是早期華僑廣東人開的，廚師清一色廣東人，難找一個會說英文或國語的，所以做「侍者」的必須會說廣東話。想來想去，最後決定找個廣東朋友談談再決定。

在紐約住了一年多，認識的廣東朋友有好幾位，對中國餐廳熟悉而有經驗的只有一個姓陳的朋友。他的英文名字是 Wallace Chen。可惜他的中文名字已記不得了，不過一般與他熟的朋友都叫他「陳哈兒」。他人很爽直，也很「能幹」，不過有時稍微「粗線條」一點。他這時還在讀大學三年級，可是他已在一家「職業介紹所」任半職了（星期五、六兩日工作全天，星期日工作半天）——專門介紹中國餐館的工作者，記得一個星期天去看他時，他很高興，一見面他就問是不是要找工作？我當然說「是的」，同時也向他說明不會說廣東話。他妙透了的大叫道：「老郭，一切由『老子』負責。不過，『老子』也有條件的：第一，聽說你是紐約中國天主教同學會的主席，認得許多漂亮女生，那你得給老子介紹一個囉；第二，聽說你會讀書寫文章，那你得給老子寫點 paper 呀。」（他的意思是有些課程教授要求學生的讀書報告）。我也開玩笑地回答他沒問題。然後他便請他的同事代為照顧他的工作一會兒，便把我帶到後面一間屋子坐下，然後正正經經地說：

「老郭，工作沒有問題，隨時都可以給你介紹一個，不會說廣東話也不要緊，但是你得把一般廣東餐館的菜名能用廣東腔叫出來。現在我就把它們寫下來教你，回去自己練習好後，再來看我，就可以馬上給你一個工作，如何？」

一聽要學廣東話，自己真是沒有信心，但是為了不讓他失望，馬上說：「好呀！你寫吧，我等你，老陳。」

「好，老子就開始寫了。」

大概過了十多分鐘，他寫好十幾個菜名，然後用廣東話一個個地教我唸。唸到令他滿意後，他便叫我回去自己練習，下個週末來，他就可以介紹工作了。「陳哈兒」對朋友的確很熱心。

第二個星期五午後去看他時，他非常忙，辦公室坐滿了人，都是找餐館工作的。可是他一見到我，便大聲的叫道：「老郭，請等兩分鐘。」然後他繼續和坐在他前面的人討論事情。把事情談完後，他便向等在那兒的人們說聲「對不起」，並請他們等幾分鐘。然後他便把我帶到後面的一個小辦公室，先讓我把他上次教的菜名用廣東話說一遍。於是他笑容滿面的說：「真要得，老郭！老子現在就給你工作。不過，希望你不在意稍微遠一點，在帕特森（Patterson，是紐澤西北部的一個工業城市，從紐約乘公共汽車去，約須一個鐘頭左右）。介紹你去這個飯館的原因是老闆人很好，可以容忍非廣東籍的外省人。如果你認為可以的話，每個週末都可以去，你看怎麼樣？老郭。」

「當然可以吧，有工作就行，我明天就去，謝謝！老陳。」

「好極了！那就改天再見。啊！還有，你可不要忘掉給『老子』介紹個漂亮妞兒！」

「沒有問題，沒有問題，『哈兒』！」我們都大笑而別了。

回到住處後，先打電話到汽車公司問好去帕特森的車程和時間，然後把在飯館住一夜的小東西如牙刷、牙膏及面巾等準備好。晚餐後，便休息了。星期六早晨用過早餐後，便趕去乘地下火車到汽車站。買了八點起程去帕特森的車票。在路上跑了一個多鐘頭。不過還得走幾條街才到飯館。

這個飯館的名字叫「新中國飯店」（New China Restaurant）。在市中心交叉口一棟四層樓的二樓上。一進飯館，王姓老闆便迎上前來。他的個兒小小的，可是笑容滿面，的確是廣東人中少有的。他用非常中國化的英文與我交談。他說他從陳先生（陳哈兒）那兒知道我不大會說廣東話，但他認為沒有關係，只要努力工作就行了。然後他便把我帶到房廚側面的一個放雜務的屋子去換工作服準備工作了。另一個侍者是一個中年的廣東人，不大講話，希望能同他相處得好。

剛到十一點正，就有客人開始進來了。王老闆將他們帶給另外那個侍者，接著便有三位中年女士走進來，王老闆便把她們帶給我，我便小心翼翼地等她們點菜，結果都要「雞炒麵」。於是我馬上把菜單帶進廚房，用「陳哈兒」教會的廣東腔大聲的向大廚叫「雞炒三份」。那位胖嘟嘟的大廚睜大眼睛，把中國式的菜刀在菜板上拍了幾下之後，指著我大罵一通，雖然我聽不懂他罵些什麼，卻把我嚇得發抖，我真怕大廚會把菜刀給甩過來。待我換過一口深呼吸後，便逕向廚房門跑過去，準備向王老闆說聲再見，就回紐約去了。殊不知幾乎同王老闆面碰面的在廚房門口相遇，我立刻向王老闆說聲「再見」，便向飯館入口走。王老闆緊緊地握著我的手一再地向我道歉，說大廚性情不好，請看在他的面上，務請原諒。正在這時，那位年輕的廚師也跑過來拍著我的肩膀，露出天真的微笑，用廣東人說普通話的腔調對我說「沒關係」，並要求我以後叫菜向他叫，接著還自我介紹說他姓周。周先生同時還將我拉進廚房，把準備好了的三份「雞炒麵」交給我，請我送給客人。承這位年輕廚師的情，我立刻開始工作了，至少把這一天做完再說。這時客人愈來愈多，另外那個「侍者」真是忙得不亦樂乎！接著我也忙起來了。

這個「新中國飯店」是一個典型的早期廣東人在美國開的餐館，規模小（大小餐桌共十多張），菜的種類也不多。不過，價錢便宜極了。來吃飯的人多半是中下階層的人。將近十二點時，餐廳已坐滿了客人，我們兩位「侍者」都忙得用跑代走。好在我暑假在卡茲口山做「跑堂」工作時，托著很重的碗碟盤子已成習慣，所以一桌四人的四大盤食物加上一壺茶及碗碟等，托起來毫無問題。所以七八桌客人，連跑十幾趟，也就不算什麼了。晚餐午後五時半就開始，也很忙，一直要忙到九點左右。

大體說來，這個小餐館的生意相當好，可是「小費」卻出乎意料的少得可憐。好的客人平均給二角五分錢，差的只給十分錢。所以一天工作下來，收到的小費全是二十五分、十分和一分錢的硬幣。一天工作的總結也有十幾元，加上最低薪金，約在二十元左右，比起紐約的中國餐館來，當然就差多了；普通在紐約的中國餐館做一次晚餐，就可以賺到這樣的錢，而且還不是那麼忙。這說明一個工業的小城與紐約是有區別的。

晚餐後，餐館的工作人員都到附近的一個 Apartment 去休息了。正好把我安排在那位年輕廚師的屋子裡，使我們有機會聊聊天。從他的談話中，知道他也是中共政權建立之後，從廣州逃到香港，暫住在並不富裕的親戚家。然後同僑居美國的族兄聯絡上，希望能到美國讀書或工作，那位族兄告訴他，美國讀大學的學費很貴，除非能得到獎學金，不然是讀不起的。他建議最好能在香港學會做廚師的工作，將來有機會到美國，馬上就可以找到工作，賺些錢再去讀書。後來他在香港真的學會做廚師的工作，同時也有機會來到美國。三個月前便到這兒做起廚師來了。他希望做兩年，賺夠錢就去讀大學。怪不得他對我特別同情。我們就寢前，他一再的希望我每週末都回來工作，他保證今後叫菜沒問題。

第二天是星期天，飯館中午十二點鐘才開門，客人也比前一天少很多，晚餐還是非常忙碌，不過比前一天的客人都來得早一些，因為隔天都得工作的原因，所以晚上八點多鐘就關門了，我馬上趕車回紐約。在車上我想了很多。深感在輔敦大學念完碩士學位前，必須在週末打工來維持讀書生活。過去一年多來，曾做過一些不同的臨時工，如：在圖書館做幫手，在醫院忙記賬，在家具行油漆桌椅，在旅館餐廳做「跑堂」等，都是非常辛苦而賺錢很少的工作。到目前為止，最好的工作還是在中國餐館做「侍者」。可是自己的廣東話又不行，幸而這家「新中國飯店」的王老闆人不錯，小廚師周先生更是好人一個。儘管賺錢不夠理想，而工作總是靠得住的呀。所以只好決定做一段時間再看情形了。

此後，每週可以安靜地讀幾天書，週末到帕特森的「新中國飯店」打工，因此週末去中美聯誼會參加各種學生活動的機會便沒有了。從星期一到星期四的晚上，總有朋友到我住處來找我，特別是「中國天主教同學會」的會員們，因為我還是該會的會長呢。有時「陳哈兒」也去，他去的目的多半是要求我為他做讀書報告（陳不但教會我許多廣東菜名，而且「新中國飯店」的工作也是他介紹的），所以我有義務為他做此事。大體說來，這學期的星期一到星期四全都可以讀書了，因此念書成績還不錯。

時間過得很快，一學期很快就過去了。到耶誕節時，我已在帕特森的「新中國飯館」打工四個月。每週末平均賺四十元，每月約有一百六十元的收入。每月的支出（房租五十元，伙食約四十元，車費和零用約二十元）約一百一十元，能剩下的錢不過五十元。每一想到下學期的學費時，就會感到緊張。如果下學期仍然選兩門課，錢就不夠了，怎麼辦？好在耶誕節時，「中國天主教同學會」主席的職務任期一年已滿，此後可以把全部時間用來打工和讀書。所以在寒假裡，便傾全力到各處找工作。真是天無絕人之路；有一天一早便乘「地下鐵」到城中心（Downtown）去找工作時，在車上碰見 James Shen（他的中文名字已記不得了，只知他是盛世才將軍的兒子）。老盛人很好，一見面就聊起天來。他知道我去找工作，便問我有沒有興趣到銀行工作。我當然告訴他有呀。接著我更進一步的說自己不是學銀行或財經有關的主題，如何能到銀行去工作呢？老盛於是詳細的告訴我，他也不是學銀行的，他已在銀行做事幾個月了。做什麼呢？是用電子計算機（Computer）為銀行做統計，而且非常容易學。只要能夠通過口試，就會被錄取，然後有專人來教你，最多一兩天就學會。他還說他工作的銀行 Banker Trust Co.正在招生，現在就可以報考。他更進一步地建議我，在口試時千萬不要告訴主考者你在讀研究院，問到學歷時就告訴他讀過大學兩年，沒有錢繼續讀書，所以找工作做。

與老盛是曾在中美聯誼會僅僅見過幾次面的朋友，沒想到他是這樣一個爽快的人。除感謝他的盛意外，只希望不讓他失望。反正他到Banker Trust Co.去上班，我便隨著他到這個銀行去報名申請工作了。

Banker Trust Co.的地址是在馳名全球的華爾街（Wall Street）第五號。一座二十多層樓的石頭和磚的建築物。沒想到填表報名之後，馬上就被帶到另一個辦公室口試。問話的人是一個中等身材，短短的紅頭髮配上臉上的黑雀斑，給人的感覺確是不太舒服，談話時也毫無笑容。不過他問的東西都很簡單，還測驗了一下我的「加、減、乘、除」。幸好我在這方面並不太壞，雖然一生與數理和科技無緣。問完之後，他便問我何時可以上班。一聽之下，我立刻呆住了，真不相信我就可以在銀行工作了。於是我慢吞吞地問了一句：

「先生，你是要我馬上就開始工作嗎？」

「是呀，你不願意嗎？」

「願意！願意！明天就可以上班。」我帶著微笑的答道。

「好極了，湯瑪斯（Thomas是我的英文名字）。我名字叫約翰．司密斯（John Smith），你以後就叫我約翰好囉。現在我得告訴你，我們銀行一天有三班如下：第一班，從早晨八點鐘到午後四點鐘；第二班，從午後四點鐘到午夜十二點；第三班從子夜十二點到早晨八點。你願意上那一班呢？」

「我願意上午後四點到子夜十二點那一班（這樣可以用白天來讀書，我這樣想）。」

「好極了！好極了！我也上這一班，那我們明天見面吧。」他說完後，馬上就起來同我握手。於是彼此說聲「再見」就分手了。我內心深處充滿了無限的喜悅，立刻離開銀行乘地鐵回住處去了。我事先絕沒有想到在銀行待了一個多鐘頭就有了工作，而且薪金也不錯。七十五元一週，一個月便有三百元。除住食費和零用之外，一個月至少可以剩一百五十元。讀書的學費便無問題了。回到住處之後，打了幾個電話給好友們，大家都為我高興。晚上打電話給老盛，感謝他給我這個工作的消息和建議。他一聽之下，大叫「好極了」，並要求我請客，我連答「沒問題……沒問題」。不久真的請老盛和另外幾個朋友吃了一餐好中國飯。

第二天去上班時，昨天口試我那位司密斯先生已在辦公室等著了，同我一齊開始工作的一共有八個人，都到得比較早，司密斯先生趁此向大家宣布，今天不開始工作，但是有兩件事要做：第一，由另外一位先生帶大夥兒參觀整個銀行，他自己也將同大家一齊去；第二，他將向大家介紹工作情形和應學的規則。

到了午後四點正，一位人事室的先生來到辦公室，他先介紹銀行的組織系統，然後說明工作人員的福利，並介紹了人事室和餐廳的所在地。然後帶我們去參觀二十幾層樓的銀行大樓，從上到下。地下室也有三層。在最下一層，我們參觀了裝在玻璃櫃的「金磚」和五百元一張的大鈔票。這些東西是我有生以來第一次所見，大概也是最後一次看見的機會了。

參觀完了以後，司密斯先生帶我們回到辦公室。他先把我們八人分配到個別的辦公桌上，每個桌旁都有一部方型的機器（既不是舊式的算賬機器，也不是現在的電子計算機（Computer），而是早期大銀行用來統計支票的電子計算機——事實上就是早期用在銀行的Computer。然後他開始講解我們的工作就是運用這個機器來統計每天經過這個銀行的支票。於是他一步一步教我們如何來運用這個機器。方法並不難，最重要的是不能有錯。所以每天把分配到的支票統計完後，自己得印證幾遍，直到沒有錯誤時才算完工。待他重複地講解幾次之後，我自己深感有信心做好這種工作。回到住處後，便打電話給「新中國飯店」的王老闆把那兒的工作辭掉了。

兩週後便是一九五六年的春季學期開始，算算自己所有的錢不過兩百元，選兩門課的學費都不夠。那就暫時選一門課讀著再說吧。

在銀行的工作很順利，做了一段時間之後，才發現同一辦公室的同事都是各大學讀書的學生，也有讀研究院的。每晚八點鐘是我們到餐廳用晚飯的時候，大家都坐在一塊兒聊聊天，是工作中唯一的休閒。

到一九五六年暑假，我已在這個銀行工作了六個月，據司密斯先生的評判，工作成績很好，每星期加薪五元，所以每月可以領到三百元的薪金，我自己感到非常滿意了。暑期後，又開始選兩門課，再有一年多，便可讀完碩士學位。大概還可以繼續工作和讀博士學位了。

自從到銀行工作以後，每天的生活非常機械。午後四點後上班，晚上十二點鐘下班，回到住處已將近早晨一點鐘了。普通總是沖過澡就上床睡覺。第二天九點鐘前早餐後，便到學校上課和在圖書館做功課。天天如此，但內心感到快樂的是：我又開始有自由的週末了。

記得是暑假快完的一個星期六，應祖炳民兄之約，我到中美聯誼會去看他。他非常熱情的對我說，他知道一年來我在為讀書而掙扎，他不能幫任何忙，感到很不安，主要的原因是他自己在中美聯誼會義務地工作了兩年，自己的經濟情形變得非常拮据。同時又從于斌總主教於前一年被羅馬教廷升為樞機主教後，便被請回台灣去重建輔仁大學。殊不知他一離開紐約後，中美聯誼會的許多事情就不容易處理了，特別是在捐款方面，而中美聯誼會的工作全靠捐款來維持的，因而影響到許多事情都不能辦了。所以他覺得沒有必要繼續留在中美聯誼會，至於該會的日常工作，陳之錄神父在那兒就可以解決了。所以年初他便開始找工作，很幸運，最近匹茲堡的杜肯大學（Duquesne University）已給了他聘書，他決定一週後便到那兒去教書了。他約我見面的目的，是希望進一步地了解我半工半讀的生活是否可以維持下去？因為他深知我是一位只會讀書和寫文章的人，而讀書時能找到的零工多半是要用體力的，他有些擔心。

我除感謝他的關懷外，便對他說自己最辛苦的半年已經過去了。自年初我在銀行開始工作以來，經濟收入比較穩定，精神也更為安靜，大概還要一年多，輔敦大學的碩士學位就可以完成。最抱憾的是上學期只選了一門課，因為去年冬在「新中國飯店」的週末工作賺錢太少。

他很高興我能在銀行找到工作來支持讀書。不過他也提醒我，據他自己的經驗，輔敦大學是美國有代表性的天主教大學，比較守舊。讀研究院的學位比非天主教的大學多費時間。所以他希望我能考慮轉學到匹茲堡，如果他能在匹茲堡大學（University of Pittsburgh）找到獎學金（因為他將去教書的杜肯大學沒有我所讀的研究科目）。

我一再地感謝他的關懷，同時也讓他知道，我一定會遵從他的建議到匹茲堡大學，如果該大學能授予獎學金的話。

他一聽之下，拍拍我的肩膀說：「成棠，好極了！好極了！我到匹茲堡安頓好後，便給你信，希望在不久的將來我們在匹茲堡見。」之後，彼此握握手，便告別了。

秋季開學前，我選了兩門課，白天念書，晚上工作，這種生活已有半年了，也就習以為常。不久得到祖炳民兄的信，他簡單地把匹茲堡和杜肯大學描述了一番，他說匹茲堡位於阿里干里河（Allegheny River）與芒郎格黑那河（Monongahela River）匯入俄亥俄河（Ohio River）的交接處，為美國最重要的鋼鐵城市。杜肯大學則在城邊的小邱上。學生只有幾千人。他開了四門課，需要不少時間做準備，所以相當忙。他就住在學校旁邊的一個公寓，房子相當舊，不過還很寬敞，他希望不久我能與他住在那兒。他也提到匹茲堡大學的一些情況，他說匹茲堡大學距離杜肯大學只有幾公哩，在匹茲堡的文化區「阿克蘭」（Oakland）。學校規模很大，院系也很齊全。他發現該校政治系系主任馬丁教授（Professor Able Martine）是他的熟人，他們曾在美國政治學會年會上見過幾次面，相當談得來。所以他已打電話同他提到過我，希望不久能有結果。

回他的信時，我首先慶祝他的教書生活很快就安排就緒，其次是建議他有關轉學的事可以不必急，在自然的情況下辦理就可以了。反正我這時半工半讀的生活很穩定。事實上我在銀行的工作做得很賣力，我的上司密斯先生對我也很好。再加上我曾在輔敦大學的校園遇見一位才貌雙全而又頗能談得來的中國同學——她的名字叫李珠麗（Julice Lee）。換句話說，這時的我對於去匹茲堡並不感到有急需。

然而人生常因巧遇或偶然的機會而決定一生的命運，我大半生都在匹茲堡工作和居住便是巧遇的結果。

一九五六年的耶誕節前，祖炳民博士函告我，他在美國政治學會年會上遇到匹茲堡大學政治學系系主任馬丁教授，他們談得非常好，馬丁教授當面應允給予我讀碩士學位的獎學金，而且承認我在輔敦大學所念學分的一半。所以我到匹茲堡大學的政治系做一年的全讀生就可以得到碩士學位了。不過馬丁教授說需要到一九五七年的秋季才開始。所以我還有半年的時間準備去匹茲堡。祖博士同時建議我到匹茲堡後可以同他住在一起，從那兒只須走一條街便可乘電車到匹茲堡大學，非常方便。

接到祖炳民兄這封信後，我感到非常高興，雖然還有半年才去匹茲堡，但是我的心情已在作離開紐約的準備了。在那半年中，我只選讀了一門課以維持學生身分。這次主要是希望多儲蓄點錢，以備到匹茲堡後不虞匱乏。在紐約住了快三年，經過的事情確實不少：先是寫文章和辦刊物，創辦「天主教同學會」，實在忙碌極了。其後則是尋找各種工作來實行「半工半讀」的艱苦生活。不久將向這個偉大而又陌生的城市告別了。

五、匹茲堡大學的一年

記得當年（一九五四年春）從台北到香港候船到美國時，全由在香港創辦「友聯出版社」的摯友陳維瑲兄照顧一切，甚至於買衣服及行旅都由他代為決定。他說遠行的行旅以簡單為妙。所以只買了一只香港流行的鐵皮大箱子，所有東西都放在內。在紐約進了輔敦大學後，便把這只大箱子放在中美聯誼會的儲藏室。當我決定離開紐約去匹茲堡時，這只箱子仍然留在那兒，只將常用的衣物放在一只小箱子，然後乘公共汽車帶到匹茲堡去了。

一九五七年八月下旬的一個黃昏到達匹茲堡。剛一下車，一個比較瘦小的中國人便趨前來問我「是不是郭成棠先生」？我說「是的」。他便自我介紹說他是 Mark Chen，接著他便說他是祖炳民教授的學生。因為祖教授要開會，所以請他來迎接我。接著彼此寒暄幾句之後，他便帶我乘電車經過好幾條街下車後，再走兩條街便到祖炳民兄的住處了，事實上就在杜肯大學校園的旁邊，陳先生用炳民兄交給他的鑰匙將房門開了後，便帶我進去了。這個公寓有一個寬大的客廳，一個廚房，一個洗手間，和一個有兩張單人床的臥房。客廳裡的傢俱很簡單，除了兩張相當寬大的書桌和幾把椅子及一張舊沙發外，就什麼也沒有了。進入炳民兄的住處後，我便向陳先生握手致謝，並請他回他自己的住處休息。殊不知他堅持要在那兒陪陪我，等炳民兄回家他再走。於是我們便隨便聊了起來。

陳先生說他是三年前從國立台灣大學畢業的，畢業後去當了兩年兵才來此念書的。他是炳民兄班上唯一的中國學生，他說炳民兄待他很好，他希望炳民兄能在杜肯大學待到他畢業就好了。之後，我們也談了一些台灣當時的情形，他對當時台灣政府恨極了。

聽陳先生談話不久，炳民兄開門進來了，他笑容滿面的急步過來與我握手，歡迎我的到達。然後他便致謝陳先生代表他到車站迎接我，接著他問陳先生次日忙不忙？如果不忙的話，他希望陳先生能帶我到匹茲堡大學校園看看，熟悉一下環境，順便就把冊註了，因為他自己不會開車，也沒有車子；而且開學前，他的系主任把系裡的許多事情都請他代辦，實在忙不過來。陳先生立刻說沒問題，反正這幾天他是空的。他在離開前特別同我約定次日去匹茲堡大學的時間。

待陳先生離去後，炳民兄同我便一齊到廚房做晚飯，和已往在紐約中美聯誼會時一樣，各顯所長；我們在匹茲堡同住一年的情形都是這樣，通常吃米飯時由我做飯，吃麵食時則由炳民兄做。晚飯後，炳民兄把匹茲堡大學給我的獎學金證交給我，並建議次日去註冊時先去看政治系主任馬丁教授。之後，我們隨便聊聊便休息了。

從住處（杜肯大學校園）乘電車到匹茲堡大學校園只有幾站——約十分鐘路程。陳先生帶我到校園各處看看。第一個讓人不可忘懷的印象是：「匹大」的主要建築物是具有四十三層樓的「學習之宮」（Cathedral of Learning），像古羅馬式的教堂建築，以上品石頭疊砌而成。一進這座大樓的第一層，周圍有十幾個代表不同文化特色的國家教室。代表的國家幾乎全是歐洲的國家，唯一例外的是代表中國的一個教室。這座大樓是一九三〇年代初建成的。當時在匹茲堡大學讀書的中國學生只有幾個人，他們那幾個年輕的中國人真是了不起！他們不但設法籌備了一萬多美元（就現在的價值而論，當在一百萬元以上），而且還特地從中國運來一張有雕刻的大圓桌，一個石獅子，及刻有歷代人物名字（如孔子、老子、莊子、周公……等）的屋頂等具有中國文化特色的東西。近年來，又增加了代表日本和印度文化的教室。但是中國教室仍是特別吸引人的一個。

「學習之宮」隔一條街便是著名的「卡內基圖書館和音樂廳」（Carnegie Library-Museum-Music

Hall)。「學習之宮」前門的左前方便是匹茲堡「海盜」(Pirates)棒球隊的球場(幾年前「三江球場」(Three Rivers Stadium)建好了才搬走的)。一九六八年後這塊地便成為學校總圖書館(Hillman Library)、社會神學院、教育學院和文學院的所在地了。

「學習之宮」前門的右側(在同一條街上)便是「匹茲堡體育協會」大樓(Pittsburgh Athletics Associations Building)和「匹茲堡交響樂團」(Pittsburgh Symphony)。在前方一條街過去是醫學院、大學醫院和足球場(美國足球)。

「學習之宮」後面大草坪的末端便是有名的「漢司教堂」(Heinz Chapel)。這個教堂兩側有幾十呎高的彩色玻璃磚的畫像(關於耶穌傳教和受難的歷史)。教堂的街對面便是「梅農基金會」(Mellon Institute)的雄偉建築(現在成了卡內基梅農大學(Carnegie Mellon University)的一部分了。

「學習之宮」左後方過幾條街便是卡內基梅農大學;右後方十幾條街便是卡坦學院(Chatham College)——一個貴族式的女子學院。在前面五六條街便是「茲山學院」(Mount-Mercy College)——一個天主教的女子學院,現已改名為「卡樂學院」(Carlout College)。

從以上這些事實看來,阿克蘭是匹茲堡的文化區確是名副其實。

陳先生帶我在匹茲堡大學校園參觀了約兩小時,大環境可以說全弄清楚了,同時也感覺到乾渴了。所以我便建議陳先生找個地方喝杯咖啡之類的飲料。他說他也有這種需要,於是他便帶我到「學習之宮」對面的「學生公社」一樓餐廳喝咖啡去了。我這時想喝完咖啡就去看馬丁教授和註冊。很可能都得排隊等待,那就沒有必要再麻煩陳先生了。想到這裡,我便向陳先生說了我的想法,並請陳先生喝完咖啡就可以先回去了，並且一再向他感謝。道理非常明顯，陳先生也覺得是這樣。所以過一會兒，我們就暫時告別了。

在「學習之宮」第一樓的電梯旁有一個各院系辦公室的指標圖表，政治系的系辦公室在廿一樓，我便在廿一樓下電梯，隨即找到馬丁教授的辦公室。他正在忙著打電話。在他隔壁的祕書室等了幾分鐘，他便告訴祕書可以接見我了。他是一個中等身材，約六十歲，雍容和藹的學者，談話聲音較低。他首先問我到匹茲堡多久了？然後他把政治系的課程表拿出來同我討論。他說他從祖炳民教授處了解，我想研究的是國際關係，他說匹茲堡大學的政治系在這方面相當堅強，所以沒問題。他願意把我在輔敦大學讀過的課算四門，所以我在匹茲堡大學完成八門課就可以完成碩士學位。解說完了之後，他便為我選就了秋季班的四門課。接著他便寫了一個給註冊處的條子，證明我是有獎學金的，然後交給我到註冊處註冊。告辭時，我深深地向他一鞠躬，因為他確實像個長輩，非常慈祥。

由於開學還有幾天，註冊處並不忙，到那兒十幾分鐘就完成註冊手續了。

回到住處時已過十二點半，祖炳民兄正在做中飯，吃麵條。我把參觀校園和看馬丁教授及註冊的情形都一一的告訴了他，他非常高興的說：「成棠，我很高興，你將在一年內完成你的碩士學位。」我聽後反而感慨無已，因為在美國的三年不算短啊！好在遇上這樣一個祖大哥……今後一年大概可以好好讀書了。所以我只輕輕地說了一句：「希望不負你的期望，炳民兄。」然後彼此都高興的笑了一陣。

開學後，為了節省時間，每天一早到學校，直到午後五點多才回住處。每天上午幾乎都在上課，中午在學生餐廳隨便吃點東西，午後全在圖書館做當天的作業。好在這時匹茲堡大學的文法學院各系的教室全在「學習之宮」，連學校的總圖書館也在「學習之宮」的四、五、六樓，非常方便。

在所選的幾門課中，有一門是「討論性」的課（Seminar），主題是國際共產主義運動的現狀和將來。主講者是一位不到三十歲的年輕教授，他的名字是薩斯羅夫（Joseph J. Zasloff）。他主持這門課的方法很好。每堂課，他先把討論的大綱提出來，然後每個學生分別發表意見，最後他做結論，同時把下一節課的參考書寫出來，多半是最新的書或論文。這一來，每節課之前，每人都得盡量準備。一學期下來，得到的東西比任何一門課都多。我尤其感謝這門課，其後讀博士學位的論文都是由這門課激起的。沒想到一些年後，我同這位教授不但變成了同事，而且還做了朋友。同時在這門課的同班同學中，有一個女同學名字叫巴伯爾．哈樂（Barbara Hallow）的，在討論課題時，我們的意見常相投。幾個月下來，我們便成了很好的朋友，有時她請我到她家過週末，因此也認識了她的父母和妹妹。沒想到竟因此同她全家做了終身的朋友。

每天專注於功課，時間過得特別快，第一學期在耶誕節時結束，去看馬丁教授選下一學期的課時，他很高興，他認為我念得很好，再有一學期就可以得到碩士學位了。

當時匹茲堡的中國人很少，做生意的只有兩家。一家是小雜貨店，賣些從中國（事實上是香港）進口的小東西；另一家是小小的中國餐館。都位於離市政府不遠的小街上。他們都是廣東省台山縣人。在工業界和教育界做事的中國人也不多。據說在匹茲堡大學教書的有幾位，但是我知道的，只有社會系的楊慶堃教授和經濟系的周舜辛教授，他們兩位的辦公室和政治系是在同一樓，所以才有機會認識他們。另一位則是醫學院的潘士芬大夫。據說在工業界工作的中國人至少有十多位，因為當時匹茲堡具有全國領導性的大公司很多，如：U. S. Steel（美國鋼鐵公司）、Westinghouse（西屋公司）、Golf（高爾夫石油公司）、ALCOA CO.（奧科阿合金公司）等。至於在匹茲堡幾個大學讀書的中國學生也有二十多位，但沒有什麼聚會。

四十多年後的今天，匹茲堡的變化大極了。單就中國人而言，就有好幾千人了。匹茲堡大學的中國學生經常都在三四百人以上，這個學校的中國教授就將近二十人了。匹茲堡的大小中國餐館有許多家。至於享有「鋼鐵城」之稱的匹茲堡本身則因工商性能的變化而有了很大的改變。近二、三十年來，全美國大量進口賤價鋼鐵而使匹茲堡以美國鋼鐵公司為主的所有鋼鐵公司都往下沉；西屋公司也因失去在電腦業務上的領導地位而改行了（改營廣播業去了）。好在還有些大公司如奧科阿合金公司、漢思公司（Heinz CO.）和匹茲堡玻璃公司（P. P. G.）等尚留在匹茲堡；同時與電腦有關的一些新興工業，也開始在匹茲堡發展了。

一九五八年春，我深信我在匹茲堡大學專心攻讀一年，我念「國際關係」的碩士學位屆時就拿到了，因此有一天晚飯後，便同我的同房好友祖炳民教授商討，在讀完碩士學位之後，是否應該讀博士學位？因為我不知道學校是否還繼續給我獎學金；如果不能讀博士學位，應該到哪兒去找工作呢？我剛談到這兒，祖教授馬上接過去說：

「成棠，我正要同你討論這件事。你記得我曾對你說過，如果我繼續在杜肯大學教書，你便可以住在這兒繼續讀書，一直讀到博士學位為止。可是最近幾天有件事情發生了，我的工作可能有變動。你還記得我們在紐約中美聯誼會出版《前奏》季刊時，常與我們討論問題的吳經熊教授和薛光前教授嗎？當時他們兩位都在西東大學（Seton Hall University）教書，最近薛教授已被紐約州長島（Long Island）的聖約翰大學（St. John's University）請去主持『東亞研究』了。他同吳經熊教授便推薦我去接替他在西東大學的工作——東亞研究。該校教務長正寫信來徵求我的同意，我還沒答覆他們呢。就我今後在學術界的工作而論，這當然是個好機會；但是我又想到我們幾年來相處如弟兄，要是我離開匹茲堡後，對你讀書的事可能有一些影響，不知你的看法如何？」

「炳民兄，你知道，我個人對你的感謝不是語言能表達的。我首先希望你馬上考慮去西東大學，這的確是個好機會，我深信你會把這兒的研究項目辦得有聲有色，千萬不要錯過。我自己的前途問題，我會設法解決。我現在先把我的想法告訴你。我計畫最近幾天去看馬丁教授，問他我有沒有獲得獎學金繼續讀博士學位的機會？如果他的答覆是肯定的，我當然留在匹茲堡繼續讀書。不然，我就回紐約去，因為那兒的熟人多，找工作比較容易，繼續半工半讀未嘗不可以，反正我有念博士學位的信心，最多也不過多花些時間而已。」

我剛談到這兒，炳民兄便拍拍我的肩膀說：「成棠，我深信你的決心，那我們就這樣吧！」之後，我們便分別做自己的事情去了。

第二天，我趁課餘之暇去看馬丁教授，他的祕書把我帶入他的辦公室時，他同平常一樣微笑著請我坐下。他先對我說：「郭先生，據我的了解，你讀得很好，還有兩個月，你就可以得到你的碩士學位了，我應該先向你道賀！」馬丁教授一面說著，一面就將手伸向我，我本能地將右手伸去回應！羞愧的面容大概有些不自在的說聲「謝謝」，接著馬丁教授便問我來有什麼事嗎？

「是的，馬丁教授，」我深深地呼了口氣，然後直言道：「馬丁教授，我非常感謝你給我這個機會在匹茲堡大學讀一年完成我的碩士學位。事實上，我非常喜歡匹茲堡大學和政治系的教師們。現在我希望知道，我有沒有得到經濟援助的機會繼續在這裡讀我的博士學位？」

「郭先生，我很高興，你喜歡匹茲堡大學。我們政治系對研究班學生的幫助只有兩種，第一種是學費獎學金，你不是曾經獲得過一年嗎？第二種是博士學位的研究助理獎學金，獲得者不但要幫教授改大學部學生的試卷，有時還得幫助教學。而且獲得者是需要有關教授開會討論決定的。你過去一年念得很好，不過，恐怕還沒有被取錄為研究助理的機會。我很抱歉，不能在這方面幫助你。」馬丁教授以他一貫和顏悅色的態度談到這裡，確有幾分歉然的神色，我馬上接著說：

「馬丁教授，謝謝你花時間來為我解釋，無論如何，我是感謝你的。」之後，我便站起來對馬丁教授鞠躬告辭了。

我失望地走出校門，在乘電車回住處的途中，我想即使拿到學費獎學金也是無法在此繼續念書的，因為祖炳民兄離此去西東大學已定了。我一個人在此半工半讀恐怕是相當困難的，因此我想得到碩士學位後回紐約已屬必然。我決定晚飯時照實告訴炳民兄。

回到住處後，我和平常一樣，繼續做我的功課。這一天是輪到我做飯，所以到了午後五點半，我便開始燒晚飯了，半個鐘頭後，祖炳民教授回來了。同平常一樣，彼此開始閒聊幾句。不久便開始用晚餐。我按捺不住，便向炳民兄提到我今天去看馬丁教授的事。

「炳民兄，我已看過馬丁教授了。」

「啊！這麼快。怎麼樣呢？成棠！」

我便把事實向祖教授評述一遍，然後堅定的說：「我還是照原來的計畫，期終回紐約去找工作。如果運氣好，就可以開始半工半讀。不然，就先做一段時間的苦工再看。無論如何，請你不必為我擔心。相反地，我倒希望你能在西東大學專心地把你自己建立起來。」

三年多來，彼此相處如兄弟，祖炳民教授深知我堅苦奮鬥的意志，也就沒有再說什麼，除祝賀我成功外，僅希望彼此保持密切的聯繫。

兩個多月的時間一晃即逝，到了五月底把匹茲堡大學的碩士文憑領到後，便與同屋的祖炳民教授先後離開匹茲堡了。

在匹茲堡待了整整一年，因為全心全意在念書，社交娛樂的次數極有限。在社交上除前面提到的同班女同學巴伯爾．哈樂曾請到她家度過幾次週末外，便是間接認識正在茲山學院讀書的李小姐（她後來在匹茲堡大學讀到圖書資訊的博士學位，現仍在台灣大學任教），到她們學校去跳過一次舞。在娛樂上，曾同杜肯大學的 William Lieng（中文名字已記不得了）打過幾次網球。不過，我對於美國前二十名大城市之一的匹茲堡和匹茲堡大學的印象都非常好。

回到紐約時，因朋友的介紹，住進離哥倫比亞大學不遠的河邊大道的一幢公寓大樓（一個以單房出租的大樓），然後開始找工作。首先希望能找到的工作，是與國際關係相關的事情。但是由於自己還希望在念完博士學位前，不計畫回自己的國家（這時自己認為的國家是台灣）。要找與國際關係有關的事情，就只好到紐約的聯合國和華盛頓美國國務院（The State Department）去找了。說得更具體一點，就是聯合國的翻譯工作（由中文譯成英文，或由英文譯成中文），或者是國務院教中文或用中文向中國廣播的工作了。

由於住在紐約，所以就先到聯合國去打聽工作情形。到聯合國後，先同詢問處的一位女士談談後，知道那兒向外招收的職員有兩種：一種是由各國代表推薦任翻譯的；另一種是經過考試進去做普通事務員的。可是她最後說「很不幸」，這時以上兩種機會都沒有，至少還得等幾個月。

在失望中，一位好友建議，不妨趁此機會到華盛頓去，先看「美國之音」（Voice of America）要不要寫稿員或廣播員，然後到國務院看需不需要翻譯或教中文的人員。他認為我在中文寫作上比一般中國知識分子強，而今又有了一個碩士學位，應該是有機會的。我當時急需工作，他這一建議，立刻把我說動了。幾天後，真的乘公共汽車到華盛頓去了。到華盛頓之後，暫時住在一位朋友處。然後先到「美國之音」去看看，一經打聽之下，失望了，因為申請者必須是美國公民，據說國務院的工作更是如此。持學生身分的我，連申請都沒有資格，只好回紐約去了。

回紐約不久已是一九五九年了，在朋友處認識了李福祥兄，他是我南京國立中央大學的學長，是政治系畢業的，比我高許多班。他曾是政治系的高材生，畢業後曾在政治系任助教一段時間。到台灣後，他曾任《公論報》的主筆。因為有時他的言論過於激烈，曾被當局警告過。他怕被抓進監獄，便悄悄地告別妻兒離開台灣到美國了。我同他見面時，他剛從西部奧瑞甘大學（University of Oregon）念完政治學碩士學位，來紐約「打工」。因為我們同病相憐——都是念文、法的中國留美學生，所以談話極投機，不久便成為「打工」的室友了。我們都住在紐約市離哥倫比亞大學不遠的河邊大道上的單人住屋大廈。

由於我們都是學生身分，只能做零工；換句話說，我們在中國餐館「打工」時，多半是週末工作，賺錢極有限，但是我們並不氣餒。記得我們在「打工」之餘，常常討論如何才能在窮困中念到博士學位。討論的結果是這樣：盡量兼顧工作，以賺夠讀一年全讀生的費用，然後選一個自己喜歡的大學去開始讀博士學位的課目。第一年必須把功課念好（憑我們過去讀書的經驗，都相信能讀好），以爭取第二年開始以後的全部獎學金。萬一沒有爭取到，以後就只好半工半讀了。據我們當時的估計，在大紐約區能念博士學位的大學，一年全讀生所需的費用大概是兩千元左右。但是，不幸極了，到了一九六〇年春，我們「打工」近一年，都沒有賺到所需的錢。不過，總算稍有儲蓄了。所以我們都只好在暑假後開始半工半讀了。

殊不知過了幾週，一個偶然的機會，我開始走向一個從未想到的奮進之途，詳情待下一章分解。

第七章

孤蒲深處疑無地，忽有人家笑語聲

一、改學圖書資訊學和進入專業的行道

（一）在傑若和婷娜家的一頓晚餐

有一天，一對剛結婚不久的朋友傑若（Gerald）和婷娜（Tina）請我到他們家吃飯，我當然高興的答應，而且準時到達。到了以後，才知道女主人也請了她在台北一女中時認識的一位好友。這位小姐和女主人一樣，出自名門。她剛從密西根大學（University of Michigan）念完圖書館學的碩士學位，正在紐約市公共圖書館裡工作。兩位主人為我們作了介紹之後，便到廚房裡忙著做菜去了。我們也就開始閒談起來。這位女客人落落大方，言談也很得體。

她知道我在「半工半讀」地讀學位之後，便問我願不願意改行去念圖書館學，而我卻支吾其詞。這是因為我不但對現代圖書館學不熟悉，甚至連這學科的基本概念也不十分清楚；而且從來也沒有想到要改行去念自己不熟悉的東西。我的碩士學位雖然是政治學系的國際關係，但它卻同我主修的歐洲史緊密相關，且比歷史學實際些；所以我當時以為念完碩士學位後便有機會找到工作，然後再去念有關歐洲史的博士學位。殊不知念完碩士學位後，仍然找不到任何工作。現在女客人又問我有沒有意思改念圖書館學，所以我只有吞吞吐吐地閃爍其詞了。

她大概看出我窘迫的樣子，便從容地介紹現代圖書館學的大致內容。接著她便敘述當時的美國，在圖書館專業上真是「需才孔急」的時候，原因是：

1.「美國圖書館學會」奮鬥了幾十年，希望政府和社會承認圖書館工作也如醫師和律師等的工

作一樣，是專業性的職業，這樣才能將圖書館工作的聲譽提高。這個願望終於在艾森豪威爾（Dwight D. Eisenhower）總統最後兩年任期中明令公布了。

2. 為了維持專業的高度水準和尊嚴，任何圖書館專業工作者，起碼都得有個圖書館學的碩士學位。

3. 自一九六〇年起，全美需要有碩士學位的圖書館專業人員近十萬人。

聽她簡單的介紹之後，我的確有了深刻的印象，但我仍然沒有任何具體的表示。這當然是我不必要的「矜持」心理在作祟了。

接著主人便把客人們安排在飯桌上坐下。女主人半開玩笑地問客人們談了些什麼？女客人很大方的把她向我解說的東西重述一遍。兩位主人都勸我趕快改行，女主人更熱心地建議女客人為我找幾本有有關圖書館學校的書刊（Library School Catalogue）。女客人不但滿口答應，同時馬上向我推薦美國東部最著名的兩個圖書館學院——哥倫比亞大學和拉特格爾大學（Rutgers University）的圖書館學院。這時我內心雖有著無限的感激，卻仍然沒有明顯的表示，僅僅點頭笑笑而已。大概主人和女客人似乎都了解到我那種悲喜交結的心情，也就沒有再向我追迫了。

飯後，主人把話題轉到比較輕鬆的事情上，如朋友間的趣聞、軼事等。經過幾小時的歡敘暢談，大家都有些睏意了，於是我和女客人都分別向主人致謝告辭。

過了幾天，婷娜打電話告訴我，她的朋友已將哥倫比亞大學和拉特格爾大學的圖書館學院課程目錄及申請表格送到她家了，要我馬上去取。到她家後，她把那些東西交給我，便「嬉皮笑臉」的問我對她的女朋友的印象如何，需不需要她繼續幫忙撮合。到這時，我才感到無比的壓力，我認為我有必要馬上把感情和理智的事情向婷娜弄個「一清二楚」，以免朋友間發生誤會。我正正經經地對她說：「婷娜，如你所知，我同傑若是好朋友，但是我不相信他曾仔細地向你分析過，我在讀完我計畫中的學位前，是不會交女朋友的。」剛說到這兒，她便提高嗓子叫道：「湯瑪斯，你們男人都是這樣，我不相信，我只希望你老實地告訴我，你對我朋友的印象如何？」

「婷娜，首先我希望你了解，我是與一般男人不大相同的。時間可以向你證明，我對你說的每句話都是千真萬確的。我現在答覆你的問題吧，你的朋友不但風度好，人也非常聰明和誠實。我非常感謝她熱忱的幫助。同時，我得請你費心轉告她，由於她的幫助，我在原則上已決定先轉行讀圖書館及資訊學。將來有機會，再去念我計畫中想念的東西。」

她哪裡聽得進去我的耿耿直言，反而追問我：「照你說來，她是不錯的了，而且你還因她的幫助，決定改行念圖書館學了，那你為什麼不直接向她致謝，請她出去玩玩呀！」

正在這時，傑若從街上回來了，我便趁此機會把肺腑之言和盤托出。我說：「傑若，你回來的正好，我們相交多年，你對我的為人處事，是知道得很清楚的。今天我還是一介寒士，一無所有，哪有資格交女朋友呢？對於婷娜的好友，我是非常欽佩和尊敬的。」傑若馬上笑著罵我，說我還是那樣頑固。此後，他們也就再沒有向我提起那位小姐的事了。這無疑是減少了我精神上的壓力。

回到我自己的住處後，花了幾個鐘頭的時間，一口氣把婷娜給我的有關圖書館學的材料看完，我深感有些科目，如：書目學（Bibliographies）、參考書目學（Reference Works）、編目學（Catalogings）

等，與歷史學都有著密切的關係，因而堅定了我改學圖書館學的決心。

第二天一早，我照樣「打工」去了。晚上回來後，便把兩個圖書館學的入學申請表都填好寄出。此後，我每天晚上都和同房的老李（李福祥學長）討論選擇到哪間學校和解決費用問題。老李比我精細，他建議我先到兩個大學去看看，最好能同圖書館學院與行政有關的人談談。結果不但可以決定去哪間學校，而且也知道究竟需要多少錢才能讀到學位。

趁星期一不「打工」（普通中國餐館的工作人員都是星期一休息），我便分別到哥倫比亞大學和拉特格爾大學去參觀它們的圖書館學院，而且都見到了它們的行政助理（Administrative Assistants）。我希望知道的，全都得到了答案；而且當他們知道我已有了個碩士學位時，對我似乎特別感興趣。

參觀兩所大學之後，我想：如果兩所大學都讓我入學的話，那麼我決定選擇拉特格爾大學，理由很簡單：

1. 哥倫比亞大學研究院全年全讀生（Full-time Student）的學費是一千元美金，而拉特格爾大學只收四百元。

2. 哥倫比亞大學位於紐約市，一年住食的費用也不下於學費；而拉特格爾大學位於紐澤西州的紐布朗斯克（New Brunswick）小鎮，一年住食費用還不到五百元。再者它離紐約市很近（約五十哩），如有需要的話，週末還可以去「打工」。

晚上我把以上的想法告訴了室友老李。老李不但完全同意，而且他自己也想到拉特格爾大學申請念博士學位的入學證。他是一年多前在西部的奧瑞甘大學念完政治學碩士學位後，來紐約「打工」

的。我聽了他這番話後特別開心。我想如果我們都到拉特格爾大學念書，不但再度成為同學（我們曾是國內中央大學先後期畢業的同學），而且可以在週末一同到紐約市「打工」呢！所以我催促老李趕快去辦入學證。

過了兩週，兩個大學的圖書館學院的入學證都到了，我當然決定去拉特格爾大學。同時，我還決定寫信去要求約見院長討論學分的問題。不久，我真的獲得了接見。出乎意外，這位蕭院長（Dr. Ralph Shaw）非常和藹風趣。結果，我的政治學碩士學位可以被承認六個學分。換句話說，我只需要念三十個學分，加上論文或三個學分的實習就可以得到碩士學位。就一般的情形而論，研究院的全讀生一學期最多念四門課，約十二個學分；但是為了爭取時間，我決定一學期念五門課。這樣再加上暑期選兩門課，我就可以在一年內念完圖書館學的碩士學位。而唯一的問題是金錢。我計畫以最大的決心，做最辛苦的工作，無論如何要在暑假期間賺上八百元左右，以實現我的計畫。

這年從四月起，我除繼續「打工」外，還經常同老李討論如何去找一個賺錢最多的苦工。有一天晚上，老李「打工」回來很興奮的告訴我，他有一個朋友介紹他下週末去長島「王快樂」（這是老李給一個十多年前跳船來美的天津水手取的名字）的「北京飯店」工作。據說這是一個高級中國餐館（事實上是一個猶太人出資金，「王快樂」任經理的北方風味餐館），換言之，這是賺錢比較多的地方。老李向我保證，如果真不錯的話，他相信他一定可以介紹我去工作，因為他同「王快樂」見面時，大夥兒把北方同鄉一拉，便親熱極了。從此我便把希望寄託在老李身上了。

就賺錢而論，「王快樂」的「北京飯店」的確「高級」。老李一個週末所賺的小費比一般中國餐館一週賺的還多。老李做到那年五月中（還不到一個月），已比他過去三個月賺的錢都多。後來真是「蒼天不負苦心人」，「王快樂」真的讓老李介紹我去「打工」了。從五月底到八月中，「打工」還不到三個月，我存在銀行的錢已比念一個碩士學位需要的錢多了一倍，我便向「王快樂」辭工到拉特格爾大學念書去了。

到了拉特格爾大學的第一天晚上，我回想幾個月前，我的朋友傑若和婷娜請我吃的那頓飯，恰似「孤蒲深處疑無地，忽有人家笑語聲」。為什麼我會有這種感覺呢？原因是我來美幾年，好不容易「半工半讀」，完成一個碩士學位，但依舊「一籌莫展」，無法找到與所學有關的任何工作；嚐盡了在美國學文、法科目的苦頭。同時，我也恍然大悟，為什麼絕大多數學文、法科目的中國學生，來美一段時間之後，便放棄念最高學位的想法，而改行做「謀生第一」的事情去了，我自己雖然已堅持了一年多，一方面「打工」，一方面仍在計畫讀最高學位，但如果不是婷娜為我介紹她的好朋友，我根本不知道現代圖書館學和資訊學是什麼東西，更不會以它為創業和獲得最高學位的基礎。所以，雖然婷娜沒有得到她所期望的結果，但在幾十年後的今天，我對她仍有「飲水思源」的無窮感激。

（二）紐布朗斯克的一年

拉特格爾大學是美國歷史最悠久的大學之一，位於紐澤西州的紐布朗斯克小城的西部，環境非常優美。我於一九六〇年的八月底，到學校註冊後，便根據祕書小姐介紹的出租地址，找到離學校只有幾條街的住處。房東是在該地住了不到十年的德國移民。房東太太非常整潔，所以她經常把我的住房打掃得整齊清爽。

選課時，我決定選五門課，指導教授吃了一驚，馬上建議我只選四門，並慎重地告訴我，每門課的作業都很多。但我哪裡聽得進去呢？我早已決定在一年內完成學位。指導教授看我立場堅定，最後還是讓我選了五門課。

選完課出來，在路上正好碰上院長蕭教授，跟他打過招呼後，便寒暄了幾句。沒想到這位和藹熱情的院長請我到他辦公室坐坐。待我坐定，蕭教授便問我有沒有興趣替他私人做點零工。每週工作五或十小時都可以，主要是為他編排有關《大英百科全書》（*The Encyclopedia Britannica*）正在修改的條目，因為蕭教授是這部參考書修訂版的主編。我對於這個突如其來的「建議」，真不知怎麼答覆，一方面感到光榮，另一方面卻又怕不能勝任。蕭教授大概早已看出我的惶惑，便帶著微笑告訴我，如果我願意的話，不必擔心任何事情，他將指導我做什麼和怎樣做的一些簡單程序。蕭教授特別強調，對我是有很大信心的。這一來，我就毫無選擇，便一口氣答應每天課餘利用兩小時為他工作。

開始上課，我便感到很忙碌，我這時才覺得指導教授的話一點也不錯，所有課程的作業都很繁重。不過，我仍有決心和信心，可以苦撐下去，幸虧圖書館學院的課室和學生餐廳都在圖書館的隔鄰，所以計畫每天早餐和中餐都在學生餐廳吃，晚飯才回住處自己燒。這樣，我一天至少可以把十二小時放在教室和圖書館，晚上還可以在家做功課。

這樣過了還不到一個月，我便感到每天為蕭教授做的兩個鐘頭零工不能再繼續下去了。有一天，我看到蕭教授時，便面有愧色地向他提出辭去工作的事。他回應說沒有關係，也不用擔心，並向我致謝；同時馬上從皮包裡拿出三十五元（當時的官價零工是一塊錢一個鐘頭）給我。但我工作還不到三十個小時，蕭教授似乎有意優待我。他想不到我堅決不收這筆錢，像傳統中國年輕人對其所尊敬的長者一樣。這完全出乎蕭教授意料之外，在無可奈何之下，他也只好讓我空手告辭了。

在五門課中，編目學和書目學的功課都是特別繁重的，前者每上一堂課，就得實際編目三小時，還得交報告；後者每週都得寫一個不同科目的書目研究報告。學習這些課目雖然十分緊張，但當時還體會不出這些課目的實際意義。直到畢業出來工作後，才發現這兩門課程的幫助最大。

第一學期結束時，我不但幸運地五門課都過了關，而且最費力的兩門還是班上的佼佼者之一。第二學期我就更有信心繼續選五門課了。但是，如果我計畫在一年內念完學位，我除必須在暑期中選讀最後兩門課外，每週還得加上三個小時的實習。每天的繁忙和辛苦，是我自幼讀書以來的第一次。幸而承天之佑，健康極佳，所以也就勝任愉快了。

到了一九六一年三月中的一天，我經過圖書館學院辦公室前，看見布告牌上貼著許多小布告，主要是一些大學圖書館館長來學校招募應屆畢業生的。凡對某大學圖書館工作有興趣的，便可在那個學校的布告欄上簽個名，並將自己能會談的時間寫下，屆時該大學圖書館館長便在辦公室接見這個學生。學生不必準備任何東西，因為院長室的祕書早已將每個學生應該準備的東西準備好了。這是非常特殊的情形，據說，這是從沒有過的就業處理辦法。據我所知，以後也再沒有這種情形了。在讀圖書館學碩士學位的學生，不但用不著費神找工作，而且是主持工作的人來找你。大約兩年前，我獲得政治學碩士學位後，曾辛辛苦苦地找了一年多的工作，毫無結果；而今讀圖書館學，還有幾個月才能拿到學位，就有許多工作找上門來了。我好奇地選了幾個布告，簽上自己的名字，後來會見幾位大學圖書館的館長，他（她）們盡量向我介紹該校圖書館是如何如何的好。不久，我發現我曾會見過的圖書館館長都請我工作。這種過分美好的現象，卻使我萬分為難。為什麼呢？因為我根本不知道應該到哪個大學的圖書館去工作。我於一九五八年在匹茲堡大學得了政治學碩士學位，現在該大學的圖書館館長甘娜太太（Ms. Lorena A. Garloch）對我特別親切，非常誠懇地希望我到匹茲堡大學工作。但是東部有兩個極富盛名的大學，提供給我的工作，似乎更有吸引力。幸好我還有幾個月才畢業，有時間慢慢考慮。

第二學期結束時，我非常有信心能在暑期念完最後兩門課，完成學位。所以特別找一個機會去看蕭院長，希望能聽聽他的意見，究竟應該選擇哪個大學工作。後來見到蕭院長，他一開始就說：「我知道你是有志完成最高學位的。不過，在對你作任何建議前，我還是希望你清楚地了解下列幾點：

第一，你選擇工作的最重要原則是什麼？興趣？待遇？學校的聲譽？

第二，在工作之餘，是否計畫繼續念書？

第三，是否會把圖書館工作當作你的一生事業？」

他繼續說：「事實上，在你來看我前，我已打算找你談談這個問題。」

我首先答覆蕭院長，我選擇工作的最重要原則是自己的興趣。我也許計畫在工作之餘，繼續讀我的最高學位。如果環境許可，我也希望把圖書館工作當作一生的事業。

我剛說到這裡，蕭院長便提高嗓子說：「好極了！」然後便分析提供我工作機會的幾所大學。他認為匹茲堡大學最適合我。該大學圖書館館長甘娜太太是他的老朋友，她曾告訴蕭院長，她非常希望我能去匹茲堡，而且她向他保證，我的待遇不會比任何大學的低。她可以給我一週三個小時離開工作（照付薪金）去聽課，同時還保證給我念博士學位的學費獎學金；而且最重要的是，我將是一個中文圖書館的創辦人。原因是這樣的：艾森豪威爾總統向國會提出的「國防教育法案」(National Defense Education Act，NDEA）已被國會通過，這個法案計畫在全美選擇二十所大學建立「中國研究中心」。創建之初，大部分的經費都是由聯邦政府負責。幾年之後，一切上了軌道，各大學就得自己負擔一切的經費了，包括教職員的薪金和圖書館的費用。匹茲堡大學是被選中的二十所大學之一。一旦被選中，學校當局就決策成立一個「東亞語文學系」和「中文圖書中心」。

我聽到這裡，已深覺這是一個比較理想的去處，便對蕭院長說：我願意遵照他的建議去匹茲堡大學工作，並向他保證，盡量不讓他失望。結果，蕭院長似乎也很開心，因為他也算幫了老朋友甘娜太太一個不小的忙。

向蕭院長告辭後，我的心情便沉浸在多年來沒有過的快樂中。不久我便開始了暑期裡最後的兩門課。與此同時，我也開始學開車了。我希望學會後，便把「打工」剩下來的錢買一部舊車，開到匹茲堡去工作。

後來一切都按我的計畫進行，我於一九六一年八月中取得了圖書館學的碩士學位後，隨即買了一部舊車，於八月三十日開到匹茲堡，九月一日便到匹茲堡大學的圖書館上班了。

（三）理想與實際之間

一般來說，無論在民主社會或非民主社會裡，一個人的理想和實際之間往往會有些距離，特別是對於處世不深者而言。我到圖書館工作的第一天，館長甘娜太太親自接見。她首先帶我去參觀圖書館，並向我介紹各部門的負責人。然後她便吩咐她的行政助理麥克乃特先生（James Meknight）帶我去找住處，並且告訴我，先找到住處安頓下來，然後改天再上班工作，所以我第一天是沒有上班工作的。我很快就找到了住處，離學校不遠，開車不用十分鐘。

第二天上班時，被安排坐在編目部（Cataloging Department）工作。我接受工作的職稱是「中文目錄學者兼編目員」（Chinese Bibliographer and Cataloger）。但是這時還沒有中文書可編，照理我這時的主要工作應該是選書和買書；可是編目部的主任華勒斯太太（Ruth Wallace）卻把我當作普通編目員，要我編有關政治和經濟的英文書目。她囉囉嗦嗦地說了一大堆如何編目的指示。我很不耐煩，因為我在拉特格爾大學念書時，不但選讀了全美最富盛名的編目學家當肯教授（Paul S. Dunkin）兩門編目學，而且還選了一學期的編目實習，自信在編目的學識方面不會有任何問題，但我還是耐心的聽下去。

工作環境也不如我想像的好。這時的匹茲堡大學還沒有獨立的圖書館建築，總圖書館是在「學習之宮」的三至六樓。這座宏偉的建築有四十三層樓，古色古香，是全美名大學中，最高也最有名的建築物。但它並沒有現代圖書館應具備的條件，因為它不是為圖書館設計而建築的。而且這裡也非常擁擠，譬如編目部的所有職員（專業性的和助理等）都安排在一個大辦公室裡，連編目主任也沒有自己的辦公室。太太們都喜歡談話，再加上連續不斷的打字聲音，在那兒工作實在不是味道。

我工作還不到兩個星期，恰好收到我以前的住處——紐布朗斯克轉來的郵件，其中有一封是東部一個名大學圖書館寄來的，該館長還是希望我能去他的圖書館工作。我看完這封信後，就暗中忖度，是否應該趁此機會改變環境？經過一段時間的考慮，決定覆該館長一封信，藉此機會問他幾個實際的問題。我希望了解下列幾點：（1）工作的環境；（2）工作性質；（3）有沒有繼續讀書的機會（包括特許的時間和學費問題）。隔了幾天，我便收到回信。大體說來，大部分的答覆令人很滿意。唯一不如匹大的是：讀書時沒有全部學費獎學金，只能得到些折扣，我想這個問題不算嚴重，因為我還沒有家室之累，付一部分學費應該沒有什麼問題。所以我決定和甘娜太太約談，說明我要辭職的原因，並希望她能諒解。

殊不知甘娜太太一聽之下似乎非常驚慌，馬上站起來走到我面前，親切地喚著我的名字，並輕輕地拍著我的肩膀向我保證：（1）從第二天起，我便有一個自己的辦公室，而且在工作上直接向她報告。（2）今後我將全部精力放在選購和編排中文書目上。將來書買多了，需要幫忙，她也可以盡力幫助我。（3）繼續讀書的事，隨時可以開始，完全由我自己決定。

這一來，我立刻感到有些困難了。但我保持鎮靜，很客氣地向甘娜太太表示謝意，並向她表示我會慎重的考慮去留問題。但她還是不放心，一再的重複表示，如果我還有任何其他的要求，都可以向她提出。我向她告辭時，她的表情給我留下一個難忘的印象。

經過一夜的深思，我首先感到，我曾向拉特格爾大學圖書資訊學院的蕭院長保證過，我將不使他失望。我在匹茲堡大學圖書館遇到的一些困難，現在甘娜太太都親手解決了，再沒有辭職他去的必要。再說，如到東部一個著名大學去，不但前景不一定如匹大好，誰又能保證去後沒有問題呢？從任何角度來看，留在匹大傾全力去創業，同時去念最高學位，應該是最合乎邏輯的了。第二天，我便打電話告訴甘娜太太，說決定留下來。話還沒說完，她便插話說：「湯瑪斯，我馬上來看你。」幾分鐘後，她便親自來將我帶到六樓去看她為我安排的私人辦公室。隨後，我便搬進去了。從此我不但集中精力來計畫和實行選書、買書和編書的工作，而且也開始選課念書了。

二、決定留在匹茲堡大學

（一）創業和念書

我相信自己在拉特格爾大學念圖書館學碩士學位時，對所學極有心得，但要根據美國的制度和習慣創建一個新的中文圖書館，牽連的東西非常多，都還得重新下工夫邊做邊學呢。

幸好我在國內的主修是歷史，私人的愛好是文學，這些對我當時的工作，都有些幫助。尤其我在國內讀中央大學時，曾經讀過蔣復璁教授一門「史部目錄學」，對我這時的選書工作起了很大的作用。同時為了實際需要，我曾專程到華盛頓國會圖書館，拜訪了當時中文組主任吳光清博士和他的助手之一的曾培光先生。前者是當時美國的中國目錄學權威之一，後者則是我在紐約時認識的四川小同鄉（我們都是四川省隆昌縣人）。他們兩人都開誠布公地告以所知；尤其後者，將台灣和香港（當時唯一能買到中國大陸書刊的地方）的重要書局和書商的名單都給了我。這對當時的我而言，無疑獲得了極大的幫助。

回到匹大，我不但有更大的信心，而且更以最快的速度展開了創建中文圖書館的工作。

根據所蒐集的實際工作資料，我一方面快馬加鞭地展開選書和購書工作；同時也草擬了有關選購書和編書程序的各種文件，目的在建立一個配合理論和實際工作的可行制度。不久，大批書刊由香港和台灣運來了，我開始感到許多工作急需助手。我向甘娜太太照實報告，果真很快就有一個祕書，於是工作進行得更為順利。我這時才真正有信心把圖書館工作視為一生事業。因此我每天上班時均用所有精力去工作，甚至有時還把一些文書工作帶回家，晚上繼續加班。反正這時我還是一個「王老五」。

可是這種情形很快就有了改變。我來匹茲堡大學沒幾天，就認識了在歷史系暫時任教一年的朱永德，他當時還沒有完成哥倫比亞大學歷史系博士學位的論文。彼此基於所學背景相同，一見如故，從此便開始了一生的友誼。永德兄和當時在匹大政治系任講師的徐阿曼（I. S.）是哥倫比亞大學的同學。徐阿曼是研究中國的，正在趕寫有關一九〇〇年「拳匪之亂」的博士論文。但他不甚理解一些文言文寫的重要文獻，於是請永德兄代他找人翻譯。永德兄便介紹我幫忙。這樣一來，每天帶回來的辦公室工作便為翻譯工作取代了。翻譯的文件約有五十頁，譯成英文就超過了一百頁，花了約兩個月的晚上才譯完，此時是一九六二年的春天。

一九六二年的夏天開始，我在工作和私人生活上都有了些變化。這時不但新買的書愈來愈多，用中文書的人也大大的增加。一個祕書已無濟於事了。由於我的女朋友已在華盛頓一個大學獲得了碩士學位，來到匹茲堡大學工作。晚上，我再也不能帶工作回家加班了，因此我正式向圖書館館長甘娜太太申請增加職員。她了解我的需要，馬上答應向學校當局要求增加圖書館的預算。

可是，她努力了一段時間之後，仍沒有什麼結果。原因有二：首先她是一個女性，當時的美國社會，女性還沒有能力與男性「分庭抗禮」。在匹茲堡大學，她還是一個獨當一面的女性，在學校行政上，得不到應有的支持。

其次是當時學校的經濟情況也相當困難。事實上，當時的校長李奇菲爾（Edward Litchfield）正為學校的經濟困難而掙扎。他本是康乃爾大學（Cornell University）的研究院院長，一九五〇年代，匹茲堡大學校董會董事長梅農先生（Richard Mellon）將他請來擔任校長。梅農先生每年都由他的「梅農基金會」（The Mellon Foundation）捐贈給匹大許多個百萬元的巨款。李奇菲爾是一個氣魄非凡的人，幾年間，把匹大從一個地方性的大學擴展成一個全國性的重要大學之一，對匹大的功勞實在不小。但他也是個性執著的人。他與匹茲堡的首富梅農終於鬧翻了，後者便以停止捐助匹大來顯示其大財主的威力。

梅農把捐給匹茲堡大學的錢都改捐給「卡內基理工學院」（Carnegie Institute of Technology），條件是該學院改名為「卡內基梅農大學」（Carnegie-Mellon University）。這一來，匹大的經濟情況立刻惡化。

可是甘娜太太並不因此而放棄，她盡可能地從預算中給我一個半職的學生助理。經過一段時間的訓練後，這個助理成為一個好助手，買書和編書目的進度都突飛猛進。到年底，凡已購到的中文參考書籍，已可應付當時讀者的要求了。

這年暑假後，我不但在工作上異常忙碌，而且還決定在晚上和週末繼續選課念書。談到念書，一開始就遇到沒料到的困難。我所要念的，既不是圖書館資訊學，也不是政治學，而是我一向「興亡所在」的歷史，特別是歐洲史。我想我已有了與歷史相關的兩個碩士學位，再念歷史學的博士學位，應該沒有問題，殊不知我向歷史系申請入學時就出現問題了。

這時歷史系的主任是剛從哈佛大學（Harvard University）請來不久的赫思教授（Samuel P. Hays）。他是一個非常嚴格的學者，一切都以美國東部第一流大學的規格為標準。他認為我過去讀書的成績不壞，但是沒有一個碩士學位是念歷史的，所以只有兩個辦法才能念歷史的博士學位：其一是先以「全日制學生」（Full-time Student）選讀歷史一年，通過考試後，才能作博士學位學生；其二是再讀一個歷史學的碩士學位（以前的兩個碩士學位可以承認六個學分）。

經過仔細的考慮後，我決定多念一個碩士學位，因為我認為這樣是最有把握的，所以我自一九六二年暑期後，便繼續圖書館的全職工作，並選課念歷史學的碩士學位。

到了一九六三年，學校行政開始有了很大的變化。校長李奇菲爾因人事和經費的問題而辭職了。圖書館館長甘娜太太也因各方面的壓力而放棄了她在匹大四十年的工作，暫代她職務的是圖書資訊學院（Graduate School of Library and Information Science）的院長藍珂爾（Harold Lancour）教授。他是一個誠篤的學者，為人和藹可親，很容易相處，但對我當時在迅速發展中文圖書和服務上的幫助卻不大，原因是他也無法突破當時學校經費的困難。幸好聯邦政府還在繼續支付買書的經費，所以在擴展書刊方面仍然進步很快。

為了解決學校的經費問題，一九六四年校董會請了已從政壇上退休，但在「賓州」仍有很大影響力的勞潤斯先生（David Lawrence，曾經被選任為匹茲堡市市長和賓州州長）來暫代校長之職。他以很快的速度把一所富有兩百年歷史的私立大學變為「賓州有關係的大學」（The Pennsylvania state-related University）。

這一來，賓州的義務是：每年支付匹大幾千萬元經費，而匹大對賓州的責任是：凡是賓州的學生都只付一半的學費。在這種安排之下，學校經費便迎刃而解了。我所主持的中文圖書館也因而有了牢固的基礎。而且我在兩年內也以最優的成績念完歷史學的碩士學位。歷史系主任赫思教授馬上寫信通知我，我已被選為系裡的博士候選人之一，從此我正式開始念歷史的博士學位。

（二）關鍵性的一九六五年

從被選為歷史系的博士候選人起，我便於一九六四年秋開始選課念博士學位。與我一同開始選課的博士候選人一共有五位，我不但是唯一的外國學生，也是唯一的「半工半讀」者。大夥兒相處得很好。我們五人每兩週就有一次不拘形式的聚會（包括每人的太太，我們全是結了婚的，我是在一年多前結婚，而且已有了一個幾個月大的女兒）。這時我的生活雖然極其繁忙緊張，但志氣非常昂揚。

對於向校方申請需要的助理員幫忙圖書館工作，還沒有任何結果，主要是因為藍珂爾教授是暫時性的館長，一切都維持現狀，向他請求的任何東西，都毫無結果。這時我除了大力進行選書、購書、編目和為使用者解答疑難外；也為未來的發展作些努力，包括對全美所有東亞圖書館的發展作有系統的研究，作為將來向新館長提出建議的文獻基礎。

到了一九六五年，學校有了新校長巴斯威爾（Wesley Posvar），他曾在哈佛大學獲得政治學博士學位，也是極富盛名的英國「羅德學人」（The Rhodes Scholar）。他被選為匹大校長前，是美國航空大學社會科學院的院長。此人短小精悍，接任校長後，便以靈巧的手法，一方面開源，一方面擴張校務。匹大在他二十五年任期內，不但成為全國第一流的大學之一，尤其在醫學和國際關係研究上，在國際亦極富盛名。

巴斯威爾接任校長不久，藍珂爾教授便推薦他所主持的圖書資訊學院的一位教授斯通（Water Stone）任圖書館館長。此人是他當年在哥倫比亞大學念博士學位時的同學。斯通在學術上沒有多大表現，但在行政方面極富經驗，而且相當能幹。他一上任便馬上改變圖書館的行政架構，增加了幾個管理級的人員，包括兩個副館長、一個人事室主任、一個會計室主任。圖書館的經費也大大地增加了，同時，十多年前就設計好但從未動工的新圖書館，名為「赫爾曼圖書館」（Hillman Library），也馬上動工了。總之，一切都呈現出一片新氣象。

另一方面，學校於一九六〇年基於聯邦政府的「國防教育法案」而建立的「東亞語文學系」，這時也增加日文課了。從圖書館工作者的立場而言，既然增加了日文課，也就應該購買日文書刊。可是「國防教育法案」的圖書經費只限於購買中文書刊，因而唯一的辦法便是設法寫「備忘錄」去說服圖書館當局增加經費和人員。這便是國人所熟知的「筆墨官司」了。

趁此機會，我願意順便報告一點在美國做事（與政策和行政有關）的經驗。眾所周知，美國是世界上最民主的國家，但也是個人競爭最激烈的社會。誰都明白，在一個有成規和程序的機制裡，一個人有多大的努力，便應該有多大的收穫；但在任何富有創建性和涉及人事的事情上，努力和苦幹就只能算是成功的其中一個因素。相對來說，其他如才幹、機智、學識和表達的能力（口頭的和文字的）便更重要了。這些在整個美國社會中，從中央到地方，從大企業到小公司都不會有例外的。就拿大學做個例子，一般好的大學教授都學有專長，甚至著作等身。這些學人中，有些大概已經是名教授，但他們不一定有能力擔負行政職務。相反地，學校的一些行政人員，從校長、副校長、教務長、各院院長、圖書館館長，以至各系系主任，可能在學術上的表現都平平，可是，他們有行政上的才能和機智，會與人相處，且具有高度的表達能力和訓練，否則，他們是無法推動工作的。譬如說，所有的行政人員都得為自己主管的部門爭取人手和經費，然而學校的經費是有限的，能爭取到多少，就得看自己的本領了。事實上，在這方面需要的本領比教書和寫書的本領還難得多。這說明為什麼一般大學行政人員的待遇比教授們高得多。也說明了在美國的中國學人中，教書和寫書有成就的不少，但能負責行政的人就不多了。首先，中國人在表達上就與美國人相形見絀，主要是由於英文不是母語，我也不例外。但是，自從我決定留在匹茲堡大學創建一個東亞圖書館後，便決心全力改進自己的表達能力，尤其在寫作上（口頭上的表達，總難與美國人競爭的），包括主題的確切、邏輯的謹嚴和專業知識的充分支持，同時更不要忘了爭取時間，我自覺三十多年在這方面的努力總算有相當成績。

現在回頭看我怎樣去爭取增加日文書刊，前面已經談到我被匹茲堡大學僱用的主要任務是根據聯邦政府「國防教育法案」，創建在匹大開辦的「中國研究」所需的「中文圖書館」。現在要增加日文圖書，不但沒有經費，而且也「名不正」。怎麼辦呢？我終於想到，我必須徹底了解全美所有的東亞圖書館的發展過程，和它今後的任務，因此我把能夠找到的資料都蒐集起來研究。我發現當時全美已有大小東方文學的圖書館六十多個，而且還在不斷增加。一些相似的中文圖書館，都在向同時收藏中、日、韓文圖書的方向擴展。而這些圖書館多半有著相同的困難，如缺乏人手和經費等。於是我開始做些初步的聯繫工作，以便彼此互相支持。真是「無巧不成書」，正在這時，我突然收到錢存訓先生的請柬，請我參加是年（一九六五年）五月二十二日在芝加哥大學（University of Chicago）召開的「世界不同地區的研究和圖書館」（Area Studies and the Library）會議，錢先生這時是芝加哥大學遠東圖書館（Far Eastern Library）的館長兼圖書資訊學院的教授，也是這次會議的主持人之一。參加會議的人包括了一些大學「區域研究」的教授、行政人員和與「區域研究」有關的圖書館專業人員。舉辦這個會議，是因為自第二次世界大戰之後，一些美國學術界的聞人認為，今後如要避免世界大戰的重演，必須對不同區域和不同文化的國家有更徹底的了解，於是「關於世界各地區的研究節目」便應運而生了。它們包括東亞、東南亞、近東、非洲、拉丁美洲、蘇聯和東歐的研究，可是一般大學的行政人員和圖書館的主持者，往往與這些節目脫了節。換句話說，他們對地區研究的目的和需要都缺乏了解，結果許多新創建的區域研究節目和有關的圖書館工作，都得不到應有的支持，也非常缺乏有關的專才。會議便是針對這些問題，由不同的學者專家有系統的分別提出論文來討論。三天會議結束後，兩百多個與會者都感到收穫很大。後來會議紀錄由芝加哥大學出版社印成專書，書名就叫《地區研究與圖書館》（*Area Studies and the Library*），它對全美的東亞研究和東亞圖書館的發展都有很大的影響。

我回到匹大後，便把在會議上獲得的新資料和原來對匹大的實際情形比較分析，融會貫通後，寫成一篇上十頁的建議報告。我仔細地分析了必須把現有的「中文圖書館」改為「東亞圖書館」，以配合學校把「中國研究」的節目擴充為「東亞研究」的計畫。我於是年（一九六五年）六月把建議報告直接送到新館長斯通的辦公室。斯通沒有直接處理，而是交給副館長德利（Dr. Jay E. Daily）處理。此人也是圖書資訊學院的教授，又是藍珂爾院長在哥倫比亞大學時的同學。不過，他曾在韓國和緬甸作過訪問教授。大概是這個緣故，所以斯通把他當作亞洲專家，要他處理我的建議。

德利和一般行政人員一樣，在處理下屬的建議時，最重要的原則是要為他的上司省錢和人力。他看過我的呈文後，便直接到我的辦公室來和我商談。他首先認為當時還沒有建立東亞圖書館的必要，可是他並沒有提出讓人信服的理由。他更沒有想到，我不是一個可以任意指揮的人，除非他能在專業理論和實踐上說服我。我們討論了很久，而且爭論也很激烈。事實上，我幾乎讓他下不了台，最後只好不歡而散。

大體說來，德利還算是一個有國際知識的學者，對東方人士也可能有些了解，因為他的太太便是一個東方學者。他同我爭辯後，一定也有些反省；所以第二天，他又來我的辦公室。首先他向我表示歉意，說他自己太粗心了，回家把我的建議書仔細研究後，認為我是對的，他自己錯了，希望我不要介意。他更進一步向我保證，他將盡全力為我的建議努力，而且相信斯通館長在不久的將來就會實踐我的建議，我聽了當然很高興，同時也對德利表示歉意，深感前一天沒有好好抑制自己，並對他表示合作的決心。真是「不打不相識」，從此我和德利成了好朋友。

到了是年八月二十六日，斯通從西部度假回到學校，我便收到德利的正式通知。他說：「斯通博士已批准我的建議，在本年度把現有的『中文藏書室』改為『東亞圖書館』，在行政上和其他分館一樣，直屬總館。不過，它只為對東亞語文和文化有興趣的人服務。基於這個建議，我們將把你的工作頭銜改為東亞圖書館館長。此後，你將直接向我報告……」德利在通知中，也提到改組後的人事、經費和所需房屋諸問題。大體說來，都不太理想，不過，至少有了起碼的基礎。

自從得到德利的通知後，我便全力改組現有的中文圖書館。首先致力於以下的工作：（1）草擬有關東亞圖書館的組織和行政程序文獻。（2）與東亞（即台灣、香港、日本，但這時與中國大陸還無法聯繫）的書商聯繫。（3）聽取有關教授和研究生的意見。（4）蒐集最基本而又最實用的書目和工具書籍。（5）與全美專業同行取得業務聯繫等。

經過兩個多月的艱苦工作，我深覺工作的條件必須改善，不然一切的努力將是「徒勞無功」的。我於同年十一月初寫了一份正式的備忘錄向德利要求馬上增加兩個職員，用各種統計數字和專業理論來支持我的要求。同時也給斯通館長、文法學院院長魏蒪士（Frank W. Wadswarth）和中、日文教授各一副本。果然，第二天德利就給了肯定的答覆。他說：「謝謝你十一月二日給了我一份非常傑出的備忘錄，它極其清楚的說明東亞圖書館立刻需要增加職員。」他接著說，他將全力支持我的要求，並向館長提出具體的辦法。

自一九六五年東亞圖書館成立以來，我已有一個全職的祕書和半職的非專業助手。從一九六六年一月起，我要求增加兩個職員(一個專業的職員專司編目工作，一個非專業的職員負責有關買書、收書和各種紀錄性的工作）都成了事實。此後，我除花些時間去訓練職員外，便把例行的工作分給幾個職員負擔。我自己則集中精力去搞有計畫的選書，草擬行政備忘錄，專業計畫和工作程序，並協助教授同仁及研究生解決在研究上的困難。忙碌的情形可以想像，但是我在精神上的喜悅也是不可言喻的，因為我終於在匹茲堡大學創建了一所東亞圖書館。

（三）不可忘懷的一位教授

我於一九六四年九月正式開始念博士學位。在國內念歷史時，教過我的好教授不少，如：繆鳳林、郭廷以、蔣復璁、韓儒林、賀昌群、勞榦、沈剛伯、張貴永、蔣孟引等，都是當時中國有名的歷史學家；尤其在中國史方面，他們都是權威學者。可是，我卻偏好歐洲史，因為我開始讀小學時，就是日本帝國主義者侵略中國的年代，我希望了解世界情況——特別是歐洲；然後再與自己的國家比較，研究中國怎樣才能立足於世界。因此我有機會在歷史系念博士學位時，便以歐洲近世史作為我主修的科目。這時匹大的歷史系在系主任赫思的努力下，尤其在歐洲史方面，的確有不少好的教授。我所選課的教授，如柯隆尼（Rabert Coloney）、漢特（Richard Hunt）和法勒爾（George Fowler），都是第一流的教授，而且著作極豐。漢特在這些人中是比較年輕的一個，他那時不過四十歲，已為世界上研究馬克思（Karl Marx）和共產主義的權威學者之一。他為人極其誠懇親切，除教書外，也是歷史系博士生的指導教授，選課的事都得同他討論。我記得第一次選課前去看他時，他以「鼓勵」的口吻對我說：「郭先生，我看你念碩士學位時，是系裡成績最好的。現在你又在圖書館全職工作，我希望你能在十年內把你的博士學位念完就好了。十年的時間並不短，但一開始後，就不太長了。」我表面說聲「謝謝」，內心卻不以為然。當我回家把漢特對我說的話告訴我太太時，便故意問她：「你覺得我應該花十年時間去拿個博士學位嗎？」「請你不要聽他的，親愛的，我絕不相信你需要念十年。」我的太太回答得很簡單。其實我自己的信心絕未因漢特的「鼓勵」而有所動搖。

事實上，漢特的話並不是沒有根據的。美國一般文法學院的博士候選人，如果是全讀生，平均六年才拿到博士學位；如果是像我那樣的半讀生，十年才拿到博士學位不足為奇。念理工科的就比較快一些，全讀生只需三年或四年就可拿到博士學位，至於「半工半讀」的，就得看工作的性質而定了，一般總是比念文、法的快一些。

我仍然本著念碩士學位時的精神，每天八小時工作、六小時念書，平均每天花十四小時在學校，幸好我住的地方離學校很近，只有幾條街，家裡的事又全由我太太一手包辦。週末和假期則是我作研究最好的時間。一年念下來，不但每科都得高分，教授們也對我有了深刻的印象，尤其柯隆尼教授。我選過柯教授的「歐洲近世史」（Modern Europe）。這門課對於馬克思和他的共產主義思想有相當詳細的分析。對我而言，這不但增加了學習的視野，也大大地滿足了我個人的興趣，深化了我的思維層次。這門課沒有考試，但必須寫一篇三十頁以上的報告。因此我決定把陳獨秀創建中國共產黨和馬克思的共產主義聯繫起來作為我的研究題目，結果寫了一篇五十多頁的論文。柯隆尼不但給了我最高分，而且鼓勵我以這個題材來寫我的博士論文。從此以後，我同柯教授便有了更多的接觸。

柯隆尼教授有十幾部學術著作，主要的內容是有關哲學思想方面。其實他在大學念書時，是主修數學的，但是思想相當左傾。他曾在一九三〇年代和另外一些美國青年志願參加反佛郎哥將軍（General F. Franco）的西班牙內戰，而且負過傷。回國後，在加州大學改念歷史，獲得博士學位後，便到匹茲堡大學教書，從此再不過問政治，潛心於學術的鑽研和著作，成績斐然。在個性上，他是一個坦蕩無居，熱情滿腔的人。無論在公私方面，他都是直言不諱的。我一生遇過的好教授不少，但對柯隆尼最難忘懷。

前面提到，我念博士學位時，一直在圖書館任全職的工作（匹大的東亞圖書館便是在我多方面努力下正式創建起來的），所以我一開始選課時，歷史系的研究生指導教授漢特便「鼓勵」我在十年內完成學位。可是我卻以超凡的速度，於一九六六年（兩年半內）便以平均A的成績把課程都念完了，而準備在一九六七年春考總考（Camprehensive Examination）。如能考過，就可以開始寫論文。不然，還得繼續考下去，直到通過為止。

談到總考前，我願意藉此提一提中國傳統的讀書方法——「死記」和「死背」，對我順利通過考試是有幫助的。眾所周知，約在三十年前，一般美國大學的博士學位候選人必須考過兩種外國語言。換言之，除英文外，必須在其他歐洲語言中考過兩種，如法文、德文、俄文、西班牙文等。後來中文或日文也可以算一種，因而我的中文算一種。除英文以外，還得選擇一種歐洲語言。迫不得已，我選了法文。一般美國學生，在高中或大學裡，總得選讀一兩年的法文。博士學生所需法文的考試，都是依照普林斯敦大學（Princeton University）的標準，許多學生都得考兩三次才能通過。我對法文完全陌生，最不幸的是，英語系、哲學系和歷史系的博士候選人，必須考到A級才算通過，不然還得繼續考。那麼該怎麼辦呢？我先到法文系選了一學期基本法文。一開始我便了解，學法文最麻煩的是動詞和「性別」（Gender）的變化。由於我的時間有限，我只好每天少睡些，五點多鐘就起床讀法文，一直讀到七點鐘，然後隨便用些早點，就到圖書館上班去了。我讀法文的方法，全用我在中國讀書時那種「死記」和「死背」的方法。我把不同動詞和性別的單字抄在不同的卡片上，每天早晨念幾遍，能記能背誦的用不同顏色的鉛筆作符號，分別排列起來，直到全能背誦為止。每晚睡覺前我還花一、兩個小時來練習翻譯。一個學期下來，我不但在班上考得很好的成績，而且把學過的動詞和性別的變化全能背誦。學期終結，正是全校各系博士候選人考第二外語法文的時候，我卻猶豫不決，不知是否該去參加考試，因為我相信我可以考到C級或B級，但是沒有信心能考到A級。我的妻子李苑蘭女士對我則有信心，鼓勵我去參加。我也覺得就算考不到A級，至少也可以得到些考試的經驗。下次考時，可能更有把握。就這樣，我只學了四個月法文，便去參加考試了。

這次參加考試的約有一百多人。考試題目有三頁，包括問答、翻譯和填空白。我一看，覺得並不難，但是兩個鐘頭要做完，是要趕時間的。我全神貫注，一直做到最後一秒鐘。交卷後，我回家去告訴太太，我覺得考得很好，不過，沒有信心能拿到A級，太太安慰了我一番。這時只好等法文教授的「硃筆」了。

在發法文考試卷時，身材比較矮小的法文教授首先宣布：這次參加考試的人，有十三人得A級，二十七人得B級，三十一人得C級，其餘的不及格。宣布後，他便依序把名字念出來，我聽著時還不免有些緊張。得A級的名單念了十個還沒有我的名字，我的心已冷了一截。但我仍希望最後的三人中有一個是我。第十一名照樣是別人，緊接著的第十二名與自己也無緣。我這時覺得兩耳發燙，心也怦怦亂跳。法文教授這時慢吞吞地叫著「湯瑪斯郭」（我的英文名字是Thomas Kuo），我幾乎從座位上跳了起來，左右的人也注意著我。是快樂？是激動？是悲哀？大概是我有生以來第一次經歷難以自制的感覺。等法文教授把名字念完後，我便過去道謝一番，然後跑回家去告訴妻子。而她卻淡然地說：「我不是早就告訴過你了嗎？！」

柯隆尼教授知道我考過法文後，便建議我一九六七年春考總考。他說一般學生至少得準備半年，但他認為我準備三個月就行了。承柯隆尼教授的愛護，我還是小心翼翼，加倍的努力去作準備。

（四）四喜臨門

一九六七年應該是我一生最關鍵性的一年。我不但以「半工半讀」的博士學位候選人在三年內念完學分，考過總考，而且不到三個月，就獲得「福特基金」（Ford Foundation）的研究獎金。我的第二個女兒也在這時出生了，但最重要的是，我在匹茲堡大學創建東亞圖書館約六年後，一個用本館圖書的「講座教授」認同我的優越成績，並將其寫給我的讚揚信送一份副本給學校的教務長（Provost），這對我而言，無疑是一種無上的光榮。

談到博士學位候選人的總考，我不但順利地通過考試，而且做了教授後，也考過別人。因此，我願意在這裡略述一下個人的觀察所得。在美國大學教書的人，很少把精力放在一般學生的學習上。愈有聲譽的教授愈是如此。因為他們的成就主要是基於自己的研究和出版，至少也得有些著作出版，才能保得住教書的地位。這便是所謂的「如無著作，便請走路」（Either Publish or Perish）的大學傳統。因此一般教授在教課上只要能應付，就不願花太多的時間在學生的學習上。可是在考學生時，特別是有機會參與博士學位候選人的總考時，許多教授都喜歡提出所謂有深度的問題。似乎必須這樣，才能表示自己的深度，被考者如不小心就遭殃了。不過，在許多情況下，候選人的主任導師都會為他（她）助陣的。

我在歷史系是主修歐洲近世史的，柯隆尼是我的主要指導教授，他對我有極大的信心。有五位教授主持我的總考口試，因此在考試前，我不禁有些擔心。正在這時，柯隆尼便宣布了簡單的考試程序，然後請各位教授開始問問題，殊不知教授們的問題全是了解性的，我反而成了講解人。不到兩個鐘頭，柯隆尼教授便請我暫時離開會議室，讓教授們開會討論。大概半個小時後，我被請回會議室。我的第一個印象是，教授們都笑容滿面，柯隆尼教授宣布我已順利通過考試，並領著各位教授向我道賀。我向各教授一一致謝後，便回家報告喜訊了。

前面曾經提到，我於一九六四年秋正式選課念博士學位時，與我同時在系裡念同樣學位的一共有五位。我是唯一的外國學生，也是唯一的「半工半讀」者。可是，在我考總考時，有三位已因總考失敗而離開學校了，其餘的一位還正在準備參加總考，所以我總考的成功，在系裡立刻成了大新聞。我的指導教授柯隆尼不但特別開心，還在校園內各處報喜訊。消息終於傳到柏克教授處。柏克是政治系裡一個非常年輕而又能幹的教授，他這時剛為學校創建了「國際研究中心」(University Center for International Studies)。他從柯隆尼教授處知道我計畫去史丹福大學（Stanford University）作論文的研究工作時，便立刻打電話給我，除恭賀我順利考過總考外，還問我去史丹福大學作研究時需不需要經濟上的援助？對我而言，這實在是出乎意外的佳音，因為我絕沒有想到教授對一個素不相識的人會這樣親切。我只照實回答他，我是需要經濟上的援助，因為我有家庭負擔；同時，我也坦白地說：「我還不知道怎麼才能獲得這種援助。」

柏克教授一聽之下，馬上告訴我，一切由他代辦，我只須給他一份履歷表就行了。我在電話裡向他道謝後便馬上照辦。

過了不到一個月，我的第二個女兒出生了；一個健康而可愛的小生命，真是家裡的另一樁喜事。可是，我們夫婦在美國都沒有親戚，我們的大女兒還不到四歲，忙碌的情形可以想像，幸好我剛剛成功地考過總考，可以暫時鬆一口氣。

再過三個多禮拜，柏克教授打電話告訴我，「福特基金會」已給了我一筆寫博士論文的獎學金，數目和我半年的薪金差不多，這筆錢已在學校的「國際研究中心」，隨時可以取用。我除在電話中向柏克教授致謝外，還特別寫了一封信去感謝他。這件事是我們家這一年的另一喜事。我跟妻子開玩笑說，這件喜事是我們的第二個女兒帶來的。

記得中國有句俗語：「好事不出門，壞事行千里。」在美國卻不盡然，好事往往也傳得很快的。我獲得研究獎學金，也同考過總考一樣，很快就傳遍全校。連圖書館館長斯通教授也寫信向我道賀，他在信裡寫道：「我剛獲知，你從國際研究中心的獎助委員會獲得獎學金，並將於今年暑期到史丹福大學去作研究。我在此衷心向你祝福，並希望你的研究有豐富的收穫。」這麼一來，我計畫向圖書館當局請求暑期中離職兩個月，到史丹福大學去作研究一事，只需要送上一個呈文就行了。

現在我願意簡單談一談，我為什麼要到史丹福大學去作研究。我的博士論文是有關「陳獨秀與中國共產主義」的研究。任何對中國近世史有些常識的人都知道，由於政治意識敏感的原因，當時在大陸或台灣，不但沒有人敢於作這種研究，甚至於這方面的原始資料也很難找到。在美國，作學術研究是絕對自由的，但是資料仍然不容易獲得，因此在六十年代仍沒有學者用任何語言對這個主題作過學術性的研究。我決定研究它，是因為我知道史丹福大學的胡佛學社（Hoover Institute of Stanford University）所屬的東亞圖書館，藏有相當豐富的早期中國共產黨的原始資料。這些資料是當時世界上唯一可供學者研究有關這方面的資料，因為：（1）自一九二一年陳獨秀等在上海創建中國共產黨到一九三七年「國共合作」這段時期，沒有人願意冒生命危險去保存有關中共活動的文件。（2）中國國民黨所獲得這方面的資料多半為陳誠將軍私人保存，截至目前尚未公開為學者使用。（3）中共本身是否保存了一套完整的資料，局外人無法知道，雖然現在中國大陸有好幾個檔案館，但據許多學人的經驗，許多原始資料都無法看見。

史丹福大學的胡佛學社所藏早期中共原始資料，是愛撒克（Harold Isaacs）教授送給學校的私人禮物。在一九二〇年代，愛撒克是美國年輕的新聞工作者。大概是出於好奇，他到上海一家英文報紙任記者。他在一個偶然的機會發現了中國共產黨成立後的一些祕密文件，於是他便在那兒有計畫地蒐集了好幾年。後來他便根據這些資料寫成了他一舉成名的《中國革命的悲劇》(*The Tragedy of the Chinese Revolution*)一書。成名後,他便潛心研究中國問題了。第一次世界大戰後,史丹福大學請他去做教授,他便把私人收藏的有關中國共產黨早期活動的原始資料送給胡佛學社的東亞圖書館。

當時胡佛學社東亞圖書館的館長是馬大任兄。他給予我極大的協助,特許我親自到對外不公開的書庫去找資料。該圖書館已有了電動複印機(Xerox Machine),當時這種機器還不普遍。我每天早晨等圖書館一開門便推著書車進書庫,然後把需要的資料選出來放在書車上。到了午後二時許,便把書車送到複印室去複印;然後,把書車推回書庫去歸還所選的資料。就這樣持續工作了一個多月,便把研究所需要的幾千頁原始資料帶回匹茲堡大學了。此後的工作便是閱讀、分析、歸納、組合和寫作了。

如何寫博士論文暫且不談,還是再來談談圖書館工作吧。自一九六六年增加了兩個全職職員後,我便在每天上班期間,集中精力去草擬各種文件,有計畫地選購書刊和訓練職員,此外,對使用書刊的教職員和學生都給予直接的服務,如解釋疑難、介紹新資料、設法提供所需書刊。如果他們在教課和研究上所需要的資料,本館沒有又無法購買到,我便親自打電話到具有代表性的東亞圖書館(如國會圖書館)去為他們借用。隨著時間的趨移,使用者對本館都有了極大的信心,最具代表性的莫如當時匹大的東亞研究教授中唯一的「講座教授」(Chair-Professor)楊慶堃先生(一位極富國際聲譽的社會學家)。他於一九六七年八月給我一封極有鼓勵作用的信(以下是我對該信的譯文):

「郭先生：我最近剛從國外回來，在電話上沒有跟你聯絡上，所以特地寫這封信給你，你這種超卓的表現是出乎我意料的；尤其你所獲得的物質支持是非常有限。我會把這封信存檔。」楊教授把這封信的副本送了一份給當時任學校教務長的皮克（Charles Peake）教授。

楊教授這封信不但在精神上給我很大的鼓勵和支持，而且使我的努力和成就得到肯定，因為楊教授在一般的同仁中極有聲望，而且學校當局也很尊敬他。他的信是我一九六七年的第四個喜訊。

（五）半職寫博士論文和一個小插曲

我從史丹福大學做研究回來後，便寫了一個簡單報告給圖書館館長斯通教授，因為他曾特許我離職兩個月去史丹福大學的。在此，我應該補述另一重要事件。我於一九六七年春考過總考不久，便收到研究院院長葺斯教授（Putuem F. Jones）的一封信，提及我已獲得一九六七年至一九六八年度「安卓梅農博士候選人榮譽獎學金」(Andrew Mellon Pre-doctoral Fellowship)，而且還可能延續到一九六八至一九六九年，希望我在短期內決定是否接受這筆榮譽獎學金。我早就知道這個獎學金是匹大最高榮譽的獎學金，全校只有幾個名額，獲得者毫無義務，一年獎學金的收入和助理教授的薪金差不多。獲得者必須有系主任的推薦，然後由研究院院長作最後的決定。但是我從來就沒有申請過，究竟是怎麼一回事呢？我在驚喜之餘，便同妻子仔細研究，最後決定到歷史系研究生指導主任漢特教授處去問明白。漢特教授知道我的來意後，便對我說：「是的，郭先生，你從來沒有申請過這個獎學金，我們歷史系的博士候選人中，至少有七個或八個人正在申請，可是獎學金委員會的教授們開會討論後，都認為申請或沒有申請並不重要，而應該選擇成績最好的一個。你的成績是歷史系第一，所以全體一致地選擇了你，研究院院長又將你從各系的代表中選擇出來授予這個榮譽獎學金，你應該為自己感到無上的光榮。我建議你把它接受下來，好好寫你的論文吧。」

聽了漢特教授這番話後，我恍然大悟，連聲向漢特教授表示謝意。不過在我離開前，我又向漢特教授提到另外一個問題。我希望知道，我是圖書館的全職專業人員，是否有資格來接受這筆獎學金？漢特教授告訴我，照他的了解，是沒有問題的。就這樣，我便以興奮的心情決定接受這筆榮譽的獎學金。

有了經濟上的保障，我便向圖書館館長斯通教授請求暫時休假一年，以便專心寫論文。我卻沒有想到「錦上添花」在美國社會也是常有的，斯通教授要我以半職半薪繼續負責東亞圖書館的行政兼寫論文。這對我而言，不但增加了經濟的收入；而且一週五天的四小時工作，對我寫論文並沒有多大妨礙，因為我多年來已習慣每天工作十二小時或更長的時間。就這樣艱苦地寫作了大約一年半，我那七百多頁的博士論文初稿便於一九六八年冬完成了。

雖然這段時間，我是半職負責東亞圖書館的行政工作，可是仍然非常忙碌，主要原因有二：首先是東亞圖書館發展到這時，已收藏了四萬多卷書，但分類編目過的只有一半，而用書的人則愈來愈多，可是工作的職員仍然只有四位。換句話說，我們圖書館嚴重缺乏人手。學校新建築的赫爾曼圖書館大廈已於一九六七年底完成，而當時仍在「學習之宮」的學校總圖書館已自一九六八年暑期開始，陸續搬入新館。可是當時主持搬遷的副館長協咢（Harold Shell）卻主張東亞圖書館仍留在「學習之宮」。這對我而言，不啻是一個很大的挑戰。我必須從專業的立場來寫一篇理由確切的呈文，去說服行政當局為什麼東亞圖書館也應該遷入新圖書館大廈。寫完後，把這篇近三十頁的呈文逕送副館長協噚，並將副本分送館長斯通教授、東亞研究中心的每位教授和國際研究中心主任柏克教授；但是沒有即時得到應有的結果。不過，教務長皮克教授卻直接寫了一封信給我，表示他將盡量使東亞圖書館有足夠的地方使用。不得已，我只好同他派來的助手法德噚（A.F.）設法將當時所在地安排得好一些，再等待以後的變化。不料這個助手也老玩「小手法」，由於我的不屈精神，他的「小手法」並未得逞，後面有機會再談這件事。

在前面曾提到我自一九六七年春考過博士學位的總考後，先後獲得「福特基金會」的獎助金到史丹福大學作研究，接著又獲得「安卓梅農博士候選人榮譽獎學金」寫論文，更重要的是圖書館館長斯通教授特許我半職半薪負責東亞圖書館的行政兼寫論文。我以艱苦卓絕的精神，不但把東亞圖書館的行政辦得井井有條，七百多頁的論文也於一九六八年冬完成初稿。就在這時，一件我無法想像到的事件發生了。一天上午，我正在辦公室處理文件時，W（代名）教授——這位中國同事當時是匹茲堡大學東亞語文系（Department of East Asian Languages and Literatures）的系主任兼國防教育法案中心（NDEA Center）主任——突然來看我。我便以一貫彬彬有禮的態度請他坐下，然後注意傾聽。誰知這位一向高傲自滿的教授，一開口便以責備的態度問我：

「湯瑪斯（在美國的中國熟人或朋友之間，都喜歡稱呼彼此的英文名字），聽說你獲得『安卓梅農博士候選人榮譽獎學金』，你為什麼不向我報告呢？」

「是的，W教授，我獲得了『安卓梅農博士候選人榮譽獎學金』，但是很抱歉，我不知道需要向你報告呢！」

「什麼？你不知道？」W教授氣沖沖地站了起來質問：「那麼你應該知道，你用來買書的錢多半是與NDEA有關呀，而我是匹大NDEA的負責人，你難道不知道？為什麼不向我報告？」W教授似乎理直氣壯。

聽到這裡，我更感到奇怪，東亞圖書館最初幾年買書的錢差不多都來自NDEA是事實，甚至我被匹大請來創辦東亞圖書館，也是由於有了NDEA中心的原因。可是，我不但是學校圖書館行政當局請來的專業職員，而且也是直屬圖書館行政系統的，與NDEA中心毫無行政上的關係，為什麼要向這位教授報告呢？愈想愈不對勁兒，我只好向這位教授直說：

「W教授，我一生不會說奉承話，請你原諒，我得就事的告訴你。我是學校圖書館請來的職員，我的一切是對圖書館當局負責，我從來不知道需要向你報告；雖然在私人方面，我對你很尊敬，正如我對所有學校同事一樣。」

「好！我得讓你看看……」W教授幾乎跳起來，拉大嗓門說完這句話便走了。

這一來，我知道，為了維護自己的尊嚴，可能闖下了大禍。究竟是怎麼一回事呢？我願意趁此機會，把這個典型的在美國「不爭氣」的中國讀書人簡單地介紹一下。

W教授雖然是在國內頗為西化的燕京大學畢業的，但舊學根基相當好。二次大戰後，便到美國哈佛大學讀了博士學位。其後便在不同的大學教過書，但都沒有得到永久的位置。一九六〇年，被聯邦政府選為二十所大學之一的匹茲堡大學，建立了NDEA中心研究中國，也因而創立了東亞語文系。學校當局便計畫請劉子健先生來擔任該中心的負責人，並兼東亞語文系的系主任。這是中國學人在美國很難得的一個好機會，但是劉先生沒有答應，原因是他從匹茲堡大學歷史系獲得博士學位後，曾在匹大教了幾年書，並將研究宋代政治的博士論文整理出版，因而被史丹福大學請去擔任終身職的教授。他便把他當年在燕京大學的同學W教授推薦給匹大。

W教授進匹大時，職稱是正教授兼 NDEA 中心主任和東亞語文系系主任。但是，不知是不是因為他的地位得來毫不費功夫，還是傳統的中國文人惡習太深，自來匹大以後，便處處擺出「大教授」的樣子，但沒有表現出「大教授」的風度和能力。他的辦公室門上經常貼著他辦公的時間，一週只有三次，每次約三個小時，因公事要見他的人，必須事先與祕書約定時間。這些事實說明，他忽略或根本不知道：在美國任何大學負有行政責任的人，每天至少有幾個小時的辦公時間。

W教授的第二個問題是：無法與匹大任何中國教授相處得好，連他自己的朋友也不例外。由於他是學校 NDEA 中心的主任，學校文法學院中與東亞研究科目有關的教授，在理論上都應該與該中心有關係。當時中國學人有楊慶堃（社會系的講座教授）、周順卒（經濟系的正教授）、朱昌峻（歷史系的副教授）、朱文長（東亞語文系的副教授）等。W教授平常與這些教授們並沒有什麼聯繫，可是他在年終向學校行政當局做工作報告時，卻把這些人的私人成就，特別是在出版書籍和發表文章上，都寫成是在他領導下的結果。因此第一年他的工作報告發表後，所有中國教授都表示不滿意。楊慶堃教授公開地表示，馬上將他的名字從 NDEA 中心除掉。

這位先生的第三個問題是：無法與自己聘請來任教的人搞好關係。學者任教一年之後，便因對

W教授的不滿而自己離開匹大，像劉若愚教授等，便是這位大權在握的「大教授」要逼人離開。連比他早一年到匹大教書的C教授也常常受他的壓迫。有一年，C教授被新加坡大學請去做訪問教授一年，W教授便認為有機可乘，趁此把他擠掉。他的辦法是：立刻把他當年在燕京大學時的同學Y教授從南加州大學（University of Southern California）請來替C教授，而且特別把Y教授從副教授升為正教授。一年之後，新加坡大學邀請C教授繼任一年。W教授便向教務長正式建議解聘C教授，但他碰了一個大釘子，因為他不知道C教授離開匹大去新加坡前，便已獲得校方的保證，他的位置是永久的。

到了一九六八年冬，W教授和在匹大文法學院教書的中國同學都先後有些不愉快的事發生，甚至於連他從加州請來的老朋友Y教授也不例外。最後，他開始來找與他毫無直接關係的我。（據後來Y教授告訴我，他之所以要找我麻煩，是因為他認為我眼睛長在頭頂上，要給我一些教訓。）

當我拒絕了W教授「莫須有」的責難——說我沒有向他報告獲得「安卓梅農博士候選人榮譽獎學金」後，W教授便開始同他從南加州請來的好友Y教授商討，如何才能把我趕出匹大。他們討論的結果是：（1）以東亞研究專家的身分聯名寫信給圖書館館長斯通教授，說我如何的「無能」和讀博士學位而將東亞圖書館工作完全懈怠了，如不將我換掉，東亞研究將無法發展。（2）他們認為如果斯通教授不辭退我，他們便用同一理由聯名向教務長皮克教授呈訴，必須把我辭掉。

斯通教授得到他們的報告後，大為驚異，他自擔任館長以來，有關東亞圖書館的報告，都是由他的兩位與我經常有工作接觸的副館長直接轉交給他，他認為我們的工作都是最好的。他個人對我印象尤深，為什麼突如其來的就不好了呢？他馬上召集兩位副館長和人事室的主任來開會討論，結果認為我沒有錯。但是，如何去對付這兩位東亞專家呢？他們最後決定，按照美國社會解決專業性問題的通例，請公認的專家來調查和報告，然後根據專家的調查報告再作決定。斯通教授根據開會的結果，立刻去函告訴W教授，建議他們提出作調查的候選人，並強調任何候選人都必須是公認的東亞圖書館專家。

W教授收到斯通教授的建議信後非常高興，他認為如果他們能夠控制調查的人選，他們就可以控制調查結果了。他同Y教授商討的結果，他們建議請吳光清博士來負責調查，吳博士不但是他們燕京大學的同學，而且更是W教授的老熟人，那時他是國會圖書館中文組的主任。吳博士不答應負責調查，大概是他對W教授的性格太清楚了，不願意在自己的行道中作出不義之事。然後他們便建議請錢存訓教授，錢教授當時是芝加哥大學東亞圖書館館長兼圖書館學教授。他是W教授在金陵大學時的同學（W教授先在金陵大學讀書，後來才轉到燕京大學的）。不巧得很，錢教授正在英國訪問，短期內不能回美國。到了這時，Y教授出主意了。他建議請哈佛大學的吳文津先生，吳先生這時是哈佛燕京圖書館（Harvard-Yenching Library of Harvard University）的館長。Y教授在西雅圖的華盛頓大學（University of Washington）念書時，與吳文津是同學，所以他們決定請吳先生來作調查。吳先生答應了，決定一九六八年十二月初來學校兩天以完成使命。直到這時為止，我根本不知道那兩位中國教授，正在計畫如何把我趕出匹大。

吳先生決定來的前一週，斯通教授的副館長協咢才通知我有關調查的事，同時還附了一份吳先生來學校兩天的詳細行程安排。從這個行程表可以清楚的看出來，W教授是計畫控制這次調查。事實上吳先生只有半天和我在一起，他那半天的工作包括訪問我和參觀東亞圖書館，不過他也有半天與我的助手們分別會談。另外的一個事實是：吳先生在校的兩天中，W教授和他的朋友Y教授幾乎每餐都同他會談，只有最後一餐例外，那是斯通教授約我陪他歡送吳先生。

那時我雖然同吳先生是同行，也曾在專業性的會議上見過面，但是還不十分熟悉。自從得到協咢送來吳先生來校調查的通知後，我曾冷冷地笑了笑，因為我對自己在專業上的信心太大了。因此我除「例行公事」的通知我自己的助手外，唯一的準備便是把有關創辦東亞圖書館的一些文獻蒐集在一起，以備吳先生查閱。

吳先生到圖書館那天，表現得極其和氣，就是西方人所謂的「君子風度」(Gentleman)。工作上，他表現得非常認真，一絲不苟。一般而論，他留給東亞圖書館同仁的印象很好，至於他將來的調查報告如何寫法，誰也不知道。我儘管對這次調查的事情處之泰然，但由於我不了解吳先生，真有「知人知面不知心」之感，所以我也不得不作最壞的打算。在斯通教授歡送吳先生的晚宴上，我第一次知道，吳先生的報告要一個月以後才能送到學校（那便是一九六九年一月底）。因此我決定去參加是年十二月三十日至次年一月四日在紐約市華道爾夫飯店（Hotel Waldorf-Astoria）召開的美國歷史學會（Americal Historical Association）的年會，以便找教書的機會，因為我的博士論文初稿已完成，而且正在修改中。去參加該年會前，我也好好的準備了一份學歷和履歷表，再附上博士論文的大綱。

在美國歷史學會年會上，我申請了三個大學的教書職位，有一個還是兼東亞圖書館的負責人。

那三個大學的代表與我面談（Interview）時，都表現得很熱心，使我也感到很泰然；至於有無希望，誰也不能預斷，必須等到學校負責人的信，才知道有沒有聘用的機會。我開會回家後，便抱著樂觀的態度等待。在這同時，我不但照樣在圖書館努力工作，而且也加速地修改博士論文。

到了二月初，吳先生的報告來了。我一股勁兒把它看完，大大地鬆了一口氣。這個報告一共有三十多頁，在業務上，各方面都評論到了。他一開始便說：「我發現這個東亞圖書館不但組織得很好，而且工作程序井井有條……尤其難得的是，負責人在選書上具有高級的知識和能力，所以這個東亞圖書館的藏書比同時期和同樣大小的其他東亞圖書館都好……」吳先生同時也提出了些批評，如工作人員的缺乏，經費的不足和工作地點安排的不適宜等。其實這些缺點，我幾年來都曾向圖書館當局擬訂改善或建議，而沒有得到結果。我把這個報告仔細地研究後，不但深深慶幸W教授的圖謀不得逞，而且吳先生這份報告對於我幾年來的艱苦工作不啻是一種專業的認可。我對吳先生更加欽佩，因為他不因與W教授的交情而影響他的專業操守。自此之後的幾十年，我同吳文津先生便成了事業上的好友。

吳先生這份報告在校園中也激起了小小的波濤，首先是我個人在圖書館制度和有關教授中獲得了再度的肯定。相反地，W教授則再度受到否定。不久，他的行政工作地位——NDEA中心主任及東亞語文系系主任的職位都被撤銷了，取代他的是政治系的副教授朵銳爾（William Dorrill）。

過了不到兩個月，我的博士論文順利完成，論文的口試也隨即通過。苦讀了四年多的博士學位終於拿到手了。碰巧這時我一連獲得了兩所大學的聘約，都是副教授的教職。其中一個較小的大學還要求我兼任東亞圖書館的行政，薪金也很好。我和妻子討論之後，決定接受那個兼圖書館職位的聘約。接著我給斯通教授寫了一個辭職的報告，並附上某大學的聘請函件，同時也給剛擔任NDEA中心主任的朵銳爾教授一個副本。斯通教授馬上請他的行政助理諾瑟爾（Nora Rosselle）來挽留我；同時也同朵銳爾教授聯繫，希望能將我留下來。當時匹大圖書館職員的待遇比其他第一流大學差一點，就算給我當時最高的待遇，還是比不上正在聘請的學校。朵銳爾知道我可能離開匹大後，就積極的與有關部門商討如何挽留我。最後他把此事直接報告給教務長皮克教授，皮克教授便問他：「你是否認為必須挽留湯瑪斯郭？」朵銳爾教授說：「是的。」皮克教授說：「如果是這樣，你就不必擔心薪金問題了。別的大學給他多少，我們就照給，總之一切由你負責好了。」有了教務長的保證，朵銳爾教授便直接找斯通教授討論。他們決定以圖書館最高的專業職位——「五級」（相當於正教授）來挽留我。同時他還向我保證，他將傾全力來同我合作，務使我的工作能順利進行。

我終因圖書館當局和朵銳爾教授的熱心和誠意而留下來了。同時我暗中想到自己之所以能在圖書館專業職位上平步青雲，是應該感謝W教授的。如果不是W教授想把我擠出匹大，我至少還得苦幹好幾年，才能獲得圖書館專業的「五級」職位。

三、兼顧專業和學術

（一）東亞圖書館與東亞研究中心的齊頭並進

我決定留在匹大後，便更具信心地計畫為學校作出更大的貢獻。當時我立刻展開的工作如下：

1. 與新任亞洲研究中心主任朵銳爾教授密切合作，務使東亞圖書館能遷入新建成的赫爾曼圖書館大廈。

2. 呈請增加一個全職的專業人員。

3. 積極同亞洲研究中心的教授們聯繫，進而成立一個有代表性的「東亞圖書館委員會」，作為促進該館工作的原動力。

4. 以我最大的努力來擴充藏書的內容，努力的方向是：

(1)設法購買必需的書籍，包括私人藏書。

(2)與東亞各國重要圖書館聯繫從而進行交換工作。

(3)盡量聯絡能找到的書商。

5. 有計畫的編寫有關訓練職員的各種程序和政策。

6. 著手編寫東亞圖書館用者急需的各種書目的工具書。

不到一年，以上的計畫都逐步實現。遷入赫爾曼圖書館一事得朵銳爾教授大力相助，他不但向圖書館館長斯通教授懇切的指出東亞圖書館必須遷入赫爾曼圖書館的各種原因，同時直接接觸教務長皮克教授。最後還是皮克教授直接干涉，東亞圖書館終於在一九六九年秋遷入了赫爾曼圖書館的二樓。

我在請求增加職員的公文上，曾列舉美國前二十名東亞圖書館的藏書冊數，東亞研究中心之課程、教授及學生數目、使用書刊之數量及職員人數等資料，作了一個詳細的統計和分析，然後作出結論。按照比例，當時匹大的東亞圖書館至少得增加一名專業職員和一名非專業職員，吳文津先生的報告，也清楚的建議：為了使匹大的東亞圖書館運作正常，至少得增加二至四位職員。所以我的這一請求顯得理直氣壯，同年內東亞圖書館便增加了新職員。

與有關教授們的聯繫問題，自一九六八年二月便開始有「東亞圖書館委員會」(East Asian Library Committee）的組織。委員會由三位教授組成，一個人任主席，負責召集工作。我為當然委員，負責工作報告和管理會議紀錄。但因我以半職寫博士論文的原因，開會的時間較少。但自一九六九年二月起，每學期至少開兩次會。如有臨時需要，則由我建議召開，務使有關教授對東亞圖書館的業務有徹底了解。如果他們有需求或建議，也隨時可以向我提出。在經費和空間的需要上，這個委員會總是全力支持。

在增加藏書方面，我付出的精力特別多。一般學者都知道，二十世紀的六、七十年代是建立東亞圖書館最困難的時間。當時任何北美的東亞圖書館，有錢也購買不到必需的書刊。比如在中文方面，中共當局早已毀滅或禁止有學術價值的書刊流通；至於他們自己出版的東西，除了少數毫無內容的宣傳品外，多半都只許內部發行。其中極少數外流到香港或日本，書商便將其複製出來賣，其價錢則高出原價幾倍到幾十倍。台灣方面，新出版的有學術價值的東西也不多，但是複印的舊籍則不少，如能有計畫的選購，獲益則甚大。

日文書刊也不容易蒐集。首先是價錢太昂貴，其次是太快「絕版」，普通新的出版物，兩年或三年後，便稱「絕版」品，價錢便可以隨便亂定。因此，任何新成立的東亞圖書館，如果沒有數以百萬計的經費，是很難建立稍具規模的日文藏書的。我在這方面下了很多功夫，收穫也很可觀。

到一九六九年底，有關傳統中國的重要出版品如「二十五史」、「古今圖書集成」、「四庫全書珍本」、「四部叢刊」、「四部備要」、「百部叢書」、各種方志、年鑑和各種工具書都略具規模。與東亞各國重要圖書館的交換工作也有了相當的基礎。

為了訓練自己的職員，和給圖書館奠定行政和組織結構的基礎，我在百忙中，仍有計畫地編寫了有關各種專業性的文獻，如：「東亞圖書館分類編目手冊」（Cataloging Manual for East Asian Library）、「編目程序」（Cataloging Routing）、「東亞圖書館採集政策」（Collection Development Policy of the East Asian Library）、「東亞圖書館使用速覽」（A Brief Guide to the use of the East Asian Library）等。這些圖書館專業上最基本而又需要的文獻，過去一直是用來訓練本館職員的材料，其中一些，特別是前三種，也曾被一些較新的東亞圖書館索取和採用。

與此同時，為了便於教授和學生使用東亞圖書館的書刊，我有計畫地編印了以下幾種參考書目：《東亞期刊分類目錄》（*East Asian Periodicals and Serials: A Descriptive Bibliography*）、《中國方志編目》（*The Chinese Local History: A Descriptive Holding List*）、《匹茲堡大學東亞圖書館微卷編目》（*Catalog of Microfilms of the East Asian Library of the University of Pittsburgh*）等。這些東西出版後，東亞研究中心的每位教授和研究生都各有一份，其餘的則由學校書店出售，殊不知很快就被其他東亞圖書館和有關學者一購而空，而且一般的評論都很好。比如國會圖書館亞洲處處長常石博士（Dr. Warren Tsuneishi）認為這些出版物是使用北美東亞書刊的重要參考品。哈佛大學哈佛燕京圖書館館長吳文津先生則謂那些出版物極其適用，是受歡迎的參考書目。

與此同時，朵銳爾教授也大力發展匹大的東亞研究中心，他當時的計畫是：

1. 要求有關教授們多講授有關東亞的課程。
2. 在校園和匹茲堡城內促進有關東亞文化的活動。
3. 多與鄰近大學聯繫，使匹大成為重要的東亞研究中心。

基於這些計畫，他首先邀請我與他共同開了兩門新課：「東亞政治和美國」(East Asian Polities and the United States）和「東亞的綜合研究」(Inter Discipline Seminar on East Asian），同時也將我聘請為新成立的東亞研究顧問委員會的五位委員之一。這就使我的工作日程更忙了。

為了配合朵銳爾教授的擴展計畫，我曾以東亞圖書館的名義，在赫爾曼圖書館開了幾次盛大的展覽。一次是展覽有關中國的印刷歷史、書籍形式的演變和中國文字的發展，包括了從卡內基博物院（Carnegie Museum）借來的甲骨文骨片（該博物院收藏有三百多塊甲骨文骨片）。這次的展覽主要是支持東亞研究中心在校內主辦全美中文教師學會的年會。另一次是展覽有關當時中國大陸新發現的一些古代遺物，包括從長沙「馬王堆」發現的一些珍貴遺物（主要是有關的書刊和圖片）。這次的展覽也是為了配合東亞研究中心的需要。

由於我與朵銳爾教授的密切合作，匹大的東亞研究中心不但在質和量有進展，而且得到全美學術界的肯定。許多富有代表性的學者，如：Professor John W. Hall of Yale University, Allen S. Whiting of the University of Michigan, Rage de Gespigny of Australia National University 等都來學校訪問，而且做了

我的特別客人。自此之後，東亞圖書館在校園內的使用者不但倍增，而且很自然地成為「三角地帶」（Tri-State Area of Pittsburgh, Ohio, and West Virginia）研究東亞的中心了。

（二）李奇威將軍（General Matthew B. Ridgway）的出現

提到李奇威將軍，我願意先引用一九七一年十一月二日台北《中央日報》的一則新聞：

前盟軍駐日本統帥李奇威將軍，最近將其私人所藏日本名畫及日本民眾團體送給他的文獻多件，贈予匹茲堡大學東亞圖書館。提到四大東亞圖書館，似乎有介紹的必要。

過去十餘年來，在美國各大學的東亞研究中心之中，匹茲堡大學無疑是後起之秀；其發展神速，很少大學可與之媲美。該大學的東亞圖書館，在郭成棠博士十載艱苦經營下，已一躍而成為美國前二十名東亞圖書館之一了（美國各大學現已有大小七十餘個東亞圖書館）。該館藏書在數量上雖僅五萬餘冊，報刊六百餘種，然其所藏典籍全屬精選，故該校現有數十名專研究中國及日本之研究生，及數十位專長於東亞研究之教授，皆能利用該館資料研究而無虞困乏。事實上該館不但在賓州極具聲望，而且在全美東亞圖書館界中也極受重視。

李奇威將軍自退休後，即住在匹茲堡郊區。年來因尋覓遠東歷史文化專家為他鑑定所藏東亞藝術品，而結識郭成棠博士。為了感謝郭博士為他鑑定中國北齊時代的銅佛、日本鎌倉時代（一一八六——一三三三）田川大和尚所藏玄奘譯三藏經等古物，特將前日本首相吉田茂所贈給他的日本現代畫宗師竹內栖鳳（一八六四——一九四二）所繪的〈禁城松翠〉及日本民眾團體感謝其治下之德政文獻多件，轉贈與郭博士主持的東亞圖書館。

匹大校長巴斯威爾博士為答謝李將軍的盛意，特舉行贈受典禮暨茶會，與會者有匹大教授等及李將軍夫婦及其好友百餘人。會中先由郭博士代表李奇威將軍將贈品呈送巴斯威爾校長，並闡述該名畫及文獻的歷史意義，然後再由巴斯威爾博士將贈品交給東亞圖書館收藏……。

現在再來看看，李奇威將軍與我是怎樣相識的。那是一九七一年六月十四日，李將軍親自寫了封信給我。他說由於卡內基博物院的阿斯勒（David T. Owsley）先生的推薦，他知道我是匹大的東亞專家，而且正在為匹大收藏東亞藝術品，所以他希望知道我有無興趣為他鑑定他的東亞藝術品。他說這些東西都是他一九五一至一九五二年在日本任盟軍統帥時收到的禮物。如果我有興趣，他還可以將部分的禮物贈給我主持的東亞圖書館。最後，他希望我能用電話同他聯繫。如有興趣的話，更可約定時間，到他住處去看這些東西。

我在國內時，對李奇威將軍的名字早已熟知，但做夢也想不到會收到他的親筆信。從李將軍的信中知道，阿斯勒先生是一個很重要的中介者。我和阿勒斯相識有好幾年了，因為卡內基博物院（與我辦公的匹大赫爾曼圖書館隔街遙遙相對）藏有不少中國文物，單是甲骨文骨片就有三百多件，我們彼此因工作關係而建立起友誼。當李奇威將軍向卡內基博物院打聽東亞文物專家時，阿斯勒先生便推薦了我。

得到李將軍的信後，我便馬上打電話同我的好友哈斯肯教授（John F. Harskins）討論。我希望知道一些李奇威將軍的私人生活情形，以便應對。哈斯肯在二次大戰時作過空軍，在太平洋戰區作戰，一九四六年退休念博士學位時，已是空軍少將了，對於當時在美國空軍赫赫有名的李將軍一定知道不少。現在哈斯肯又在匹大藝術系教東亞藝術史，他對李將軍所藏的東亞藝術品也必定有興趣。如有可能，我還打算把他帶去見李將軍。果然，當我在電話中把上述的情形告訴他後，他非常興奮的告訴我，他曾同李將軍有一面之緣。他說李將軍是他所見過的美國將領中最文雅的一個，不但人品高尚，對人也很客氣。他希望能同我一道去拜訪李將軍和欣賞他的遠東藝術品，至於何時去，他沒有意見，只要我同李將軍決定後，告訴他便可以。之後，我便打電話給李將軍商談拜訪他的時間。李將軍接到我的電話很高興，而且歡迎我任何時候去他家鑑定他的遠東藝術品。我建議週末去，同時還提到他從前的下屬哈斯肯也可能同去。他立刻認為那個週末很好，對哈斯肯教授也表示歡迎。

那個週末我同哈斯肯開車到李將軍家時，他和夫人瑪利（Mary）已在客廳等候著了。客廳裡書籍很多，多半是關於美國歷史和國際關係的。李將軍的確是文質彬彬，談起話也很風雅。他向客人介紹過夫人後，便先和我禮貌地交談一會兒，然後同哈斯肯重溫往事，接著便言歸正傳。他把客人帶到一張書桌前，把準備請我鑑定的東西，一一向我們展示。一些日本人民團體送給他的日文感謝文獻全是些長篇大作，絕非看看就可以清楚的。至於日本鎌倉時代玄奘所譯的佛經及韓國政府要人送他的銅鑄佛像等物，都需要時間來鑑定。我很快地瀏覽一遍之後，便向李將軍建議，我願意把這些東西帶回學校，花一、兩天的時間，仔細地審查一遍，然後將每件東西都用英文簡述出來，下週末帶回給李將軍作決定。他馬上笑笑道：「好極了，郭博士，只是麻煩你了。」就這樣，我和好友哈斯肯教授向李將軍夫婦告辭，再把那些文物帶回我的辦公室。

我帶回十三件文物，韓國的文物有四件，其中最好的一件，並不是韓國的文物，而是中國北齊時用銅鑄的約有一尺高的佛像。其餘三件分別是：（1）韓國慶尚北道送的銅製的李奇威肖像，上刻有對他的感謝之辭。（2）傳統黑漆匾額，上刻有兩個韓國古英雄，這是韓國國防部部長送的禮物。（3）一個黑漆的盾牌，上刻有兩條韓國的龍，是韓國野戰軍送的。日本的文物一共有八件，分述如下：（1）日本鎌倉時代田川大和尚所藏的玄奘《三藏經》的譯本（未註明誰送的）。（2）日本現代畫宗師竹內栖鳳所繪的〈禁城松翠〉，是日本首相吉田茂送的。（3）日光東照宮（寺院）送的三進小猿木刻，據說是象徵和諧的。（4）兩個少女在彈琵琶的日本畫（未題誰送的）。（5）一個美術研究所送的特製古中國的蜀錦。（6）一位日本畫家送給李將軍的肖像。（7）、（8）兩件都是日本人民團體送給李將軍的感謝狀，歷數其對日本人民的貢獻。從這些感謝狀中，可以看出戰敗的日本人，對於勝利者是如何俯首服從的。那些文物中，也有一件是中國的東西，那便是何應欽將軍送的用絲線鏽的〈英雄展翼〉的一個卷子，並附有何將軍的一封信，讚揚李奇威對於國際公平與世界和平的貢獻。

幾天後（一九七一年六月二十二日），我和我的好友哈斯肯教授將那批文物連同鑑定的書面紀錄帶到李奇威將軍家裡。李將軍把我鑑定的紀錄看完後，喜形於色的向我致謝。然後他把那個銅鑄的佛像和田川大和尚所藏玄奘所譯的《三藏經》留下來，其餘的全部送給我所主持的東亞圖書館，當作是他夫婦倆的禮物。不過為了報稅的需要，他希望我能給他一封信，說明這批禮物的價值。我除當面感謝之外，並答應盡快將他需要用來報稅的信寄給他。然後，李將軍請我們坐下隨便談談，瑪利夫人準備了咖啡助談。這時最高興的是哈斯肯，他喜歡跟李將軍談第二次世界大戰時打仗的情形。

在回校的途中，我和哈斯肯都不約而同地認為，我們應該把這件事向學校報告，希望校長能對李奇威將軍有所表示。回到學校後，哈斯肯自告奮勇地說他願意先草擬一封給校長的信，待我認可後，便聯名寄給校長。校長巴斯威爾接到我們的信後，馬上約我們到他的辦公室去直接討論。我和哈斯肯都很奇怪，為什麼校長處理事情這麼快呢？而且還要親自處理？這種事情普通都是由他的行政助理和祕書去辦理。後來我們才發現巴斯威爾在擔任匹大校長前，是美國空軍大學社會科學院的院長。他在哈佛大學獲得博士學位前，在美國空軍已做到少將的位置，對李奇威將軍早已十分仰慕。現在有機會，他當然願意表示他的敬意，所以他同我和哈斯肯討論時，首先提出願意親自給李奇威將軍一個接受他禮物的歡迎會（Reception），然後他問我和哈斯肯認為如何，我們都不約而同地認為好極了。巴斯威爾不禁笑了起來說：「那我們對李將軍的敬意是一致的。我建議你們同亞洲研究中心主任朵銳爾商量如何籌組這個歡迎會。一切決定之後，再通知我的助理就行了。」

在離開巴斯威爾辦公室後，哈斯肯非常高興的對我說：「湯瑪斯，一切都如我們的理想，我想今後就由你同朵銳爾去辦理就行了，反正你和他在工作上的接觸很多。」

次日，我便找朵銳爾討論此事。他也很樂意有機會來協助辦理此事，所以我們馬上作了以下的決定：（1）歡迎會地址決定在赫爾曼圖書館的會議廳舉行。（2）時間由我與李奇威將軍討論決定。

（3）參加人員除東亞研究有關的教授、東亞圖書館的職員、學校圖書館的行政人員外，學校行政人員也得邀請，以一百五十人為限。（4）由李奇威將軍的代表將禮物呈送給校長，然後再由校長轉給東亞圖書館。

經過我與李將軍的電話和信函討論後，歡迎會決定於一九七一年九月十四日在匹大的赫爾曼圖書館舉行。李將軍請我代表他把禮物呈獻給校長。參加者約一百五十人。會議一開始，由匹大東亞研究中心主任朵銳爾教授簡單報告幾句，就按會議程序進行。

我在代表李奇威將軍呈獻禮物給巴斯威爾校長時，講了以下一段話：

「李奇威將軍請我代表他實在是一種榮耀。現在我很高興代表李將軍和瑪利夫人，將這幅美麗的日本畫和一些日本文獻給巴斯威爾校長作為送給學校的禮物。我願以歷史學者和圖書館工作者的立場，對這些禮物的原委說幾句話。它們都是一九五一年至一九五二年李將軍在日本任盟軍最高統帥時收到的禮物，這幅畫是當時日本首相吉田茂送的，本校藝術系教授哈斯肯認為它具有很高的藝術價值。這些日本文獻，都是當時日本不同的民眾團體為感謝李將軍治理下之德政而呈送的。今天世界上許多人奇怪為什麼日本在戰後會急速地成為經濟大國？這些對李將軍熱情表達感謝的文獻，可能是這一個問題的部分答案。」

巴斯威爾校長接過那批禮物後，說了些感謝李將軍的話，然後再將禮物轉交給我，把它們保存在匹大的東亞圖書館。會後，李將軍還請我帶他們夫婦到東亞圖書館參觀了一會兒。他們雖然不識東亞文字，但對該館的規模卻讚賞不已。

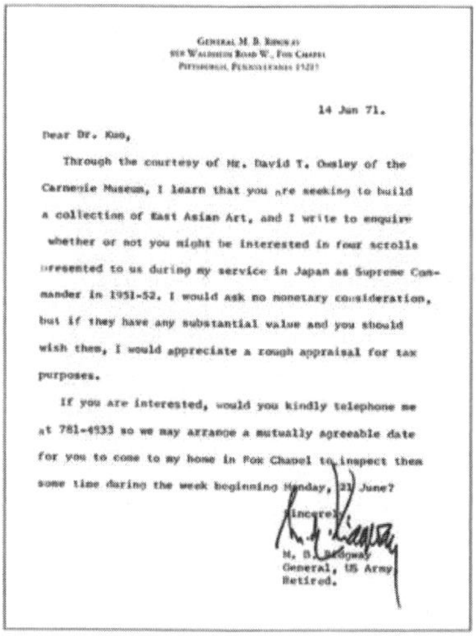

General M. B. Ridgway
918 Waldheim Road W., Fox Chapel
Pittsburgh, Pennsylvania 15215

14 Jun 71.

Dear Dr. Kuo,

Through the courtesy of Mr. David T. Owsley of the Carnegie Museum, I learn that you are seeking to build a collection of East Asian Art, and I write to enquire whether or not you might be interested in four scrolls presented to us during my service in Japan as Supreme Commander in 1951-52. I would ask no monetary consideration, but if they have any substantial value and you should wish them, I would appreciate a rough appraisal for tax purposes.

If you are interested, would you kindly telephone me at 781-4933 so we may arrange a mutually agreeable date for you to come to my home in Fox Chapel to inspect them some time during the week beginning Monday, 21 June?

Sincerely,

M. B. Ridgway
General, US Army
Retired.

李奇威將軍寫給作者的第一封信。

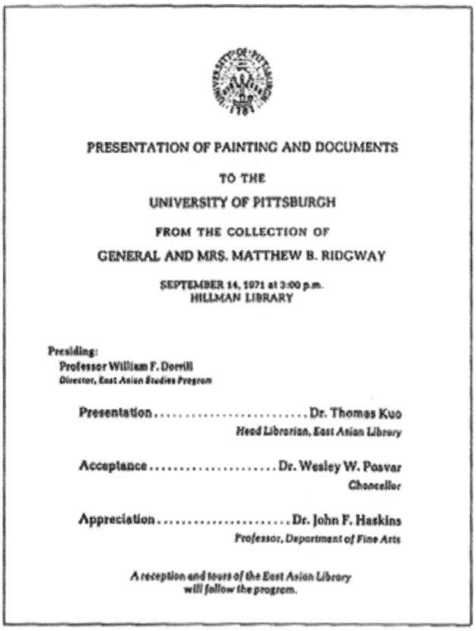

PRESENTATION OF PAINTING AND DOCUMENTS
TO THE
UNIVERSITY OF PITTSBURGH
FROM THE COLLECTION OF
GENERAL AND MRS. MATTHEW B. RIDGWAY

SEPTEMBER 14, 1971 at 3:00 p.m.
HILLMAN LIBRARY

Presiding:
Professor William F. Dorrill
Director, East Asian Studies Program

Presentation..........................Dr. Thomas Kuo
Head Librarian, East Asian Library

Acceptance..........................Dr. Wesley W. Posvar
Chancellor

Appreciation..........................Dr. John F. Haskins
Professor, Department of Fine Arts

A reception and tours of the East Asian Library will follow the program.

匹茲堡大學校長巴斯威爾為感謝李奇威將軍贈送匹大東亞圖書館他私人所藏的東亞文物，特於 1971 年 9 月 14 日為李將軍開了一個隆重的歡迎會，此為流程表。

作者代表李奇威將軍呈獻禮物給巴斯威爾校長，致詞時的照片，右坐者為匹大亞洲研究中心主任朵銳爾教授。

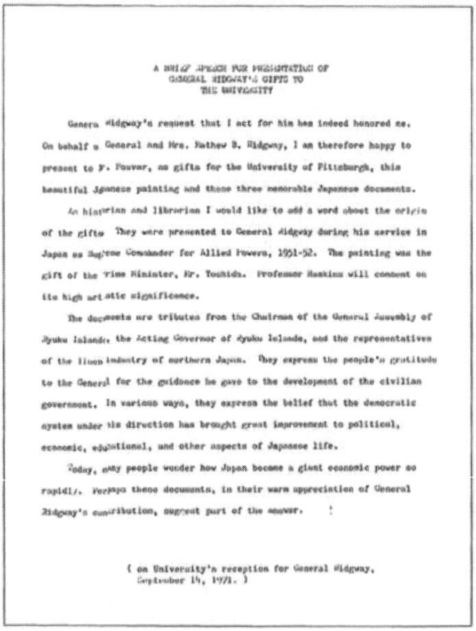

A BRIEF SPEECH FOR PRESENTATION OF
GENERAL RIDGWAY'S GIFTS TO
THE UNIVERSITY

General Ridgway's request that I act for him has indeed honored me. On behalf of General and Mrs. Mathew B. Ridgway, I am therefore happy to present to Dr. Posvar, as gifts for the University of Pittsburgh, this beautiful Japanese painting and these three memorable Japanese documents.

As historian and librarian I would like to add a word about the origin of the gifts. They were presented to General Ridgway during his service in Japan as Supreme Commander for Allied Powers, 1951-52. The painting was the gift of the Prime Minister, Mr. Yoshida. Professor Haskins will comment on its high artistic significance.

The documents are tributes from the Chairman of the General Assembly of Ryuku Islands, the Acting Governor of Ryuku Islands, and the representatives of the linen industry of northern Japan. They express the people's gratitude to the General for the guidance he gave to the development of the civilian government. In various ways, they express the belief that the democratic system under his direction has brought great improvement to political, economic, educational, and other aspects of Japanese life.

Today, many people wonder how Japan became a giant economic power so rapidly. Perhaps these documents, in their warm appreciation of General Ridgway's contribution, suggest part of the answer.

(on University's reception for General Ridgway,
September 14, 1971.)

作者致詞時的簡略講稿。

作者（右）同他的好友哈斯肯教授（左）與李奇威將軍合影。

李奇威將軍夫婦（右一和左二）和巴斯威爾校長夫婦（右二和左一）合影。

從此之後，李奇威將軍和我便成為書信上的朋友。我和好友哈斯肯也繼續到李將軍家拜訪了好幾次，主要是繼續為他鑑定一些東方藝術品，包括古書畫、黑漆或紅漆的東方用具等。李將軍除了保存少數外，多數都陸續送給東亞圖書館，一共有二十件以上。我同李將軍最後一次見面是在一九八八年。匹大為了留個永恆榮譽給第二次世界大戰時，美國最後一個五星上將英雄（其他五星上將早已辭世），決定把匹大「國際安全研究中心」冠上李奇威的名字，並為他舉行了一次特別的晚宴。被邀參加的賓客都是「名流」（說得更實際些應該是各界財主），我是例外，也是唯一被邀參加的匹大教授，主要是校方尊重李將軍的建議。那時，李將軍已屆九十三歲的高齡。他們夫婦和我們夫婦在宴會前敘舊一番，可惜沒帶照相機去留個影。李將軍於一九九三年七月二十六日在匹茲堡住宅逝世，享年九十八歲。一代英雄從此與世長辭，但是他留給匹大東亞圖書館有關東亞的藝術品將永存不朽。

（三）專業上的一帆風順

在美國，任何行道要成為社會公認的專業，都必須經過兩方面的努力。首先是同行的人要繼續不斷地在學術理論上鑽研，從而說明這一行道是需要專門知識才能執行其業務；其次是同行的人必須組織起來，才能讓社會承認和維護其同行的專利，如律師、醫生、會計師、工程師等，早已是社會公認的專業。凡是專業的業務人員，在薪金上都有一定的標準。美國圖書館界的業務人員，於一八五〇年代便開始組成美國圖書館協會（American Library Association）。一八七六年就發行全國性的圖書館學期刊《圖書館月刊》（*Library Journal*）。其後一些專門性的圖書館學會，如：研究性的圖書館協會（The Association of Research Libraries）、公共圖書館協會（The Association of Public Library）等都成立起來了。更專門的期刊如《圖書館動向》（*Library Trend*）等繼續刊行。但是一直要到一九六〇年，艾森豪威爾任總統的最後一年，美國圖書館界的業務人員才正式地被承認為專業人員。從此，這些人員的待遇也提高到相當的水平，而圖書館專業人員必須有合格（credited）的圖書館學院的碩士學位，同時各種專門的圖書館專業人員差不多都有專門的出版物來促進應有的學術水準。

美國的東亞圖書館，自一九五八年起就有了專業組織，也有出版物《通訊》（*News Letter*）。可是由於人數較少，而東亞研究也不是熱門，因而沒有引起多大的注意。但一九六〇年後，這種情形就很不同了。一方面是一九六〇年的國防教育法案通過以後，聯邦政府在全國選了二十所大學去研究中國問題，隨之而起的，便是近十個中文圖書館的增設，而且慢慢地這些新建立的中文圖書館都擴大為東亞圖書館。另一方面，一些早就有東亞研究節目和東亞圖書館的名大學也開始積極擴展。因此一九六七年後，過去那個美國遠東圖書資料委員會（Committee on American Library Resources on East Asian Libraries）也就改名為東亞圖書館委員會（East Asian Library Committee），正式成為亞洲研究學會（Association for Asian Studies, Ine.）的一部分。此後，東亞圖書館在美國圖書館專業界和亞洲研究的學術地位，才正式被承認。

東亞圖書館界能得到以上的成果，芝加哥大學的錢存訓教授有很大的貢獻。他當時是芝加哥大學東亞圖書館的館長兼東亞語文學系教授。他在一九六〇年代，已意識到美國東亞圖書館的急促興起，及隨之而來的許多問題，包括經費、人手和圖書資料來源等，便同芝加哥大學圖書館學院的溫吉爾（Horward W. Winger）教授於一九六五年五月組織了劃時代的「地區研究與圖書館」（Area Studies and Libraries）的學術會議。參加的人都是從事區域研究（如東亞研究、南亞研究、近東研究、蘇聯和歐洲研究、拉丁美洲研究等）的教授和圖書館專業人員，近二百人。在討論會上宣讀的論文都是很富代表性的著作，如〈區域研究與圖書館資料〉、〈美國的東亞圖書資料〉、〈南亞研究與圖書館〉、〈回教徒的近東〉、〈圖書館專業者在智力上的角色〉、〈大學總圖書館和區域研究節目〉、〈區域研究與圖書館教育〉等，都是反映實際問題的學術討論。這些東西以後都成了區域研究和有關圖書館發展的重要文獻。

自一九六七年後，東亞圖書館委員會不但大大地增加了會員的數目，而在專業的學術水準上也提高了許多，這有賴芝加哥大學和威斯康辛大學（University of Wisconsin）的暑期訓練所。前者的主要目的是訓練當時東亞圖書館界需要的各種人才，後者則是在圖書館研究院裡增加東亞語文課程。

基於以上的一些發展，我也慢慢地開始探討一般東亞圖書館從業人員所面臨的一些實際問題，如：書刊編目的積壓，經費和人手上的缺乏等。在一九七一年東亞圖書館委員會的年會上，我宣讀了一篇論文〈東亞圖書館館際間的合作〉，主要在分析各館未編書目積壓的原因，並建議在該委員會的領導下，各東亞圖書館立刻從事合作編目。很不幸，該建議並沒有馬上被該委員會接納。不過，合作編目的新概念在各專業人員中曾激發一番討論。

一九七二年，「中文書籍合作編目」的第一次會議在紐約召開，結果組織一個「中文書籍合作編目」的特別委員會，並以哈佛燕京圖書館的吳文津先生為主席。

在一九七三年的年會上，我被選為東亞圖書館委員會的執行委員之一；第二年（一九七四年）的年會上，我便被選為該委員會的主席。這時的東亞圖書館委員會正面臨一些重大問題：

1. 如何使「中文書籍合作編目」的決議付諸實現。
2. 基於當時全美東亞圖書館的實況，以制訂改善其運作及服務的事宜。
3. 把東亞圖書館委員會的一切活動制度化，從而獲得全國性的認可。

我認為如要將上述計畫付諸實現，必須集中同行的人力，主動地爭取與東亞研究有關的各種組織和獲得他們的支持。同時還得設法獲得最低限度的經費，以維持有關的活動，特別是該委員會的出版物。

為了聽取寶貴的意見，我被選為主席的當天，便決定邀請東亞圖書館委員會的所有執行委員，和被尊崇的同行前輩於次晨共進早餐，以便商討前面所提到的問題和可能解決的辦法。次晨早餐會討論的結果，一個「特別任務委員會」（A Task Force）便組織起來了，並把它正式定名為「資源和發展委員會」（The Subcommittee on Resources and Development）。其主要任務是調查全美東亞圖書館的實際現狀，和建議改善之道。

我回到學校後，經過一連串的電話和信函討論，終於在一個月中把五個小組和定期刊物 *CEAL Newsletter* 的編輯委員會組織起來了。同時也將「中文書籍合作編目」的第二次會議紀錄和決議大綱整理和複印多份，分寄國會圖書館有關人員和「特別任務委員會」的委員們參考。至此為止，東亞圖書館委員會未來兩年的工作算是雛型已定，因而立刻展開以下工作：

1. 中文書籍合作編目的實現

一九七四年七月一日，「中文書籍合作編目」五個不同的方案大綱最後定稿和東亞圖書館委員會主席的引介信，分送給六十九個大學圖書館和東亞圖書館，希望他們選擇一個自己喜歡的方案。結果百分之八十以上的覆函都喜歡採取第二個方案，因此我便正式建議國會圖書館印發第二個方案的「中文書籍合作編目」。國會圖書館出版處處長夏道泰太太（Mrs. Gloria Hsia），於一九七五年一月正式開始定期印發「中文書籍合作編目」的卡片給全美東亞圖書館。至此，經各方面的合作和努力，一個醞釀了近三年的合作計畫終於付諸實現了。

2. 通訊刊物的制度化

東亞圖書館界唯一的定期刊物便是 *CEAL Newsletter*（其後改名為 *CEAL Bulletin*，更後則改為 *Journal of East Asian Libraries*），它是東亞圖書館專業人員不可或缺的專業刊物。新任主席的我決定採取以下幾個步驟使其出版制度化。首先組織一個代表中、日、韓三種語言的編輯委員會，主席兼主編。其次是向亞洲研究學會的東亞研究組，請求給予定期經費的支持。最後是決定將通訊固定為十六開的定期刊物（一年出版三次），每期以不超過一百頁為限，除有關專業的通訊外，所有文章都必須具有高度的水平。

不出所料，按照以上計畫編印的《東亞圖書館委員會通訊》（*CEAL Newsletter*）出版一年之後，所有讀者（包括專業人員和有關東亞研究的教授及學生）都公認它是學術水準很高的專業刊物。他們進而建議應當名副其實地將刊物的名字改為《東亞圖書館委員會季刊》（*CEAL Quarterly*）或《東亞圖書館委員會會報》（*CEAL Bulletin*）。

照以往的習慣，東亞圖書館委員會的主席應兼任這個刊物的編輯。由於整個委員會活動增多和刊物內容擴展，主席需要更多的時間工作。這些現實的問題都在次年的年會上徹底討論過，結果五個新的工作委員會也就應運而生了。

3. 各工作委員會的活動

我的基本政策是鼓勵各工作委員會的群體活動，而且特別歡迎主動性的活動規畫。因此，各工作委員會在第一年便有非常突出的成績。

（1）「技術處置委員會」（The Subcommittee on Technical Processing）曾經按部就班地向國會圖書館提出了一連串擴展中文分類編目的建議。

（2）「聯繫中國圖書館委員會」破天荒地派一個代表團到中國訪問。

（3）「合作編目委員會」徹底地把有關中文合作編目的建議書作了分析，從而肯定了國會圖書館「中文合作編目」的工作意義。

（4）「日文資料委員會」曾作了一次全美東亞圖書館日文藏書的統計，進而編印了日文期刊的聯合目錄。

（5）資源和發展委員會更將全美各東亞圖書館作了第一次的詳細調查和研究，進而建議改善之道。

4. 特殊任務組（CEAL Task Force）的特殊成就

這個特殊任務組就是前面提到的「資源和發展委員會」。委員會於一九七四年十一月八日在匹茲堡大學開了一整天的會議，主要是在研討當時北美各東亞圖書館所遇到的實際問題，然後針對那些問題提出解決辦法。所以這一天會議產生的文件均以下列諸端為對象：東亞圖書館委員會的任務和它的活動、有關資源的發展問題、書目的控制問題、專業人員的教育問題、東亞圖書館的調查統計及東亞圖書館手冊。

有關以上諸端的文件，我均於一九七五年三月在舊金山召開年會時，向全體會員作過詳細報告和討論。在是年五月將這些文件標題為「促進和資助圖書館節目以支持東亞研究的優先項目」（Priorities for the Development and Funding of Library Program in Support of East Asian Studies），寄給「福特基金會」的獎助節目顧問福諾廷博士（Dr. Reuleen Frodin），希望能獲得經費援助，以便召開工作會議。兩個月之後，福諾廷通知我和其他三個「資源和發展委員會」的委員，「福特基金會」決定捐助八萬元支持我們的計畫，他同時依照該基金會的慣例，邀請美國學術評議會（The American Council of Learning Society）來組織一個「指導委員會」（Steering Committee）以研究我所提出的項目。這個「指導委員會」包括大學行政人員、大學圖書館館長、東亞圖書館專業人員和專長於東亞的學者。

在美國學術評議會領導下的「指導委員會」成立以後，首先邀請了有關的專家來草擬解決各種問題的權威報告（Position Papers），接著便在兩年中召開了三次大規模的會議來討論那些文獻，我被邀請草擬的是「東亞出版品的特別書目提要」（Special Subject Bibliographies of East Asian

Publications）。美國學術評議會終於在一九七七年把歷次會議討論的結果編成《東亞圖書館：問題和前景》（*East Asian Libraries: Problems and Prospects*）出版。「資源和發展委員會」最後總算將全美東亞圖書館給予他們迫切的時代任務，在共同努力下完成了。

同時，這個特殊任務組也完成了另一個重要任務，那便是初次完成調查和研究全美九十三個東亞圖書館的藏書數目和內容、採購和分類編目的紀錄、經濟資助的情形、工作人員的質量和圖書館支持教學及研究實況等。這個調查是由芝加哥大學的東亞圖書館館長兼教授的錢存訓先生主持，還請了芝加哥大學著名的社會學家巴銳希（William Parish）教授作顧問。這個調查報告於一九七六年三月《東亞圖書館委員會通訊》第四十九期發表。這個價值極高的報告曾不斷地被圖書館、有關東亞研究的社團和有關基金會採用。此後，每五年便有同樣徹底的調查和研究。一九八〇年那次調查和研究工作我被選為主持人。

5. 各種程序的臨時委員會（Ad-hoc Committee on CEAL Procedures）

為了明確規定未來主席的任期和刊物編輯的責任，我當時以主席的身分，委派了一個程序問題的臨時委員會，從事徹底的研究，準備在次年年會時，向行政會議（CEAL Executive Meeting）提出報告和建議，以便會後採取行動。行政會議在結束時，作了以下的協定：

（1）今後期刊的編輯由主席任命。

（2）將期刊的名稱改為《東亞圖書館委員會會報》（*CEAL Bulletin*）。

（3）主席和編輯的任期由兩年延至三年。

6. 與有關組織的聯絡關係（Liaison with other Organizations）

由於當時全美各東亞圖書館面臨的問題既嚴重又複雜，必須同有關組織群策群力以竟其功。我擔任主席那兩年，曾傾力去和亞洲研究會的實際負責人祕書長（A. A. S. Secretariat）和東亞研究小組及東南亞研究小組的負責人直接聯繫，使他們了解和參與東亞圖書館委員會的活動，目的是爭取他們在精神上和經濟上的支持。同時我也直接同「全美圖書館協會」（ALA）和「全美研究級圖書館協會」（A. R. S.）取得聯繫，並請他們派代表參加東亞圖書館委員會的年會，以便維持交流關係。這些組織當時都有很好的反應，不過，能否繼續維持這種關係，就端賴以後的負責人了。

7. 各界鼓勵函件的片段

我為全美東亞圖書館界服務兩年，歷盡艱辛，但也曾收到無數鼓勵的函件。以下摘錄函件中令人難以忘懷的片段。

一個在東亞圖書館界極受尊敬的長者來信說：

「你是第一個被選上當主席的學人，既不屬於享有特權的「長春藤大學」（IVY League Universities），也不是來自代表性的州立大學。我記得很清楚，當你在一九七四年被選為主席時，有些人就懷疑童世綱先生（曾任普林斯敦大學東亞圖書館館長）所建立的《東亞圖書館委員會通訊》的規模能否繼續維持。但是，你做了主席之後，這刊物確實變得更有價值，它已成為東亞研究的教授們和圖書館專業人員必讀的東西了……」

另一個東亞圖書館的前輩和國際法學專家也來信說：

「……我也願意藉此機會來談談你做了東亞圖書館委員會主席所表現的高超領導能力。我最近參加在舊金山召開的年會時，和一些會員朋友聊天，都深感你對我們組織的社會地位和各種活動有卓越的貢獻。在你的領導下，《東亞圖書館委員會通訊》已超過你前任普林斯敦大學的童世綱所訂下的最高標準，它已變成東亞圖書館界思潮動向和各種活動互相溝通的樞紐了。就它篇幅的擴大和優越的內容而言，證明你曾付出大量的時間和精力來履行出版的各種目的。由於你的努力，現在東亞圖書館界已有了很好的資訊工作，而且會員們都很緊密地聯合在一起了……同時，在你的領導下，東亞圖書館委員會從亞洲研究學會和福特基金會都獲得了長期的經濟支持，因而可以展開對東亞圖書館界更有利益的計畫。」

在「柏克萊」（Berkeley）加州大學任教的名教授克啻勒（David M. Keightley）給我的信上宣稱：「從任何角度看，《東亞圖書館委員會通訊》都是本卓越的出版刊物。」

在柳樸茲（New Paltz）紐約州立大學任教的奈普（Ronald Knapp）教授來信告訴我：「我雖然早就知道這本刊物的存在，但我卻沒有及時認識到它對非圖書館專業人員如我等者，是如何的有用。」

最具代表性的評論，應該是當時兼任亞洲學會祕書長琶克（Richard L. Park）教授寫的了。他從密西根大學給我的信說：「我要趁寫這封信的機會，代表亞洲學會董事會來讚揚你任東亞圖書館委員會主席的時候所表現的卓越領導能力。在你就任這段時間內，你和你的委員的確完成了許多事情。在眾多的成就中，尤以《東亞圖書館委員會通訊》為最。這本刊物採取了很優美的模式，而內容則毫無疑問是很有專業價值的。」

當了兩年全美東亞圖書館委員會主席，雖然曾有不少困難和頭痛的時候，但我也認為極光榮而有價值。同時這兩年間，我也曾見到一些能幹而很有想像力的同事，他們曾為了不同的業務活動和節目付出代價。事實上，他們的才能、努力和敬業精神，正代表了知識分子的理想主義。他們也保證了東亞圖書館委員會將在以後的日子裡，傳播人類知識的種子。

（四）親赴遠東採購書刊和與遠東主要圖書館建立交換關係

自一九七三年起，中國大陸開始在文教上與西方國家（特別是美國）有些交流，因而出版業也有了變化。其必然的結果是：凡與書刊有關係的專業者，就必須與出版者和代表性的書商有直接的接觸，才容易採購到所需要的出版物。而我在一九七五年的八月至九月到遠東各國採購書刊，並與代表性的圖書館建立起交換關係，主要的原因如下：

1. 當時匹茲堡大學的東亞圖書館，已被列入全美六十多個大學的東亞圖書館中的前十五名之一，為日美基金會的顧問委員會所承認。這個顧問委員會由十個美國的日本專家組成，已被承認的前十五名東亞圖書館，在一九七三年都從日美基金會獲得一筆獎助金，用來充實日文書刊。由我主持的東亞圖書館，被列入全美東亞圖書館前十五名還是第一次呢。

2. 由於尼克森（Richard Nixon）總統的中國之行，中美關係有了新的突破，在匹茲堡大學研究中國的教授和學生也因而大增。東亞圖書館書刊的流通比前一年增加了百分之四十，而使用書刊的人也不限於東亞語文系的教授和學生了。換言之，許多主修人文或社會科學各種科目的學生和教授也開始使用東亞圖書館的資料了。

3.亞洲研究中心又增加了「各科際聯繫研究」（Inter-Discipline Studies）的課目。顯然，這些新的研究課目不但需要更多的圖書館服務，而且更需要有時間性的資訊供應。

為了適應時代的需要，我便開始計畫親自到遠東購買書刊，並與重要的圖書館建立交換關係。正在這時，中國大陸和美國開始發展文教交流活動的關係。在一九七四年的七月，由國立北京圖書館館長劉季平先生率領的中國圖書館訪問團到了美國，接應這個訪問團的是國會圖書館。在訪問團還未到達前，國會圖書館接應的人便開始與我聯繫。我以全美東亞圖書館委員會主席的身分，聯同一些委員，籌備了一個歡迎訪問團的晚宴，設宴於華盛頓。訪問團的成員都是當時中國各重要圖書館（如北京圖書館、上海圖書館、國立科學院圖書館、國立北京大學圖書館等）的重要負責人。結果，算是和他們有一面之交。

一年後（一九七五年），我正式計畫親自到香港、中國大陸和日本採購需要的書刊，並與各重要圖書館建立交換關係。這個計畫不但獲得學校圖書館行政當局和亞洲研究中心負責人的全力支持，而且也獲得「赫爾曼基金會」的經濟協助。因此我的遠東之行便在是年八月至九月實現了。

在中國花了三十天的時間，主要是在廣州、上海、北京等大城市訪問和採購書刊。訪問的圖書館，包括國立北京圖書館、北京大學圖書館、清華大學圖書館、北京科學院圖書館和上海圖書館等。這些圖書館的負責人，大多在半年前訪問美國時，與我在華盛頓見過面，包括北京圖書館館長劉季平、國立科學院圖書館負責人冬曾功、上海圖書館負責人潘皓平、北京大學圖書館系教授陳鴻順等。彼此易地重逢，都感到特別親切。

作者於 1975 年 8 月和 9 月到中國、日本和香港採購書刊，並與代表性的圖書館建立交換書刊關係。當時中國剛開放，所以作者此行便成了文教界的新聞。

UNIVERSITY OF PITTSBURGH LIBRARIES

NEWS & VIEWS

Volume [illegible] Number [illegible] October, 1975

PERSONNEL IN THE NEWS

Dr. Thomas Kuo has just returned from a productive trip to China, Hong Kong, and Japan where he not only acquired significant materials for the East Asian Library, but also gained a great deal of prestige for the University of Pittsburgh.

Dr. Kuo spent 30 days in the Peoples Republic of China. A reporter for Wen-Chang Pao, the Peoples Republic official newspaper in Hong Kong interviewed him and wrote a lengthy article on his tour of China. He covered Dr. Kuo's visits to the National Peking Library, the Shanghai Library, and the libraries of the University of Peking and Academia Sinica where he met with the top administrators.

The reporter quoted extensively Dr. Kuo's opinions of how these libraries serve the people of Mainland China. According to the newspaper account, Dr. Kuo was impressed by the fact that not only professional active librarians but retired scholars and students "combine the efforts of all ages" to educate the Chinese people. He approved of the joint participation of students and faculty in designing the University of Peking's new library building. Dr. Kuo also toured factories and communes; everywhere he was shown great hospitality. A highlight of his stay was spending time with his brothers and sisters whom he had not seen for 25 years.

Dr. Kuo established exchange programs between all the leading libraries and the University of Pittsburgh, and purchased more than 700 items, a number of which are NOT available in any U.S. libraries. While in Hong Kong, he called on the main libraries and a number of publishers from whom he purchased 600 issues to over 40 titles of Chinese periodicals published in the past 25 years to fill gaps in our collection.

Dr. Kuo next went to Japan where he was received by the Librarian of the Japan Diet Library, the equivalent of our Library of Congress. This is no small honor because in the strongly hierarchical Japanese society, the Head of the Diet Library holds a very high rank and few people are invited to meet him. Dr. Kuo set up an exchange agreement that will give our East Asian Library all publications of the Diet Library, heretofore received only by three of the leading East Asian Libraries in the U.S. He declared that he was greatly impressed with the Diet Library's achievements in automation; their successful input of Chinese and Japanese characters into the computer will have worldwide impact on Asian Studies. They have produced a machine-readable national bibliography of periodicals that includes Japanese, Chinese, and Korean languages.

Dr. Kuo was invited to address several classes at the Seikei University in Tokyo. Wherever he traveled he stressed the importance of the University's Asian Studies Program that prompted a one million dollar endowment from the Japan Steel Foundation. Throughout his trip Dr. Kuo enhanced the University of Pittsburgh's image in the Far East.

匹茲堡大學圖書館新聞（News & Views）報導。

KUO WORKS OUT EXCHANGE WITH EAST ASIAN LIBRARIES;
PUBLISHES BOOK ON MAO'S PRECURSOR

The author of a long-awaited book on the founder of Chinese Communism is also the author of important new exchange agreements between Pitt and major libraries in several East Asian countries.

Thomas C. Kuo, who wrote Ch'en Tu-Hsiu (1879-1942) and the Chinese Communist Movement (Seton Hall University Press), recently returned here from a seven-week tour of the People's Republic of China, Hong Kong and Japan.

An East Asian librarian and associate professor in the Department of East Asian Languages and Literatures, Mr. Kuo said his trip gave him the opportunity to study current library operations in those countries and purchase needed material to strengthen the East Asian programs of the University.

According to Mr. Kuo, he brought back more than 700 items from China, many of which are not available in any U.S. libraries, and in Hong Kong he purchased 600 issues (40 titles) of periodicals published in the past two decades to fill gaps in the collection at Hillman Library.

However, he considers his main achievement to have been the exchange agreements he established with the National Peking Library and the Japan Diet Library in Tokyo.

"Both of these libraries," he says, "are equivalent to our own Library of Congress."

He admits that he was surprised to have met with the director of the Japan Diet Library because, in the strongly hierarchical Japanese society, "his rank is so very high and he does not readily receive people."

Only three other East Asian libraries in this country have exchange agreements with the Japan Diet Library.

Mr. Kuo's book, printed in Hong Kong because of the 70-page bibliography that includes titles in Chinese characters, is expected to be released soon.

It focuses on Ch'en Tu-Hsiu but also studies Chinese intellectuals in the early 1900's, who tried to transform their country into a modern state but eventually failed under another revolutionary wave.

From 1915-1927, Ch'en Tu-Hsiu stood out as an intellectual giant and an undisputable radical revolutionary leader. Today, many of his original ideas (anti-Confucianism and anti-tradition), which influenced Chairman Mao's thinking, remain accepted ideologies of the People's Republic of China.

Nevertheless, until Mr. Kuo's book, there was no single scholarly work in any language to provide a comprehensive account of Ch'en Tu-Hsiu's life, activities and ideas.

The work is both an intellectual and political biography of the leader who wanted to transform his static country into a modern state.

Mr. Kuo based his research on a formidable array of original source materials most of which, oddly enough, can no longer be found in China.

"When I was in high school in China during the Second World War, I had a great interest in literature. Ch'en was such an influential figure, but there was too little material about or by him in existence. It was only after I came to this country that I found works by him and began my research," Mr. Kuo remarks.

In the foreword to the book, Robert C. Colodny, professor of history, writes that Mr. Kuo "has restored the scholar revolutionary Ch'en Tu-Hsiu to a place of dignity in the annals of modern China (and) ... has written not only a chapter of the history of China but has shed a clarifying light on the contemporary human condition."

Thomas C. Kuo

匹茲堡大學校刊（University Time）報導。

大公報

專訪

美匹茲堡大學東亞圖書館館長訪華後過港

郭成棠談中國圖書館現狀

北京圖書館藏書九百多萬冊

香港《大公報》的報導。

1975 年到中國的遊人寥若晨星，作者每到一個地方，除導遊外，就只有自己了。攝於北京天壇。

從圖書館業務的立場而言，我深感慶幸自己這次到中國，能為匹茲堡大學的東亞圖書館完成以下幾件事：

1. 同國立北京圖書館建立起交換書刊的關係。

2. 有機會同香港的主要書商見面，結果買到七百多件需要的書刊。

3. 在上海圖書館，我有機會與我久仰的顧廷龍先生進行了三個多鐘頭的討論。顧先生是中國極少數的目錄學權威學者之一，尤其在叢書方面的知識更是無出其右者。這次的訪問，解決了我探索多年的一些有關中國叢書目錄的問題。

熟悉當時中國情形的人都了解，那時許多書刊是不許出口的；但是它們卻有機會流入香港和日本，可是價錢則比原價高出若干倍。對需要者而言，能買到就算幸運了。因此我離開中國到達香港後，除花了兩天時間去參觀香港大學和中文大學的圖書館以外，其餘一週的時間全是走訪出版書局和重要書商。收穫很大，總算買了六百多件早期期刊，這些東西全是匹茲堡大學從事中國研究的教授和研究院學生極需要的資料。

我從香港到日本，由於事先與在東京任大學教授的好友有了聯繫和安排，在東京住了一週，在業務上的成就，應該是我這次遠東之行的業務高峰。我最感滿意的是我訪問日本國立國會圖書館時，館長宮坂完孝幾乎花了一天的時間來迎接我，帶我參觀，向我敘述該館的歷史、現況和未來的計畫。最出乎我意外的是，這位具有天皇之下的部長待遇和聲譽的館長，親自邀請我嚐了一次道地日本中餐，並送我一張精緻的日本名畫影印版作為見面禮。後來我的一位日本好友竹內悊教授（他在匹茲堡大學的圖書資訊研究院念博士學位時，曾是我的助理）告訴我，他認為該館長是破格的禮遇我（在一般情況下，該館長是不親自迎接訪客的）。他之所以這樣做的原因是：（1）匹大在一般日本人中的聲譽是很高的，最近三十年來，每年暑假中都有幾十個日本銀行界的人，到匹茲堡大學參加特別為他們召開的有關業務的研討會。（2）我當時不但是匹大東亞圖書館館長，而且正在擔任全北美東亞圖書館委員會的主席。

在日本國會圖書館，我也有機會和該館的行政處、國際交換處和自動化處的負責人見過面和開過會。結果，匹茲堡大學和日本國會圖書館協定終於完成。此後，彼此的代表出版物都在交換之列。

我也花了半天時間去參觀國會圖書館的自動化設備。當時美國國會圖書館已將其所創的「馬克自動化制度」（MARC System）普及到許多大學圖書館，商業性的圖書館也積極研究和試驗自動化制度，但是還沒有一個圖書館辦到全部自動化，當然更談不到少數的東亞圖書館的自動化了。就在這時，日本國會圖書館卻已基於「馬克自動化制度」設計了一套處理漢字（Kanji）的制度，也就是所謂的「日本馬克制度」（Japanes MARC System）。當時這種制度算是先進的了。我花了半天時間參觀和了解之後，便盡量把有關資料蒐集起來，以便將之介紹給美國東亞圖書館界，從而激起有志為東亞圖書館自動化者進一步的努力。這便是我於一九七五年十一月在《東亞圖書館委員會通訊》上發表〈中文自動化制度——在東京國會圖書館所見者〉（Data Processing System for Kanji as seen in the National Diet Library in Tokyo）的原因。

同時，我也花了整整一天的時間去參觀東京大學圖書館和東洋文庫等著名的藏書重鎮。從這些地方，我也設法獲得些買不到的書刊。譬如《日本史學雜誌》已出版一百年以上了，但在美國沒有一個東亞圖書館有一整套，我請東洋文庫代製了一套膠卷。我將它帶回美國後，好幾個東亞圖書館（包括哈佛大學的哈佛燕京圖書館）都請求代製一套副本。除此之外，我也從幾個書局買到了二百多件極為需要的日文參考書籍。

總之，這次我的遠東之行，確實收穫很大。不但獲得一直想要的書刊，且與中國和日本的代表性圖書館，建立起歷史性的交換書刊的任務，使匹茲堡大學的東亞圖書館有了劃時代的進展。此後我便將注意力轉移到提高自己學術水準和促進匹大東亞研究的課目上去了；特別對博士候選人在撰寫論文上，我常給予各種協助。事實上我參與指導學生為數甚多，他（她）們得到博士學位離開學校後，猶難忘懷我對他（她）們的協助，還繼續與我保持聯繫。

（五）代表著作出版和被選為福爾布萊學人

儘管創建一個新的圖書館極費時間和精力，但是我從未放棄或鬆懈對學術的鑽研。在這章中，我更願將我自一九六九年起，對編寫和出版書刊上所作的努力作一概述，進而順陳我如何在學術界奠定地位。

我自從決定不接受他校的邀請而留在匹茲堡大學後，編寫和出版圖書館使用者所需要的各種書刊目錄，是我的重點工作計畫之一。我所編印的《東亞圖書館期刊目錄》（*Periodicals and Serials of the East Asian Library*），在一九六八年底以匹大總圖書館的名義出版。原來的計畫是給匹大有關的教授和學生使用的，可是出版後，全國許多大學的圖書館都爭相索取，甚至有東亞圖書館的歐洲國家大學圖書館也寫信來索取，因此，印刷的幾百份在幾週內就一掃而空了。第二年（一九六九年），我又編印了《中國方志編目》（*The Chinese Local History: A Descriptive Holding List*），也是由匹大圖書館出版。再隔一年（一九七一年），《匹茲堡大學東亞圖書館微卷編目》（*Catalog of Microfilms of the East Asian Library of the University of Pittsburgh*）也出版了。

以上那些注目的工作，不但為全美東亞圖書館中的突出現象，而且匹大圖書館當局和亞洲研究中心的所有同仁，都對我另眼相看了。譬如當時匹大總圖書館館長諾色俄，特別寫信讚揚我，謙遜地認為與我共事是種幸運，並請我多予協助。負責東亞研究中心的朵銳爾教授更來函請我兼任匹大亞洲研究顧問之一（A Member of the Asian Studies Program Advisory Committee）。

在我完成學位前（一九六九年前），我除全職工作外，在學術上的主要努力都是為了獲得最高學位。得到學位之後，我便把工作以外的全部精力放在研究、寫作和出版上了。我除出版一些幫助東亞圖書館使用者的參考書外，也出版自己有興趣的東西，如《運乎晝夜集》（論文和散文集，一九七〇年，台北商務印書館）、《生命的琴鍵》（詩集，一九七二年，台北環球出版社）。

在這段時間內，所寫的著作中最富學術價值的，應該是一九七五年由美國西東大學出版社（Seton Hall University Press）出版的英文著作 *Chen Tu-hsiu (1879-1942) and the Chinese Communist Movement* 了。這本書我花了很大的功夫，時間也拖了好幾年。有關主題的原始材料用了很大的力量去蒐集，當時還活著的有關人物，如張國濤、任卓宣、鄭學稼等，不是親自訪問，便是通訊詢問過了。此書出版後，在英、美、加各國的有關學術刊物中，不斷獲得好評。它們都認為截至那時為止，在有關這個主題的各種語言中，這是最完整和最富學術價值的著作。

隔了一年多，我又和朋友合作寫了另一本英文著作 *East Asian Resources in American Libraries*，於一九七七年由紐約的 Paragon Book Gallery 出版。這本書主要是介紹和分析全美東亞圖書館各種實況和服務情形，完全是為研究東亞的學人和學生而寫的。

由於我在治學上不斷努力，不但陸續出版著作，個人的學術地位也逐漸建立起來。因此，我在一九七八年便贏得了為期一年的「福爾布萊—赫思學人獎」（Fulbright-Hays Scholarship Grant）。這是美國教文法科（Humanity and Sacial Science）各種主題的教授們可能獲得的最高榮譽之一。獲得者由聯邦政府支付一年、或半年、或三個月的正教授薪金，再加上旅費和部分家屬補助費。這個獎助最重要的目的，是鼓勵有成就的教授到世界各國去講學和做研究。由於名額有限，獲獎者便享有高度的榮譽了。任教的大學當局對獲得者也特別鼓勵。

我獲得這項獎助後，便於一九七八年八月攜眷到台灣去講學和做研究。當時台灣要請我講學的學校有好幾間，但是為了不影響自己的研究計畫，每學期只能選一個學校去講授一個主題，或去教一門課。當我到達台北後，首先接待我的是淡江大學（當時還叫淡江英專）。該校以特約講座的名義請我去擔任為期一個月的連續演講，主題是「美國圖書館的一般趨勢」（The General Trend of U. S. Libraries）。我收到聘書後，立刻就答應了，因為時間短，適合自己的研究計畫，而且主題又是我最熟悉的東西。再說，這個題目對當時的圖書館界是極富挑戰性的。之後，來邀請的大學都被我婉言謝絕了。第二學期（一九七九年一月至六月），我決定到國立政治大學歷史系去教一門研究班的史學方法，學生只有九個人，都是念碩士學位的，班上的同學們都勤奮而優秀。離台返美後，我還和一些同學繼續有聯繫。至於在淡江大學的講稿，後來校方將其印成一本小冊子，也很富紀念價值。

在研究方面，我先把幾個最好最大的圖書館都瀏覽一遍，但我需要的資料都付之闕如。早期國民黨的原始資料藏在大溪還沒有開放，國史館館長黃季陸先生和副館長李雲漢先生都很周到和盡量幫助，可惜能選得上的東西不多。最後獲益最多的，還是在國防部調查局。在那兒，我的確蒐集了不少別處找不到的資料，對日後將 *Chen Tu-hsiu (1879-1942) and the Chinese Communist Movement* 改寫成中文版的《陳獨秀與中國共產主義運動》，確有一些幫助。

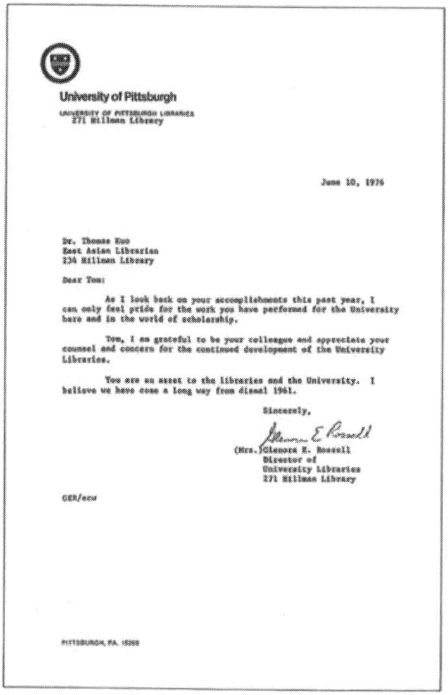

University of Pittsburgh
UNIVERSITY OF PITTSBURGH LIBRARIES
271 Hillman Library

June 10, 1976

Dr. Thomas Kuo
East Asian Librarian
234 Hillman Library

Dear Tom:

As I look back on your accomplishments this past year, I can only feel pride for the work you have performed for the University here and in the world of scholarship.

Tom, I am grateful to be your colleague and appreciate your counsel and concern for the continued development of the University Libraries.

You are an asset to the libraries and the University. I believe we have come a long way from dismal 1961.

Sincerely,

Glenora E. Rossell
(Mrs.)Glenora E. Rossell
Director of
University Libraries
271 Hillman Library

GER/ecw

PITTSBURGH, PA. 15260

匹茲堡大學圖書館館長諾色俄的原信之一。

一九七九年春，匹茲堡大學校長巴斯威爾提名我為榮譽教授（Honor Professor）之一，並於三月十四日在學校的榮譽會議（Honor Convocation）上正式授予我該榮譽頭銜。

到了這時，我憑多年的艱苦奮鬥，不但在美國圖書館和資訊專業上建立起應有的地位，我那些關於中國近代史的著作，也得到了很好的評價。

（六）參與「國建會」和第二度遠東之行

我以「福爾布萊—赫思學人」的身分，在台灣教學和研究一年，似乎獲得了肯定，所以回美國不久，便得到台灣政府的邀請，於一九八〇年七月到台灣參加國家建設研究會（簡稱國建會），在敘述參與這次國建會前，我想簡單的介紹一下國建會。台灣經過了幾十年的奮鬥，一九七〇年代中期，在經濟上便出現了奇蹟，在政治上也跨越到民主政治的邊緣。為了躍入先進國家的行列，必須借用國內外各行專業人才，集思廣益。每年夏天，政府便邀請國內外各行專業人才（有成就的學者專家），到台北參加國建會。

我被邀請參加的這年（一九八〇年），一共有二百八十人參加，時間是七月十四日至七月二十八日，一共十五天，節目如下：

1. 國情報告：主要由政府有關單位就內政、經濟、教育、國防及國際關係等方面的政策與措施，分別作詳細報告並答覆問題，時間為兩天半。

2. 參觀活動：大會安排了三天半的參觀，實地去看看國內軍事、經濟及社會建設的情形。同時另外安排了自由活動時間，主要是使出席人員有自由參觀、訪問的機會，從而對國內情形有更多的了解。

3.分組研究：這個活動一共有五天，按照出席者的專長和興趣分為下列七個研究組：（1）政治外交，（2）教育，（3）文化，（4）經濟，（5）科技，（6）衛生，（7）新聞傳播。主要是希望參加的學人專家盡量交換意見，並提出具體的建議，以供政府參考。

4.分組座談以作結論：各組研究結束後，由各組負責人提出綜合報告。

我參加了教育和文化兩組的討論，同時也向當局提出了關於圖書館事業現代化的建議。這個建議對日後台灣圖書館事業的發展不無影響，特將要點陳述如下：

近年來，在國立中央圖書館及圖書館界一些領導人的努力下，國內圖書館無論在概念，或業務方面都已有顯著的進步，但與真正現代化還差得非常遠。因此個人願意根據事實和經驗提出一些建議。

在提出建議之前，先得弄清一個概念，那就是現代化的關鍵。今天一談到圖書館的現代化，許多人便把注意力放在自動化上去了。毫無疑問，圖書館的自動化是很重要的，但它需要極富邏輯的程序來完成，這些程序包括：

1.完善而統一的分類編目制度：任何一個現代的圖書館制度，都應該把包羅萬象的人類知識科學化地組織及排列起來，以便於使用者以最快的方法找到需要的東西。這種要求，只有完善而統一的圖書分類編目制度才能奏其功。

2.完善的全國書目控制：一個現代化的圖書館制度，在選擇和採購書刊上要做到沒有遺漏，在分類編目上要做到節省時間、人力和財力，在服務方面要能讓使用者在最短時間內獲得所需要的資訊。要完成這些任務，就非有全國性的書目控制不可。這些全國性的書目控制起碼包括：期刊聯合目錄及聯合索引、全國圖書聯合編目和全國統一的主題標目（Subject Heading）。事實上，全國性的書目控制更是圖書館管理自動化的先決條件，因為自動化最重要的目的，是要使圖書館的從業人員和使用者都能節省時間、人力和財力。如果沒有這些先決條件，即使圖書館的自動化成功了，其作用也將是事倍而功半的。

3.從業人員的專業化：顧名思義，專業化是對某種職業有專門的知識、經驗和職業道德。醫師、律師等早已成了世界性的專業人員，而圖書館從業人員被認定為專業人員只有二十多年的歷史，而且僅限於北美及西歐的民主國家，高度工業化的日本在這方面尚待改善。

我們都知道，在一個政治民主和經濟自由的社會，其所以能夠日新月異，百家爭鳴，全賴精神和物質的刺激與鼓勵，這便是經濟學裡的 Incentive 的意思。換句話說，圖書館從業人員的專業地位應該得到肯定。如果圖書館從業人員付出了與其他行道的人同樣代價，也應該有同樣的收穫。舉個例子來說，一般大學的圖書館從業人員是不同教授們受到同等待遇呢？假如還沒有，為什麼？恐怕這是值得我們反省的問題。在另一方面，我們也得問一問圖書館的從業人員，自己是否也盡了自己的責任去促進圖書館的專業化？

在專業訓練上，國際圖書館從業人員的標準，是以圖書館學和資訊學碩士學位為起碼標準，大學部圖書館系畢業的，只能作助理。

4. 可靠的電腦制度：今天圖書館制度現代化最具體而又具有綜合性表現的，莫過於管理方面的自動化了。自動化是以電腦機器設計一套符號、程序、運用這些符號和程序的技術專家（包括電腦專家和圖書館專家），把以上這些聯繫起來運用於圖書館的分類編目、書目控制、書刊流通和書刊採購上，就成了我們所說的圖書館電腦制度了。如何能使這個制度可靠，這需要一段時間去研究和試驗。美國的 MARC 和 OCLC 等電腦制度可供採用，尤其是國際上已經承認了的一些標準。

總之，圖書館制度的現代化是綜合現代文明的結果，不過，它同時也是現代文明的條件，如果這個現代文明是富有創造性和不斷地自我更新的話。因此，圖書館制度的現代化不但是現代國家必經的路程，也是現代生活裡重要的一個環節。

如果以上述的事實來衡量國內圖書館制度，我們深覺與現代化差了一段很大距離。第一，在圖書分類編目上，各級圖書館還沒有完全統一，而分類編目的制度是否已達到完美的境地，還有待商榷。第二，在書目控制上，近年來國立中央圖書館和其機構在編輯書目和「引得」上雖已作了一些有益的工作，但因人力和財力的限制，與完美的全國書目控制有很大的距離。至於自動化不可或缺的主題標目更付之闕如（據說在中央圖書館館長王振鵠的領導下正在趕編）。第三，圖書館從業人員的專業化更是談不上了。比如說據我個人調查所得，八十五所公私立大專學校圖書館，只有八個館長是受過專業訓練的，其餘七十七個都與圖書館和資訊學毫無關係。這些人即使有很好的學問，也無法使圖書館制度現代化。這種情形一定是很複雜，我不打算在這裡討論。這種觀念似乎是：凡是有學問的人就可以辦圖書館。如果這種觀念不變，國內圖書館制度是難於現代化的。國內受過圖書館專業訓練的，雖然素質很高，然而在量上真是鳳毛麟角。據我的調查，全國數百個圖書館裡，受過圖書館專業訓練的不過四十二人而已，真是需才孔急。第四，在電腦制度方面，由於國內少數電腦專家和圖書館專業人員的努力，不但已經設計了一套在圖書館運用中文電腦的制度，而且由中央圖書館開始了正式作業。相信在短期內，即可見其成效。這件大事已引起了國際的注意，更是國內電腦專家和圖書館專業人員值得驕傲的地方。但是個人認為由於經費、人力及其圖書館基本制度未臻完善，能發揮全國性效能的時日尚遠。基於以上的問題，個人提出建議如下：

1. 教育部應該大刀闊斧的創設專業部門（圖書館司或圖書館督學室），以統籌全國圖書館制度的現代化工作，並以受過專業訓練和有豐富經驗者主其事。

2. 教育部應即撥專款，由新設立的管理全國圖書館部門會同中央圖書館成立全國性的圖書館委員會，廣納專家，改進和統一分類編目制度，以及編印有關全國性的各種書目控制工具書。

3. 教育部應即撥專款，選擇優秀青年和表現優異的圖書館從業人員出國深造或受訓，回國後以充任各圖書館的領導人或圖書館學及資訊學的傳授人。百年樹人，這資本必須是國家投資的，而且愈快愈好。

以上諸端只不過是些「拋磚引玉」的建議。最重要的是我們要有新觀念來處理全國圖書館制度現代化的問題。希望有關當局能從這兒作為起點。

上面是我向有關當局提出的書面建議。在開會期間，我卻被編排在外交和政治組討論。大概是因為我曾獲有匹茲堡大學的歷史學博士和碩士學位，再加政治學碩士學位的緣故。

國建會閉幕後，我便趁在台灣的機會，促成國立中央圖書館、台灣大學圖書館等與匹茲堡大學的東亞圖書館建立起交換的關係；同時也參觀了些代表性的書局和書商，因而回到美國後，訂購台灣的書刊方面，確實較以前方便多了。這應當是參加國建會的另一收穫。

到目前為止，我還沒有機會向讀者交代，在美國創辦和發展一個東亞圖書館，尤其一個具有高度學術研究水平的東亞圖書館，究竟有什麼困難？說起來可能話很長，因為困難實在太多了。為了節省讀者的時間，我只想勾出一個輪廓。

一般而論，東亞圖書館在美國興起，是第二次世界大戰以後的事，而以一九六〇年代為最盛。美國是個高度民主的社會，個人和團體的成敗都決定於「競爭」的成敗。有東亞圖書館的大學，本身就是一個政治的實體。在這樣一個實體中，任何人要想有所成就或建樹，都必須具有以下的條件：（1）高度的學術成就，或公認的某種業務專長。要達到這種水準，任何才識俱全的人，都得不斷地努力。這包括了研究、出版和在全國性專業組織上的活動，這是一般好大學的基本要求，我不必費時來解釋。（2）高度的組織和表達能力，包括口頭上的、文字上的和實際工作上的。為什麼需要這些才能呢？因為學校太大，每個部門的發展都需要錢和人。怎麼才能獲得更多的錢和人？所屬單位提出的預算計畫通常便成為學校當局最後決定分配預算的主要根據。換句話說，你如能在口頭或文字上把你在專業意見與學校的最高目標配合得有聲有色，你終會獲得你所需要的東西。不然，你就得不到你要的預算，那你在業務上也就一籌莫展了。

以上這段簡短的敘述應該可以向讀者交代，為什麼我在為匹茲堡大學創辦東亞圖書館這些年頭裡，同時忙於繼續拿學位、繼續研究、出版書刊、參與國內和國際學術及專業活動，因為它們都是相輔相成的。

在台灣參加國建會後回到美國，全美各大學圖書館的自動化運動較前更熱烈。中國在鄧小平復出主政後，主張開放，尤其希望從文化到商業上多與美國交往。事實上，自一九八〇年起，中共當局已開始選送少數學者和學生到美國來訪問和念書。面臨這些新發展，我一方面注意和研究東亞圖書館作業自動化的可能性和問題（特別是匹大的東亞圖書館將對這一運動採取什麼態度和步驟）；同時我也設法與少數中國的訪問學者取得聯繫，從而對中國大陸的出版業和圖書文獻有更多的了解。多年來，美國所有的東亞圖書館所採購的中國大陸書刊，都是經香港和日本間接購買來的，價錢高出許多倍，而且殘缺不全。如果中國大陸在這方面真的開放了，親自再跑一趟中國大陸似乎是必要的。

正在這時，一個「中國出版對外貿易公司」在北京正式宣布成立了。看樣子，他們是以做美國生意為主。無巧不成書，南京大學一個研究太平天國的教授茅家琦先生（《太平天國興亡史》的作者），正在哈佛大學作訪問學人。他曾看到我的英文著作之一的 *Chen Tu-hsiu (1879-1942) and the*

Chinese Communist Movement，便藉機來匹茲堡大學與我見面，我們談得很好。大概是他回南京後，曾向校方提到我——第二次世界大戰後，我曾在南京中央大學念書，所以在一九八二年五月中，南京大學（中共建制前的國立中央大學）舉行的建校八十週年慶祝活動，邀請了我參加。

為了親自選購需要的書刊和進一步了解中國大陸書刊出版和發行情形，我決定趁此機會再度訪問中國、香港和日本。因此自是年三月初收到南京大學的請柬後，便積極地準備一切，希望在中國和香港能待六個星期，在日本逗留十天左右。計畫完成的事項如下：（1）搜購匹大東亞圖書館所急需的資料。（2）設法與製造微縮膠卷公司洽購所需的絕版書刊。（3）接洽能為我們直接採購書刊的書商。（4）藉此與南京大學圖書館建立交換書刊的關係。

準時到南京後，校方招待我到特別的賓客所住下。從美國去的有好幾位，所以不覺孤寂。首兩天全花在參加校方的慶祝活動。歷史系的茅家琦先生和他的同仁們，特地邀請我向全校作一次公開的學術演講，講題是我著作之一的「陳獨秀與中國共產主義運動」。我當時一聽之下，不但深感不安，而且也覺得奇怪。為什麼茅先生等可以請我講這個題目呢?!眾所周知，中共自一九四九年十月在中國建立政權以來，便把一九一九年領導中國新文化運動和一九二一年創建中國共產黨的陳獨秀罵為「托匪」。任何人在中國大陸提到這個主題，必然招惹謾罵，誰還敢作學術性的研究呢？所以我小心翼翼地一再婉謝，並清楚地告訴茅先生，他必須答應以下兩個條件：第一，學校當局同意我講這個主題；第二，我只是基於原始資料作學術性的演講。出乎我的意料，第二天代表學校當局的張懷亮先生便來告訴我，學校當局完全同意我的條件，並請我準時去演講。

那是一個星期六的上午，茅家琦、張懷亮和另外幾個歷史系的教授們，一同來陪我進入一個禮堂式的大廳。還沒有上講台時，我發現至少已有幾百人坐在那兒靜靜地等待了。我暗暗地想：為什麼會有這麼多人對這個主題有興趣呢？我希望不會因為我堅持以學術立場來講這個主題，而令聽眾不愉快。其實，當我答應講這個主題時，心理上已作了些準備。主人們把我領上講台，接著茅家琦教授便向聽眾作了簡單的介紹。我走上講台一看，不但整個大廳坐滿了聽眾，四周的窗外也站立了不少人，使我精神特別振作。我一開始演講，全場均鴉雀無聲。我一口氣把主題講完，約費了五十多分鐘。全場掌聲如雷，而且聽眾全都起立致敬。這時約還有半小時可以解答問題，殊不知問問題的人意想不到的多，許多大可不必問的問題，他們也問起來了。這說明在封閉社會生活久了的人，是怎樣的希望能接觸到真正的知識。當我被領出講堂時，幾乎完全沉入到這些問題上去了。

我在南京時，除與南京大學的圖書館建立起直接的交換書刊關係外，也曾請他們介紹幾家較大的出版社，但是走訪的結果令人失望，能買到的書刊實在不多。正在這時，一位新認識的南京大學畢業的專門研究情報學（資訊學）的沈家模先生，堅持要請我到蘇州圖書館學會（當時沈先生是在蘇州圖書館服務的）去作一次演講。我答應了，但要等我去了北京、西安和成都以後才能去，我於五月二十日便離開南京到北京去了。

我離開美國前，便同北京新成立的中國出版對外貿易總公司聯絡好，所以我到北京的一切旅遊登記和旅館等都由該公司的負責人代為安排，甚至我去太原、西安、成都和由成都再到上海的機票、火車票，都是由他們代為預訂的，因而旅程極為順利。該公司的業務部主任李先生（化名）是一位精明能幹的人，這次我在北京的確買了不少好書，李先生的公司就代購了二千多冊。最值得一提的是，我在離北京去太原的前一天，請李先生帶我去逛了幾家舊書店，希望能發現奇蹟。皇天不負有心人，我在一家很少人（我們去時，是唯一的買主）問津的書店的一角，發現一堆並沒有好好整理，也沒有布套的古籍，大半是斷代史。我雖不敢確定是真正的明版，但是翻看起來非常清楚痛快。當我告訴書店的人，我有興趣買這些書，並問價錢如何時，店主說，他不單賣這一部分，他要把那堆舊籍一併賣，價錢是兩千元人民幣。我聽後覺得奇怪，為什麼不能選購呢？與店主幾經商討，毫無結果。最後只得請教李先生了。他再與店主商討，仍無多大結果，不過他願意減少兩百元人民幣。其實總價也不過美金幾百元，根本不是問題。主要考慮是需不需要和包裝郵寄的問題。我把這個意見告訴李先生後，他立刻向我保證，如果我需要的話，他將代為辦理一切手續。想到那些可愛的明版古籍，我便決定將這堆書買下來，並先向李先生致謝。這批古籍經過好幾個月才到達匹茲堡。後來經台灣故宮博物院的版本專家鑑定，近一百五十本都是明版史籍。我內心的喜悅，絕非筆墨能描述。近年來，這批珍本史籍，在台灣國立中央圖書館朋友的協助下，已訂製了布函，成為匹茲堡大學東亞圖書館的善本藏書。

五月底離開北京後，曾經太原、西安、成都，到四川的瀘州住了兩天，與闊別近四十年的兄弟嫂侄們歡聚（我的老家本是隆昌縣胡家鎮的「大青杠」，但自家父去世後，他們為了謀生，都遷到瀘州去了）。最遺憾的是我一生最敬愛的母親和大姊都已作古了。暗想當年老母念子的心情，必定是像清朝黃景仁〈別母〉詩中所說：「慘慘柴門風雪夜，此時有子不如無。」而自己這時也只覺「最是難酬親苦節，款箋幽恨叩蒼天」了。

離開瀘州後，我坐火車到成都，直飛南京，沈家楧先生已在那兒等著了。這位資訊學者非常周到，他同我在南京休息一天之後，便親自陪同我到蘇州。他在蘇州圖書館任職，出版了兩本有關資訊學的書，在蘇州似極有聲譽。我們到達蘇州那天中午，他早已安排了圖書館界和教育界設宴歡迎我，並請我即席作了半個鐘頭的演講。午後他領著我去參觀蘇州的幾個圖書館。第二天上午他便帶我去遊覽蘇州的風景古蹟，午後他更堅持親自送我乘火車到上海，第二天彼此告別後，我便逕飛香港。

在香港只住了兩天，主要是走訪早已聯繫好了的幾個書商，補訂一批極需要的舊刊物。結果，收穫非常理想，我們需要的東西，差不多都找到了。

我於一九八二年六月十日由香港飛日本東京，六月十五日由日本返美國。雖然在日本只待了五天，但因有好友竹內悊和永田正男兩位教授的安排，不但一切都很順利，而且還走訪了好幾個著名的書局，採購了五百多種重要而又急需的書刊。後來還被竹內悊教授請到日本圖書情報大學作了一次演講，講題是陳獨秀，他自己任翻譯（由英文翻譯成日文）。

這次遠東之行，整體收穫的確非常可觀。在採購書籍方面，不但採購到大多數極需的中日文書刊，而且意外地購到一批善本書。

1980 年 7 月 14 日至 28 日，作者受邀參加在台北召開的國家建設會議。

蔣經國總統與參加會議的人一一握手。

領導參觀的人分別向小組解說。

作者在會議上發言。

參觀剛完成不久的東西橫貫公路。

四、校園政治和作者的最後勝利

（一）匹大圖書館的行政在蛻變中

人是政治性的動物，所以任何社會或人群，都有政治現象的存在。在討論本節主題前，我願意在此簡述一下美國大學校園的「政治問題」。一般而論，這種政治現象表現得最明顯的是在決定預算的時候。換言之，任何與人事和經費決定有關的事都會牽連到政治問題，所以熟悉這種情形的人，在大學裡都只願教書和作研究，而不願意涉及到任何行政工作。反言之，如果一個人在學術上已奠定基礎，在文字和口頭的表達能力非常強，而又善於處理人際關係，那他（她）在大學校園就必定是個行政好手。換句話說，在美國大學校園搞行政，需要很多條件。

前面我曾提到匹大自一九六五年起，便由原任圖書館資訊學院教授斯通任總圖書館館長。可是此人外務很多，所以內部一切行政幾乎全由他的副館長諾色俄太太負責。這位太太是一位非常誠懇而又苦幹的優秀圖書館專業人才。從一九七一年起，斯通便為一個他愛上的年輕女人而東奔西跑，老不上班。不久，學校當局便委派諾色俄太太取代他。這位太太自此幾乎做了十一年的總館館長。她和我相處得非常好。在業務上，她的確是鼎力相助。不幸的是，她不善於人際關係。一九八〇年代，學校經費開始緊張的時候，各院系的人都在拚命爭取預算，她便感到心違力絀了，結果因採購書刊經費不足，遭到許多教授的責難，甚至有些人寫信向教務長告狀。學校當局為解決問題，便於一九八二年秋指定當時的副教務長漢德生（D. H.）調查整個學校的圖書館問題（在總圖書館之下還有十五個分館），然後看看需不需要重新改組。這位副教務長是個少數人種（在美國的少數人種是指黑人），也是學校兩百多年歷史中，唯一的少數人種做到這樣高的地位。他從匹大社會系得到博士學位後，既沒有教過一天書，也沒有任何著作發表，便被委任為匹大助理教務長。主要是根據聯邦政府法律中的特許政令（Affirmative Action Program）而來的，這是強生總統（President Lindon Johnson）時代制訂的。這個法令規定所有聯邦政府和聯邦政府經費支持的機構，都必須在各級人事的比例上有少數人種。這樣一來，有些少數人種不必同白人競爭，就可攀上相當高的地位。因為到目前為止，受過高等教育的少數人種不多，有最高學位的少數人種更少。匹大當時的副教務長漢德生先生就是因特許政令的法律而獲得他的地位的。那時他對人很和善，大家也就同他相處甚佳，尤其他來圖書館作調查和改組的那一年，經常召開工作會議。我也和其他的同仁們一樣，與漢德生先生相處得很好。我絕沒有想到他會得寸進尺地把學校組織龐大的圖書館任意改組，而使匹大圖書館制度在此後十年都在不安的情況下度過。

我們現在來看漢德生先生是怎樣來插手學校的圖書館行政系統的。如前所說，他首先組織了一個所謂的工作委員會，共十一人，從總圖書館中選了負責人事和經費的兩人，其他八位都是從分館負責人中選來的，我也是其中之一，他自己當然是主席。每週開會一次，由大家提出問題和建議。這當然很好呀，因為主要的目的是在探討問題所在嘛。不過，有個很特殊的現象——他每次來開會時，總把在圖書館專業上毫無任何成就和表現的卡巴利克（P. K.）先生（這位先生當時在物理系的圖書館任職，因為它太小，還不是分館）和亞當（K. A.）小姐（當時她負責總圖書館的人事工作），安排為他的左右手，而且特別重視他倆似的。可是在討論問題時，這位卡巴利克先生的言論卻非常幼稚，同時他總是批評過去的圖書館行政當局，說他們沒有認真實行聯邦政府法律的特許政令，並強調今後必須努力去實行。他自己雖然是個白人，而這樣當眾向少數人種上司赤裸裸地奉承，他的企圖誰也清楚。開了幾個星期的檢討會之後，漢德生先生便宣布他改組圖書館的計畫了。首先是原任總館長的諾色俄太太調任檔案室（Archives Center）主任，他自己暫兼館長，那位雙手「捧」他的先生作暫時管理財政的助手，那位亞當小姐則提升為暫時的人事室主任，其他一切不變。這一來，經費和人事都在他一手控制之下了。不過由於他在學校行政上的特殊地位，全校圖書館制度買書的經費馬上增加了十分之一，因此皆大歡喜。從此之後，工作委員會也就每個月開一次會，開會的時候則多半是聽這位兼館長的報告。他此後的工作包括「對外」和「對內」兩方面：對外主要是向全國徵聘一位高明的館長，對內則盡量掌握聯邦政府法律中的特許政令，一有空缺便廣用少數人種，這方面全由卡巴利克先生和亞當小姐執行。

到了第二年（一九八三年），對漢德生先生來說，他的對內和對外工作都極為成功，學校圖書館制度內大多的空缺，都補上了少數人種，需要特殊知識和技能的例外。新館長也找到了，是原任加拿大約克大學（York University）圖書館館長的吳德華爾士太太（A. W.）。她從小隨父母從丹麥移民加拿大，穿著非常講究。漢德生先生為了使她滿意，在圖書館館長上還加上副教務長的名義。這一來，她的頭銜便成了副教務長兼圖書館館長（Associate Provost and Director of the University Library）。可是在她召集全校的圖書館專業人員開過第一次會之後，大家對她的印象都不大好，主要是她的態度表現得傲氣凌人和唯我獨尊。不過，大夥兒還是以靜觀的態度處之。過了幾個月，她做了兩件事，獲得了不少人的信心。第一，她將圖書館的行政改組得更合理和有效，她改任了四個副館長，分別負擔行政、公共服務、技術服務和自動化服務，都是從原有的職員中挑選較有專業經驗者。尤其令人滿意的，是那位全靠玩小政治的卡巴利克先生和亞當小姐都沒有得到他們希望得到的位置，反正漢德生先生的辦公室可以安插他們（卡巴利克在名義上回到物理系圖書室服務，但他大部分的時間都在漢德生先生的辦公室）。第二，她不但向全校宣布，將盡全力使匹大圖書館制度自動化，而且她的確從赫爾曼基金會獲得了三百萬元的捐款以作圖書館自動化之用。這兩件事不但是好事，而且是全校教職員和學生都應該支持的事。

我自一九六一年開始，在匹大創建和發展東亞圖書館，把精力消耗在好幾方面：首先蒐集必須的書刊，建立最有效的制度，訓練服務的職員；最後是有效地服務全校有關東亞研究的師生（包括充任教授研究東亞時的書目顧問，研究生論文的指導者和教授有關課程）。我為了履行以上的職責，便在有限的時間內，不斷地充實自己。這些計畫和工作實施的結果，比想像的還要滿意。到了這時，圖書館書刊的規模和對使用者的服務，已公認為全美最佳之一。因此我便把部分精力用在自動化上，因為這時不但匹大，甚至全美各大學圖書館都趨向全盤自動化。雖然我對於新任匹大總圖書館館長的吳德華爾士太太的印象不佳，但仍希望在工作上與她合作。在她任職數月後的一九八四年初，我便向她提出組織東亞圖書館自動化委員會，計畫有關東亞圖書館自動化的事情。她也完全贊成，而且建議管理自動化和技術服務的兩個副館長都參加。委員會一共有七人，但是除我以外，其餘幾位對東亞文化連常識都沒有，實在是很難討論問題。幸好兩位副館長都非常客氣，我提出的建議總是通過的。開了幾次會之後，決定的原則如下：（1）東亞圖書館的自動化必須採取以東亞文字為主的自動化制度。（2）將來總圖書館決定採取某個商業性的自動化制度時，必須在約據上附加一個條件，那便是該立約公司有責任使其與東亞圖書館採用之自動化制度配合。換言之，該公司有義務設計互相配合的軟件。（3）現在全美唯一完成的有關東亞圖書館自動化的制度叫 RLIN，它在許多方面都還待改善，而且價錢太昂貴，所以暫不採用它。（4）在決定自動化以前，編目工作必須繼續進行，以便減少積壓的現象。

正在這時，全美對圖書館自動化工作做得最有成績的 O. C. L. C.公司已決定增添東亞圖書館自動化的制度。他們一開始就很小心，該公司的負責人布朗（Rowland Brown）先生於一九八五年初邀請了十幾位東亞圖書館專家（我也包括在內）到俄亥俄州的「獨布林」（該公司本部）開了一天的會。參加者都覺得機會難得，便盡量的提出積極的建議。主人也很小心的採納，這說明了他們是想把工作做好的。經過一年多的努力，一九八六年夏，O. C. L. C.的中、日、韓自動化制度（OCLC/CJK 350 plus）問世了。在軟體上它是一個美國馬克（MARC）、中國馬克（Chinese MARC）和日本馬克（Japanese MARC）的混合體，在技術發展上伸縮性很大。開始時它和 RLIN 的制度一樣，只適用於自動編目，以後延伸到書目控制、採購和讀者服務都只是時間問題而已。我對它比 RLIN 制度更具信心。真是「無巧不成書」，一九八六年夏，OCLC/CJK 350 plus 的負責人致函給我，徵詢四大東亞圖書館可否加入為其試驗圖書館之一，條件是：（1）試驗期限為三個月。（2）參加者可派人到

O. C. L. C.三天。（3）O. C. L. C派專人送一部新設計的工作機器到試驗圖書館，並代為安裝。（4）試驗期滿，如覺滿意，可將機器留下，並予以八折價買入。毫無疑問，這是一個難得的機會，所以我便立刻答應。後來三個月試驗期滿，所有職員都覺得滿意，因此一九八六年底，匹大的東亞圖書館便正式採納了OCLC/CJK 350 plus的自動化制度，並且購買了兩套機器，從此進入自動化的服務。匹大總圖書館則在一年多前，便採取了NOTIC完全自動化的制度，但是負責自動化決策的副館長並沒有根據東亞圖書館自動化委員會的決議，促使NOTIC公司設計一套與東亞圖書館自動化委員會的決議，促成NOTIC公司設計一套與東亞圖書館自動化制度聯繫的軟體。這將是一個拖延相當時間的問題，不過，無論如何，我努力幾年的自動化計畫，總算有了端倪。

就整個大學的圖書館行政和服務而言，自那位「傲氣凌人」、「唯我獨尊」的女館長就任以來，不滿兩年，所有問題都顯示出來了。首先是圖書館內的各級負責人都感到她作了許多錯誤的決定，那是她獨斷獨行的結果。比如許多業務上的東西，她不知道，也不願意聽別人的意見。其次是她認為自己不但是總圖書館館長，同時還是副教務長，因此她對一般教授或職員，甚至於系主任都是相當傲慢的。他們提出的任何問題，都得不到答案。此外，她常不在她的辦公室，而大部分的業務都交給她的幾個副館長去處理。這與美國一般行政首長的作法相去太遠了，因此怨聲載道。遺憾的是她自己似乎還不知道，而在她周圍做事的人，也不敢向她略陳一二；所以她的去職應該是必然的了，只是遲早的問題而已。在校園內的一般人，都在靜看漢德生先生將如何處理這個問題。

1986 年，台灣國民政府教育部贈送匹茲堡大學東亞圖書館一千種新出版物，由國立中央圖書館蘇精（右）在匹茲堡赫爾敦（Hilton Hotel）旅館將書單交給代表學校的作者（當時全美「中國研究協會」正在那兒開會）。

同年中國教育部贈送了匹大東亞圖書館大批新書。校長巴斯威爾為感謝中國政府的敦厚友誼，特為中國駐美大使章文晉先生開了個歡迎會，章先生在會後與作者留影。

（二）文化交流的繼續擴展和講學於武漢大學

前面曾經提到，自一九七三年後，中美文化開始交流。匹大校長巴斯威爾對此非常熱心，他曾在一九八〇年親自率領匹大一個學術訪問團（共十一位教授）到中國訪問了約一個月，從此中國派到匹大來訪問的學者和研究生便愈來愈多（經常都在三百人左右）。一九八五年武漢市和匹茲堡市結為姊妹市。第二年（一九八六年），武漢大學校長劉道玉先生領了幾個學者來匹大訪問。巴斯威爾校長不但熱烈歡迎，還和劉道玉校長將武漢大學和匹茲堡大學結為姊妹學校。在巴斯威爾校長特設的歡迎晚宴上，我也同平常一樣，被邀為陪客的學者之一。在晚宴前的酒會上，輪到我向劉校長握手道賀時，他熱情地對我說：「啊！你就是郭成棠教授，好極了。我們可不可以在晚上找個機會談談呢？因為嚴怡民教授曾向我提到你。」我馬上答應，而且約定晚上九時三十分，到他住處去看他。

當時劉校長所提到的嚴怡民教授，正在武漢大學圖書資訊學院任教授兼副院長。一年前他在伊利諾大學（University of Illinois）作訪問學者，他當時聽說匹大的圖書資訊學院研究部很出色，希望有機會到匹大看看，可是他不認識任何人。後來在伊大教書的中國學者向他提到我的名字，嚴教授便大膽的直接寫信給我，敘述他希望到匹大訪問的想法。我接到他的信後，便打電話給圖書資訊研究院的院長格案（Thomas J. Galvin），把嚴的想法告訴了他，請他安排一個適當的時間，並以他的名義正式的邀請嚴來匹大訪問幾天。格案院長同我很熟稔，所以他在電話上滿口答應，並請我把具體的計畫寫下來交給他，他一定照辦。接著我便打電話給墨生勒爾教授（Paul H. Masonel），他是巴斯威爾校長特別請來主持有關研究中國的負責人。我要求他，當格紊院長請嚴教授來匹大訪問時，他能為嚴安排住處。墨生勒爾說，待嚴教授來訪問的時間決定後，一定照辦不誤。最後我也把這事告訴了匹大總圖書館館長吳德華爾士，希望嚴來訪問時，她能安排一天參觀總圖書館，她也欣然答應了。我將上述的一切安排好後，便寫信告訴嚴怡民教授，並建議他決定來匹大訪問的時間後，及早告訴我。嚴立刻覆信說，他決定是年（一九八五年）五月二十六日至六月一日到匹大訪問。那正是匹大冬季班結束的時候，招待起來非常方便。我隨即通知有關單位，結果嚴教授在匹大的訪問非常成功。從此他便把我當作在美國的好友，回到武漢大學後，經常同我聯繫。

劉道玉校長訪問匹大時，我們是在大學旅館（The University Inn）招待他。這個旅館雖不屬於學校，但是位於校園，而且客人多半是與學校有關的。我晚上九時三十分到達時，劉校長已在旅館客廳等著了。他一見我便熱情的招呼，並將我帶到他住房的小客房便談。彼此寒暄了一陣之後，劉校長便提出他想對匹大作進一步的了解，而我也非常客觀而確切地為他解答，最後他向我說：

「郭教授，我非常高興武漢大學同匹茲堡大學能結為姊妹學校，更高興今天能認識你。在我離開武大來匹茲堡前，嚴怡民教授曾向我建議，如有機會，請郭教授到武大去講學一段時間。他認為郭教授的專長，對武大的圖書資訊學院將有很大的幫助。我現在代表武大正式地邀請郭教授到武漢大學去講學一段時間，可以嗎？」

毫無疑問，這對我而言，是無上的榮譽。我在一九八二年的中國之行，雖也被大學請去演講過（如南京大學等），那是我到了中國之後，臨時才被邀請去的。像這樣正式由校長親自邀請，實在是件難得的事，所以我馬上答應劉校長，我願意去，並向劉校長致謝意。

劉校長接著說：「謝謝郭教授。至於何時去？去多久？都全由你決定好了。我回學校與嚴怡民教授商量之後，再給你寄聘書來。」

劉校長確是一個瀟灑而能幹的學者。在我接待過的中國大陸學者中，他算是給人印象最特殊的一個。我對他建議的事項都表同意。在告辭前，我請劉校長千萬不要客氣，如果他對匹大還有什麼需要進一步了解的，隨時可以向我提出。

隔了一天，劉校長便離開匹大回中國去了。我被邀到武漢大學講學的事，在他離匹大前的早餐上，向學校負責研究中國各科節目的人正式宣布了。之後，同事們都來向我道賀，因為我是武大和匹大結為姊妹學校後，第一個被邀請去講學的。

劉道玉校長回到武漢大學後，也將我同意去武大講學的事告訴了嚴怡民教授，還要他寫信同我商談何時去武大、去多久等事，以便寄正式聘書給我。自一九八六年底，嚴怡民教授和我之間的幾封信都是討論去武大講學的問題。當時我需要考慮的事情是：（1）必須要有一段時間安排東亞圖書館的工作。（2）避免暑天去，因為武漢天氣太熱。（3）講學的時間不能超過一個月。基於以上的一些考慮，我向嚴怡民教授建議，在時間上，一九八七年的十月到十一月間最好。他覆信認為沒有問題，同時他也告訴我，講學多久全由我決定。就這樣，到武漢大學講學的時間便決定了。

過去兩次回中國都是與我主持的圖書館工作有關。第一次是一九七五年，主要是推展圖書館業務。一九八二年回中國，雖然曾在南京大學作過學術演講，但最重要的工作仍與圖書館業務有關，所以那兩次都是一個人回中國。這次被武漢大學邀請，主要是去講學，而且時間上比以往都較為長一點，所以我決定與內子同行，因為她是在香港生長的，還沒有去過中國。我計畫在武漢大學講學前先帶內子李苑蘭去北京、西安和成都等地遊覽一下，然後再去武漢三鎮參觀兩三天。她可以經廣州去香港，在她父母家住幾天，然後再回美國上班（那時她在銀行工作），我自己則留在武漢大學講學約三週。

過去兩次回中國，都是由邀請的機構代為安排一切，如代訂飛機票、火車票和旅館等，自己從未傷過腦筋。這次帶了內子去，便不想麻煩邀請的機構，準備在到達武漢前，全由自己去接頭安排一切。殊不知這樣一來，不但多出不少錢，而且每到一個地方，找旅館都有困難。後來到達武漢後，邀請的主人知道我們曾遇到不少麻煩，便坦白地向我們指出，我們打算不麻煩主人的想法是多餘的。他們為我們辦理一切旅行手續既方便，也不會讓我們吃苦頭，這是我們付了很大代價的一次學習。

我們在一九八七年十月二十二日到達武漢大學，受到很好的禮遇。當時劉道玉校長正在北京開會，便由童懋林副校長率領圖書情報學院的院長、副院長及教授們，在武漢最有名的大中華酒樓為我們「洗塵」，也拍了些照片。我們當時反而覺得有些拘束，因為主人太客氣了。幸好經介紹之後，彼此親切交談，便慢慢地輕鬆起來。晚餐後，由嚴怡民副院長及外事科的趙科長（他是外交部常駐學校的職員，主要是為外國訪問教授和教職員們服務）帶我們到外籍專家招待所住去了。在互道晚安前，嚴教授告訴我們，次日他和照顧我們的曾蕾女士將領我們去觀光和遊覽武大，兩天後才開始講學。

現在，我順便把武漢大學的外籍專家招待所簡單的介紹一下，它是一座四層樓的現代化建築，面向東湖，風景極為優美宜人。我住在這個招待所時，約有十位美籍教師，多半都是教英文的。不過，其中有兩位是「福爾布萊—赫思學人」：一位是來自堪薩斯大學（University of Kansas）的經濟學教授，另一位是來自瑟那寇斯大學（University of Syracus）的國際法教授。另有六位法國人和一位德國人，他們都是教語文的。我們每天在一起用晚餐，所以彼此很快就熟悉起來了，尤其是美國人。

在這兒，我得簡述一下對武漢大學的印象。武漢大學是座落在武昌路珈山麓及東湖之濱的國立大學，湖光山色交相輝映。在七平方多哩的校園內，翠木蒼林，綠草如茵，花香處處。一些壯麗的現代建築物，都以古雅的藍色琉璃瓦襯托著，看起來別具風味。

武漢大學一共有十七個系，四十五個專業，並設有十三個研究所，四十五個研究室，有教師一千八百餘名，大學部及研究院學生總共約一萬人。在設備方面，算是國內各大學中比較好的。除有各種實驗室及分析測驗中心外，也有幾個電腦中心。圖書館的藏書約有一百七十餘萬冊，所以在全國的高等院校中，被列為幾個重點大學之一。

我們頭兩天都由圖書館情報學院的一個講師帶領參觀學校的各部門和校園，第三天她帶我們去遊東湖和附近的名勝。第四天，內子便帶著我在北京和成都為匹大東亞圖書館買的一批書，逕飛廣州轉赴香港探親，然後回美國繼續她的銀行工作。我開始講學了，所講的有兩個大題目：（1）美國圖書館系統的現代化，（2）資訊學的演進。

我對第一個講題的定義是「過去的成就加現代技術，再加未來的構想」，然後我將「美國圖書館系統的現代化」按照以下的程序來分析和講解：

1. 圖書館作業的自動化

(1)自動化的早期技術

(a)單元紀錄系統

(b)六十年代電腦的運用

(c)國會圖書館的機讀編目（MARC）格式

(d)MARC 對標準的影響

(2)聯機技術支持系統

(a)書刊流通的各自發展

(b)採購、編目和期刊控制的各自發展

(c)書刊供應中心的發展

(3)俄亥俄聯機圖書館中心

2. 圖書館資源共享

(1)館際合作的目的

(a)集體採購與貯藏、合作編目並發展

(b)使已有資訊互相流通

(c)用電腦來完成組織和流通系統

(2)目前的情形

(a)一般合作的活動包括：相互借書、聯合編目、聯合採購、複印資料等

(b)經費來源：會員費和各級政府及基金會的捐助

(c)管理人員多由會員圖書館的現職人員兼任

(d)合作的結果：一般圖書館都表示滿意

3. 國立圖書館與資訊服務網

在這個標題下，主要是講述美國圖書館發展的另一個趨勢，企圖建立一個全國性的圖書館與資訊網絡。

(1)背景

(2)顧問團提出的問題

(a)這個資訊網組合的設想和目標

(b)現有的活動

(c)可能的限度

(d)最初的使命

(e)控制書目紀錄的角色

(3)圖書館界對顧問團報告的反應

(a)最好的權威控制應以全國資訊網所採用的為標準

(b)顧問團認為全國資訊網的管理，應同國立圖書館與資訊服務網的管理分開

(c)地方性的資訊中心和工商業間的有關資訊網聯繫問題尚未解決

4. 一九七九年的白宮會議

一九七九年十一月召開的白宮會議，有來自四十九州的一千多名代表參加，三分之一來自圖書館和資訊專業界，討論和決議的重要問題包括：

(1)履行憲法修正第一條授予的各種權利，包括自由和完整地獲得資訊的權利

(2)重新強調全民平等享有資訊的政策，從而可全權使用公款支持的資訊服務

(3)支持多種目的的圖書館和資訊服務的設計、發展和施行

(4)在聯邦政府的教育部內建立一個圖書館和資訊辦公廳，直屬部長管理

我所講的第二個主題是「資訊學的演進」(The Advancement of the Information Science)。我是根據當時國際上——主要以美國的重要文獻來分析這門科學演進的情形，包括它的內涵、學者們對它的解說，以及它今後在人類社會扮演的角色。

1. 概論

(1)西方目錄之父康銳・凡・格思勒（Konrad Van Gesner）

(2)查理・吉偉（Charles Jewett）的聯合編目概念和安多尼・潘理西（Anthony Panizzi）的書目法規

（3）卡沙林・木爾拉（Kathrine Murra）和杰司・謝拉（Jesse H. Shera）的「文獻編集」（Documentation）概念

2. 文獻編集在美國的發展和「美國文獻編集社」的創建

（1）黑爾曼・福斯勒（Herman H. Fussler）教授和「縮卷」制度的發展

（2）美國文獻編集社（The American Documentation Institute）的創建

（3）華生・德衛斯（Watson Davis）主持美國文獻編集社時的成就

3. 進入一個嶄新的時代

自一九四八年起，在文獻處理上，有幾件影響很大而值得注意的事：

（1）有兩個大學（University of Chicago and Western Reserve University）都正式增加了「文獻編集」的課。

（2）聯合國文教組在巴黎召開了有關文獻編集的會議，討論國際間如何在書目控制和社會科學研究上進行合作。

（3）美國在韓福瑞參議員（Hubert H. Humphrey）召集下一連串的聽證會結果，促使政府協助推動有關資訊工作。

4. 文獻編集和資訊學

（1）一九五八年在華府召開的國際科學資訊學會議應該是個轉捩點。這個會議主要是由美國文獻編集社、國際文獻聯合會、國立科學院和國立研究評議會等組織召開的。世界各國的文獻及資訊專家都聚在一起，結果大大的擴展了資訊的領域和處理。

（2）一九六八年美國資訊學社（The American Society for Information Science）正式成立。

5. 資訊學的時代

自一九六八年著名的文白爾報告（Weinberg Report）有力的證實資訊問題已成了時代的焦點，它與任何科學的發展都不可分割。誰都不可否認，六十年代是科技進展最神速的年代，這當然與電子計算機的創造有關。正如曼夫利・科澄（Manfred M. Kochen）所說：「如果沒有電腦，今天有關資訊學方面的實踐就得停止了。例如自動化的索引、檔案的編排與探索、分類與合併、問題磋商、內容分析及電腦編目等。」

6. 尋找理論基礎

從一九六四年美國文獻編集社的二十七屆年會起，許多有關的學者就開始討論資訊學的理論基礎問題，直到我講這個題目時，學者們還沒有共同的看法。不過，從以下幾個例子，我們至少可以了解當時資訊學研究的範圍。

克那斯・阿騰（Klaus Otten）認為：「資訊學的發展應該基於基礎鞏固的現象和關係上，而不可基於其複雜的關係的敘述和觀察上。」

威廉・葛夫曼（William Gofman）則主張：「資訊學必須建立在綜合性的科學上，從而研究有關資訊概念的不同現象，如這種現象發生在生理進程上，在人類的存在上，或者在人類創造的機器上。因此，資訊這個主題必須涉及到一組基本原則的建立，從而用以管束所有訊息進程的行為和其有關的資訊制度。」

7. 定義上的問題

資訊科學這個名詞是一九五九年開始運用的。從此許多學者都曾試圖給它下個定義，至今還沒有令人滿意的。我在演講這個主題時，我自己下的定義是：「資訊科學是運用現代科學的方法和成就，將人類記錄下來的知識進行有計畫的蒐集、分析、整理、儲存和輸送，從而提供各行各業和科學家和學者作為研究必須的基本工具。」

以上兩個主題整整講了兩個星期，每天上午講三個小時，午後多半有近兩小時的座談會。前來聽講的有兩批人，前者除武漢大學圖書情報學院的學生外，還有武漢地區其他大專學院的圖書館專業人員，所以往往是教室外都有人站著聽的。後者則專為有關教職員舉行的，討論範圍很廣，任何與圖書資訊有關的東西都可以提出來討論，我則盡可能的解答他們的問題，很富挑戰性。

講畢兩週之後，武大歷史系的教授們也請我去開了一次座談會，主題是討論和研究中國近代史問題。該系有教授到美國訪問過，他看過我的著作之一的 *Chen Tu-hsiu (1879-1942) and the Chinese Communist Movement*，所以他們真正的目的是希望我談談寫作這本書的經驗。結果，大夥兒都很高興。

最後，我還被學生會請去講了一次陳獨秀。這個主題當時在中國已有人在報刊上發表文章，但是論點還是離不開既有的範圍，更沒有公開演講、討論的慣例。恐怕我仍是第一個演講這個主題的學者（五年前經南京大學歷史系請求和校長特許，我也講過這個題目）。在答應這次演講前，我曾向學生會代表提出以下幾點：（1）必須獲得學校當局的許可。（2）僅作學術性的演講。（3）演講後可以答覆問題，但是時間不能超過半小時。因我連續講課兩週下來，身體已極感不適，聲音也有些嘶啞。幸好那些年輕學生都很可愛，一切照辦。聽眾的確非常踴躍，講堂外都站滿了人。回到住處後，還有幾位聽講的教授特意等著拜訪我。

離開武漢大學前，嚴怡民教授和外事處的趙科長親自用學校的轎車帶我到鄂西旅遊了兩天。主要是去參觀不久前在荊州發掘的戰國時代遺物，不下千百件，包括一具保存了兩千四百多年的縣令屍體。現在這些東西已保存在一個特製的新博物館內。當天我們就住在荊州一個新穎的小旅館，清潔美觀，招待和食物也很好。在當時的中國，應屬上乘。第二天，我們便到三國時代趙子龍救劉幼主的長阪坡憑弔古戰場，一直到晚上九點多才回到武漢。兩天的旅遊，實在收穫不少，尤其荊州新建的有關三國時代遺物的博物館，值得參觀的東西非常之多。比如史書上記載偉大的古樂器扁鐘和春秋戰國時代的戰車，我還是第一次看見實物呢。

我於十一月七日離開武漢大學去上海交通大學。交大自從一九八〇年初大陸開放以後，便獲得有世界船王之稱的包玉剛先生捐助一千萬美元，建築了一個現代的圖書館，但是沒有現代化的圖書館專業人員。學校行政當局便組織了一個訪問團到美國，目的是尋求專業上的援助。正巧這時匹茲堡大學工學院的副院長施增瑋教授是上海交大畢業的，自大陸開放後，施先生便訪問過交通大學幾次。因此，匹茲堡大學便很自然地成了交大獲得圖書館專業知識的援助中心。但是施先生並非圖書館學和資訊學的專家，所以交大校長范祖德先生於一九八三年七月帶著訪問團到達匹茲堡時，施先生介紹我給諸位客人認識，並請我建議援助的方法。為了祖國圖書館的現代化，我提出了下面幾點建議：（1）馬上與匹大行政當局，尤其是國際研究中心和圖書資訊研究學院合作，向聯邦政府申請援助交通大學圖書館的特款。（2）特款申請到後，交大當局便可選擇三到五位優秀的年輕圖書館員來匹大圖書館接受實際工作的訓練（為期三至六個月）。（3）我願意在訓練期間充當統籌者（The Coordinator）。（4）受過訓練的人回到交大圖書館，應分別擔任各業務部門的負責人。

以上幾項建議全被採納，施先生與我便向校方有關部門分別接頭。最後由亞洲研究中心的負責人草擬向聯邦政府申請特款的文件，我則是專業技術的建議者。一九八四年春獲得聯邦政府六萬元援助費，是年秋，交大選了三位年輕圖書館業務員來匹大圖書館，正式接受三個月的實際工作訓練，此外還送了兩位到圖書資訊研究學院念學位。我當了義務的統籌者，受訓的三位先生都準時回到交大圖書館服務去了。後來他們知道我於一九八七年秋有武漢大學講學之行，便由他們的圖書館館長透過匹大圖書館當局邀請我順道去參觀和演講。事實上，匹大當局也有意請我到交大觀察其進展情況。這便是我在武大講學回程去交大的原因。原定的計畫是在交大逗留五天，除對圖書館的各業務部門作詳細的觀察和分析外，還得作兩次演講。

在離開上海交大之前，也去了杭州兩天，主要是應浙江大學圖書館和杭州圖書館學會的邀請。原因是我於一九八七年被武漢大學邀請講學之後，大概消息便由有關的出版物傳出去了。杭州圖書館學會祕書李明華先生得悉我到武漢大學講學的消息後，便聯繫浙江大學圖書館，於一九八七年九月十八日逕函匹大圖書館，乘我去武大之便，到杭州作一次演講，同時也可到杭州遊歷兩天。我於是年十月初接到信時，正是行色匆匆離美去中國時，乃於十月二十九日給了李明華先生一封同意的信，並請他把電話號碼告訴上海交通大學圖書館，我到達交通大學後，便打電話同他聯繫，以便決定去杭州的日期和講演的題目。由於交大負責者的密切合作，到杭州兩天的演講和觀光都順利地完成。

對在武漢大學講學作一簡單分析和結論前，我願意順便提到一件值得注意的事。近年來到中國講學過的人，多半都會有同樣的經驗。邀請講學單位的一些負責人都非常熱情的款待賓客，且盡可能的在安排上，使客人感到舒適。但是由於實際條件的問題，尤其在醫藥衛生方面，訪問者能否適應，就得特別小心了。我由成都到武漢時，已感到不大舒適。但因武大校園的優美，主人們的熱情款待和聽講者的昂揚反應，便將自己的健康問題拋到九霄雲外去了。過了兩天，我不但聲音嘶啞，而且食不進口，睡眠也有了問題，不得已要看校醫，但是似乎沒有多大效果。我還掙扎著將計畫的課程講完。在離開武大到上海交大前，事實上我已是一個抱病在身的人了。基於責任心，我仍然參與吳善勤教授（交大圖書館館長）、楊宗英教授（交大圖書館副館長）、方正教授（交大圖書館電腦中心負責人）和袁國亮先生（交大圖書館報刊負責人）等分別安排參觀各部門的業務情形，並同他們開會討論、提出評論和建議，同時還作了兩次公開演講。每天午後看校醫（唯一能得到的醫藥幫助）。在杭州那兩天，尤其辛苦，因為沒有校醫可看。因此在一九八七年十一月十四日離開上海去香港返美時，我已病得相當嚴重。幸好到達香港後，由朋友介紹了一個很好的醫生，所服的藥物非常有效，幾天之後，便痊癒了。離開香港前，還為匹大東亞圖書館購買了一批非常有用的書刊。

現在我願意簡單的分析一下武漢大學講學之行的影響。眾所周知，談到圖書館學和資訊學，無論在理論和實際服務，美國都是全球之冠。我在美國的圖書資訊界教書和從事實務工作幾十年，早被同行公認為經得起考驗的專家。在武漢大學講學時，所講的又是極富概括性的兩個大題目，把當時全美的一般趨勢都涉到了。對一般聽眾而言，可以說既富知識性，也富啟發性。後來這個聯繫性的演講都簡化為兩篇文章，分別發表在武漢大學出版的《圖書情報知識》總第三十期（一九八八年第二期）和第三十三期（一九八九年第一期）上，相信其影響應是全國性的。我回美後的最初兩年，曾接到無數聽眾的函件，大半都涉及圖書館學和資訊學的知識問題，我都一一地為他們解答，相信對祖國青年多少有些啟發作用。在上海交通大學和杭州圖書館學會的演講雖屬局部性，但對加強圖書專業人員的信心，應該是有很大幫助的。

在加強匹大東亞圖書館的藏書方面，我此行收穫是非常大的。我不但在中國大陸和香港親自選購了三千多種新的出版品，同時還同武大、北大、上海交大等中國的主要學府增強了書刊交換關係。在成都親手選購的兩百多種「文史資料」，在全美東亞圖書館中是獨有的，所以我曾交給「中文研究資料中心」（The Center for Chinese Research Materials）複印並分配給需要的圖書館。

就我個人而言，我認為最有意義的是認識了兩位在自己專業行道上極有才華的年輕人，一位是武漢大學圖書情報學院的曾蕾女士，另一位是交通大學的俞兵先生。當時前者已有了碩士學位，正在武漢大學圖書情報學院任講師。她是嚴怡民教授的高足，嚴先生請她來照顧我。她每天一早騎自行車到「外賓招待所」來陪同我乘學校的轎車到圖書情報學院（約有兩哩多），然後陪同我到不同的教室演講，她自己則在教室裡作筆記。每天上午的課講完之後，她便隨我乘學校的轎車回外賓招待所，然後她自己再騎自行車回家或回圖書情報學院。由於她忠於職責，我講學那段時間感到非常方便。在我每天的閒談中，我不但感到她是一位才華出眾的年輕學者，而且也有志繼續深造，所以我決定助她一臂之力。至於上海交通大學的俞兵先生，我雖與他沒有什麼接觸，但是楊宗英副館長和負責電腦中心的方正教授都盡力推薦，說他是位出眾的學生，希望我能幫助他到美國深造，相信他學成回國後，對交大定有很大的貢獻。

回到美國後，我盡了最大的力量，為上述兩位青年學者在匹茲堡大學爭取到獎學金。曾蕾女士得到的是念博士學位的五年獎學金、俞兵先生得到的是念碩士學位的兩年獎學金。他們都在匹大圖書資訊學院主修資訊學。一開始我便了解曾女士有志為中文圖書館自動化作貢獻，因此待她到達匹大後，我便在自己主持的東亞圖書館為她安排了每週工作二十小時的實習機會，從而使她很快的熟悉 OCLC/CJK 350 plus 的自動化制度。同時我更建議她以研究這個制度作為博士論文主題。這樣，她每天在東亞圖書館工作便是蒐集論文資料的時候。果然不出所料，曾女士在四年內便完成了她的博士學位（我是她博士論文的指導者之一）。她所寫的有關 OCLC/CJK 350 plus 制度的分析、批評和建議，獲得了美國資訊學會的頭獎，一畢業便被俄亥俄州的堪特州立大學（Kent State University）請去教書了。我希望將來武漢大學能請她回去教書，相信她對國家的貢獻是可期的。俞兵先生在匹大一年多便完成他的碩士學位，然後被一個大學的圖書館僱用了，我也希望他獲得更多經驗後，能回上海交通大學作出貢獻。

武漢大學副校長童懋林在歡迎晚宴上代表劉道玉校長（在北京開會）講話。

晚宴前，作者與武漢大學一些教授們交談。

作者（左）與嚴怡民副院長遊長阪坡時留影。

作者夫婦（右三、右四）和武漢大學圖書情報學院副院長嚴怡民教授（左二）及曾蕾女士（右一）等在武漢大學圖書館前留影。

作者夫婦在北京頤和園廢墟前留影。

作者在成都和親人（兄弟嫂侄）合影。

作者（左）在上海交通大學圖書館講述管理技術時留影。右為交大資訊中心的方正教授。

作者在杭州圖書館學會演講時留影。

（三）學術和專業的獨立性

前面我曾提到副教務長漢德生先生怎樣改組整個學校的圖書館制度，而且暫時兼任了館長的職務，開始向全國徵聘未來的館長。後來許多事實證明，這位因聯邦法律的特許政令而做到學校最高行政者之一的漢德生先生是頗有政治野心的。凡有政治野心的人，都必須有自己的幹部。在這方面，他似乎就感到相當困難了，因為當時少數人種讀大學的本就不多，能進入大學做事的就更少了，他只好在白人中去選擇。但是很不幸，他所得到的都是「不入流」的人士，如卡巴利克和亞當之流。據說他當時在全國幾十個應徵館長的候選人中，選擇吳德華爾士太太有兩個目的：其一是他認為女性比較容易控制，其二是他希望她能任命他的親信卡巴利克作副館長。如果這種說法是對的，那他的想法都落空了，原因是吳德華爾士太太是個不折不扣的女強人。她從一九八三年秋到匹大任職之後，雖然沒有立刻加新人，可是她馬上改組行政來配合她自己的做法。她在匹大的專業圖書館員（一百多人）中任命了四位（全是女性）為她的副館長（既沒有卡巴利克先生，也沒有亞當小姐），分別管理技術服務、讀者服務、自動化服務和財政服務（自諾色俄太太於一九七〇年任匹大圖書館館長後，便沒有設立副館長，而以統籌者（Coordinator）的名義分掌各副館長的職責。漢德生先生代理館長那年，也是如此）。她同時向全校宣布，她主持的圖書館行政有兩個「優先工作」，那便是加強購買書刊的能力和三年內完成全部自動化。大體說來，當時全校對她的反應都很好，所以漢特生先生也就沒話可說了。

另一方面，吳德華爾士太太這位女館長，不但個性強，而且喜歡獨斷獨行，許多自己不知道的東西，她也不願意徵求別人的意見，結果令全校與圖書館有關係的人（包括教授、學生、圖書館職員及學校其他有關行政人員）都怨聲載道。最妙的是她自己似乎還不知道，而且開會時經常缺席。許多人便直接報告給新任教務長本嘉敏教授。這位新教務長是個非常年輕而能幹的學者（他是研究韓國的專家），處理事情極其謹慎。他接到那些報告時，不聲不響的先展開自己的調查。他在圖書館專業人員中，選擇了約十位負有專責者（包括我）與他會談。在討論主題時，他一開始便先談到他是如何的將圖書館看作是校園的心臟，同時他也提到他擬訂學校五年計畫時，把擴展圖書館工作排在最優先的位置。接著他便簡述當時學校各方面對於圖書館的不滿，似乎全部集中在館長一人身上。他希望能了解確切的原因，他尤其希望知道他所接見者的意見，以作為參考。結果，被邀請的人都毫無顧慮的將他們看到的館長的弱點都反應出來。大夥兒都希望本嘉敏教授能很快地採取行動，將吳德華爾士辭退。殊不知，天下常有不可預測的事，本嘉敏教授還沒有採取任何行動前，他自己便於一九八六年秋以迅雷不及掩耳的方法離開了匹大而到明尼蘇達大學（University of Minnesota）作副校長去了。這一來，學校圖書館的行政大權自然又落到漢德生先生手裡，因為聘請一位教務長最快也需要一年以上的時間。即使找到了新的教務長，他也很可能將這項權責交給已在這方面工作過的漢德生先生。

本嘉敏教授辭職後，吳德華爾士太太的作風依舊，仍然在開會時經常缺席。漢德生先生以他一向溫和的手法，於一九八八年初把她調到圖書資訊學院去任副教授，並立刻將英語系的一個教授布讓博先生聘任為匹大總圖書館的代理館長。這位先生一生只會教書，從無行政經驗，為什麼突然就當起這樣一個規模不小（包括專業的和非專業的職員約三百人，每年財政預算超過一千萬美元）的行政首長？一方面是布讓博先生早就想做行政工作（我記得在國內念大學時，第一流的教授都不願意擔任行政工作，以「清高」自居。在美國則不然，普通優秀的學者專家，如有機會負責行政，絕大多數都會擔任的，原因是負責行政的比只教書的薪金高得多）；另一方面，漢德生先生是有野心的，他希望藉此在眾多教授中找到支持他的人。

據說這位布讓博先生教書還教得不錯，而且也寫過幾本書，所以四十多歲便做了正教授。但是他在行政工作上毫無經驗，再加上他對於圖書館工作的概念還是傳統的，他以為在學術上有成就的學者都可擔任圖書館工作，根本不知道圖書館工作是專業化了。他任代館長不久，便召集全校圖書館職員開會，事實上是他向全體職員講話。由於他沒有幽默感，所以態度顯得很傲慢。他一再提到他是學者，並希望今後的圖書館要好好地為全校的學者服務，好像過去的職員都沒有好好地為學者服務似的，對於圖書館的行政和業務卻隻字不提。他一講完，便叫散會，連問問題的機會都沒有。與會者都不禁搖頭相對，苦笑一會。從此，全校園圖書館的職員都各自為政，而這位館長也處之泰然。但他對我則與眾不同，他不但親自拜訪我，而且一再表示彼此是朋友，要我叫他的名字，絕不要稱他為館長。之後，我們還一同進過幾次中餐，彼此也還談得來。這究竟是怎麼一回事呢？我認為他是中國人所謂的「書獃子」，對人情世故全不懂。他曾向我表示，他從學校的報刊上知道我曾是「福爾布萊－赫思學人」和校長提名過的「榮譽教授」。這大概就是他把我當朋友看的原因吧！但他也不應輕視其他同仁呀。

幾個月之後，學校便公開地向全國徵聘永久性的圖書館館長，據說應徵的近百人。沒想到布讓博先生也去應徵，而且還要求我為他寫一封介紹信。我不但樂於他效勞，而且還盡量為他說項（主要在學術方面），雖然我知道他是沒有任何希望的；後來被選中的是在威斯康辛大學擔任圖書館館長的若嗇俄先生。

布讓博先生做了短短一年的代館長，不但毫無建樹，還對我所主持的東亞圖書館作出不小的損害。這是怎麼一回事呢？在他代理總館長的最後幾個月，東亞圖書館一個日本女館員辭職回日本去了。她是負責選購日本書刊和為日文書刊編目的，位置非常重要，必須馬上徵聘一個來補替，可是在美國從事圖書館專業的日本人不多，徵聘起來非常困難。但是由於我曾任全美東亞圖書館委員會的主席，對各館人事都很熟悉，所以我便請託兩位日本圖書館專業的朋友代為推薦。在加拿大不列顛哥倫比亞大學（The University of British Columbia）任職的權並恆治先生推薦了矢口小姐（化名）。當時她正在伊利諾大學的東亞圖書館作助理編目員。當時亞洲學會正在舊金山開年會，所以我便請她共進了一次早餐，印象還不壞。回到學校後，便告訴布讓博先生可能有這樣一位女士來申請，請他告訴負責人事行政的人隨時和我聯絡。依照本校圖書館的慣例，在徵聘人員時，是由總館長授權我進行的；因為我不但是東亞圖書館館長，而且是全校唯一有資格來處理此事的學者和專家。學校聘請專業人員一貫的程序是：（1）在多數的申請人中選擇最好的幾位（普通選三位）到學校面談。（2）普通是由特別組成的三人或五人委員會來主持其事，他們除與申請者面談外，也包括調查申請者原來的工作機構。（3）面談之後，由委員會選擇最好的兩位交由我去決定一位。（4）如果被選者對聘約無異議，新的專業人員就算僱定了。

殊不知當時那位代館長不但不懂行政程序，也不願學習，而且還好管閒事。真是無巧不成書，那位矢口小姐正急於要離開伊利諾大學，原因稍後再補述。她雖不是好的專業人員，但對爭取個人利益的事兒卻非常精明。她從我們原來那位日本女職員那兒獲得代館長的姓名和電話之後，便直接同他聯絡。同時她更探知匹大有位專討好日本人的女教授（這位女士的丈夫是位日本專家），也與她直接聯絡上了，真可說是雙管齊下。果然，她都得到了他們的支持，而我還一點也不知道。後來請她到學校面談時，我認為她在編目上還勉強可以勝任，但在書刊選購上她是有困難的，除非我願意付出許多時間來訓練她。所以在面談後的討論會上，我雖然沒有表示支持，但也沒有表示反對。原因是人才難求——從事這個行業的日本人實在太少了，所以希望給她一條後路。如果將來再沒有日本籍的專業者來申請時，還可以再考慮這位矢口小姐。沒有想到剛過幾天，我突然得到代館長一個非常簡單而客氣的通知，並附一份他給矢口小姐的聘約副本，薪金還特別優厚。於是我立刻打電話到伊利諾大學向在圖書館工作的朋友探聽，究竟這位矢口小姐是怎樣一個人？她是否能與同事相處？沒有想到他們都異口同聲的說，這位日本小姐非常麻煩，她不但和她的上司（也是一位日本小姐）在圖書館鬧得天翻地覆，而且在東亞研究中心闖了不少禍。打完電話後，我極感不安，尤其在用人方面一向注重才華、性格和作風的我，深恐從此引狼入室。接著我便去看那位代館長，希望了解他為什麼要魯莽的決定僱用矢口小姐。他未待我開口，便非常高興的向我表示，為了給我一點特別照顧（Special Favor），所以他以最快的方法為東亞圖書館聘請了我所認識的日本職員。我當時確有啼笑皆非之感。不得已，我便坦白的告訴他，他這樣做，不但與一般專業界聘請專業人員的程序有別，而且還為東亞圖書館請來一位非常麻煩的職員。他聽了之後，「抱歉」聲不絕於耳。他也知道，聘約出去後便有法律責任，是無法收回的，同時他最感抱歉的是——他根本無法幫任何忙，原因是他自己很快就會離去。而漢德生先生已決定了的新館長將於一九八九年初夏上任。事實上，他已將圖書館制度的行政管理交副館長麥堪那（Florence Mckena）。我聽了只有苦笑幾聲，便告辭了。

現在我們來看漢德生先生在全國幾十人中選擇的若嗇俄館長又是怎樣的人呢？他是一九八九年春聘定的。照慣例，他至少有三個月到六個月的時間告辭（在威斯康辛大學的職位）和搬遷，所以他在八月底秋季開學時正式就任。他的就職典禮是由漢德生先生主持的，除全校兩百多個圖書館專業人員和其他助理人員外，也有不少學院院長和教授們參加。記得在正式開會前，我在一個角落和幾個同事在聊天和吃東西時，突然有一個不認識的人走在我前面，伸出右手高聲的說：「哈囉！我是若嗇俄，我知道你是誰，我期待著和你好好的一起工作呢！」（Hello, I am William Rossele, and I know who you are, I am looking foward to working with you soon.）我也馬上微笑的回應道：「歡迎！歡迎！若嗇俄先生，我們正在等待著你的領導呢。」然後大夥兒都爽朗地笑了起來，算是好的開始吧。至少我和一些同事都認為這位新館長很懂人事技術，似乎也很熱情，以他在威斯康辛大學任圖書館館長十八年的經驗，再加上校友的關係（他是匹大圖書資訊研究學院畢業的），應該可以做出一些成績來。可是誰也沒有想到，他上班不到一個月，便進醫院去了。出院後，仍然是經常缺席，一個星期難得有一、兩天在辦公室，送給他的公文總是沒有下落。最初同仁們都寄以同情而且非常耐心的等待，但是等久了，工作無法進行呀！所以幾個月之後，各方面都直接反應到漢德生先生那兒去了。自一九八〇年起，全校的圖書館制度，一直在這個毫無專業知識和經驗的漢德生先生手裡，幾個不稱職的圖書館館長都是他決定的人選。現在他似乎並不感到愧疚，大概還認為是滿足自己的私欲機會來了。

漢德生先生對於全校不滿新圖書館館長若嗇俄的問題，並沒有馬上採取行動。一直到一九九〇年暑期，他才突如其來的宣布：（1）若嗇俄先生因健康關係已辭去圖書館館長職務。（2）為了獲得一位富有卓越領導才能的新館長，巴斯威爾校長已同意以較長的時間來徵聘。（3）自本年九月一日起，卡巴利克先生將是全校圖書館制度的代館長，其他的人事依舊。一般圖書館的專業人員對他這個宣布都不覺奇怪，因為全都知道他想藉機培植那位不學無術卻雙手奉承他的卡巴利克。有人進一步懷疑，他說需要較長的時間來徵聘新館長，完全是計畫拖延時間，以便把卡巴利克扶上正座。後來事實證明這種想法一點也沒錯。可惜這位卡巴利克先生太不爭氣了，他一上台，不但在行政上亂搞一通，比如職位一有空缺，他便設法補上少數人種，不管他（她）能否勝任。這當然使他的上司高興，他卻不去想想全校有多少人在冷眼旁觀？再加上他性格魯莽，喜歡搞些低級政治，幾乎把全校的圖書資訊專業人員都得罪了。恐怕最糟糕的是他自己還不自覺，繼續設法獲得正式的館長職位。正巧做了二十五年校長的巴斯威爾正在計畫退休；同時在一九八八年繼本嘉敏教授而任了一年多教務長的衛格勒（Rudolph H. Weingartner）教授因與校方意見不合，於一九九〇年辭去教務長的職位，大概是為了方便，巴斯威爾校長便向校董會建議，以漢德生先生升任教務長，而不必向外徵聘了。不知為什麼，校董會也破格的答應了。所以自一九九〇年秋開始，漢德生先生便成了學校第二號最有權威的行政首長。從此，他也毫不吝嗇地運用他的權力了。

在正常的情況下，當漢德生先生於一九九〇年九月任命卡巴利克為圖書館代理館長後，便應該開始向全國徵聘永久性館長的一切工作，但他並沒有這樣做，足足拖延了一年。圖書館內外對卡巴利克不滿的情緒反映到他的辦公室時，他才於一九九一年底開始組織徵聘館長的委員會（包括教授、圖書館專業人員和其他有關的行政人員），於一九九二年初正式開始工作。經過一連串的會議和討論後，於一九九二年夏在將近一百位申請人中，選了最好的三名給漢德生先生去選擇一名聘作館長，可是他卻拖延了三個月沒有採取行動。直到學校的報刊登了許多好奇且帶批評的文字後，他才正式給全校同事及學生一封公開信。他的理由是為了徵得一位富有豐富資歷和領導能力的人任館長，他暫時不聘請現有的任何申請者作館長；不過，徵聘仍將繼續。他這篇含混其詞的公開信，不但沒有解決問題，而且也沒有停止外間對他的批評。譬如當時擔任徵聘委員會主席的麥克塔菲教授（Keith McDussie）便在學校報紙《匹大時報》（*Pitt Time*）上發表文章，他認為他們呈送給教務長的最後兩位候選人都是非常優秀的，任何一個都可以在匹大做一個一流的圖書館館長，放棄他們，他為匹大感到十分遺憾。有些負有相當重要責任的圖書館專業人員，更明顯地暗示，漢德生先生之所以這樣做不是為了學校，而是完全為了扶持卡巴利克。顯然，漢德生先生玩弄政治手段不得其法，還將自己弄得灰溜溜。但他這時對所有不利的言論都沒有反應，原因是他正在推行一件對自己很重要的行政工作，那便是計畫和執行新校長俄康洛爾（Dennis O'connor）的就職典禮。他計畫用三十萬元來做這件事，大概是匹大兩百年歷史中最豪華的一次校長就職典禮：（1）全校放假一天。（2）全校教授及部分行政人員都要穿上禮服參加就職典禮。（3）學校大禮堂及學生聯合大廈（Student Union Building）都供應自助晚餐，全校近三萬多名教職員和學生都可自由享用。這一來，皆大歡喜。可是「羊毛出在羊身上」，典禮之後，一般人都認為太浪費，也沒有必要。嚴重的批判不斷地出現在校內外的出版物上，甚至有人把漢德生先生拖延徵聘圖書館館長的事連在一起，不但使他感到窘迫，恐怕對他的政治野心威脅就更大了。因此，學校一踏入一九九三年，新校長雖然表現得很依賴漢德生先生，可是就整個學校而言，對他的壓力則愈來愈重。這時他雖然剛滿六十二歲，卻在暑假一開始便宣布退休了。毫無疑問，對他來說，這是一個英明的抉擇。

圖書館業務人員對漢德生先生的辭職特別感到高興，因為他們看到所憎恨的卡巴利克失去後台了，他在圖書館鬼混的日子是不會長了。不出所料，在新的教務長麥里爾（James V. Maher）主持下，圖書館館長徵聘委員會於一九九四年春組成，並立刻展開工作。全國申請者有一百多位，卡巴利克也是其中之一，可是初選便把他去掉了。他實在沒有資格去申請，他既沒有最高學位，也沒有任何著作，也不屬於全國性的任何專業或學術組織。學校最後聘請了曾任俄亥俄州立大學圖書館館長的米勒（Rush Miller）博士任館長。漢德生先生在匹大圖書館制度裡造成近十年的人事問題，終於告一段落。這個不幸的事件一再說明在民主國度裡，政治、學術及專業是無法混淆的。

（四）美國大學的「校園政治」問題

在美國的各種行業及團體，玩政治的氣氛都很盛，一般大學也不例外。在前面一些章節裡，都概述了匹大圖書館行政上如何濫用政治權術。

我以在美國工作幾十年的經驗，深感在民主國度裡，要對付政治問題，必須具備以下三大條件：（1）在自己行業上超越一般水平。（2）在工作上勤奮而有表現。（3）做人的態度要謙恭不屈。任何人具備以上的條件，不管在任何機構或公司工作，對於嚴重的政治問題，都可以應付自如。如果不具備以上的條件，或只具備其中之一二，都無法對付任何政治玩意的。我願意舉出一個我非常熟悉的例證。從一九七一年至一九八二年的十一年間，任匹大圖書館館長的諾色俄太太，一生致力於圖書館事業，可以說是一個有為有守，而又非常能幹和謙恭的理想行政人員。但她除圖書館專業的碩士學位外，沒有博士學位，沒有專著，也不會、亦不願意和學校當局（校長、副校長、教務長等）建立政治性的友誼。在學校的預算緊張時，她無法爭取得應有的經費，於是那些無法獲得所需書籍的教授們，便開始抗議起來了。有野心的漢德生先生便趁此機會輕易地取而代之了，從此他控制了匹大圖書館制度（一個總館和十五個分館）整整十一年。

現在我願意簡單的談談我在匹大三十三年所遇到的一些政治問題，這也許對於計畫在美國創業的年輕朋友有些幫助。我們首先應該清楚的了解，中國人在美國儘管有美國公民身分，但一般美國人還是把我們看成是外國人。因此我們要完成一件想做的事，所花的工夫，至少比一般美國人（白人）多一倍。其次由於英文不是我們的母語，所以我們的表達能力（特別是口頭上的）顯然不如同行的美國人，儘管我們在英文的寫作上不一定比他們差。

我在一九六一年九月到匹大圖書館工作還不到兩週，便向館長甘娜辭職。主要是由於與我同一辦公室工作的女同事們態度惡劣（當時所有美國圖書館中，女人都是絕大多數），其次就是另外一個美國東部有名的大學還等著我去上班，加上我從不願受委屈，便作出了辭職的決定。結果，甘娜太太盡力提出讓我滿意的條件，才把我挽留下來。從此我不但有了自己獨立的辦公室（當時匹大圖書館還沒有單獨的建築物，只有總館長才有獨立的辦公室，而我則是全館第二個有辦公室的人），而且此後直接向館長報告，不須經任何人。之後大體上是一帆風順。直到一九六八年，我所主持的東亞圖書館，不能同總圖書館一齊搬入新建的赫爾曼圖書館，我便直接向教務長皮克教授鳴不平（向他寫了一篇三十多頁洋洋灑灑的文章來批評那錯誤的決定，並把那篇文章分送全校有關部門）。最後教務長皮克出來轉圜寫信告訴我，他已請他的助手法德咢（A. F.）直接同我合作，務使東亞圖書館有足夠的地方。殊不知這位助手與我共同工作一段時間之後，便不願意再花時間；因為就一般情形而言，教務長的行政助理，在學校是很有權威的。為什麼要來為一個「外國人」主持的圖書館出力呢？所以他對皮克教授作些「不實」的報告，以便藉此脫身。殊不知皮克教授對東亞圖書館是有興趣的，所以他在收到我的年終報告時（美國的會計年度是七月一日到次年六月三十日。學校各部門的年終報告，多半在七、八月間完成），便藉此給我一封信，主要是根據法德咢的一些「不實」報告來挑駁我報告中的觀點。為了維護自己的尊嚴，我便立刻回覆皮克教授一信，「直截了當」地把法德咢「不實」的報告指出來。皮克教授並不以此為忤，反而與我為友。此後十多年，直到卡巴利克被漢德生先生任命為代理館長，匹大圖書館行政上再沒有人對我玩政治權術了。

在沒有分析卡巴利克的低級政治前，我願意先提全美東亞圖書館的另一個政治問題，這便是所謂日本專家（主要是指美國人研究日本的學者）和日本籍圖書館專業人員的問題。東亞圖書館主要是收藏中、日、韓文書籍的圖書館。事實上，在全美六十幾個大學的東亞圖書館中，大部分都以中、日文為主，而且中文又比日文多許多，這是歷史所決定的。因此在全美東亞圖書館的專業人員之中，中國人不但在數量上比日本人多，而且在質量上更比日本人高出許多。但是，日本人不擇手段爭勝爭霸的性格，在世界上任何角落和任何行業都是一樣的。結果，美國一般東亞圖書館中，多少都有些中、日人事問題。

另一方面，全美所謂的日本專家都妙極了。一般而言，他們有以下幾個特點：（1）能看懂一般日文書（包括中國古文的日文書）的不多，而真能了解日本文化和日本人的更少。（2）一般研究日本的美國人，尤其自詡專家的幾乎都是崇拜日本的讀書人。（3）全美出版有關日本專家研究日本的書，幾乎千篇一律地「吹捧」日本，能在書中以學術見解評論日本的，真是鳳毛麟角。（4）日本專家都有為日本效勞的趨勢。他們與美國的「中國專家」是「異曲」而又「異工」的。當然，在許多美國的「中國專家」中，也有不少是不了解中國文化和中國人的。真正下過工夫，確有成就的也不少。他們一般都很喜歡中國，尤其傳統中國的文化。他們的確不會像「日本專家」那樣的盲目崇拜日本來盲目崇拜中國，更不會隨便效勞。這些事實，在美國有東亞研究節目的大學教過書的人都了解。這些日本專家還有一個怪現象，儘管他們讀日文書的能力極其有限，而他們卻經常要向東亞圖書館的負責人爭取購買日文書刊的經費，並增加在東亞圖書館工作的日本職員。任何像樣的東亞圖書館都是中文書比日文書多許多，原因是一般東亞圖書館都是先有中文書刊，然後再加日文和韓文的；其次是書價相差太大，一本普通日文書的價錢超過五本到十本中文書的價錢。書多工作人員自然多，而日本專家卻往往為這些事情無理取鬧。

現在回頭來看一看，我主持的東亞圖書館有沒有這些問題？簡單的答覆應該是「有」和「沒有」。為什麼呢？原因很簡單，不但匹大的東亞圖書館是我從無到有創建起來的，甚至當我創辦東亞圖書館時，匹大連「東亞研究中心」都還沒有，而僅有聯邦政府出錢創辦的中國研究中心。後來中文圖書館增加日文後，最初的二十年間，管理日文書刊的職員都是精通日文的中國人，所以根本就沒有「日本人問題」。在日本研究方面，最早的一位教員是考古人類學系的布先生（L. B.），他在一九六五年剛從芝加哥大學得到博士學位到匹大任助理教授。他為人很和氣，曾在日本住了兩年學日文，說日本話的能力還勉強，可是日本人見人就點頭鞠躬那一套學得道地極了。他每次來看我時，都非常客氣，所以他要的日本書刊，我都設法為他購買了。三年之後，學校又僱用了第二位日本專家，這便是剛從密西根大學畢業來歷史系任助理教授的斯（R. S.）。他首先給人的印象是道貌岸然，與人相處也彬彬有禮。他到匹大時，正值我在歷史系準備博士論文的口試。他大概從老教授們處獲知我的情形。所以他同我一開始接觸時，便持著客氣而尊重的態度。隔了幾年，他開始開研究生的課程，總請我為他講頭兩堂，主要是有關重要書目和研究方法方面的東西。所以二十多年相處，彼此都能保持著很好的關係。

從一九六九年朵銳爾任匹大的第一任亞洲研究中心的主任後，東亞研究發展得非常快，尤其中國研究方面，除東亞語文學系列，政治系、社會系、歷史系、經濟系、哲學系、藝術系全都有了一位或幾位研究中國問題的教授。日本研究方面也增加了一些，可是在質和量方面都無法與中國研究相比；所以此後二十年間，我們根本就沒有「日本問題」。同時，為了爭取更多的預算來發展東亞圖書館，我也學會了運用群眾的方法，開始組織東亞圖書館委員會（East Asian Library Committee），一共五個委員（包括我在內），全是東亞研究的教授或系主任。這個組織為協助我爭取預算非常有效，但是日文書刊的採購一直不如理想，因為日文書刊的價錢實在太昂貴。許多東亞圖書館為了應付這個問題，一般是從兩方面努力：與日本重要圖書館建立起交換關係，和募捐特別基金。一九七五年，我的遠東之行，其中一個目的便是為建立交換關係，結果非常圓滿。

為日本研究籌募特別基金方面，主要是由當時負責亞洲研究中心的朵銳爾教授和匹大祕書長萬都生教授（Albert C. Van Dusen）負責，他們利用日本鋼鐵工業界與匹茲堡大學的特別關係（過去的匹茲堡不但是美國的鋼鐵中心，也是全球鋼鐵產量最大的城市；而且匹茲堡是二次世界大戰後首先控制鋼鐵工業煤煙的城市。因此自五十年代起，每年暑假，便有幾十名日本鋼鐵界的代表來匹茲堡參觀和學習。匹茲堡大學便為他們安排幾週的講述，所以日本鋼鐵界與匹大有著非常好的關係），於一九七六年去日本，向鋼鐵界募集了兩百萬美元，作為匹大研究日本的特別基金。就整個大學而言，這實在是件好事。這不但可以展開許多日本研究的活動，東亞圖書館的日文書刊也可蒐集得更好。可是誰也沒有想到，這筆錢終為日本專家們所霸占了，從此東亞研究中心也為他們控制。這是怎麼一回事呢？簡述如下：

朵銳爾教授辦事能力很強，也是一個很富吸引力的大學教授。他於一九七七年被俄亥俄州立大學請去做教務長，他便離開了匹大。學校當局便臨時把語言學系（The Department of Linguistics）系主任安多尼教授（Edward M. Authony）找來代理朵銳爾兼任的亞洲研究中心主任一職。這位教授曾對泰國語文作了些研究，與東亞問題卻毫無關係，可是他倒有君子之風。就在這時，以布某為首的幾位日本專家便開始玩起他們的日本政治權術來了。他們首先組織了一個日本研究委員會，把萬都生教授捧出來任主任委員，萬都生似乎也願意，雖然他與日本研究毫無關係（他這時已不再是匹大的祕書長，僅僅在英語系教書）。有了現在這個名義，他便與那些日本專家一起控制他同朵銳爾在日本募來的兩百萬元基金。就那些日本專家而言，有了萬都生，他們在學校行政上便通天了。現在我們來看那幾個日本專家是怎樣利用這批基金來玩政治的。

大概他們認為要控制匹大的東亞研究中心，首先必須在編制上使日本專家多於中國專家，所以他們便以每年十餘萬元的基金利潤與學校交涉（以萬都生作為橋樑），凡是人文社會科學的科系中沒有日本專家的，都逐漸每年增聘一名。第一年的薪金全由日本研究的基金支付，以後則由學校負責。就學校而言，這是很難拒絕的，儘管這個計畫牽涉到至少六個系。至一九九〇年代初，匹大文法學院的每系都有一位或兩位日本專家。在全美各大學中也算多的了，他們在匹大東亞研究中心裡的影響便可想而知。事實上從一九八五至一九九四年的十年間，匹大的亞洲研究中心在名義上是布先生負責的，因為他是匹大日本專家的領袖。但是此人在學術上沒有什麼好的表現，他在匹大近三十年，唯一的著作便是日本傳疑時代的英文翻譯。他在教課上不但不高明，甚至還招惹了學生公開的指責。比如一九九三年一個念博士學位的女生，曾對他教的課有很大的批評，他便不給她通過考試。這一來，那位女生便不能繼續念博士學位了。於是她便在學校的報紙《匹大時報》發表一篇文章指責他，並說她將起訴他，要他賠償一百萬元的損失費，後來大概是學校當局出來調解了事。但在吹捧日本方面，布先生卻成就非凡。舉個小例子：當日本裕仁（昭和）天皇去世的消息一傳出，布先生第二天便飛到東京悼念去了。回來後，便在考古人類學系公開演講「日本天皇制度的新概念（The New Concept of Japanese Imperial System）」。他對日本真是五體投地，這哪裡是研究日本，完全是為日本人做義務廣告。後來，這位日本專家真的出頭了。一九九五年春，日本政府以「促進日美關係有卓越成就」為理由，授予布先生一枚金製的日本帝國獎章，他大概可以傳之子孫而不覺有愧了。無論如何，匹茲堡大學的亞洲研究，尤其是東亞研究在布先生的活動下，終於成了日本專家的囊中物。曾是早期匹大東亞研究的貢獻者之一的我，只能為學校深感遺憾而已，奈何！

這些日本專家在爭取控制匹大的東亞研究節目的過程中，對於東亞圖書館玩了些什麼政治權術？當他們以日本研究委員會的名義控制朵銳爾和萬都生教授從日本募來的二百萬元基金後，並沒有按照美國其他著名大學（如哈佛、耶魯、普林斯頓等）的慣例，將為東亞研究而募得的基金撥百分之二十或三十給東亞圖書館。不過，他們倒是在東亞圖書館委員會中與我合作，向學校當局爭取預算。同時，不論是新或舊的日本專家對我總是客客氣氣，沒有直接玩過政治權術；但在暗中，他們從沒有停止過間接地玩他們的那一套。他們認為管理日文書目和採購日文書刊的職員應該是日本人。這當然是對的，不過，他們也知道，在美國圖書館界的日人很少，富有才華而又學歷也好的更是寥若晨星。事實上，匹大東亞圖書館管理日文書目和採購日文書刊的幾名中國職員都是非常優秀的圖書館專業人員，日文又非常好。在一九七〇年代是由王仁源先生管理日文圖書，他的日文說和寫都與日本人不相上下。他在匹大工作了十年，後來被耶魯大學以高薪請去主持日文編目。幸運地，我們請來張逸雄先生，他是台灣師範大學畢業的，在美國念圖書資訊碩士學位前，曾在日本念了文學碩士學位，並在日本一所大學教日本文學好幾年。日本專家布先生曾親自告訴我，說張先生的日文比他所知道的許多日本人都好。那麼日本專家們還有什麼意見呢？他們的意見是——張先生不是日本人。可是他們並不敢向我提及，卻在暗中給張先生為難。張先生是個大好人，他始終沒有向我報告。一直到一九八五年他接受了哥倫比亞大學的聘書，被請去擔任日文讀者的指導人，他才向我報告。他告訴我辭職的主要原因是日本專家們不喜歡他，常給他不必要的麻煩。到了這時，我還有什麼話可說呢？只能忍痛犧牲一個優秀職員。顯然，此後再不可能找到一個中日文都很好的中國職員了。

經過一段時間的努力，在有關業務的報刊上都刊登了徵聘日本圖書館專業職員的廣告，終於有兩個剛得圖書資訊碩士學位的日本女士來應徵了。我們在一九八五年秋聘請了由美西部女士，她是一個好的典型日本小姐，非常溫柔和藹。她在日本也是學圖書館的，在大學的圖書館工作過，但她對於日本書刊目錄和美國東亞圖書館技術處理程序及方法都沒有經驗，得從頭學起。幸好她非常努力工作，人緣也很好，所以我也樂於在忙碌中特別花時間來訓練她。她的確極其努力苦幹，不到半年，便可獨立工作了。同時，她同那些日本專家也相處得很好。一九八七年秋，我將她的美國永久居留證也辦好了。她向我請求一個月的休假，以便回日本度年節。她為了獲得我的同情，提出了兩大原因：第一，她自離家來美念書，迄今四年沒有回過家，父母年老，希望回去看望他們。第二，她很坦率地說她已快二十六歲了，還是一個單身女人哩！意思是她希望回日本度假，有機會找個男朋友。我馬上帶著微笑半開玩笑地對她說：「由美，為了你的第二個理由，我馬上給你一個月休假。」由美西部便發自內心的笑起來了。誰知她回到日本時，正碰到美國駐日本的大使館在尋找一位受過美國圖書資訊教育的日本人作大使館的圖書館職員，薪金比她在匹大拿的高出一倍多。她立刻去申請，馬上被錄用。她於一九八八年一月回到匹大的第二天，便來看我。她進我辦公室時，我還是像往常一樣很隨和地請她坐下，請她談談回家度假的情形，然後再同她討論她的工作。但她卻與平常那樣溫柔謹慎的態度大異其趣，表現得極其激動而又欲言還休。我馬上帶笑地對她說：「由美，你好像度假度得太興奮了，慢慢地說吧！」她抿了抿嘴，然後很不確切地說：「謝謝郭博士給我回日本休假的機會，一切都很理想，但是……」她深深地吸了一口氣，然後繼續說：「假如我不再繼續在這兒工作，我不知道是不是會給你麻煩。」她似乎在等待我的反應。

「這究竟是怎麼一回事呢？由美，你繼續說吧。」我仍然很隨和地等待著她。

之後，她才詳細地告訴我，她在東京的美國大使館找到圖書館專業職位的情形，和他們希望她早點到那兒工作的事。她知道她來匹大工作這三年，我不但費了不少精力去訓練她，而且盡了不少的努力為她辦到美國的永久居留證。幾年之後，她便可以拿到美國公民證。在道義上（如果她有道義的話），她知道如果她因為薪金而馬上離開匹大，對我是有精神負擔的。恐怕更重要的，她不知是否會因此而引起麻煩。其實就我而言，她這些顧慮都是多餘的。我一生從沒有損人利己的想法，但在日本文化教育下長大的人又怎麼會知道呢？所以我便很坦然的對她說：「由美，我首先得向你祝賀，你有了這樣理想的工作機會，薪金高，離你的父母又很近，大概還可以很快的交個日本男朋友呢！辭去匹大工作沒有問題，但是你必須按照學校的規定，給我們三到五個月的時間，你才能離開學校。我希望你馬上給我一封正式的辭職信，以便為你辦理辭職的手續。」她聽後，便再三地向我表示謝意，然後輕快地離開了我的辦公室。

由美西部的突然辭職，給我帶來一個不小的問題。在前面已經提到，美國很缺乏圖書資訊專業的日本人，比較優秀的更是鳳毛麟角。幸好我曾擔任過全美東亞圖書館組織的負責人兩年，差不多在東亞圖書館的日本人我都認識。當我於一九八八年三月底在舊金山參加亞洲學會年會時，便請託日本朋友介紹一個比較有經驗的日本職員。結果在加拿大不列顛哥倫比亞大學任職的權並恆治先生給我介紹在伊利諾大學圖書館任助理編目的矢口（代名）小姐。我隨即邀請這位日本小姐次日一同早餐面談，她給我的印象還算不錯。回到學校後，我便將這個消息告訴了剛被副教務長漢德生先生請來任匹大圖書館制度代理館長的布讓博先生。他隨即請我撰寫一份有關徵聘日本圖書館員的文件給他，以便在全國有關的機構和刊物上發表。我當然答應照辦，但是這位代館長並沒有馬上授權給我去主持這件事（過去的總館館長們全是授權給我去徵聘職員的）。當時我並不擔心，認為他是新手，也許他將等到有人正式申請時，才請我去主持其事。之後，我在工作之餘正在為一個學會趕寫一篇學術論文，生活特別忙碌，差不多有四個月的時間沒有過問徵請日本職員的事。到是年四月底，布讓博先生突然到我辦公室，以興奮的口吻向我說道：「湯瑪斯，我要告訴你一個好消息，你所認識的矢口小姐，我已替你聘請了，她將在兩個月後上班……」

這真是「晴天霹靂」，我真不知道怎麼答覆。

布讓博看見我驚異的態度，便立刻探問，是不是他做錯了什麼事？到了這時，我便坦白地告訴他，聘用選購和編目日文書刊的職員是我的專業職責，在聘用任何人前，我都有責任去了解以下幾方面：（1）申請者對日文出版書目知識的程度。（2）選購和編目日文書刊的經驗。（3）與同事間相處和合作的情形。不然，將來發生問題怎麼辦？

布讓博立刻握著我的手深表歉意，並請我原諒。他同時原原本本地告訴我，他所以這樣做的原因有二：第一是他沒有圖書館的行政經驗，他以為用人是他的職責；第二是因為日本專家布先生是他的老熟人，他知道圖書館正在徵聘日本職員，便向布讓博保證，如果他立刻聘用這位日本小姐的話，可以在日本研究基金中支取部分薪金；第三是矢口小姐向他表示很有興趣來匹大服務。因此他便很快地作了決定。他現在唯一希望的是那位矢口小姐不會給東亞圖書館增加任何困難。我這時還有什麼話可說，只能苦笑，以等待「日本專家」布先生玩弄政治的惡果了。

布讓博離開我的辦公室後，我便打電話到伊利諾大學圖書館朋友處，探聽矢口小姐在那兒工作的情形。結果發現比我想像中的情形壞得多。據說這位日本小姐是全美日本圖書館員中最麻煩的一個，她不但喜歡自我吹噓，善於撒謊，更同她的上司（也是一個日本小姐）整天爭吵，所以她極需馬上離去。我聽完之後，便將實情告訴了布讓博。他只能再三向我致歉，因為他並不能將聘書收回。同時，他從這時起，全副精力都用在申請正式館長的地位上去了，更無法過問與他毫無實際利害的事情。何況這是日本專家們的傑作，他的大錯是沒有行政經驗，但未來遭殃的將是我和我主持的東亞圖書館。

從這時起，我在心理和業務上的計畫是這樣：（1）絕不向東亞圖書館的職員透露新日本館員的缺點，相反地，要他們以最友善的態度來與她相處。（2）我自己準備以人類最大的同情、愛心和職業道德去接受那個滿身都是問題的新日本職員，並將其訓練成為一個優良的圖書資訊服務員。（3）如果她的惡性依舊，不求改進，自己至少得以堅定穩重的態度來維護圖書館專業的道德和法律的「是」與「非」。

一九八八年十二月五日，矢口小姐開始上班了。她來我辦公室報到後，我便以最熱情的態度歡迎她，隨即把她帶到東亞圖書館的大辦公室去介紹給所有的職員，然後帶她到總館去見有關部門的負責人。之後，便領她到自己的辦公室。到了中午還請她與我一起進餐，以示歡迎。飯後帶她回到我的辦公室，將有關東亞圖書館的各種作業程序的文件都給了她一份，希望她好好的把這些東西看完，如有不了解的地方，隨時都可到我辦公室或打電話問清楚，因為這些文件都是她今後工作的指南。此外，她要每週定期到我辦公室三次，每次一個小時，我計畫直接訓練她成為一個好的書目提要專才和好的編目員。當時她的反應都很好，一切都答以「是的」、「是的」，因而我對她抱著相當大的希望，以為她決定重新做人了。

到了一九八九年初（矢口小姐開始工作約一個月），我便接到幾個職員的書面報告。負責期刊的職員說她把所有新到而尚未登記的日文期刊，全部拿到她自己的辦公室，而且不讓這位職員拿去登記，並以驕橫無理的態度說，她有權利用這些刊物，說她才是真正的日本專業員。另一個負責編目的職員說，矢口根本不按照本館編目程序編書，而且堅持喜歡怎麼做就怎麼做，誰也不能過問。另一個職員說，這位日本小姐經常都在複印機上複印刊物，其他職員的工作都得放下來等她。我的祕書（一個非常忠厚而勤於工作的美國小姐，已為我工作二十多年）則報告，這位日本小姐經常要她打私人的信函，而且態度惡劣，她問我她是否有義務為這位日本小姐做私人的事？看完這些報告後，我百思不得其解。這位日本小姐每週三次到我辦公室接受工作訓練，態度甚佳，而且告訴我她的工作在進步中。但從以上的報告看，她完全是個兩面人呀！為了弄個清楚，我便將那些寫報告的職員分別找到辦公室來詳細問個清楚，結果發現這位日本小姐的行為甚為荒謬。她在這一個月中的所作所為，與圖書館業務員的職責幾乎毫無關係。那麼她究竟在做些什麼呢？（1）她開始工作後，整天在電話上與那些日本專家聊天。她對同事解釋說是要徹底了解他們的研究興趣，以便對他們作最好的服務。（2）不管圖書館的工作程序和規定，擅自把新到的而尚未登記的日文刊物全部搬到自己的辦公室，不管負責期刊的職員解說為什麼不可以這樣做，反而亂罵這個職員，認為只有她自己才有資格來決定日文期刊的一切工作程序。（3）她把不同主題的日文期刊的重要文章，不分晝夜的複印出來，然後叫我的祕書用校園郵遞制度分別寄給日本專家，稍有遲緩，便兇惡的罵她。（4）主管編目的專業職員改正她錯編的日文書時，她也不服，認為凡是日文書，就該照日本的方法來編目，她不願意照美國的編目制度去做。（5）她同採購書刊的職員也爭吵，說該職員不公平，買的日文書太少。總而言之，整個東亞圖書館幾乎沒有一件工作讓她滿意的。她對美國圖書館專業的制度知道的既少，又不在乎，她好像要獨斷獨行的把東亞圖書館「日本化」。

了解整個情況之後，我立刻把矢口小姐叫到辦公室，將她一個月來的所作所為，簡略陳述後，問她這些是否事實？如屬事實，要她馬上改正，不然她得接受一切後果。沒有想到她正如伊利諾大學圖書館那個朋友在電話上所說的一樣，她完全抵賴，還說他們都欺侮她，但又提不出任何證據。最妙的是，一談到她拿新到而又沒有登記的日文刊物去複印，並寄贈所有日本專家時，她便以她過去一貫說謊的辦法說，她是應教授們的要求而做的。事實上在她到我辦公室前，我曾打電話向好幾位日本專家詢問過，他們是否都收到矢口小姐寄送的日文期刊之複印文章？他們都說沒有。我再問這些文章是否他們要求複印的？他們都說不是，因為教授和學生一樣，用圖書館的複印機複印任何東西都得付錢的。他們都對矢口小姐的特別服務表示讚美和感謝。矢口小姐的撒謊既明顯又大膽。到此我認為與她繼續談下去是無濟於事的，便嚴重的警告她，並把她打發回她的辦公室。接著我便根據所有的報告和證據寫了一篇長達十頁的報告，送給當時暫行管理全校圖書館行政的首席副館長麥堪那太太（當時代理館長布讓博正傾全力申請館長的職位，把一切行政全交給麥堪那）。

自此之後，矢口小姐並未改善她的惡劣行為，只是更小心和狡猾些。我自主持匹大東亞圖書館至此近三十年，還是第一次真正遇到困難。這位日本小姐當時雖然已經四十五歲了，但是看起來不過三十歲左右，沒有結過婚。她的喜怒無常，狡詐欺騙和損人利己的惡性，是我在匹大幾十年來遇到的同事中最壞的一個。然而，她不入流的做法，卻為日本專家們所欣賞。從此我便放棄訓練她的念頭，只以上司和專業原則來與之相處。她也了解我不是她能欺騙的人，就將她那副囂張的行為有所收斂。東亞圖書館的其他職員們也知道如何與之相處。總之，這個毒瘤完全是不懂行政的布讓博和專門研究政治投機的那位日本專家的傑作。

最後，我打算簡單的談談漢德生先生為了控制整個匹大圖書館制度而扶持的小政客卡巴利克。我在前面曾經提到，自一九八二年起，漢德生先生便以副教務長身分兼管整個大學圖書館的制度，逐漸控制了整個圖書館的經費和人事。當時在物理系圖書室（全校一共有十五個圖書館分館，物理系的是最小的一個，服務的人也只有一個）服務約十來年而毫無任何建樹的卡巴利克確有點小聰明，他看出電腦將會很快的被全校辦公室採納，所以他便很快的學會利用電腦工作的技術，同時他也學會小政客不擇手段的本領。當學校於一九八二年宣布漢德生先生將暫時負責學校圖書館的行政時，他便偷偷地給漢德生先生寫了一個小報告，認為過去的圖書館館長從來沒有實行聯邦法律中的特許政令——根據這個法令，任何聯邦政府主持的機構，都應該有某個百分比的職位給資格較差的少數人種（黑人）。許多大學的研究費都是來自聯邦政府，比如聯邦政府每年資助匹大的研究費超過兩千萬元。這一來，卡巴利克立刻成了漢德生先生跟前的小紅人。漢德生先生的辦公室正在訓練他的助手們（約十餘人）採用電腦制度，卡巴利克便自告奮勇去盡義務。他這樣做真是一舉兩得：一方面表示了對漢德生先生的忠誠，另一方面他可藉此與漢德生更為接近。一九八二年秋，漢德生先生正式兼任匹大圖書館的代理館長時，便任命卡巴利克為管財政的行政助手。這個工作一向是由學會計而有行政經驗的人擔任，他在這方面一無所知，怎麼能擔任每年上千萬預算的圖書館財務行政呢？幸好他下面的幾個職員全是有經驗的，對他們稍加籠絡，他們便會為他賣力了。他攫取這個地位的目的，是希望了解整個圖書館制度的經濟情形——恐怕最重要的，他想藉此知道整個圖書館制度裡每個人的薪金情形。薪金是一般美國人的私人祕密之一，除自己的家人外，只有直屬上司和管理財務的人才知道。對此了解後，對他將來玩政治投機是有用處的。有了這個工作機會，他同漢德生先生的關係就更密切了。一直到一九九〇年秋，漢德生終於將那位不學無術的卡巴利克安置為全校圖書館制度的代館長了。這位先生「一朝權在手，便把令來行」，他於一九九〇年九月中正式在圖書館館長室上班。他並不像一般負責學校重要行政的人，在開始工作時，到各部門去看看，與工作人員談談，設法了解實際情形，作為行政和決策的基礎。大概是他對整個圖書館制度的經費和人事，早已瞭如指掌；至於真正的圖書館工作，他不但懂的不多，而且毫無興趣，在他開始工作的前幾週，除草擬工作計畫外，大部分的時間都去和對圖書館有特別興趣的教授們會談，因為他知道過去有問題的兩位圖書館館長（吳德華爾士和諾色俄）都是因教授們的抗議開始的。日本專家布先生便趁此機會與這個小政客打得火熱，這當然對我很不利了。

據說，卡巴利克自一九八二年為代理館長漢德生管理圖書館制度的人事和財政之後，他對我便有敵視之心，因為他認為我是中國人，不應該是全校圖書館專家人員中品級最高，薪金最好，而且還有兼任教授的名銜。但他卻沒有探究我的履歷和為什麼會有那些成就，而只是滿懷嫉妒，想借用權勢將我除之而後快。

恰巧日本專家布先生在這時正想擴充日文書刊，以配合他已擴展的日本研究節目。他同卡巴利克打得火熱，大概在他面前也對我做了些不實的批評，而卡巴利克便認為有了處置我的材料，開始向我挑戰。由於他的不學無術和在圖書資訊事業上的淺薄，想做的壞事也無法達到目的。現在讀者可以看看他是怎樣挑戰我的。

卡巴利克於一九九〇年十月六日（他就職代理館長一個月後）召集全校圖書館專業人員約一百多人開會，目的在討論他草擬的所謂全校圖書館制度的優先項目。從工作人員發展、自動化的推進、書刊的擴充、讀者服務、一直到計畫中的新職員，一共有十一個大項目。當會議還沒有正式開始時，他便將他的「傑作」發給與會者。我很快地過目一遍，出乎意外地發現，在最後一個大項目下從A到L一共有十二條，而J同K兩條分別說：「計畫羅詹那（Eduardo Lozano）的退休和計畫郭成棠（Thomas Kuo）的退休」。我看完之後，還是不相信自己所看到的是那樣荒謬而犯法的東西。我順便指給坐在我旁邊的一位比較有骨氣（一般美國人為了工作的安全，往往不敢面對上司）的老同事柯夫曼（Oxana Kaufman）看。她馬上以正義的口氣說：「湯瑪斯，這個傢伙簡直豈有此理！」「不要擔心，阿三娜，我想藉此給他一點小教訓。」我這樣安慰她。然後大夥兒靜靜地看這位得意忘形的小政客的表演。

卡巴利克一開始便把培植他的漢德生提出來。他說：「今天這個重要會議，本來教務長漢德生先生是計畫參加的，但是校長臨時有要事請他去了。他無法來參加，他要我向大家致意。」然後他便正式宣布開會了。他說今天這個會的主要目的，是要參與者詳細地討論他所擬訂的十一條「優先項目」，以作為此後圖書館施政的方針。他說他先念一遍，然後逐條討論。他念完之後，稍作停頓，並問大家有沒有問題，如果沒有，就逐條討論了。我立刻感到這是難得的機會，如果再不發問，就得像大夥兒一樣坐在那兒佯作一無所知，聽其擺布了。我立刻舉手站起來。事實上，我是唯一準備發問的人。卡巴利克似乎奇怪，為什麼唯一發問的是他計畫欺侮的中國人呢？他還裝作客氣的樣子說：

「湯瑪斯，你有問題嗎？」

「是的，保羅（卡巴利克的名字），我想請教幾點：（1）你憑什麼來為我計畫退休？是根據哪一條法律？（2）你知道我除主管東亞圖書館的工作外，也是學校當局正式聘請的兼任教授。國家法律明文規定，教授是沒有退休年齡的。（3）何時退休完全是我私人的事，你公然把它列在行政大會上來討論，真是無法無天，隨便亂來，與美國的文化相距太遠了。你開你的會，我沒有興趣來浪費我的重要時間，再見。」我立刻離開座位向外走。

「湯瑪斯！湯瑪斯！請等一等……」小政客急壞了。以他的無知，絕不會想到我會在這樣的場合把他的無法無天的事實予以迎頭痛擊。毫無疑問，他此後將會用盡可能的法子來陷害我。但是，我不但有信心自衛，也有心理上的準備。

後來柯夫曼到我辦公室來告訴我，卡巴利克在我離開會場後，還假裝鎮靜的樣子，說我可能誤會了，他是沒有惡意的，他所提出的十一條「優先項目」也沒有怎麼討論，只有幾處有人請他解釋而已。不到一個鐘頭，這個會議也就草草結束了。

卡巴利克不但在學術上是一張白紙，在圖書資訊專業上也毫無成就，僅以巴結漢德生而暫時獲得了匹大圖書館制度的代理館長職。如果他真有志氣，就應該藉此機會好好的學習，深入了解圖書館行政上的各種問題和解決之道。比如親自走訪各個部門，了解實際工作的程序，獲得工作人員個別的反應，與各部門領導人員討論問題，探求解決之道。經過這些活動，負責整個圖書館制度行政的人，才能掌握對各種策略上的決定。尤其對東亞圖書館更是如此，因為它在美國圖書館專業中是極其特殊的。主持者不但要對美國這行專業融會貫通，也必須是對中、日、韓三國文化有素養的學者；所以凡有東亞圖書館的大學，擔任圖書館行政的人，都必須小心翼翼地和這些專家合作，至少在做有關決策前，都得徵求他們的同意。卡巴利克不但不圖於此，反而一開始就只知道玩弄低級政治。他於一九九〇年十月六日開會時，計畫討論我的退休問題失敗之後，他便於十一月底突然通知我，他已邀請耶魯大學圖書館副館長加克．賽根博士（Dr. Jack A. Siggins）做他的顧問，對東亞圖書館作一次調查。他公開的目的有以下四點：（1）東亞圖書館的公共服務人員，是否提供足夠的服務給研究人員。（2）這些人員的專業技術是否夠水準。（3）東亞圖書館的專業服務是否符合全國公認的水準。（4）東亞圖書館因地方不夠用，可否將一些書刊搬入倉庫。這幾項公開目的大體上是沒什麼可以非議的，他真正的目的自然不在這些，而是想利用權職給我過不去，為什麼呢？

一般美國專業界的人都了解，若某機構的行政者與專業負責人在政策上有了衝突，彼此認為解決之道，是請專業上具有權威性的人來作專業調查，作為解決爭端的基礎。過去三十年間，我曾被拉特格爾大學和賓州州立大學（Pennsylvania University）邀請當過顧問，為他們調查東亞圖書館，寫建議報告。絕沒想到，如今一個不學無術的小政客，竟然請人來調查我自主創建和主持的圖書館！我不禁暗自好笑。本來我可以立刻同卡巴利克爭論一番，因為他這樣做與專業界的距離太大了。譬如他從來沒有同我討論過東亞圖書館的任何情形，也沒有同其他職員討論過任何問題（那位善於撒謊和「興妖作怪」的矢口小姐是例外的），甚至於連參觀東亞圖書館的服務活動都沒有過。他敢這樣做，毫無疑問是聽了那位日本專家代表的布先生的讒言。他大概認為利用行政權力來諂害我的機會已到。對他個人而言，如能把全校圖書館制度裡「品位」最高和薪金最好的我打倒，他的「虎威」便可立刻樹立起來，然後統治整個圖書館就會易如反掌了。但是我對我親自創建和主持幾十年的東亞圖書館，有百分之百的信心。多年來，凡是參觀過或用過匹大東亞圖書館的真正學者，多半都有信來祝賀我的成功；所以我相信，如果那位加克．賽根博士對全美東亞圖書館的情形還有相當知識的話，他調查的結果當不會離題太遠。因此當我得到卡巴利克的通知後，便若無其事的等待耶魯大學那位專家來調查了。不過，在這段期間，我也做了兩件有關的事：第一是選了一些有關創建東亞圖書館和主持其作業的原始文件來複印，以便給那位加克．賽根博士參考。其次是打了一個電話給一位在耶魯大學教書的朋友，請他為我調查一下加克．賽根是何許人也。過了兩天，他的回答來了。他說這位先生做人還算平平，他從來也沒拿過博士學位，對東亞圖書館是不甚了了的。聽了這位朋友的消息後，我深感卡巴利克這個小政客要害人是不會成功的，只是徒然浪費學校的金錢而已。

為了十二月五日整天作調查，加克．賽根先生在十二月四日便到了校園，住進假期旅館（Holiday Inn）。第二天早晨卡巴利克把他帶到我辦公室。按照印製的項目，他同我有一個小時的會談，然後有一個小時領他參觀整個東亞圖書館和各部門的實際工作情形。其餘兩個小時是同其他職員談話。午後的幾個小時則是與東亞研究中心教授們和有關行政人員會談。就我而言，等於給他上了一個小時的課。如果卡巴利克稍有智慧，早就應該向我請教一個小時，大概他也就不會多此一舉，亂花學校的錢了。當加克．賽根離開我辦公室時，我便給他一些早已準備好了的有關東亞圖書館的創建、發展和實際作業資料。這應該是他意外的收穫。

像這樣一天的調查，如果調查者真是專家的話，應該在調查後一兩週內就可把調查報告送回來。可惜，他不但不是專家，連專業調查的程序也弄不清楚。為什麼呢？因為專業調查不但要及時完成專業報告，而且報告必須是權威而獨立的專業意見，現在我們來看這位加克．賽根先生是怎樣處理他的調查報告。

由於加克．賽根先生不是真正的東亞圖書館專業專家，他把自己同卡巴利克的關係變成了僱主與顧客的關係，因而他的調查報告要迎合僱主了。他把報告拖延了四個多月後，才於一九九一年四月中完成初稿，隨即寄了一份給卡巴利克看看可不可以，如果不可以，還請他提出建議和改正。他似乎不知道他已違反了專業調查報告的第一個原則——獨立的專業權威意見。無巧不成書，正當我等了四個多月，尚未見調查報告，便打電話問卡巴利克是否已收到調查報告。他似乎很得意的回答說：他剛收到賽根「博士」的報告初稿，待他把建議寫好後，便即刻給他寄回去。我一聽，直覺得豈有此理，為什麼專業調查報告會讓當事人之一隨便去作建議呢？於是我馬上向他發問幾個專業上的問題，當然都不會得到合理的答覆。放下電話後，我便立刻寫了一個備忘錄給卡巴利克：

這是我與你對於有關東亞圖書館專業調查的一些談話。當我打電話問你是否已收到你在一九九〇年十二月五日請來調查東亞圖書館的賽根「博士」的報告，你答覆說，剛收到他的報告草稿，並提出一些建議，連草稿一併送回給他。於是我問可否將草稿複印一份給我，你說不可以，但是你答應給我一份最後的報告。對此我立刻向你提出以下幾點評論：（1）在你尚未詢問和了解東亞圖書館所有的事實和情況前，進行這種專業調查是沒有必要的。（2）為什麼一天的專業調查需要四個多月的時間來寫專業報告？（3）專業調查報告應該是調查者基於專業的獨立意見和權威判斷，不然就失去專業調查的原意了。（4）這次的調查顯然是一種政治事件而非專業行為。

對於最後一點，你立刻回答說：「一切事情都是政治。」

「我完全不同意你的說法，而且不知道目前的圖書館行政，將會政治化到什麼程度。我最後對你說。」

當時我將我與卡巴利克在電話上的談話寫成備忘錄送給他，主要是為未來的爭端作準備。因為在美國，人與人之間的爭執或衝突，都必須要有證據來保護自己的。

過了一個月，賽根「博士」的最後報告到了。卡巴利克給了我一份，我一口氣把它看完之後，不但為賽根深感遺憾，也為圖書館專業蒙羞而遺憾。為什麼呢？因為他來東亞圖書館看我時，我把有關該館各方面的原始文獻都給了他一份，而且解答了他提出的每一個問題。但從他的報告看來，他好像根本沒有看那些資料，要不然，他就是別有用心。比如說，他首先找幾個藏書數量相似，創造歷史相近的一些東亞圖書館（如 Indiana University, Kansas University, Ohio University, etc）來同匹茲堡大學的東亞圖書館比較，他獲得的結果是：（1）匹大東亞圖書館的人員和經費都比其他東亞圖書館多。（2）匹大東亞圖書館的日文書比其他一、兩個東亞圖書館少。（3）匹大東亞圖書館未編書目的書比較多。基於這幾點，他便建議：第一，匹大的東亞圖書館沒有必要再增加工作人員和經費。第二，在圖書採購方面應多花錢買日文書，從而使日文書的數量慢慢與中文書相等。第三，在服務方面，他認為還得採取更有效的方法，使教授和研究生在研究方面能得到更多的幫助（但他沒有提到什麼有效的方法）。第四，日文圖書女館員應該免去編書的責任，而集中精力去採購日文書刊和做更多公共服務方面的工作（他並沒有說為什麼）。

賽根「博士」的報告不但與圖書館專業有很大的距離，有些建議非常明顯是卡巴利克要他寫的。為了匹大東亞圖書館的利益和圖書館專業的尊嚴，我立刻寫了一篇題名〈對賽根「博士」的匹大東亞圖書館調查報告的回應〉（Response to Dr. Jack A. Siggins Report of the East Asian Library, University of Pittsburgh），把他不合圖書館專業的事實一一舉出來，並對他毫無根據的建議予以嚴厲的批評。寫完之後，馬上送了一份給卡巴利克，同時也送了一份給當時任中國研究委員會（Committee on Chinese Studies）主席的諾斯基（Thomas Rawski）教授。他不但是匹大三十多位亞洲研究教授中最富盛名的一個，同時他也是使用東亞圖書館最勤的一個。他看完之後，大概也很火，第二天便送給卡巴利克一封很嚴重的警告信。他一開始就警告他不要把賽根的報告分發給亞洲研究的教授，接著他提出對該報告的意見如下：

第一，我和我的同事們都認為我們的東亞圖書館，是我們研究中心最有價值的資產。郭成棠博士和他的職員，創造了一個為研究中國的教授和學生提供最有效的服務的優良傳統。我自己曾在北美各重要東亞圖書館（包括哥倫比亞、康乃爾、國會圖書館、胡佛、密西根、華盛頓等）作過研究，我可以坦白的說，以每塊錢應發生的價值而論，我們的東亞圖書館是全美最有效的一個。

第二，在討論任何圖書館的藏書數量、預算和職員時，必須考慮到學校的研究節目和圖書館使用者的要求，賽根先生把匹大東亞圖書館與哈利宋拉、伊利諾、印第安那、堪薩斯、俄亥俄、威斯康辛諸大學相比較，他卻忘了這些學校的東亞研究節目，和對東亞圖書館使用的繁重量是無法與匹大相比的。諾斯基教授為了印證這一點，還附上一份在匹大使用東亞圖書館的研究院學生名單。

第三，他和他的同事（包括研究日本的同事）都堅決反對賽根的建議，把東亞圖書館的買書費多花在日文書上。這樣做一定讓匹大的東亞研究中心分裂。所以他對卡巴利克說：我以最堅決的語言告訴你，你必須維持中、日文平分預算的政策。他說他也是經常用日文書刊的，要加強日文書刊的方法，還是以獲得外捐為上策。

至於圖書館職員的調動，他以我的意見為首。

大概卡巴利克看過諾斯基教授這封信和我的評論後，已知他利用職權隨便玩弄低級政治全部失敗了，賽根調查東亞圖書館的報告胎死腹中，在圖書館內外他也裝作若無其事，其目的自然是「不了了之」。

我曾經考慮把卡巴利克就任代館長一年來，對東亞圖書館的「胡作非為」向全校及全美圖書館界公布，但又不願因此而影響匹大的聲譽，最後還是決定容忍了事。殊不知過了一個月光景，他竟背著我，偷偷地將東亞圖書館一個日本女職員的年薪加了一萬元。他的理由是矢口小姐曾獲愛荷華大學（Iowa University）的聘請，而本校研究日本的教授都希望留住她。即使這個理由是正確的，但他在行政程序上也完全錯誤。我得到通知後，便立刻寫信質問他，而且也把信的複本給了當時的教務長（他的後台）漢德生先生。質問的理由有以下幾點：

（1）全美國圖書館行政當局，對於館員在外面得到較好工作的提供，一般都得等待和觀察那位館員是否對那個工作有興趣。假如他（她）有興趣去接受，這時行政當局才決定是否要挽留他（她）。你是否同意這個例行的程序？如果你不同意，為什麼？

（2）當你向矢口小姐提出保留她的合約時，為什麼不讓我參與？你完全違反圖書館行政的組織系統。況且，矢口小姐曾於一九九一年六月二十四日親自告訴我，她不會去愛荷華大學的，原因有二：首先是那兒購書費用太少，其次是那兒不像匹大給教職員獎學金。

（3）你給一個職員加這樣高的薪金，是否有意造成其餘職員的士氣低落？

卡巴利克接到這封信後，他大概再也不敢隨便亂說，所以十天之後，他才回我的信。他在信中的措詞甚為委婉，但他一開始便以模稜兩可和半真半假的方式說，矢口小姐告訴他她可能接受愛荷華大學的聘請，薪金相當好，而且還有教員的名義。同時他了解我沒有意思不要她，日本研究的教授也希望把她留下，因此他便設法把她留下來了。

接著，他便毫無邏輯地胡說一通，他說他與矢口小姐講好留她下來的條件後，第二天她便離匹大回日本度假去了。不久，他便同我談起他留矢口小姐在匹大的事，他更裝模作樣的說，他當時應該對我說得更詳細些（事實上他根本沒有向我提及此事）。後來矢口小姐從日本回匹大後來看我，我便督促她向我報告留她下來的事。

大概他自己也知道，他的謊話是無法遮掩他的劣跡的，最後他只好承認：「現在回想起來，郭先生，我當時實在不應該牽涉到這件事。我應該指示矢口小姐直接來同你討論。我想任何人對生活上的每件事都是要學習的，而我現在學到了圖書館行政的組織和程序。我真抱歉，我的學習需要你來付出代價。」

卡巴利克不打自招，他被漢德生先生扶他上去做了一年多的匹大圖書館總館的代館長，才讓我付出代價而學會了圖書館行政的組織和程序。其實，還有更重要的事情，他仍然不願坦白的承認他勾結矢口小姐以討好日本專家們，作為將來他做真正館長的資本。但是，他玩了一年的低級政治，對他自己不但沒有好處，而且危機四伏，尤其對東亞圖書館和我。畢竟他還沒有完全喪盡天良，終於承認他當時選錯了對象，所以他便於一九九一年九月九日寫了一封題名「道歉」（Apology）的信給我。

他一開頭便說：「我曾好好地想過，過去一年來我們之間的相互影響，造成我們私人間業務關係的嚴重損傷。你應該知道，我只譴責一個人，那人便是我自己。去年，做了一個很不妥當的決定，這是基於當時我認為你需要我的幫助來解決一個非常困難的人事問題。現在對我而言，你顯然不需要任何幫助，而你唯一需要的是圖書館行政上的支持……我現在看得出來，你當時一定認為我所表現的只不過是愚蠢和傲慢。」

East Asian Library
UNIVERSITY OF PITTSBURGH
PITTSBURGH, PENNSYLVANIA [illegible]

September 3, 1968

Dr. Charles H. Peake, Provost
Office of the Provost
130 Cathedral of Learning

Dear Dr. Peake:

I was delighted to receive your encouraging letter dated August 21, 1968 in which you showed your special concern about the problems in the development of the East Asian Library. As a professional librarian in charge of this particular library, I would like to extend to you the profound gratitude of the staff of the East Asian Library. At the same time, I would like to clarify the statements in my report which did not agree with the information which was available to you.

First of all, it is true that the University Library allocated only 13,500 to the East Asian Library despite the expenditures of the East Asian Library totalled over $15,500 last fiscal year. As a professional librarian, I understand that allocation is a given book fund allotted to a particular library or department of a library as a budgetary limitation for acquisition in a given fiscal year, and the librarian of that particular library or department would fulfill his duty through his special skills to build up the collection systematically within the allocated amount. During the past few years, since our book fund allocations have been so small, we must use it for acquiring the basic tools and fundamental works in the fields we intend to cover. The special requests of the faculty members in various departments were financed by the respective departments' book funds. For example, in the past fiscal year, the History Department paid about $7,000 for Professor [illegible]'s special requests and $2,000 for Professor [illegible]'s. The Department of Sociology financed Professor Yang's purchase totalling some $900, . . . etc. All these expenditures were not allocated to the East Asian Library, and we must not expect to build up or expand the collection of the East Asian Library through special and temporary requests for certain materials. In those cases, our task was to serve the faculty members by acquiring and processing for them the materials they needed. Furthermore, the special requests do not come every fiscal year. Mr. Fedel, whom I respect as a good administrator, seemed to have mis-

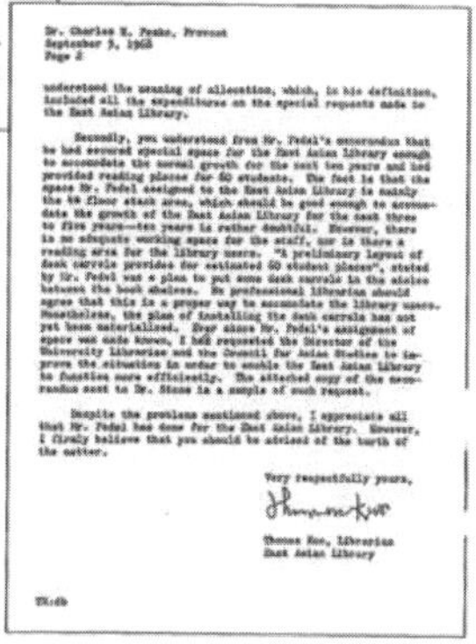

Dr. Charles H. Peake, Provost
September 3, 1968
Page 2

understood the meaning of allocation, which, in his definition, included all the expenditures on the special requests made to the East Asian Library.

Secondly, you understood from Mr. Fedel's memorandum that he had secured special space for the East Asian Library enough to accomodate the normal growth for the next ten years and had provided reading places for 60 students. The fact is that the space Mr. Fedel assigned to the East Asian Library is mainly the 4th floor stack area, which should be good enough to accomodate the growth of the East Asian Library for the next three to five years—ten years is rather doubtful. However, there is no adequate working space for the staff, nor is there a reading area for the library users. "A preliminary layout of desk carrels provides for estimated 60 student places", stated by Mr. Fedel was a plan to put some desk carrels in the aisles between the book shelves. No professional librarian should agree that this is a proper way to accomodate the library users. Nonetheless, the plan of installing the desk carrels has not yet been materialized. Ever since Mr. Fedel's assignment of space was made known, I had requested the Director of the University Libraries and the Council for Asian Studies to improve the situation in order to enable the East Asian Library to function more efficiently. The attached copy of the memorandum sent to Dr. Stone is a sample of such request.

Despite the problems mentioned above, I appreciate all that Mr. Fedel has done for the East Asian Library. However, I firmly believe that you should be advised of the truth of the matter.

Very respectfully yours,

Thomas Kuo, Librarian
East Asian Library

TK:db

作者給教務長皮克教授的原信。

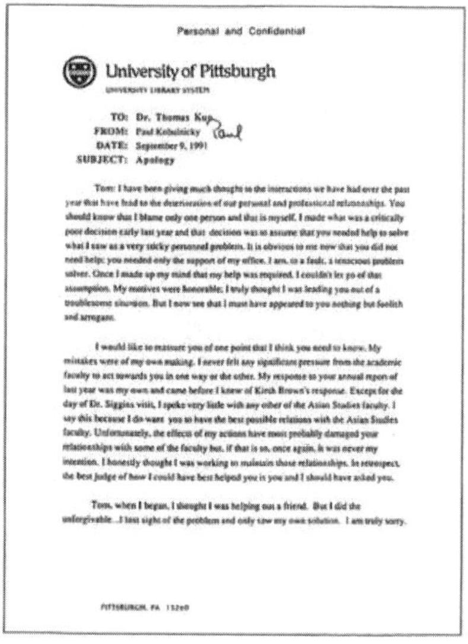

Personal and Confidential

University of Pittsburgh
UNIVERSITY LIBRARY SYSTEM

TO: Dr. Thomas Kuo
FROM: Paul Kobulnicky Paul
DATE: September 9, 1991
SUBJECT: Apology

Tom: I have been giving much thought to the interactions we have had over the past year that have lead to the deterioration of our personal and professional relationships. You should know that I blame only one person and that is myself. I made what was a critically poor decision early last year and that decision was to assume that you needed help to solve what I saw as a very sticky personnel problem. It is obvious to me now that you did not need help; you needed only the support of my office. I am, to a fault, a tenacious problem solver. Once I made up my mind that my help was required, I couldn't let go of that assumption. My motives were honorable; I truly thought I was leading you out of a troublesome situation. But I now see that I must have appeared to you nothing but foolish and arrogant.

I would like to reassure you of one point that I think you need to know. My mistakes were of my own making. I never felt any significant pressure from the academic faculty to act towards you in one way or the other. My response to your annual report of last year was my own and came before I knew of Keith Brown's response. Except for the day of Dr. Siggins visit, I spoke very little with any other of the Asian Studies faculty. I say this because I do want you to have the best possible relations with the Asian Studies faculty. Unfortunately, the effects of my actions have most probably damaged your relationships with some of the faculty but, if that is so, once again, it was never my intention. I honestly thought I was working to maintain those relationships. In retrospect, the best judge of how I could have best helped you is you and I should have asked you.

Tom, when I began, I thought I was helping out a friend. But I did the unforgivable...I lost sight of the problem and only saw my own solution. I am truly sorry.

PITTSBURGH, PA 15260

卡巴利克正式向作者道歉的原信。

然後他又東拉西扯的企圖掩飾其所作所為，只是愈掩飾愈顯示其低能而已。

他在結尾時說：「去年一開始，我自認為是在幫助一個朋友，但是我所做的事是不可原諒的……我沒有真正看到問題，只看到自己的處理辦法，我真是抱歉極了。」

看完這封信後，我既詫異又感慨。詫異的是像卡巴利克這樣一個不學無術而又跋扈飛揚搞低級政治的人，終於肯向人正式道歉了，無論他的誠意如何，總算向人承認了自己的錯誤。這是需要勇氣的。大概這就是民主社會的好處之一吧。感慨的是美國社會的政治傾軋、勾心鬥角的問題也實在太多了。我三十多年來在一個規模龐大的大學教書和負點小小政治責任，卻一直受到政治問題的困擾。當然以卡巴利克的問題為最麻煩，付出的精力也最多。幸好最後的勝利是一清二楚、眾目昭彰的。但時不我與，為什麼呢？且看下文分解。

（五）退休和感言

在美國大學服務的人，最大的好處是工作穩定和沒有太大的政治影響。只要拿到「任期享有權」（Tenure），便可一直教書教到六十五歲。一九九三年的新法律規定：大學教授就沒有退休時間的限制。換句話說，持有「任期享有權」的教授教到八十歲，也沒有誰可以決定他或她該退休了。我的情形更是如此，我不但是有「任期享有權」的教授，而且在大學校園的政治上也「鍍了金」，因為像卡巴利克這種最低級的小政客也向我寫了正式道歉信，可以說再也不會有人對我玩政治了。為什麼我決定要在一九九四年退休呢？主要是基於以下的因素：

第一，我是一九五四年獲得台灣省政府優秀教員出國深造獎學金到美國讀書一年的。一年之後，如要繼續念學位，就得自立更生了。我是主修歷史的，終於念到三個不同科目的碩士學位和一個博士學位，身心付出的代價是可以想像的。好在承天之賜，身心都極為健康。我雖然出生在中國的軍閥割據時代，成長在日本侵略的殘暴屠殺和國共的內戰中，還在美國一個大學就業之後，便立志要為中國文化建立一個根據地，於是拚命地為我親手創建的東亞圖書館而艱苦奮鬥，再加上為了爭取「任期享有權」的教授席位，更晝夜不分地做研究工作和繼續發表著作。結果我所主持的東亞圖書館，已在北美六十多個大學的東亞圖書館中進入前十五名之一了。我所發表過的目錄學著作和專著已達十本，論文多篇，但是健康情況卻不大好。當我於一九九一年秋作例行的體格檢查時，發現已患上了前列腺癌（Prostate Cancer）。我在內子的督促下，決定立刻開刀割除。由於開刀的醫生是有名的專家，開刀後兩個多月便回學校上班去了。起初一切都很正常，和開刀前的健康幾乎沒有區別，但是過了幾個月之後，我便感到精神大不如前。每天上班之後，便沒精神繼續作研究和寫作了。這對我而言，實在是一種很大的威脅，因為我還有些寫作的計畫希望在有生之年完成。所以經過一段時間的醞釀，於一九九三年年底向妻子，我計畫一九九四年退休了。除了健康問題之外，還有以下的另一個理由，我的妻子完全贊成，我的計畫便逐漸成了事實。

第二，我所以決定在一九九四年退休，還有一個非常現實的原因，那便是不願意錯過學校當局幾年前推行的教授早期退休優待計畫（Faculty Early Retirement Incentive Plan）。由於近年來聯邦法律對於大學教授退休沒有時間限制（以前限制六十五歲必須退休），大學教授可能教到七、八十歲。對學校而言，無疑是增加了經濟的負擔，因為在大學教書的人到了六十歲以上，都應該是正教授了。

換句話說，這些人的薪金也應該是最高的了。法律對他們沒有時間限制，學校的負擔當然就大多了。匹大行政當局在幾年前便訂出了教授早期退休優待計畫，任何教授到了六十二歲便可退休，學校則可按照他（她）服務的年歲給予適當的補助。事實上，任何人服務三十年以上，均可繼續領一半的薪金和享有醫藥等福利，所以自從這個計畫實施以來，陸續退休的教授遠比學校估計的多。唯恐失去太多的正教授，便決定停辦這個計畫，最後的限期便是一九九四年，這便是我決定在一九九四年退休的另一個原因。

我正式向學校圖書館和亞洲研究中心提出退休時，不但與我共事多年的一些同事深感詫異，連那個曾經想利用低級政治手法來謀害我，後來又正式向我道歉的卡巴利克也覺得奇怪。他根本無法了解一個為理想而光明磊落的人，也會為理想而光明磊落的退休。恐怕為我退休而真正感到黯然的，應該是一些曾與我共事多年，從事中國研究的同事們。他們或多或少都曾得到我的協助，特別是在尋找研究資料方面。我宣布退休後，學校的亞洲研究中心和圖書館行政當局，都特別為我設晚宴和慶祝會，參加的教授們和圖書館專業人員都極為踴躍。

最後，我願意簡單的提到一些深刻的感觸。回憶在匹茲堡大學三十多年的經歷，真像打仗一樣，的確是步步為營地奮進和努力。在匹大那三十三年，真是晝夜不分，全力以赴。我平均每天睡眠不足六小時，可是那六個小時真的在睡覺，所以我的妻子曾在朋友間開我的玩笑說：「他一上床直到鬧鐘把他叫醒為止，睡起來真像一頭豬一樣，是不會醒的。」怎麼會醒呢？我一天除八小時辦公外，至少再花上六小時研究或寫作。不然，怎麼會有以下的成果：（1）為匹茲堡大學從無中生有，創建了一個近二十萬冊書的東亞圖書館。（2）從拉特格爾大學的圖書資訊學院畢業後，來到匹茲堡大學，又添了一個碩士學位和一個博士學位。（3）在匹大這段時間，曾出版中英文目錄學著作五種，學術專著四種和論文多篇。（4）曾參與一些全國性的學術團體，並被選為負責人，比如我曾被選為北美的東亞圖書館委員會（其後改為Council on East Asian Libraries）之委員和主席（一九七三—一九七六）。我也曾被選為「北美二十世紀中國文學會」（Twenty Centry Historical Society of Chinese in North America）的主席一年。總之，我在全國四十多個主要大學之一的匹茲堡大學艱苦奮鬥三十多年，最後總算為學術界承認應有的學術地位，同時學校當局及同仁們更公認我為「對學校極有貢獻的優秀學者」。

眾所周知，二十世紀的後半期，中國學人在美國有貢獻的不計其數，尤其在科技方面。但是我所做的都是與文法科有關的東西，而這些在資本主義的社會裡，算是比較冷門的主題。那麼為什麼還把它作為回憶錄的主題？我決定這樣做，是基於以下的因素：（1）盡量地把傳統中國文化的優秀因素積極地擴散，因為近年來許多事實已證明，那些優良因素對人類是有好處的。（2）我以一介寒士，終能自食其力地在美國完成最高學位，進而披荊斬棘的去創建一個永恆性的文化機構，同時參與美國社會的激烈競爭，從而勝利地完成在學術界和專業界應有的地位。我個人奮鬥的歷程和經驗，相信對許多在不幸中艱苦奮進的中國青年不無「他山之石」的作用。

——這一章採用作者所著《學府鏖戰錄》全部內容，香港：現代教育社出版，一九九八年

作者參加台灣召開的「邁向廿一世紀的國家圖書館」國際會議。

作者與朋友吳文津（中）、萬惟英（左）入會場時留影。

作者（左）簽名時留影。

作者（右二）開會時的照片。

作者（左）與曾濟群（右）和夏道泰夫婦合照。

第八章

回國訪問和講學的觀察和感受

從一九六一年到一九九四年，我都在匹茲堡大學度過的；這三十三年是我人生中最能艱苦工作，也最富創造性的年代。在專業上從無到有的爲匹茲堡大學創建了一個近二十萬冊書的東亞圖書館（其中百分之八十皆爲中文書刊），完成了個人爲傳承中國文化盡一部分的責任；在學術上不但完成了三個碩士學位和一個博士學位，更進而出版了九本中文和英文的專著（包括專業性的和純學術性的），和十多篇學術論文。在私人生活上，則建立了一個相當美滿的家庭，教養了三個聰慧多姿的女兒。更因筆者的三訪中國大陸，直接和間接的做了一些促進中美文化交流的工作；也間接的鼓勵了曾被鬥爭清算過的老家親人。前一章（第七章）曾將我在匹茲堡大學三十三年中致力於專業和學術的實況，特別是連鎖到學校的行政和研究項目上都曾有了適當的敘述。在這一章，則將記錄訪問中國大陸的一些實際觀察和感受。

一、一九七五年的回國訪問

（一）決定訪問的因素

如一般人所了解的，一九七五年的中國大陸，千千萬萬的「紅衛兵」仍在毛澤東的指揮下，橫掃中國社會，世人都還在瞠目以觀之際，為什麼我要在這時去訪問中國大陸呢？前一章第三節曾有一些說明，主要是我主持的東亞圖書館已發展到了相當的規模，需要與東亞的一些主要圖書館建立起交換關係；同時匹茲堡大學的東亞研究項目也大大的擴展，需要一些特殊的資料。再加上自一九七三年尼克森總統的中國之行後，中美關係已有了新的突破，文化交流將為兩國建交之先驅。一九七四年七月，中國圖書館代表團來美國訪問，正巧我這時是全美「東亞圖書館委員會」的主席，因此美國國會圖書館便邀請我為他們在華盛頓歡迎「中國圖書館訪問團」的晚宴主持人。結果，算是與中國圖書館界的領導人物有了一面之交。

匹茲堡大學東亞研究的一位同事，也是我的好友朵銳爾教授知道此事後，便建議我趁此機會訪問中國，以便購買需要的書刊和建立交換關係。我認為他的建議與自己的想法吻合，便採納了他的建議。

現在也得簡單談一談當時訪問中國大陸的私人因素。我於抗戰勝利後第二年（一九四六年）告別了住在四川瀘州的家人，隨國立中央大學從重慶復員到南京。一年之後，國共的內戰便正式打開了，於是社會開始紊亂，經濟也逐漸崩潰，全國人心也開始亂起來了。迄一九四八年底，南京到四川的交通便中斷了，從此我再也沒有機會回瀘州了。

事實上，自共軍占領北京後，國民政府便繼續由南京遷往廣州。就在這時，一位愛國的銀行家由北京到了上海，邀請幾位大學（包括中央大學、北京大學、清華大學和四川大學）剛畢業的年輕人到上海，計畫創辦一個主張自由與和平的刊物，以圖喚起國人摒棄內戰，從而共同來建設一個主張進步的新中國，我同我在中央大學的好友陳維琯都被邀請了。殊不知局勢變得太快，不久便是徐蚌會戰。我們要辦的刊物還沒有起步呢，就得逃亡了。不過，總算承天之賜，我同另外三位好友，經過許多困難後，終於流亡到了台灣。

在台灣住定後，便了解台灣和大陸已不通郵了，所以只好將家信寄到香港友人處轉寄。可是始終沒有得到家人的回信。慢慢地才了解到：大陸上的中國人是不敢同大陸外的親友通信的，從此也就不敢寫信回家了，以免給他們帶來不必要的麻煩。但是思家的痛苦，絕非語言能表達於萬一的。

我到了美國讀書之後，最初還希望中共建國之後，能實踐他們的諾言，把中國建立成為一個平等均富的現代化國家。事實上，毛澤東領導的中國共產黨進入北京建立政權之初，擺出了一副要把中國搞好的樣子。殊不知幾年之後，便開始一連串的鬥爭清算運動：如三反、五反、反右派、大躍進，一直到文化大革命。二十年間便將全國所有的所謂豪門、土豪劣紳，以及知識分子都以各式各樣的惡名把他（她）們打倒了。我深信自己在四川瀘州的家人都不屬於被打倒之列；且已三十年的隔離，實在希望有機會看看他（她）們，尤其年邁的慈母。所以一九七五年在工作崗位上呈現了一個訪問中國大陸的機會，內心便很自然地接受了。

（二）訪問的過程和實際經驗

一九七五年，中國大陸和美國還沒有正式外交關係，辦理去中國的入境證之類的事情，還得到加拿大的首都渥太華（Ottawa）去才行。記得是一九七五年的五月間，我到達中華人民共和國的大使館時，駐在加拿大的大使好像是韓敘先生，他的個兒中等，與一般南方的中國人差不多。他和整個大使館的其他職員一樣，都穿著深灰色的所謂「毛裝」（事實上，就是國民黨時代的中山服，但是由於外國記者不知道，看見毛澤東一直穿著這種衣服，便把它叫作「毛裝」了）。辦理入境證時，曾同韓敘先生寒暄了幾句，然後由一個職員辦理簽證，問了許多問題，最後一個問題是：到了中國，有沒有私事要辦（如探訪親屬之類的事）。我告訴他：唯一的要求是希望回四川瀘州看看家人。沒想到這個要求他們做到一部分。但是他們的做法絕不是我能想到的，這容後再述。

經過多年來對中國大陸的觀察和了解，訪問時行李必須簡單。西裝只帶兩套，準備去香港和日本時用。到了中國大陸就只穿白襯衫和灰色的布褲了。在中國時，再買一件灰色中山服的上裝，以備某種場合用，只要看起來與一般人一樣就行了。不過，現鈔得稍微準備多一點，以便到了中國後把它們換成人民幣，後來證明這些想法完全正確。

在簽證時，中國大使館的職員要求行程決定後，必須及早告訴他們，入境北京後的旅程則全由他們安排。我對該職員的這種說法還不能完全了解。後來便將從美國到北京的時間及飛機班次，和在中國訪問多久的計畫都告訴了他們。

我於一九七五年八月十九日由匹茲堡動身，經過好幾站，然後到香港，再由香港直飛北京。這時的北京飛機場真是破舊極了。下機之後，一眼望到的便是引人注目的大標語：「深挖洞、廣蓄糧、不稱霸！」據說這是毛主席親自提出的口號。接著便是一位不認識的先生（已記不得他的姓名了）來接機。他很客氣，滿面笑容，還有一位司機和一部「紅旗」牌的轎車在那兒等著。待行李從飛機上搬下來後，他們兩人便代我將行李搬到轎車內，直送我到華僑飯店。後來才知道，當時的中國大陸還沒有任何現代化的飯店，大都市如北京、南京、上海、廣州等能夠招待海外中國人的都只有「華僑飯店」。雖然這些華僑飯店比較陳舊一點，但在國內的人看起來，已非常特殊了，因為有許多東西如洋煙、洋酒、電視機等，在外面都沒有賣的，唯有在華僑飯店才能買到。一般老百姓是不許進華僑飯店的。這一來，我這種訪客就成了特殊階級。

在華僑飯店住下之後，接機那位先生才告訴我在大陸訪問的行程已代為決定了，換句話說，我到達每個代為決定的城市後，全由接待員領導參觀；我在中國大陸參觀的任何事物，都由中國政府決定，而且參觀時全由指定的招待者領導。在北京時，招待者除帶我訪問北京圖書館、科學院圖書、北京大學和清華大學圖書館外，他也帶我去參觀了一些古蹟和風景區，如皇城、北海、天壇等。此外，他也帶我去參觀了一些「民間」組織如工會和農會的小組開會時的討論情形。至於我要求回四川瀘州看望家人的事，招待的那位先生說：去瀘州無法安排，不過隔幾天將會有家人來看望你。到了這時，我才徹底的了解，當時訪問中國大陸，是全由當局控制安排的。那麼，既來之，則安之了。

華僑飯店雖然不是現代化的旅館，不過還算舒適。住在那兒的客人，每天三餐也在那裡用。我住了兩天之後，遇上了一位匹茲堡大學的同事，他是在工學院教書的，他去幹什麼，我一直不知道，也沒有問過他。有一天他提議我們一同去吃北京燒鴨，他還說他已經打聽好了如何去。我立刻就答應了。我們到達那兒後才發現，讓「外賓」去吃飯的地方，都有一個特別的通道進入「外賓樓」，無法看得見非「外賓樓」的區域。我們吃到的燒鴨實在不高明，比起香港、台灣，甚至於美國的中國館子做的都不如。所以後來就一直在華僑飯店用餐了。

到達北京後的第三天（一九七五年八月二十一日），招待我的那位先生一早就告訴我，當天上午十時左右，我的哥哥和三位弟弟將從四川瀘州和山西太原來看我。因此這一天他就不陪我了，接著他又說，他們將被帶到華僑飯店來看我，但是他們是不能住在華僑飯店或在那兒用餐的，因為他們第二天就得回家。一聽之下，真覺得不是味道。不過，我還是提出了一個問題：我可不可以到火車站去接他們？他說：「可以的，不過你得自己去啊，因為沒有車子。好在從華僑飯店去火車站並不太遠，大概二十多分鐘就行了。」接著他便把去的路線告訴了我。本來，我想問他可否借用他每天接送我的那部車子，但是警覺的本能立刻告訴自己不要找麻煩，也就算了。同時那位先生說聲明天見便離開了。等他離開後，我悶坐一陣，最後想通了：「文化大革命」還沒有過去，一般老百姓是不能同「外賓」混在一起的。

到北京兩天來都有司機開的車子和一位招待的先生決定日程，今天大概可以完全自由行動了，到了午前九點半鐘，便按照接待過我的那位先生指示的路線往火車站走去。沿途沒看見什麼轎車，行人也很稀少，街上並不太清潔。到達火車站時，也很清靜，我在候車室等了半個鐘頭光景，從山西省太原市來的車子到達時，我便到候車處等待，不久，哥哥和弟弟們便在旅客中出現了。記得一九四六年離開家鄉到南京中央大學念書時，大弟和二弟都還是十幾歲的小伙子，三弟還在讀中學。可是，他們現在看起來很蒼老和消瘦；尤其大弟成櫝（號建庸）特別顯得清癯。我們見面時都親切地握住手（但還沒有擁抱的習慣），可是大夥兒都不知道說什麼——除了相互說聲「你好」外。我終於問到母親和玉松姊姊的情形，他們都只說「還好」，就不再說什麼了；連他們如何來到北京（從四川的瀘州市到北京是兩千多哩的路程，以當時的交通情形，他們得乘坐好幾天的汽車和火車才能到達的啊！）的情形，他們都一字不提，我終於意識到：他們都曾經過二十多年的「鬥爭」和「清算」，還能活到今天，思維和意識大概全都被動化了，再加上這次動身前，也應該受過一些特別的教訓，哪裡還有勇氣去想和說什麼呢？！

在離開火車站前，我終於告訴他們：「我到達北京後才知道，你們將到北京來與我聚會的，可是招待我的那位先生說，你們可以到華僑飯店看我，可是不能在那兒住和用餐。他還說你們明天就得回去。那麼你們今天晚上住在哪兒呢？」

哥哥和弟弟們相互地看望了一陣後，大弟才說：「我們是有住處的。」然後就什麼也不說了。於是我只好請他們到華僑飯店坐坐再說了。在步行到華僑飯店的途中，我決定先談談自己的事，也許他們會感到輕鬆些。我告訴他們，我從南京中央大學畢業後，便到台灣教書去了（至於如何從上海逃難流亡的事就沒有提了，以免增加他們心靈的負擔）。後來因為得到獎學金到美國讀研究院，讀完博士學位後，便被匹茲堡大學請去教書和辦圖書館。他們專注的聽完後，只有小弟問了問家庭的情形，我便趁此機會對他們說：

「謝謝上蒼（我相信這是他們能了解的神靈），我有一個很好的家庭。我的太太姓李，名苑蘭，香港人，她出生在一個很好的家庭，她的父親曾是一個銀行的董事長，所以她從小就受到很好的教育，她在香港高中畢業後，便到加拿大讀大學，畢業後，再到美國讀研究院。我們是在這時開始認識的。她很聰明，做人也很好，所以她讀完碩士學位後，我們就結婚了。現在我們有三個女兒，都很可愛，她們的年齡是六歲、八歲和十二歲。全在小學讀書。」談到這時，我們已經到達華僑飯店了。我便請他們到華僑飯店的大客廳坐坐。

這時我還是忍不住再問問他們我最關懷的母親和姊姊的近況。他們似乎僅能說：「很好！很好！……」最後還是大弟補了一句：「不過，大姊常有咳嗽病。」然後就再也不說什麼了。

在華僑飯店坐了一會兒，便是中午十二點，我立刻想到他們已經飢餓了，便提議找個地方吃午飯去。殊不知小弟成杞便站起來說，他大概可以找到吃飯的地方，因為他曾經在北京住過。於是大夥兒便隨著他往街上走，走了幾條街，便到了一家飯館（叫什麼名字也記不得了），走近飯館的門口，盤碗和嘈雜的人聲不絕於耳。等到進入店門，遍地都是雜物，有些人坐著吃飯，有些人站著吃飯，人來人往，加上各種聲音，真是雜亂極了，我立刻感到頭暈眼脹，真想回頭就走。可是哥哥和弟弟們似已司空見慣，大弟和小弟立刻走進去找到一張客人剛離開的空桌子。他們中一人站在那兒守著，另一個便去找椅子去了。找到一張椅子之後，他們便把我帶進去先坐下，然後開始去拿飯菜（有什麼就吃什麼，沒有什麼可以叫的），同時也繼續找椅子，後來哥哥也得到一張，弟弟們也像多數客人一樣，站在那兒就吃起來了。好在我也是穿的「毛裝」，沒有人看得出來是個「不遠千里而來」的外賓，但是內心確有無盡的感慨！怪不得當局要盡量的把「外賓」與社會群眾隔離開。

用過午餐之後，還不到三點鐘，我本想同他們一齊到什麼名勝地方去玩玩，但據小弟說，到任何名勝地方都很遠，沒有車子是很難走到的，本想找輛計程車也找不到。他們晚上住什麼地方也不知道，看樣子，當局是有意不讓我知道的。沒辦法，最後我還是請他們到華僑飯店的會客室坐坐，想到他們長途旅行了許多天，第二天又得沿途回去，一定疲倦極了，因此決定及早請他們到規定的住處去休息。好在我早已先換了一些人民幣在身上，所以回到華僑飯店的會客室不久，便把身上的人民幣都給了他們，請他們拿去共用。並請他們代我向母親和大姊致最忠誠的敬意，希望不久的將來能有機會親身回家拜望她們。就在這時，我突然從我哥哥帶血絲的眼睛裡看出他病倦極了。所以我立刻決定請他們早點到安排好了的住處去休息，他們也同意了。於是大夥兒都站起來握手道別，我轉身不禁淒然淚下了。分別二十九年後的弟兄們以這樣的方式重逢，情何以堪?!

回到自己的房間，坐下來默默地想著：自一九五〇年後的二十五年間，中國大陸經過三反、五反、反右、大躍進及文化大革命一連串慘絕人寰的毛氏政治運動，鬥死和餓死的國人總數在兩千萬左右，我還能在北京會見自己的哥哥和弟弟們，這不是天主的恩賜是什麼?!自己又不覺感恩的微笑起來了。

次晨的八點多鐘，招待我的那位先生又帶著一個司機和紅旗牌的車子來了。他說今天是去參觀國立北京圖書館，我們必須九點半到達那兒，因為該館館長那時會在那兒等著的。我告訴他，我已經準備好，隨時都可以動身。

我們到達國立北京圖書館時，給人的第一個印象是：這座深綠色的建築物看起來很黯淡，好像年齡已不小了，可能還是袁同禮先生做館長時的建築。剛一進門，劉季平館長已帶著幾個職員在那兒等著了。彼此易地重逢，尚覺親切。他自己簡單地把圖書館作了些介紹之後，便抱歉地告辭而去參加另一個會議去了，然後由另外一位先生帶我參觀各部門。「走馬觀花」，我希望看到的刻版珍品，據說還沒有開禁。事實上燈光就有問題，電燈泡上僅閃著幾根紅線，哪兒會有看書需要的燈光呢?這證明當時中國大陸的物質條件實在差極了。說老實話，我在北京圖書館走了一趟，就沒有見過做研究的人。好在我向劉季平先生提出互相交換書刊的事，他們倒很熱心的答應了。後來我回到學校後，曾將總圖書館用做交換的一些英文書刊寄給北京圖書館，後來匹大的東亞圖書館也換到一些他們寄來的中文書刊。可惜都是一些非常學術性的東西，因而這種交換也就很難維持下去了。

以後幾天，我在北京繼續參觀了科學院圖書館、北京大學圖書館和清華大學圖書館。這幾個圖書館和國立北京圖書館一樣，都還說不上現代化，物質條件也一樣的差，不過科學院圖書館館長冬曾功先生帶我看了比較多的西方現代科技書籍，尤其有關俄文的科技書籍，可惜，我不識俄文，無法欣賞。北京大學圖書館是唯一的新建築物，同時該館的職員也開始從事於現代圖書館的分類編目工作，大概是因為當時在北京大學教圖書館學的陳鴻順教授是中共建政前在紐約哥倫比亞大學圖書館系畢業的。陳鴻順先生也是我一九七四年七月在華盛頓歡迎中國圖書館訪問團人員中最能談得來的一個；而且後來更由於他的關係，我同中學時代的好友也聯繫起來了。

北京的重要圖書館參觀完了之後，有一天招待我的那位先生便帶我到離北京約十餘里外的郊區去參觀一個農業示範區的「人民公社」，其間還有一個比較簡單的暖室設備。由公社的一位負責人解說一切，事實上他在宣揚他們研作了多少農作物，獲得了多少優良的品種，增加了多少收穫等。從他講話的內容而言，他受的教育是非常有限的。他所提到的增產數目字很難令人相信。很顯然的，他是毛澤東領導的禍國殃民的大躍進的「人民公社」的典型幹部。

在北京的最後兩天，招待我的那位先生帶我參觀了一些名勝區，如明陵、天壇、北海大理石舫和長城等。可是這時的遊人卻少極了，有些地方，除導遊外，就只有我自己。在遊長城時，還有一些遊客，最多也不會超過二十人。上長城起點的周圍也沒有任何商業性的建築物。

離開北京到南京時，乘的是一架舊式的蘇聯小飛機，只能載十幾名乘客，真是非常小，坐在裡面動也不能動；而且上面什麼也沒有，空氣尤其糟，不舒服極了，實在無法與美國的飛機相比較。到達南京後，真像解放了一樣。南京的華僑飯店比起北京的華僑飯店就稍微差一點了。

在南京招待我的那位先生也很客氣。大概是由於中國圖書館訪問團到美國訪問時沒有南京的代表，所以我到南京時並沒有安排訪問圖書館的節目。好在我只住兩天，招待我的那位先生第一天帶我「走馬觀花」，將南京看了一遍，恐怕最重要的，是觀看橫跨長江的南京大橋，因為它是中國共產黨建政後建築的。第二天便帶我去遊中山陵、玄武湖和雞鳴寺等。其實，這些地方我當年在南京國立中央大學讀書時，已遊過多次了。所不同的，這次遊人不多見了。其實，整個南京城就很冷清。想當年「車水馬龍」的情景，真有隔世之感。

兩天之後，便乘火車到上海去了。一進車站，招待的一位先生便上前來。我當時對這些招待人員真感到有些神奇；為什麼他們一見我便知道是郭成棠呢？我身上又沒有名牌，穿的也是「毛裝」。後來仔細想想，終於想通了：(一)當時進入中國的「外賓」實在少極了；(二)「外賓」即使穿「毛裝」，態度、表情和行為也與當時一般老百姓不一樣；(三)普通「外賓」在旅遊時，手上總有一個小提包之類的東西。所以有經驗的招待人員應該是一看便會知道的。

招待的那位先生送我到華僑飯店後，陪我在會客室稍微聊了會兒，他的主要目的是告訴我在上海三天的節目。我到達上海的時間是午前十點多鐘。他說下午三點半，他將帶我到上海圖書館去參觀一個有關批判「水滸」的學習輔導座談會。第二天上午到上海圖書館去拜訪中國有數的目錄學權威之一的顧廷龍先生，下午則參觀整個上海圖書館。第三天上午到一個鋼鐵工廠去聽一個理論小組批判「水滸」的座談會。午後乘飛機到廣州住一晚，第二天便乘火車到香港，也就結束了這次的中國大陸之旅。這次那位招待的先生特別客氣，把我在上海三天的節目談完之後，問我有什麼意見沒有，我當然說「沒有」。

到上海圖書館參觀批判「水滸」的學習輔導會座談會時，參加的人相當多，至少有一百多人。據說他們都是理論小組的成員。先由一個中年人（後來得知他是圖書館的職員）提出一些批評的要點，主要都集中在宋江身上。目的似乎在把他刻畫成封建、官僚、獨裁和自我意識的典範。接著便是那些理論小組的成員一個一個的站起來，把他們在圖書館看過的東西背一遍。也沒有什麼新的意見。據說每天到圖書館來看「水滸」和批評「水滸」書刊的人多極了，都是為了這個目的。

在上海第五鋼鐵工廠聽理論小組的幾個年輕人對「水滸」進行批判的座談會時，他們批評的要點和在上海圖書館聽的那個座談會一樣，主要都集中在批評宋江。不過，比較起來，這幾個年輕人就差多了，除背書外，他們對於「水滸」這部著作寫作的時代背景和它代表的社會結構都毫無了解，只是充當「文化大革命」末期的政治嘍囉。

我在上海的短短三天中，連參觀整個上海市區的機會都沒有。不過，憑坐車時經過的街道看起來，是非常蕭條的，比起一九四九年初，我同幾個朋友倉皇地離開中國大陸流亡時的上海，卻有天淵之別。幸好在上海時，有機會拜訪久仰的顧廷龍先生，同他暢談了近三小時。顧先生是中國目錄學的權威學者之一，尤其在叢書方面的知識，可以說無出其右者。他所編著的《中國叢書綜目》兩大冊，共二千九百三十八頁，可以說把中國叢書包羅殆盡。這次的訪問，我的確收穫不少。

離開上海後，直接飛往廣州，在廣州沒有參觀任何地方，只住了一夜，便到香港去了。一九七五年第一次回中國大陸訪問也就算結束了。此後的兩週便在香港買書和訪問日本的國會圖書館，從而與之建立起交換書刊的關係，同時也在東京購買極需的書刊。有關這方面的事情，前一章（第七章）已有適當的敘述，在這兒就不再贅述了。

現在我願意在這裡談談當時中國政府對我這次的訪問企圖得到的結果。記得我在離開廣州前，那位招待我的先生非常客氣地要我將香港住的旅館和住的時間告訴他；同時他也將他在廣州辦公室的電話告訴了我，他說如果我在香港有什麼問題還可以打電話給他。當時我還認為這位先生實在太周到了。當天我從廣州到達香港是午前十時左右，隨即住進訂好的赫爾敦（Hilton Hotel）飯店。第一件事情是洗澡和換衣服，然後坐下來看看當天的報紙。不久電話鈴響了，我的第一個反應以為是旅館的管理人員打的，因為還沒有時間打電話通知香港的親友我已經到達香港了。殊不知拿起電話筒一聽，一個講著非常生硬的普通話的人說他是《大公報》的記者宇文正，問我可否讓他一個鐘頭以後來訪問?!我立刻感到這是一個嚴重的事情，需要有些準備，所以委婉地告訴他，已有了約會；如果次日上午十時來，非常歡迎！他說可以，我立刻把電話筒放下，像撂下一個重擔。然後打電話告訴親戚和朋友已從大陸到香港住的旅館，同時也告訴他們次日中午以後才有空。當天晚上便集中精力準備次日宇文正先生的訪問，準備的原則是：（一）任何問題照實答覆，不加任何評論；（二）如有不清楚的人與事也照實說「不清楚」；（三）如問到這次回國訪問的結局時，只說自己看了許多和學了許多新東西，非常感謝政府的招待。

第二天上午《大公報》記者宇文正先生準時到達赫爾敦飯店。他的個兒中等，似乎比較單薄，皮膚略呈褐色，一看就像典型的廣東人。宇先生雖然看起來年紀輕輕的，可是說起話來卻很老成，態度也很客氣。他先將我的背景和在美國的一切情形問清楚後，再問到中國訪問的實況，差不多花了一個多鐘頭的時間。我答覆問題時，完全按照自己想好的原則說的；絕沒想到第二天《大公報》上，宇文正先生訪問我的文章刊登在很顯著的地位，內容與我答覆的事實相差太多了。最後兩段完全是他的創作，與我毫無關係。同時也說明了，當時的中國政府對訪客的希望是什麼?!茲將訪問記轉載如下：

一九七五年九月十九日　香港《大公報》記者宇文正

美匹茲堡大學東亞圖書館館長訪華後過港

郭成棠談中國圖書館現狀

「中國北京、上海圖書館藏書多，內容之豐都是世界上第一流的了。」

美國匹茲堡東亞圖書館館長兼亞洲研究所教授、美國亞洲研究協會東亞圖書館委員會主席郭成棠前往中國參觀探親後，在香港下榻的酒店內接受記者訪問時，大為讚賞中國國內圖書館的規模和管理工作。

上京圖書館藏書九百多萬冊

郭成棠教授是東亞圖書館創辦人之一，深知辦理一個頗具規模的圖書館工作的不易。他在中國參觀了北京圖書館、北京大學圖書館、中國科學院圖書館、上海圖書館等知名的圖書館，這些圖書館藏書之多使他意想不到。他說：「北京圖書館藏書達九百多萬冊，工作人員估計有八、九百人，它是全國最大的圖書館，可以說是國立的圖書館，就像美國的國會圖書館一樣。在北京圖書館中，書籍包羅萬象，全國所有出版的刊物都有一份送到這個圖書館中。由於它是全國性的，因此任務也格外繁重，要應付全國各地對書本、資料的需求，國內某地群眾需要某本書，而又無法找到，這責任便落到北京圖書館身上，也有許多人千里迢迢從各地專程而來，到這裡找所需要的資料。我到那裡參觀時，剛好碰到一位從福建廈門來的教授，他為了找一冊古本書籍，專程到北京圖書館來。上海圖書館藏書六百五十多萬冊，中國科學院圖書館藏書四百多萬冊，北京大學圖書館藏書三百多萬冊。這些圖書館是學術的重心，他們不僅要蒐集、整理各種各樣的書籍、資料，最使我耳目一新的是他們的工作，中國國內圖書館有著一項很重要的任務，便是配合國內群眾的政治學習以及生產需要，進行蒐集、分析資料工作，及時為廣大群眾提供學習和生產技術知識的素材。」

蒐集和提供批判「水滸」的資料

郭教授舉上海圖書館為例，圖書館每日開放，平時每日接待四千多名工農讀者，單是這項任務已夠繁重的了，它還要每月平均組織兩至三次的學習輔導座談會。這些座談會的內容是與當前政治運動繁密相結合的，例如目前中國國內展開對「水滸」的批判，上海圖書館工作人員就得把有關「水滸」的資料蒐集起來，邀請對「水滸」有研究的人們提供意見。然後根據群眾要求，舉行有關批判「水滸」的學習輔導會，參加座談會的大多是各工廠、各單位的理論小組成員。他們在座談會深入交換意見後，回到本廠、本單位進一步推動批判「水滸」的群眾運動。每次參加這些座談會的群眾平均有三百多人，情況很熱烈。

在上海聽年輕工人批判「水滸」

他說，在離開上海前夕，他很幸運有機會旁聽了上海第五鋼鐵工廠理論小組的幾個年輕人對「水滸」進行批判的座談會。他說：「這幾位年輕人對『水滸』很有研究，他們批判的態度都是很嚴肅、認真的。事後我了解，他們為了分析宋江這個人，四處找有關宋江的資料，從宋史、正史中去找，把不同版本的史書找來念。這些豐富的書籍、資料，都是上海圖書館提供的。」

郭教授說：「中國國內圖書館為廣大人們提供和準備資料的確是一項創舉，我在美國這麼多年，實在不知道有哪個圖書館是這樣做的。」

為工廠公社提供生產知識材料

除了配合政治學習外，中國的圖書館還為工廠、公社提供生產知識的材料。郭教授說：「上海圖書館設有科技小組，專門研究各類科技問題，翻譯外國最新的科技資料，送到工廠及有關部門。中國科學院研究規模很大，屬下有數十個研究所，中國科學院圖書館主要工作之一就是分析各方面科技的專門問題，為科技人員準備資料，在美國，這可得要自己到圖書館去翻書、找材料。」

顧廷龍編著《中國叢書綜目》

談到中國圖書館的管理工作，郭教授表示跟美國的差不多，主要不同的一點是中國堅持老、中、青三結合方式管理圖書館。在上海圖書館參觀時，他很高興看到編著《中國叢書綜目》的顧廷龍老先生。他說：「顧先生今年已七十多歲了，他編《中國叢書綜目》的確是一件很了不起的工作，中國叢書數目浩瀚如海，沒有這本『綜目』，真有不知如何談起之嘆，想不到有機會見到這位仰慕已久的老先生。顧老先生沒有退休，上海圖書館聘請他擔任顧問工作，有些解決不了的問題便請他提意見，這體現了老、中、青三結合的原則。」

郭教授還告訴記者，北京大學新的圖書館大樓已建成，並於今年五月份開始啟用。新的圖書館大樓有九層樓作藏書用，其餘五、六層樓作為閱讀及研究之用。新圖書館的設計及施工，大學教授和學生都親身參與。

回到闊別卅年的四川隆昌家鄉

郭教授今年四十多歲，離開中國已二十七年，這次首次回到中國，返到家鄉四川隆昌，見到離別近三十年的兄弟和姊姊。在一個月的參觀中，他對中國人民公社的組織形式和作用印象最為深刻。

他說：「我認為人民公社不但是新中國社會主義建設的核心，而且是農村機械化、根本上解決中國農村問題的唯一道路。」

他表示，在北京一個公社參觀，看見社員在溫室中栽種數十種不同種類的白菜，施同樣的肥料，檢查它們生長的情況，作為選良種的一種科學實驗；在上海的一個公社，他看到社員蒐集各種植物的標本，進行研究。在該公社中，社員飼養的母雞每年總共產蛋二百多個，這些是公社社員科學實驗的成果。郭教授說：「舊中國天災人禍、水利失修，餓殍遍地。試想，今天新中國若不實行人民公社政策，又怎能搞大型的水利建設和這些科學實驗？！怎能根本改變農村的面貌？！」

今天中國發展的大方向非常正確

郭教授說：「我離開中國已二十七、八年了，我對舊中國的記憶還很清楚。這次回到中國參觀，將新、舊中國作一比較，我的印象實在太深刻了！當然，也不是說新中國已經達到它應達到的境地；它還是有缺點，還有待今後努力的地方。但毫無疑問，今天中國發展的大方向是非常正確的。」

本報記者　宇文正

（三）訪問的收穫和感想

我能在「文化大革命」的最後一年，訪中國大陸一個月，不但是一種幸運，收穫也真不小：（1）「百聞不如一見」，我自一九四九年初逃離中國大陸後，有關中國的各種報導都是駭人聽聞的，甚至不敢相信是事實。這次的訪問證實了許多報導都是事實。譬如一般報導都說在共產黨統治下，人與人間（包括家庭中的親人）都不敢說真話，這次會見二十多年不見的哥哥和弟弟，一般的事情他們都不敢對我說。又譬如一般報導都說共產黨根本不把老百姓當作是「人」，這次我也證實了這點。共產黨統治中國大陸二十多年，毫無任何現代化的建設，在交通上非常困難。從四川到北京，一般老百姓既無飛機可坐，也沒有火車可乘（很短的一段距離可乘火車，主要乘破舊的汽車）。我的哥哥和弟弟被政府把他們從四川瀘州動員到北京和我見面，幾天的路程，辛苦可知。他們到達北京後，既不能與我同住華僑飯店，甚至於在那兒用餐都不可以；更有甚者，他們第二天一早就得趕回瀘州去，這當然沒有把他們當作「人」來處理；（2）共產黨統治中國二十五年，一般資訊的報導都說中國老百姓的死亡在兩千萬以上，我還能在北京見到我的哥哥弟弟們一面，當然是一件可貴的事；（3）在北京參觀過幾個代表性的圖書館後，終於能安排到北京圖書館與匹茲堡大學的東亞圖書館建立起交換的關係，對於匹茲堡的東亞研究是有很大幫助的；（4）恐怕這次的中國大陸之行最大的收穫是：藉此機會我能在香港和日本買到大批非常有用而又急需的書刊。

在另一方面，這次的中國大陸之行，將政治問題擱置一旁，單憑觀察和直覺，也令我有以下的感傷：（1）任何地方都貼滿了口號，最大的口號是：「深挖洞、廣蓄糧、不稱霸」（據說這是毛澤東親自提出來的——他對曾說「不稱王」的朱元璋皇帝的確學了不少），其他如「老、中、青三結合」、「批水滸、鬥宋江」等較小的口號也各地都有；（2）就整理而言，這時的中國大陸全顯得貧窮落後，與三十年前相比，不但毫無進步，有些地方連抗日戰爭時期都不如。譬如說：一九七〇年代，除中國大陸以外的許多國家，噴射式的飛機已是普通的交通工具，而中國還在用殘舊不堪的蘇聯的螺槳式小飛機，而且只有特殊的少數人才能乘坐；一般電燈光如豆火，很難看清東西；穿著破爛衣服的人也常可見到（雖然我一進中國大陸就被一個招待的人和一部車子與群眾隔離著）；（3）人與人間冷酷極了，經過二十多年的鬥爭、清算，父子可以變做路人，夫妻隨時成為仇敵，這樣的社會哪裡還會有朋友或客人?!所以我在中國大陸幾週，除少數的機構指派人員奉陪參觀，以做宣傳的報告外，全無自由接觸和交談的機會；連自己的親兄弟也是問而不敢直答。怪不得英語系的國家，把造成這種社會的國家的政治制度稱做徹底獨裁底政治制度（Totalitarianism）。

就我個人而言，這次中國之行，感到最傷心的莫過於無法利用機會，回到自己的老家去探訪多年不見的慈母和姊姊（一、兩年之後，她們都分別去世了）。

二、一九八二年應南京大學邀請的訪問

這次回國訪問的原因和目的，在第七章第三節已有所說明，這裡就不再重複了。不過須得提一提的是：這次南京大學的邀請，既正式又非常有計畫。事先由「南京大學八十週年校慶籌備委員會」的主任高濟宇（南大副校長）和副主任范存忠（南大副校長）兩教授聯名於一九八一年十二月十四日寫給我一封信，說明這次舉辦校慶的原因，慶祝期間是一九八二年五月十五日至二十七日，特別客人在南京的食宿交通全由學校負責，至於國際旅費以及國內在南京以外的活動開支，則由校友自己擔負，如願到外地參觀訪問，學校可協助聯絡安排。接著他們便請我能在一九八二年的二月上旬給他們回信，以便送來正式的請柬，以便到中國的使館辦理入境手續。我於一九八二年二月十五日回信告以準時前往參加校慶，並將回國後的其他旅行活動也告訴了他們。

一九八二年三月底收到南京大學的正式請柬並附有南京大學外事辦公室負責人張怌亮先生的電話號碼。到南京的一切聯繫工作都由張先生負責。到了這時，我已同剛在北京成立的中國出版對

外貿易公司的業務部主任高國淦先生聯繫好了。他們大概是想做美國的第一批生意，特別客氣，所以回國到各地的行程就全請他們辦理了。因此我於是年四月十日給張怌亮先生的信，便告訴他這次回國參加校慶，也計畫為匹茲堡大學在北京購買一批書刊和去瀘州探親。行程大概如下：五月十五日前由美國飛香港轉南京，在校慶之後將去北京為匹茲堡大學購買書刊，然後去太原兩天再去西安，停留兩天後，去成都數日，再由成都回瀘州探親。國內旅行的交通安排，已請託北京的中國出版對外貿易公司安排，就不再勞駕他們了。

現將這次回國訪問的實況概述如下：

（一）在南京參加校慶

我於一九八二年五月十四日由美國飛香港轉南京。這次不像上次，有專車和專門的招待人員整日隨行招待。從飛機場接到校園後，就被安排在一個招待外賓的樓房，一個客人一間屋子，相當清爽舒適，餐飲都在一個特別的餐廳，食物非常美味可口。從美國回來的校友有好幾位，常在一起聊天，所以一點也不感到孤寂。

在法理上，南京大學就是中共創政前的國立中央大學。但在實際上，它已顯然是不同的大學了，至少在表面上，這兩個大學不同的地方有兩方面：第一，國立中央大學的校舍是在四排樓，而南京大學的校舍是在過去的金陵大學校的校舍內；第二，國立中央大學是一個包括各個院系的完整大學，而南京大學只有文法學院。恐怕在精神上的區別，在有限的篇幅上就很難說得清楚了。

訪問南京大學的最初兩天，幾乎全都花在慶祝的各種活動上。到了第三天，曾經到匹茲堡大學訪問過我的茅家琦教授和他歷史系的同仁，聯合學校當局邀請我向全校作一次學術演講，講題是我的著作之一的《陳獨秀與中國共產主義運動》。有關這次的演講和聽眾的反應，在第七章的第三節已有適當的敘述，在此就不再贅述了。

在南京大學時，承張怌亮先生介紹圖書館的負責人與我見面，以便討論南京大學和匹茲堡大學交換書刊的關係，沒想到那位負責人便是我當年在南京國立中央大學讀書時最不喜歡與之交往的「職業學生」之一的華彬清先生。事隔三十多年，見面時談起來都是中大校友，還是感到很親切，因為彼此都是同年級的同學，雖然他是政治系，我是歷史系。再加上我在二年級時，曾是學生自治會主辦的《中大導報》的總編輯，所以討論到書刊交換的主題時，很快就得到了結論。待我回到匹茲堡後，即開始進行，一直維持了許多年。在這同時，也承華先生介紹了南京的一些書局。可惜走訪的結果，實在沒有什麼值得購買的東西。

這次去南京，讓我最難忘懷的，要算與先師蔣孟引教授的重逢了。我當年在南京中央大學讀書時，名教授的確很多，在本書第三章曾經簡述過。可是共產黨在大陸取得政權前，沈剛伯、張貴永、勞榦、郭廷以、蔣復璁等便到台灣去了，留在中大的就不多了。三十多年後，仍然留在歷史系而又教過我的，恐怕就只有蔣先生了。他這時大概已接近八十歲，和當時中國大陸一般高級知識分子一樣，作過二十多年的「臭老九」，身心都長期的被摧殘，但他仍然是他那副純正的樣子，不過精神卻顯得相當萎弱。一天下午他到我住的地方看我，一見面他便緊緊地握著我的手說：「從茅家琦先生處，我曾看過你的大著 *Chen Tu-hsiu and the Chinese Communist Movement*，寫得非常好。我知道你很忙。不過，我希望明天你能同我一齊到外面吃一次中飯，以便有機會談談，你認為可以嗎？」蔣先生是我當年最佩服和最接近的教授之一，佩服的是他於一九三九年在英國倫敦大學歷史系讀博士學位時寫的論文〈論一八五六—一八六〇年的中英關係〉，批評英國發動侵華的鴉片戰爭，駁斥英國官方立場而獲得博士學位。他在中大歷史系教書時，上課時從不帶講稿或教科書，只帶兩隻粉筆，口若懸河的講述和在黑板上草寫。同學們都在背後稱他為「天才兒童」。我與他接近主要是對他講的主題特別有興趣，常在課外去請教他。記得當年離開中大前，最後去訪問的教授也是他。而且我在美國讀博士學位時，主修歐洲史，也由於當年聽他講的英國史和歐洲近代史的影響。這次他以這樣高的年齡親自來邀請，我哪有不從之理，所以馬上就答應了。

第二天中午蔣先生帶我到南京有名的「大三元」餐廳用午餐，我們走了十多分鐘就到了，走上二樓後，正好十二點。可是整個二樓就只有我們兩個人。過了至少十分鐘，才有一個人過來問：「要什麼菜？」態度壞極了。蔣先生叫了兩個菜和一個湯，然後我們就隨便聊了起來。實際上只談談彼此的生活情形，他先要我談談自己在美國的工作和生活情形。然後他說他已不教書了，不過在學校還有一個辦公室，主要是做些有關「英國史研究會」方面的事情（蔣先生當時是「英國史研究會」的會長）。從他的談話中，知道他的夫人已去世，女兒已結婚（後來她到華盛頓一個研究機構做事，曾與我們夫婦見過幾次面）。蔣先生一直沒有提到他在文化大革命時的遭遇，我與他雖然是非常接近的師生，也就不提任何有關政治的問題。

我們在飯館待了約兩個鐘頭，看見侍者已很不耐煩了，我們便離開飯館走回學校，彼此最後交換一些相互祝福後，就各自回到自己的住處去了。不料這一暫時的告別就成了我們的永別了（別後不到三年，他就去世了）。

（二）在北京購買書刊

在南京一共住了五天，便於五月二十日到北京去了。如前所說，這次在國內的旅遊登記和旅館等事宜，都由北京的中國出版對外貿易公司代為安排，飛機和火車等也由他們代為預訂。他們做得很好，一切都很順利，到了北京後，該公司的業務主任高國淦先生親自到機場迎接，然後用他們公司的車子送我到他們代為預訂的和平旅館。晚上還由該公司請到一家餐館晚餐（他們既未提到飯館的名字，晚上也看不見飯館的招牌，因此一直不知道飯館的名字），除高國淦先生外，還有該公司的總負責人魏龍泉（總經理，看起來非常土氣，話都不會說，顯然是共產黨派下來的人）和另外幾位負責人，桌上一共八個人。八個菜都是非常可口的，堪稱佳餚，一九七五年五月二十二日到北京後的那些日子裡從未嚐到過的。在晚餐中，幾乎全由高先生一個人與我討論問題，高先生個兒高高的，大概有五十多歲，雖然穿的是「毛裝」，風度很好，從他談話的內容而言，也與當時一般國內背誦「黨八股」的人頗為有別。毫無疑問他是中共建政前的高級知識分子。從他的英文基礎來看，他大概還是留過學的哩。

第二天高先生帶我到他們公司去討論買書的事情。他們的書庫不小，書也很多（大都是複印的舊籍，這說明北京的書商已開始了解，中國大陸以外的中國學者和研究中國的外國學人需要的是學術性的東西，而不是黨八股的宣傳品），可是都不是按照任何準則排列在書架上的，而是隨便堆在一起。我一見之後，馬上向高先生建議，應該有準則地把書陳列起來，才能讓人有機會選擇所需要的書，而高先生的回應是：

「郭館長，你是第一位美國的中國學者親自來我們的公司買書。我們的公司剛成立只有幾個月，許多事情還需要改進。不過一般函購的買主，我們的職員都能準確的把需要的書找到寄去的，你的建議很好，今後我們一定照辦。」聽到高先生有意改善書刊的排列後，我便用讚賞的口氣鼓勵他。之後，便開始同他討論寄給他購書的書單了。

高先生馬上從公文包裡拿出早已準備好了的我寄給他的書單，然後對我說：「書單上的書幾乎百分之九十都有，而且都準備好了，約兩週後就可以寄出。所有費用（包括書費、裝訂費和郵費）一共三萬六千五百四十元人民幣，按照官價，合成美金是四千五百四十三元。」最後他說：「如果郭館長認為可以，這些書刊約兩週內就可以寄出。」

我把高先生準備好了的發票接過來檢驗後，立刻告訴他就這樣辦，然後用旅行支票（Travelling Check）將所需費用全部付清。這批書的價錢與香港和日本的書價相比，實在便宜太多了。

購買書刊的事情辦完後，我便與高先生對國內的旅遊和探親的行程安排作最後一次總檢討。他說我這次在國內旅行的日程全按照建議的辦理。飛機票、火車票和旅館則同「中國旅行社」商榷辦理的，他說我要去的每個城市（瀘州例外）的旅館都有「中國旅行社」。從北京出發前，便可到現住和平旅館的「中國旅行社」去拿到太原的火車票和旅館登記證；從太原旅館的「中國旅行社」去拿到西安的飛機票和旅館登記證等。他說他們的公司是政府的機構，「中國旅行社」也是政府的機構，而我旅遊探親的交通和旅館安排也都是公事，絕對有效。後來事實證明確是如此。離開高先生的公司前，他說他計畫找兩位同事第二天來陪我到各處看看，不知我「賞光」否？「客聽主安排」，我只好先說聲「謝謝」！之後，高先生便用他們公司的車子送我回旅館。

第二天高先生和他的兩位同事（一男一女，我已記不得他們的名字了），一早就到旅館將我接去觀光。除重看一九七五年看過的天壇、石舫和長城外，這次確增看了皇宮和明陵等地，所不同的是，每個地方都有不少的遊人了，長城的起點附近已建築了一些賣零食和旅途紀念品之類的商店。

離開北京前一天，高先生陪我去逛了些舊書店和文物店，不但買了些自己喜愛的複製字畫，恐怕最重要的是為匹茲堡大學的東亞圖書館意外地買到一批貨真價實的明版史籍（在第七章的第三節已有適當的敘述，在此就不再贅述了）。事實上，這是全美東亞圖書館中近年來唯有的機會獲得這種古籍的。

（三）在太原訪小弟

在北京一共待了五天，一九八二年五月二十五日離開北京，乘火車到太原去探訪小弟郭成杞。一九七五年我回國訪問時，政府將他和其他哥哥和弟弟接到北京與我見過面（約半天的時間），不但時間匆促，而且他們似在嚴令下什麼也不敢說，所以我對他們仍然一無所知，與未見面前毫無區別。唯一知道的是，他們從表面看起來，都比我老得多。希望這次見面，對他們能有更多的了解。

當天午後五點多到達太原火車站，成杞同他的兒子郭仕培和女兒郭小紅都在那兒等著了，見我下車後，都一齊跑上前來同我親切的握手。他們全都喜形於色，仕培同他爸爸小時候的性格一樣，都寡於言；可是長得秀麗活潑的小紅則不同了，她不斷地向我敘述家常。當我們由車站到旅館，再由旅館到他們家，甚至於在他們家晚餐時，幾乎全靠小紅的「閒聊」來紓解我的疲勞。由於她的敘述，我獲知當年母親常在深夜起來，拿著我的照片看來看去，有時還流著眼淚地「自言自語」。我想她大概在說：「慘慘柴門風雪夜，此時有子不如無。」從小紅的談話中，我也獲得以下的一些家庭消息：（1）小弟成杞（小紅的父親）曾於一九五九年參軍平定西藏（他是自願參軍，或是被徵調去的，小紅並未說清楚）；（2）玉松大姊和她的丈夫李華豐姊夫都因咳嗽病而早逝；（3）哥哥成棣（字海香）在三反、五反時被「掃地出門」，從此一生全做最低級而又最苦的工作，如清理街道和搬運石頭等；（4）大弟成櫝從小就是我們家最能幹的一個，他對於實際生活學習得最快。在本書第一章第四節我曾提到在小學讀書時，父親便因庸醫郭海洲為他治嘔吐的病，一副藥下肚，便與世長辭了，於是我們家，按照郭氏傳統，就得由我們的伯父（郭平之——一個不務正業而又吸食鴉片煙者）來掌管。結果不到兩年，他便把我們家的財產賣光用光。我們兄弟不但不能繼續讀書（我一人例外，在萬般困難中，仍自立更生地繼續求學），連生活都有問題。就在這時，舅父張北樞便將哥哥郭成棣介紹到瀘州一個朋友處學做生意去了。三年後，哥哥就將兩個弟弟帶到瀘州一齊做點賣布緞的小生意。他們住的地方是租來的（包括母親在內）。好在這時玉松大姊已結婚了。這段時間我正在隆昌縣立初中讀書，因無法付學費，幾乎被停學，後因校長李天俊先生的幫助，才能繼續讀畢業，已如前述。後來哥哥和弟弟們的小生意做得較有起色，當我到南京國立中央大學讀書時，他們的生意似乎更好一點，便買了一棟像樣的房子，讓一家人安居。殊不知瞬間大局突變，中共在北京建立起新政權來了。一直都以扶貧救弱為號召的中共，不久便開始三反、五反、反右，於是「錯案」、「冤案」便層出不窮。小紅提到大弟成樌時說，他有一次被鬥爭，一直被木棍和石頭打到深夜，說他是大房子的地主。最後鬥爭他的人認為他已被打死了，然後派人去告訴我的母親，要她去把兒子郭成樌領回家。母親一句話也不敢說，只能熱淚盈眶，無限傷心的同成棣哥和成樺弟一齊去了。到達鬥爭廣場時，看見成樌被打得渾身都是鮮血，真是慘不忍睹，可是仍然只能無聲地以淚洗面。當哥哥和弟弟輪流把他揹回家的途中，摩著他的胸部還有脈搏，於是回家後，哥哥便跑去將一個侄輩的西醫請到家，為他開了多處的刀，慢慢地終於把他救活了。直到今天，他還活得很有精神，只是外表看起來非常蒼老，真是天命啊！

小紅對於家人中唯一沒有提到的是我的三弟郭成樺（字晨虹）。當時我也沒有追問小紅，後來自己似乎想通了。事實上，成樺弟在「鬥爭」、「清算」和文化大革命那些荒謬的年代中，為家裡男人受罪最少的一個。其所以如此者，恐怕主要的原因是由於他的性格、才能和工作的關係；他自幼就是沉默寡言的人，雖然因家境困難，只讀完小學，可是他學習和自學的能力很強，他寫的信函並不亞於一般受過大學教育的人。他特別精於運用「算盤」，所以他被「瀘州大麴酒廠」（中共成立政權後，沒收原有的幾個私人最大的麴酒廠成為一個國有的機構）把他找去做記賬的工作，慢慢地便成了該廠的總會計。後來鄧小平主政不久，中國大陸開始採取了類似國民黨執政時的「高考」制度，讓沒有學位而有真才實學者參與各種專業的考試，考過的人給予專業的稱號，工作也就可以正式進入專業了。成樺弟曾於一九八〇年代中到宜賓去參加過一次專業考試，結果考上了。政府給他的專業名稱是「統計師」。自此他在「瀘州大麴酒廠」的工作就「名副其實」了。

到太原那天，成杞嫂沒有同她的丈夫和兒女一齊到太原火車站迎接我，主要是在家準備一席豐盛的晚餐。晚餐之後，仍由成杞弟同他的子女一齊送我到旅館休息。

（四）到西安觀賞秦俑

第二天（五月二十六日）一早由太原乘飛機到西安，飛機仍然是極不舒服的蘇聯製的客機。這時中國大陸的機場設備仍然非常簡陋，乘客在機場需要等很久，因為「機師」要等天氣晴朗後，才能起飛。這次在太原機場等很久，到達西安時，已近黃昏。在旅館住定後，便到中國旅行社去安排次日的出租車，費用是人民幣一百元（合美金十數元），的確相當便宜。第二天早上八點多鐘出發，先去華清池，然後再去出土「秦俑」的地方。

華清池離西安城並不太遠，座落在半山腰，幾個傳統的建築在「文化大革命」時期似乎並未遭到太大的損壞。不過除建築的架構外，裡面並無任何陳設。池水尚屬清潔，看起來也相當美觀。我曾在這兒徘徊好一陣，無法想像當年唐明皇與絕代佳人楊貴妃在這兒是怎麼玩樂的?！走到背著後山那座建築物時，就使我追憶起西安事變時，張學良的士兵在深夜是如何在後山追捕蔣介石的！

在華清池遊覽了兩個多鐘頭後，便出發到出土「秦俑」的地方，出租車開了相當長一段時間才到達。下車後，向上走了一百多呎的斜坡路便到達一個臨時性的建築物，門口有警衛查對身分證，同時不許帶照相機。一進門就可以看見一個像球場大的開發場。許多「秦俑」和戰車已排成了隊，同時還有正在開發中的……看起來雄偉極了，可惜不能照相。從那些埋藏在地下兩千多年的藝術品看起來，不禁令人有以下一些感想：（1）秦始皇這個暴君不但在有生之年，雄心萬丈，死後也想獨霸天下；（2）那些製造「秦俑」的「無名氏們」，在設計、取材和製造上都有著高超的水準（科學知識和藝術水準兼而有之）；（3）秦朝時期的中國人，身材是相當高大的；（4）秦朝時的戰車已很講究，士兵的服飾也很美觀。

（五）到成都訪問老朋友

五月二十八日由西安飛成都，住的是剛剛完成不久的非常現代化的「錦江飯店」，位於南門橋附近的錦江旁邊，回想抗日戰爭時期，在成都讀省立成都師範學校時，常與朋友經過南門橋到華西壩或望江樓的情形。對華西壩最不能忘懷的是：有一個初夏的黃昏，到那兒去赴朋友的約會，到達不久，「空襲」的警報響了，我們就到華西壩後面（當地人稱「華西後壩」）的「洋墳」處去躲避。第一次親眼看見二十七架「三三」成群的日本飛機迎面而來，低飛用機槍向地上折射。我撲在一個「洋墳」與石碑之間偷偷的看見機槍射出鮮紅的火網，嚇得一身發抖，再也不敢睜開眼睛了。

提到成都的望江樓，我立刻回憶起那樓上兩旁的一副雄偉的對聯如下：

望樓外青山山外白雲何處是秦宮漢闕
看池邊綠樹樹間紅雨此中有舜日堯天

到成都的唯一目的是與中學時代的好朋友李式屏（後改為李世平）重聚。現在先說我們是怎樣聯繫起來的。自從我於一九七五年回國訪問之後，世平兄便從北京大學陳鴻順教授處獲得了我在美國的地址，他便開始與我通訊。這次離美前，便同世平兄約定一九八二年五月二十九日在成都見面。他當年在四川大學歷史系畢業時，是班上第一名，畢業後曾在簡陽縣中教了兩年書，便被他的恩師名學者舒中舒教授召回四川大學歷史系去任助教。從此他便在四川大學待了幾十年，從助教一直升到正教授，也寫了不少的書。回想抗日戰爭時期，我們都在成都讀書時，世平兄一副魁梧英俊的儀表，總是超群出眾的，而今卻滿頭白髮，一副消瘦的樣兒，好像弱不經風似的。時歟?!命歟?!真有桑田滄海之感！但是，無論如何，我們確有一次愉快的聚會。在錦江飯店吃中飯時，他的夫人也參加了。她仍然在教鋼琴，倒是丰姿猶存。

這次與世平兄的重聚，曾讓我有一段時間在學校生活上有些改變。我一九七五年在美國出版的英文著作 *Chen Tu-hsiu(1879-1942) and the Chinese Communist Movement* 雖然曾被西方學術界評為權威著作，但是自己並沒有改寫中文版的計畫，原因是當時的工作太繁忙，再加上另外的寫作計畫正在進行。這次世平兄以知交的立場告訴我，中共當局已令人將我的著作譯成中文出版了，但不公開，專供有關單位做參考。他因政府曾請他做些有關中國近代史的研究，所以有機會看見那個譯本。他為了自己的安全，一再的希望我千萬不要向人提到此事。我馬上告訴世平，為了我們的交誼，絕不向人提起此事。這說明獨裁政權是如何的可怕，偷譯了別人的書，不但不尊重版權，連通知一聲都沒有。我為了友誼，也為了國內親屬的安全，對此也就絕對「聽若罔聞」了。但在深心裡，便開始計畫將自己的書改寫成中文出版，無論需要多長的時間，也得把它完成，以免中共當局用褊狹的政治意識去混雜學術性的東西。真是「皇天不負苦心人」，我中文版的《陳獨秀與中國共產主義運動》終於一九九二年由台灣的「聯經出版事業公司」出版。

（六）回濾州探親

我這次回國訪問，與瀘州的兄弟們聯絡得比較早，他們也及時通知了在成都西南民族學院教書的堂弟郭成滿。正好他的長兄郭成矩也在成都，所以我到達成都那天，他們就到錦江飯店來相聚。我們的童年都在一個名叫「大青杠」的大莊院度過的，重聚的快樂之情是可以想像的。五月三十日我離開成都乘火車到瀘州，成矩也決定那天回隆昌（他同他的母親——我的叔母——和他的二弟等家人都住在隆昌縣城裡）。這一來，我們不但同車有伴，而且盡情地談論和享受童年的舊事。

到達瀘州火車站時，大弟郭成樍（字建康）親自來迎接。他看起來的確蒼老極了，不過，精神還算好；而且還在一個土產小店（屬地方政府的）做小經理。他這條撿起來的命也算不錯了。這時瀘州還沒有較好的旅館，家人便將我安排在成樺弟家，因為他的家是弟兄中較好的，大概與他工作有關，因為他這時已是瀘州大麴酒廠的會計負責人。當天晚上，成樺夫婦把他們最好的睡房讓給我，非常清潔，且有蚊帳。但因在美國住了幾十年，這時唯一感到不習慣的便是廁所和洗澡問題，好在時間只有兩天。成樺弟從小就是寡言的人，這時他仍然很沉靜。有關家裡的情形，也只輕描淡寫的說一點兒，這可能也是他幾十年來過得比較安定的原因。當天晚上我睡得非常好。第二天一家大小（包括成棣兄嫂及子女四人；成樍弟——弟媳已去世——及三個子女；成樺弟及弟媳和四個子女；加上玉松大姊——她已去世——的兩個女兒）一齊到瀘州城北的公園聚會了一次，我還同他（她）

們談了談，一方面介紹自己在美國的家庭和我在匹茲堡大學的工作情形，同時也鼓勵下一代努力向上以充實自己的人生，卻盡可能的避開政治不談。到了中午，我還請他們在一個飯館聚了一次餐，也照了些照片，然後才各自回家休息。

這次回濾州，我感到最遺憾的是沒有機會看見我二十多年一直想念而又最敬愛的母親和玉松大姊，事實上我於一九七五年冒險回國訪問的主要目的也是希望拜望她們。誰知草菅民命的當權者從不把親情當做一回事，這次回家，連拜望她們的靈墓的機會也沒有。什麼原因，家人也沒有提到過。我相信，官方的限制和家庭經濟的問題都有。記得在離開濾州前，成樺弟一再地向我暗示，他將盡快將慈母安葬好。幾年後，他函告我，他已將此任務完成了。最近（二〇〇〇年十二月）我的么女郭小玲和她的丈夫葉遠剛曾到瀘州去拜訪了家人，也去參拜了慈母的墳墓，遙望西天，我也不禁淚盈滿面的微笑了一陣。

（七）在蘇州的一些活動和在香港、日本購買書刊

六月一日晨在濾州火車站告別家人後直駛成都，在成都住了一晚，第二天直飛南京。兩週前在南京初次認識的中央大學（現已改為南京大學）校友沈家模先生已在那兒等著了。他是一個研究資訊學的年輕學者，已寫了兩本有關資訊學的書。那時他正在蘇州圖書館工作，由於同行的關係，他非常客氣，堅持要邀請我次日到蘇州去作一次演講，然後參觀有名的蘇州園庭。無法推卻，只能將去上海和香港的時間稍作調整。由於沈先生在蘇州頗有聲譽，次日到達蘇州後，才發現他早已將蘇州圖書館界和教育界動員起來設宴歡迎我，並請我演講。午後並陪同我參觀蘇州的幾個圖書館。第

二天上午他才領著我參觀了蘇州有名的園庭和古蹟，午後他更親自陪同我乘火車到上海。當晚他同我討論了許多有關圖書館學和資訊學上的一些問題，六月六日我們相互握別後，我便逕飛香港了。

在香港只住了幾天，主要的工作是同幾家代表性的書商討論代為採購（需要訂購的書單早已寄給他們）的情形，大體說來，他們辦理的情形都很好，需要的書刊有百分之六十以上都找到了。

六月十日離開香港逕飛日本東京。由於我的好友竹內悊和永田正男兩位教授的協助，如前章所述，不但買到了許多匹茲堡大學急需的書刊，並由日本圖書情報大學請去作了一次學術演講。恐怕這次到日本最大的收穫是對日本出版界把出版兩三年的學術著作稱為「絕版書」的原因了解如下：（1）日本主要的學術著作幾乎全在東京出版；（2）東京地價之昂貴世界第一，一般書局所占面積都很小，屯積的地方非常有限；（3）新書出版的數量有限極了；（4）暢銷書很快就絕版。這次在東京只花了幾天的時間，完成任務後，便於一九八二年六月中飛返美國了。

（八）中國大陸開始在變

這次回國訪問，主要是由南京大學邀請參加其八十週年校慶，其次是因為北京已新成立了中國出版對外貿易公司，我為了代表匹茲堡大學前往北京與該公司洽購書刊事項，並請他們盡力的協助和安排。我這次回國不但在北京買到了大批的書刊，而且還有機會到西安觀賞「秦俑」和去太原和瀘州探親，並在成都訪問了三十多年前中學時代的好朋友。恐怕最重要的，是證實了鄧小平先生主張「開放政策」的「變」。這次的訪問與一九七五年的訪問相比，我能觀察到的至少有以下幾點變化：（1）過去一進中國就看見那些大標語如「深挖洞、廣蓄糧、不稱霸」等卻不見了；（2）代表性的學校如南京大學等已開始有自己的「外賓招待所」了；（3）大城市已開始建有現代化的大旅館，同時有些餐館已開始有筵席之類的（我到達北京那天晚上，中國出版對外貿易公司就以一桌筵席歡迎）；（4）自由式的小買賣已經隨處都可看見了；（5）各行各業的小組討論和批判似乎已式微了，知識界似乎都在設法了解國外情形。以上這些表面上都可以看見的現象，我第一次回國訪問時是沒有的。不過，社會上並無什麼改變的是：人與人間的冷淡和「目不相關」的態度依舊。恐怕最讓人難於忘懷的是一般服務人員的不友善甚至敵視的態度了。

三、一九八七年講學武漢大學

（一）一九八五年武漢市和匹茲堡市結為姊妹市

在前章第三節中曾提到匹茲堡大學校長巴斯威爾對促進中美文化交流非常熱心，他曾於一九八〇年領了一個十一人的教授訪問團到中國大陸訪問了一個月，從此中國學生到匹茲堡大學讀研究院的，逐年增加，一九八五年武漢市和匹茲堡市正式結為姊妹市。一九八六年武漢大學校長劉道玉先生領導了一個學術訪問團到匹茲堡大學訪問時，巴斯威爾校長便趁機向他建議將武漢大學和匹茲堡大學結為姊妹學校。有關我被邀請於一九八七年到武漢大學講學的原因和經過，也在前一章第三節有了適當的敘述，在此就不再重述了。

（二）到達武漢前「莫須有」的一些困難

我過去兩次（一九七五年和一九八七年）回中國大陸訪問，都是自己一個人去的，同時在國內的交通（飛機和火車）和旅館等的安排，全由邀請機構協助解決，一切都非常順利。這次武漢大學的邀請，我便想趁此機會讓生長在香港而又從未去過中國大陸的內子李苑蘭女士同行，因此便不希望麻煩武漢大學代為安排國內的交通和旅館，而請在香港的親戚代為辦理了。這位親戚非常熱心的到唯一代表中國政府的「中國旅行社」訂購了從香港經廣州、北京、西安、成都到武漢的飛機票和旅館，付的是現金。殊不知我們到達香港後，從親戚處拿到訂好的飛機票和旅館訂單後，便遇到以下的一些困難：

（1）我們遇到的第一個困難是由香港到廣州和北京的交通工具。同「中國旅行社」交涉毫無結果，為了爭取時間，我們的親戚還得設法為我們購得小海輪到廣州，再由廣州飛北京。

（2）從北京飛到西安已是晚上九點多鐘，而且下機後傾盆大雨，我們叫了計程車到達訂好的旅館時，登記處的職員都說當天登記客人的名冊上沒有我們的名字。最後我們還得到「中國旅行社」去找人討論一陣，才把我們留下來，可是晚餐已沒有了，只好餓著肚子休息。

（3）從西安飛到成都時也是晚上了，訂好的錦江飯店也說登記簿上沒有我們的名字。後來「中國旅行社」的職員未經我們的同意，便把我們送到另一個還沒有完全建築好的旅館住了一晚，第二天再搬回錦江飯店。

以上這些「莫須有」的困難都是「中國旅行社」的職員造出來的。「中國旅行社」似乎是剛剛開放不久，半官半商的過渡機構，它的職員既沒有奉命行事的官箴，也沒有自由職業的責任和義務感，好像僅僅知道投機取巧的過日子。後來我們到達武漢大學後，嚴怡民教授和「圖書館情報學院」

接待我們的朋友認為我們當初應該讓他們為我們安排國內的行程的，反正他們有專人負責，方便極了。所以我們當初希望「不要麻煩他們」的想法是不必要的。

（三）從到武漢大學講學想到的有關問題

在武漢大學講學兩週多（一九八七年十月二十二日到十一月七日）的經歷，在前一章第四節已有所敘述，現在就不必多說了。不過有關的一些問題，倒願意在這裡提一提。

首先是外賓樓的管理問題：一九八〇年代，全國的重要大學幾乎全都有了「外賓樓」之類的設備，以招待訪問學者。這種安排是有其必要的。不然，以當時中國社會和經濟的落後狀況，和一般老百姓的窮苦情形，訪問學者恐怕很難找到住處的。不過，有了外賓樓之類的設備，也要有管理的知識和方法，不然恐怕會得到一些反結果。譬如說武漢大學的外賓樓已如前所述，是建築在一個優美的地方，而且四層樓房都鋪有漂亮的紅地毯。最多不過才兩三年，地毯已變得曲曲折折，而且非常骯髒。這座樓房除設有會客廳、大餐廳和大廚房外，分做大小不同的住宿單元。在原則上，所有住在這座樓的外賓全都供給餐飲，一切清潔工作也由學校的傭人負責。可是我們一進自己的單元，就發現浴盆和洗臉盆都髒極了，其原因可能有幾方面：首先可能是當時國內還沒有清潔傢俱需要的物資；其次是打掃的傭人還沒有適當的訓練。恐怕這座外賓樓在管理上最成問題的是有關餐飲的事情了。我們住進這座樓時，一共有十八名外籍學人，加上一些太太和小孩，一共約有三十人。可是每天到餐廳用餐的只有晚餐，中餐有時也有幾位，早餐根本就沒有人去。我們不知道，到達那兒的第二天早上準時到餐廳，沒有看見任何人，我們還認為他們都沒有課，在睡懶覺，等了十多分鐘，廚房裡的人給我們送來早餐了，是什麼呢？每人一碗麥片湯（Grean of Weet Soup），就什麼也沒有了。內子一看便說：「他們為什麼用麥片來煮湯呢？」我告訴她，可能是廚房的人不知道怎麼做吧。不管怎樣，我們都開始嚐一嚐，結果不約而同地把入口的東西吐了出來，因其臭味難當也。我便到廚房問他們有沒有稀飯或其他可食的東西？他們的答覆是「沒有」。沒辦法，我們便回到自己的屋子去了，因為這座樓是在一個山坡上，離城市還有一段距離，我們又沒有交通工具，無法出去買東西吃，只好等待嚴怡民教授九點鐘來接我們去參觀校園。中餐是被請到一個餐館吃的，可算有福了。武漢大學的校園是一個有七平方多哩的大校園，有山有水，湖光山色交相輝映，翠木蒼林頂著藍天，加上綠草香花，真是宜人極了。不但在國內首屈一指，在國外也找不到這樣可愛的校園。遊罷在歸途中，嚴教授提醒我們，第二天他同他的助手曾蕾女士還要帶我們去東湖，第三天才開始講學。趁此機會，我們便將早餐的情形告訴了他，他感到非常驚異，馬上請我們放心，他將叫管理者改善。後來真的改善了，早餐改食稀飯加兩樣素菜，雖然稀飯煮來像湯一樣，我們也就勉強了，反正內子李苑蘭第四天就經香港回美國去了，我多待兩週，也就無所謂了。後來同美國去的一些美國同仁熟悉了，一談到早餐，他們就嘆息不已。不過晚餐時，大夥兒都去了，因為有兩葷兩素的中國菜。另一件外國學者也非常不高興的便是飲料問題。這兒不但沒有供給他們習慣的冷飲如可口可樂、牛奶、果汁等，也沒有咖啡或茶之類的熱飲。唯一的飲料是，每天早晨送到每個住宿單元門前的一個「保溫壺」的熱水。所以待上一個月以上的外籍學人幾乎全都在自己的住宿單元內準備飲料和早餐。

其實以上的問題都是他們不了解外國情形而造成的。本來每個住宿單元都有廚房，「外賓樓」

根本就不必供給餐飲。最好是有一個販賣部，賣一些外國人餐飲的必需品，既方便了外籍學人，也可為外賓樓賺點錢。外籍學人誰也願意花錢買方便。

第二個問題顯然是各大學的準備不夠，一九八〇年代的中國大陸是在鄧小平的領導下開始對外開放的，也是自由世界的學者幾十年來向中國講學的肇端，而且這些願意到中國講學的學者，多半都是喜歡中國文化的學者，或熱愛祖國的華人，都希望對當前的中國有所了解的。可是這些大學的行政人員除準備「外賓樓」之類的住處來安頓他們之外，還來不及準備熟悉世界上主要外語的人員，經常同這些外國學人接觸，解決他們的疑難，以建立親善的友誼。如週末的座談會、聯誼晚會、甚至家庭拜訪等節目，都可讓這些學人和他們的家庭快樂而難忘的事情。不過就我個人而言，因與嚴怡民教授的私人友誼關係，卻曾得到一些難忘的禮遇，已如前一章所述——我願意在這兒提出這個問題，一方面是由於我與一些從美國去的學者熟悉後，得知他們的感受；另一方面，武漢大學當局對訪問學者非常器重，如能進一步的改善如上所提出的問題，無論對武漢大學或國家都是一件好事。

（四）上海和杭州的臨時訪問

如前一章第三節所提到的，我於一九八七年被邀請到武漢大學講學時，並沒有到上海交通大學演講的計畫，更不會預計由於浙江大學圖書館和杭州圖書館學會臨時的邀請，而到杭州住兩天。前者是因交通大學圖書館負責人獲悉我被武漢大學邀請講學後，便逕函匹茲堡大學當局，懇求我也能順道去交通大學圖書館觀察和演講，因幾年前該圖書館送到匹茲堡大學受訓的幾個職員是我為其策畫的。事實上，匹大當局也有意思請我到交大觀察其進展情形，所以順道去交大已屬必然；有關後者，則因杭州圖書館學會的會長李華明先生的表妹曾是我指導下的博士獲得者的介紹，雖屬臨時性的邀請，也很難推卻。所以我於一九八七年十一月七日離開武漢大學後，便到上海和杭州待了七天。當時雖已重病在身，但因交大吳善勤教授（交大圖書館館長）、楊宗因教授（交大圖書館副館長）和方正教授（交大電腦中心主任）等的熱情招待，和聽眾對我兩度演講的熱烈反應都是很大的慰藉；杭州李明華先生的妥善安排和親切的禮遇，加上杭州的優美景物，都一再地讓人感到不虛此行。十一月十四日離開上海到達香港時，確已重病在身了。好在香港的醫生是經得起考驗的，經其醫治幾天後，就康復如常了。接著便在香港購買了大批匹茲堡大學所需書刊，隨即回美國了。

（五）在武漢大學講學的新經驗

這次在武漢大學講學的一些經驗都是過去兩次回國沒有過的。簡述如下：（1）從校方和嚴怡民教授的款待，已讓人感到傳統的人間友誼關係已慢慢在恢復；（2）這次從未聽人談到《毛語錄》或有關的口號；（3）我住在武大的外賓樓，幾乎每天晚上都有新認識的教授朋友來訪問，甚至帶些水果之類的小禮物，極富傳統中國的人情味兒。談話也很隨便，從他們的談話中，實在看不出來誰還在信奉共產主義或所謂的「毛澤東思想」；（4）我離開武漢大學前夕，曾為武大同學會請去演講了一次「陳獨秀與中國共產主義運動」，在講後解答問題時，我告訴他們不得超過半小時，因為我當時已病得聲音嘶啞了。那些年輕人非常可愛，不但完全答應，而且把同學們的問題都事先用紙條寫好，臨時以抽籤的方式提出來問，誰的運氣好，就有機會提出他（她）的問題，非常公平。後來發現提出問題的紙條有一大堆，而我有時間答覆的不過十多個而已。從這些年輕人的求知欲看來，中國的確是有希望的啊！對我而言，上述這些情景，不但非常美好，而且是上兩次回國沒有過的。相信它們今後還會往前繼續發展。

四、中國的希望在哪裡

我於一九四九年國共戰爭的最後階段，離開中國大陸到了台灣。在那兒教書和創辦刊物三年多，終於獲得「優秀公教人員出國深造」的機會，到美國讀書去了。沒想到從讀學位到任教大學一直到退休，都在美國生活著。記得離開大陸時，曾不斷地寫信回家，但是從來沒有收到家人的回信。後來了解，國內的人與海外的親友通信是一種罪惡，便不敢再寫信回家了。從此對於國內的一切變化付出了更大的注意力。無論生活有多忙，對國內的重大新聞都不會錯過。所以美國總統尼克森於一九七三年啟開中美外交之門後，我便利用與工作有關的各種機會，於一九七五年與一九八七年之間，前後訪問過中國大陸三次，每次所得的經驗不同，已如前述。現在願意基於自己的觀察和經驗，提出一些對於國家未來的看法。

有關毛澤東統治中國幾十年的策略和作法，世人已有了許多專家報導和討論，我沒有意思在這兒再來多費唇舌。不過，憑觀察後的直覺是該反應出來的。

由於毛澤東的紅色獨裁政權是絕對的，所以中國（除外蒙古外）是真正的統一了——境內的人民全都得聽命於中央（和尚、尼姑……都不能例外）；同時，任何中國人都了解，誰要活下去，都得聽毛主席的話和工作。再另上搞政治的人都知道「國防」是國家獨立的唯一保證。這些大概都是毛澤東統治中國的成就吧。但就幾次訪問中國大陸所看到的和聽到的，毛政權對於中國和所有中國人造成的損失和毀滅性的事實就「罄竹難書」了。

（一）毛的「三反」、「五反」把傳統中國的家庭制度和社會倫常幾乎摧毀無餘，但並沒有文明社會應有的道德規範來代替。

（二）毛的「反右傾」和「反學術權威」，不但把中國整個一代知識分子毀滅或淪為廢物，也沒有經得起考驗的任何新知代替，其結果是：任何堪稱知識的科目，年輕的一代都得從頭學起。

（三）毛的「大躍進」所推行的屋後煉鋼等作為，不但倡導「不學無術」的衝動，而把許多家庭的用具毀滅，將中國農村變作荒原（農夫都到屋後煉鋼去了，樹木都被砍去煉鋼了，農地無人耕種了），結果煉鋼未成，老百姓倒餓死了兩千多萬人。

（四）毛的「文化大革命」固然把他的政敵全都毀滅了，可是他也把中國社會推回到一個無法無天的蠻荒時代，而讓一代的大、中學年輕人都變做了社會上最有權威的暴徒；而在社會心理上的影響將是無窮無盡的。

所幸的是，毛確死得其時。他死後，他所利用的「四人幫」也隨即垮台。接著鄧小平再度出現。鄧的「不管黑貓白貓，只要會抓耗子的就是好貓」政策終於揭開了中國的對外開放。基於他的這種政策，我才有機會三訪中國大陸，從三次訪問的經驗，竊以為中國大陸今後在經濟的發展上將是非常迅速的；特別是在科技上的開拓和人才的培育上都將特別顯眼。但是有關社會的建設和人權的保障問題，則將視當政者的智慧和知識而定了。

國家圖書館出版品預行編目（CIP）資料

獨上高樓望盡天涯路 ： 郭成棠回憶錄 / 郭成棠
著. -- 臺北市 ： 文訊雜誌社, 2013.02
面； 公分
ISBN 978-986-6102-19-6(平裝)

1.郭成棠 2.回憶錄
783.3886 102003028

獨上高樓望盡天涯路

——郭成棠回憶錄

作　　者　郭成棠
總 編 輯　封德屏
執行編輯　杜秀卿
封面設計　翁翁・不倒翁視覺創意
出 版 者　文訊雜誌社
10048 台北市中山南路 11 號 6 樓
電話：02-23433142　　傳真：02-23946103
服務信箱：wenhsun7@gmail.com
郵政劃撥：12106756 文訊雜誌社
印　　刷　松霖彩色印刷公司
總 經 銷　紅螞蟻圖書有限公司
電話：02-27953656
出版日期　2013 年 2 月
定　　價　400 元
I S B N　978-986-6102-19-6

版權所有・翻印必究
本書如有缺頁、破損或裝訂錯誤，請寄回更換